Studium Jura

Beck'sche Skripten

Herausgegeben von
Kay Windthorst und Adolf Friedel

Staatshaftungsrecht

von

Kay Windthorst
Rechtsanwalt

und

Dr. Hans-Dieter Sproll
Rechtsanwalt

C.H. Beck'sche Verlagsbuchhandlung
München 1994

Die Deutsche Bibliothek – CIP-Einheitsaufnahme
Windthorst, Kay:
Staatshaftungsrecht / von Kay Windthorst und Hans-Dieter Sproll. – München : Beck, 1994
  (Studium Jura)
  ISBN 3 406 38707 1
NE: Sproll, Hans-Dieter:

ISBN 3 406 38707 1

Satz und Grafik: Herbert Kloos, München
Druck: C.H. Beck'sche Buchdruckerei, Nördlingen
Gedruckt auf säurefreiem, aus chlorfrei gebleichtem Zellstoff
hergestelltem Papier.

Vorwort

Das Staatshaftungsrecht gewinnt in Praxis und Examen zunehmend Bedeutung. Angesichts der teilweise schwierigen Durchsetzung von Primäransprüchen rückt die Frage in den Vordergrund, ob der Betroffene vom Staat wenigstens einen Ausgleich für entstandene Vermögensnachteile verlangen kann. Das Verständnis dieses Rechtsgebiets begegnet besonderen Schwierigkeiten, die nicht zuletzt aus dem Fehlen einer einheitlichen gesetzlichen Regelung resultieren. Dies hat zu einer unübersichtlichen Vielfalt unterschiedlicher Anspruchsgrundlagen geführt, deren Voraussetzungen großteils richterrechtlich geformt sind. Dabei läßt die Rechtsprechung häufig keine einheitlichen Strukturen erkennen. Sie sieht sich zudem wachsender Beeinflussung im Rahmen der europäischen Integration ausgesetzt. Ziel der folgenden Ausführungen ist daher eine systematische Darstellung dieser Rechtsmaterie, um eine bessere Erfassung und Einordnung staatshaftungsrechtlicher Ansprüche zu ermöglichen. Bei den einzelnen Anspruchsgrundlagen stehen nicht Detailfragen, sondern die Herausarbeitung der Normstrukturen und der Tatbestandsmerkmale im Vordergrund. Wissensvermittlung und Anleitung zur Umsetzung des Erlernten in der Fallbearbeitung stehen dabei gleichberechtigt nebeneinander. Letzteres bereitet bei staatshaftungsrechtlichen Fragestellungen besondere Probleme, die sich aus der Stellung dieses Rechtsgebiets an der Schnittstelle zwischen öffentlichem und privatem Recht erklären. Schaubilder, Zusammenfassungen und Kontrollfragen am Ende des jeweiligen Abschnitts dienen der Lernkontrolle. Wir haben uns die Arbeitsgebiete geteilt. Die §§ 1 – 9 und 17 – 20 wurden von Herrn Windthorst, die §§ 10 – 16 von Herrn Dr. Sproll bearbeitet. Unser besonderer Dank gilt Frau Naumann und Frau Jaenicke sowie den Herren Herzog, Wanner und Deisenhofer für ihre Unterstützung bei der Umsetzung des Manuskripts.

München, im Juli 1994

Kay Windthorst *Dr. Hans-Dieter Sproll*

Inhaltsverzeichnis

	Seite
Abkürzungsverzeichnis	XXIII

1. Kapitel. Grundlagen des Staatshaftungsrechts

§ 1. Einführung	1
A. Begriff	1
I. Entstehung	1
II. Ermittlung	1
III. Inhalt	2
B. Abgrenzung	3
I. Öffentlich-rechtliche Staatshaftung – zivilrechtliche Staatshaftung	3
1. Einordnung	3
2. Abgrenzung	3
II. Staatshaftungsrecht – sonstiges öffentliches Recht	5
1. Einordnung	5
2. Abgrenzung	5
C. Bedeutung	5
D. Wiederholung	6
I. Zusammenfassung	6
II. Fragen	6
III. Lösungen	7
§ 2. Methodenlehre	8
A. Problemstellung	8
I. Lückenhafte und unübersichtliche Regelungen	8
II. Richterliche Rechtsfortbildung	8
III. Fortgeltendes Staatshaftungsrecht in den neuen Ländern	9
B. Anspruchsgrundlagen	10
I. Überblick	10
II. Inhalt	12
III. Einteilung	12
1. Entschädigungsansprüche – Schadensersatzansprüche	12
2. Naturalrestitution i.e.S. – Naturalrestitution i.w.S.	13
C. Vorgehensweise bei der Fallbearbeitung	15
D. Wiederholung	15
I. Zusammenfassung	15
II. Fragen	16
III. Lösungen	16

Seite

2. Kapitel. Öffentlich-rechtliche Schuldverhältnisse

§ 3. Grundlagen 17

A. Allgemeines 17
    I. Begriff 17
    II. Rechtliche Konstruktion 18
        1. Ausgangspunkt 18
        2. Abweichung 18

B. Tatbestandsmerkmale 20
    I. Regelungslücke 20
    II. Schuldrechtsähnliche öffentlich-rechtliche Sonderverbindung 20
        1. Besonderes Näheverhältnis 20
        2. Öffentlich-rechtliche Beziehung 21

C. Inhalt 21
    I. Sachbezogene Schuldverhältnisse 21
    II. Personenbezogene Schuldverhältnisse 22

D. Haftungsfolgen 23

E. Wiederholung 24
    I. Zusammenfassung 24
    II. Fragen 25
    III. Lösungen 25

§ 4. Öffentlich-rechtliche Benutzungs- und Leistungsverhältnisse 26

A. Beispielsfall „Bullentod" 26
    I. Auslegung des Rechtsschutzziels 26
    II. Anspruchssituation 27
        1. Anspruchsgrundlagen 27
        2. Anspruchskonkurrenzen 27
    III. Anspruch aufgrund pVV des Benutzungsverhältnisses 28
        1. Anwendbarkeit 28
        2. Anspruchsvoraussetzungen 28
        3. Prozessuales 30

B. Beispielsfall „Klärschlamm" 31
    I. Anwendbarkeit der Regeln der pVV 31
    II. Anspruchsvoraussetzungen 31
        1. Öffentlich-rechtliches Schuldverhältnis 31
        2. Objektive Pflichtverletzung 31
        3. Verschulden 32
        4. Kausalität und Schaden 32
        5. Mitverschulden 32

		Seite

- III. Rechtsfolgen 32
    - 1. Anspruchsgegner 32
    - 2. Art und Umfang der Haftung 33
- IV. Durchsetzung des Anspruchs 34
    - 1. Leistungsbescheid 34
    - 2. Klageerhebung 34
- C. Wiederholung 35
    - I. Zusammenfassung 35
    - II. Fragen 36
    - III. Lösungen 36

§ 5. Öffentlich-rechtliche Geschäftsführung ohne Auftrag 37

- A. Allgemeines 37
    - I. Begriff 37
    - II. Abgrenzung 37
    - III. Rechtliche Grundlage 38
- B. Anwendungsbereich 38
    - I. Verwaltungsträger handeln für Private 38
    - II. Private handeln für Verwaltungsträger 39
- C. Beispielsfall „Herbststurm" 40
    - I. Aufwendungsersatz- und Zinsanspruch des E 40
        - 1. Anspruchsgrundlage 40
        - 2. Anspruchsvoraussetzungen 41
        - 3. Rechtsfolgen 45
    - II. Herausgabeanspruch der G 45
        - 1. Anspruchsgrundlage 45
        - 2. Anspruchsvoraussetzungen 46
        - 3. Rechtsfolgen 46
- D. Prozessuales 46
    - I. Verwaltungsträger als Anspruchssteller 46
    - II. Private als Anspruchssteller 46
        - 1. Ansprüche des Geschäftsherrn 47
        - 2. Ansprüche des Geschäftsführers 47
- E. Konkurrenzen 48
    - I. Amtshaftungsansprüche 48
    - II. Öffentlich-rechtliche Erstattungsansprüche ... 48
        - 1. Konkurrenzlage 48
        - 2. Konkurrenzlösung 49
- F. Wiederholung 50
    - I. Zusammenfassung 50
    - II. Fragen 50
    - III. Lösungen 51

3. Kapitel. Die Amtshaftung

		Seite
§ 6. Grundlagen		53
A. Allgemeines		53
I. Rechtsgrundlage		53
II. Verhältnis zwischen § 839 BGB und Art. 34 GG		54
III. Systematische Stellung		54
IV. Probleme		54
1. Komplexe Tatbestandsstruktur		55
2. Richterrechtliche Ausgestaltung		55
3. Auffangfunktion		55
B. Rechtliche Konstruktion		55
I. Haftungsmodelle		56
1. Persönliche Haftung des Beamten		56
2. Unmittelbare Staatshaftung		56
3. Mittelbare Staatshaftung		56
II. Historische Entwicklung		57
1. Alleinhaftung des Beamten		57
2. Unmittelbare Staatshaftung aufgrund des BGB		57
3. Schuldbefreiende Haftungsübernahme durch Art. 34 Satz 1 GG		58
III. Amtshaftung als mittelbare Staatshaftung		58
C. Rechtsfolgen		58
I. Überleitung der Haftungsbegrenzung		58
II. Beschränkung des Anspruchsinhalts		59
III. Schutz des Geschädigten		59
IV. Schutz des Amtswalters		59
V. Schutz der Exekutive		60
D. Wiederholung		60
I. Zusammenfassung		60
II. Fragen		60
III. Lösungen		61
§ 7. Haftungstatbestand		61
1. Teil. Anwendungsbereich		61
A. Abgrenzung zum allgemeinen Deliktsrecht		62
I. Voraussetzungen		62
II. Rechtsfolgen		62
B. Haftungsverdrängende Sonderregelungen		63
I. Begriff		63
II. Abgrenzung		63
1. Haftungsüberleitungsausschließende Regelungen		63
2. Haftungstatbestandsbeschränkende Regelungen		64
III. Rechtsfolgen		64

	Seite
2. Teil. Anspruchsvoraussetzungen	65
A. Allgemeines	65
I. Überblick	65
II. Problembereiche	65
B. Handeln eines Amtswalters in Ausübung eines öffentlichen Amtes	66
I. Amtswalter	66
1. Darstellung der Beamtenbegriffe	66
2. Angehörige der Verwaltung	67
3. Außerhalb der Verwaltung stehende Personen	69
II. Öffentliches Amt	76
1. Begriff	76
2. Inhalt	77
III. Handeln in Ausübung eines öffentlichen Amtes	81
1. Anwendungsbereich	81
2. Inhalt	81
C. Amtspflichtverletzung	83
I. Begriff	83
II. Rechtliche Grundlage	84
III. Inhalt	85
1. Amtspflicht zu rechtmäßigem Handeln	85
2. Amtspflicht zur Beachtung von Innenrecht	89
D. Drittbezogenheit der Amtspflicht	91
I. Begriff	91
II. Funktion	92
III. Ermittlung	92
1. Allgemeine Drittbezogenheit der Amtspflicht	93
2. Geschützter Personenkreis	93
3. Geschütztes Rechtsgut	94
IV. Ausprägungen	95
1. Bei öffentlich-rechtlichen Sonderverbindungen	95
2. Bei unerlaubten Handlungen	96
V. Sonderfälle	98
1. Baurecht	98
2. Legislatives Unterlassen	101
3. Nichtumsetzung von EU-Richtlinien	102
4. Juristische Personen des öffentlichen Rechts als „Dritte"	103
E. Verschulden	104
I. Verschuldensprinzip	104
II. Schuldfähigkeit	104
III. Schuldform	104
1. Vorsatz	105
2. Fahrlässigkeit	105

		Seite
F.	Verursachung des Schadens	108
	I. Kausalität	108
	1. Begriff	108
	2. Voraussetzungen	109
	II. Schaden	110
	1. Umfang des Ersatzes	111
	2. Art des Ersatzes	113
G.	Wiederholung	114
	I. Zusammenfassung	114
	II. Fragen	115
	III. Lösungen	115

§ 8. Haftungsausschluß und -begrenzung … 116

A.	Spezielle Haftungsbegrenzungen	116
	I. Haftungsüberleitungsausschließende Regelungen	117
	II. Haftungstatbestandsbeschränkende Regelungen	117
	III. Zulässigkeit	117
	1. Grundsatz	117
	2. Grenzen	118
B.	Das Verweisungsprivileg, § 839 I 2 BGB	119
	I. Rechtliche Grundlage	120
	II. Funktionen	120
	1. Schutz des Amtswalters	121
	2. Schutz des Staates	121
	III. Anwendungsbereich	122
	1. Fahrlässiges Handeln	122
	2. Teleologische Reduktion	122
	IV. Voraussetzungen	125
	1. Bestehen einer anderweitigen Ersatzmöglichkeit	125
	2. Durchsetzbarkeit der anderweitigen Ersatzmöglichkeit	127
	V. Rechtsfolgen	128
	1. Ausschluß einer Amtshaftung des Erstschädigers	128
	2. Ausschluß von Ausgleichsansprüchen zwischen Mitschädigern	128
C.	Das Richterprivileg, § 839 II BGB	129
	I. Funktion	129
	II. Inhalt	130
	1. Spruchrichter	130
	2. Urteil in einer Rechtssache	130
	3. Amtspflichtverstoß bei dem Urteil	130
	4. Ersatzfähiger Schaden	130
D.	Die Rechtsmittelversäumung, § 839 III BGB	130
	I. Funktion	131

Seite

 II. Abgrenzung gegenüber § 254 BGB 131
  1. Kriterien 131
  2. Rechtsfolgen 132
 III. Voraussetzungen 132
  1. Rechtsmittel 132
  2. Kausalität 133
  3. Verschulden 134
E. Das Mitverschulden, § 254 BGB 134
 I. Anwendbarkeit 134
 II. Inhalt 134
  1. Mitverschulden des Geschädigten 134
  2. Mitverschulden von Hilfspersonen 135
F. Die Verjährung, § 852 BGB 135
G. Wiederholung 136
 I. Zusammenfassung 136
 II. Fragen 137
 III. Lösungen 137

§ 9. Rechtsfolgen 138

A. Passivlegitimation 138
 I. Begriff 138
 II. Rechtsgrundlage 139
 III. Haftungssubjekt 139
  1. Hoheitsträger 139
  2. Dienstherrenfähigkeit 140
 IV. Haftungszurechnung 140
  1. Grundsatz 141
  2. Ausnahmen 141
B. Konkurrenzen 142
 I. Deliktische Sonderregelungen 142
 II. Folgenbeseitigungs- und Unterlassungsanspruch 143
 III. Aufopferungsentschädigung 143
 IV. Ansprüche aufgrund §§ 1 ff. StHG der neuen Länder .. 143
  1. Konkurrenzlage 143
  2. Konkurrenzlösung 144
C. Prozessuales 144
 I. Rechtsweg 144
 II. Sachlich zuständiges Gericht 146
 III. Entgegenstehende Rechtshängigkeit 146
 IV. Allgemeines Rechtschutzbedürfnis 147
 V. Vorfragenkompetenz und Bindung 147
  1. Zivilgerichte 147
  2. Verwaltungsgerichte 148

		Seite
D.	Regreßansprüche	148
E.	Wiederholung	149
	I. Zusammenfassung	149
	II. Fragen	149
	III. Lösungen	149

4. Kapitel. Der Folgenbeseitigungsanspruch

§ 10. Grundlagen 151

A. Begriff 151
    I. Anwendungsbereich 151
        1. Ausgangssituation 152
        2. Grundsätze 153
    II. Rechtliche Begründung 155
        1. Allgemeines 156
        2. Gesetzmäßigkeitsprinzip 156
        3. Rückgriff auf das Zivilrecht 156
        4. Grundrechte 156

B. Wiederholung 157
    I. Zusammenfassung 157
    II. Fragen 158
    III. Lösungen 158

§ 11. Anspruchsvoraussetzungen 158

A. Öffentlich-rechtlicher Folgenbeseitigungsanspruch 159
    I. Anspruchsstruktur 159
        1. Abgrenzung 159
        2. Übersicht 159
    II. Anspruchsvoraussetzungen 160
        1. Hoheitlicher Eingriff 160
        2. Eingriff in geschützte Rechtspositionen ... 161
        3. Rechtswidrigkeit des geschaffenen Zustandes . 161
        4. Fortdauer der Beeinträchtigung 162
        5. Möglichkeit der Wiederherstellung 163
        6. Zumutbarkeit der Wiederherstellung 164
        7. Mitverschulden 164
        8. Unzulässige Rechtsausübung 165

B. Öffentlich-rechtlicher Unterlassungsanspruch 165
    I. Anspruchsstruktur 165
        1. Abgrenzung 165
        2. Allgemeines 165

	Seite
II. Anspruchsvoraussetzungen	166
1. Drohende Beeinträchtigung	166
2. Abwehr eines drohenden Verwaltungsaktes	166

C. Besondere Fallkonstellationen 167
    I. Immissionsabwehr im öffentlichen Recht 167
        1. Abgrenzung 167
        2. Duldungspflicht 168
        3. Rechtsfolge 168
    II. Ehrenschutz im öffentlichen Recht 169
        1. Abgenzung 169
        2. Widerruf ehrverletzender Äußerungen 169
        3. Unterlassungsanspruch 170

D. Rechtsfolgen 171
    I. Unterlassungsanspruch 171
    II. Folgenbeseitigungsanspruch 171
        1. Inhalt 171
        2. Begrenzung auf die unmittelbaren Folgen 172
        3. Störungsbeseitigung 173

E. Wiederholung 173
    I. Zusammenfassung 173
    II. Fragen 174
    III. Lösungen 174

§ 12. Konkurrenzen und Prozessuales 175

A. Konkurrenzen 175
    I. Erstattungsanspruch 175
        1. Abgrenzung 175
        2. Konkurrenzen 176
    II. Amtshaftungsanspruch 177
    III. Aufopferungsentschädigung 177
        1. Abgrenzung 177
        2. Konkurrenzen 177

B. Prozessuales 178
    I. Rechtsweg 178
    II. Klageart 179
        1. Leistungsklage 179
        2. § 113 I 2, 3 VwGO 179

C. Wiederholung 180
    I. Zusammenfassung 180
    II. Fragen 180
    III. Lösungen 181

5. Kapitel. Die Entschädigung für Eigentumseingriffe

§ 13. Grundlagen 183

A. Allgemeines 183
    I. Abgrenzung 183
    II. Eigentumsgarantie, Art. 14 I 1 GG 184
        1. Art. 14 GG als subjektives Abwehrrecht 184
        2. Art. 14 GG als Institutsgarantie 184
    III. Eigentumsbindung 185
        1. Ausgestaltung des Eigentums, Art. 14 I 2, II GG . 185
        2. Inhaltsbestimmung 185
        3. Enteignung, Art. 14 III GG 186
B. Eigentumsbegriff des Art. 14 GG 186
    I. Verfassungsrechtlicher Eigentumsbegriff 186
        1. Grundlagen 186
        2. „Offener Eigentumsbegriff" 187
        3. Eingriffsobjekt und Eingriffsschutz 187
    II. Schutzfähige Rechtspositionen 188
        1. Private Rechte 188
        2. Recht am eingerichteten und ausgeübten Gewerbebetrieb 188
        3. Subjektiv-öffentliche Rechte 189
        4. Vermögen 189
C. Enteignungsbegriff 189
    I. Inhalt 189
        1. Der sog. „klassische Enteignungsbegriff" 190
        2. Erweiterung des Enteignungsbegriffs 190
        3. Enteignungsbegriff des BGH 192
        4. Enteignungsbegriff des BVerwG 194
        5. Enteignungsbegriff des BVerfG 194
        6. Folgerungen des BGH 196
    II. Enteignung und Eigentumsbindung 196
        1. Enteignung, Art. 14 III GG 196
        2. Inhaltsbestimmung des Eigentums, Art. 14 I, 2; II GG 197
    III. Enteignung und Aufopferung 197
        1. Öffentlich-rechtlicher Aufopferungsanspruch 197
        2. Privatrechtliche Aufopferung 198
D. Wiederholung 198
    I. Zusammenfassung 198
    II. Fragen 200
    III. Lösungen 200

Inhaltsverzeichnis   XVII

                                                                                     Seite

§ 14. Die Enteignung, Art. 14 III GG 202

  A. Allgemeines 202
      I. Abgrenzung 202
          1. Enteignungsbegriff 202
          2. Rechtmäßigkeitserfordernis 203
     II. Anspruchssituation 203
          1. Abwehr der Enteignung 203
          2. Anspruch auf Entschädigung 204
    III. Rechtsformen der Enteignung 204
          1. Legalenteignung „durch Gesetz" 204
          2. Administrativenteignung „aufgrund eines Gesetzes" 205
  B. Zulässigkeitsvoraussetzungen der Administrativenteignung 205
      I. Überblick 206
     II. Enteignungsvoraussetzungen 206
          1. Ermächtigungsgrundlage 206
          2. Rechtmäßigkeit des Enteignungsgesetzes 208
          3. Enteignungsbegriff 208
          4. Besondere Rechtmäßigkeitsvoraussetzungen des Art. 14 III GG . . 211
  C. Legalenteignung 213
      I. Allgemeines 213
     II. Rechtsschutzproblem
    III. Einheitlicher Enteignungsbegriff 213
  D. Entschädigung 214
      I. Allgemeines 214
     II. Abgrenzung 215
    III. Art der Entschädigung 215
     IV. Ausmaß der Entschädigung 215
  E. Prozessuales und Konkurrenzen 216
      I. Verhältnis zwischen ordentlicher und Verwaltungsgerichtsbarkeit . . 216
     II. Verhätnis von Primär- und Sekundärrechtsschutz 216
          1. Grundsatz 216
          2. Folgerung 217
    III. Entschädigungsregelung und Rechtswidrigkeit 217
  F. Wiederholung 218
      I. Zusammenfassung 218
     II. Fragen 219
    III. Lösungen 220

§ 15. Die inhaltsbestimmende Regelung, Art. 14 I 2GG 221

  A. Inhalt 221
      I. Begriff 222
          1. Grundsatz 222

	Seite

   2. Inhaltsbestimmung und Enteignung 222
  II. Ausgleichspflichtige Inhaltsbestimmung 222
   1. Grundsatz 223
   2. Bedeutung 223
   3. Salvatorische Entschädigungsregeln 224
B. Prozessuales 225
C. Wiederholung 225
  I. Zusammenfassung 225
  II. Fragen 226
  III. Lösungen 226

§ 16. Die Aufopferungsentschädigung 226

A. Überblick 227
  I. Begriff 227
   1. Allgemeines 227
   2. Systematik 227
  II. Abgrenzung 228
B. Enteignungsgleicher Eingriff 229
  I. Anwendungsbereich 229
  II. Überblick 230
  III. Anspruchsvoraussetzung 230
   1. Eingriffsobjekt 230
   2. Hoheitliche Maßnahme als Verletzungshandlung 231
   3. Unmittelbarkeit des Eingriffs 231
   4. Enteignungswirkung 233
   5. Gemeinwohlbezogenheit 233
   6. Primärrechtsschutz – § 254 BGB analog 233
  III. Entschädigung 234
   1. Inhalt des Anspruchs 234
   2. Anspruchsgegner 234
  IV. Prozessuales und Konkurrenzen 234
   1. Rechtsweg 234
   2. Konkurrenzen 235
C. Enteignender Eingriff 236
  I. Anwendungsbereich 236
  II. Anspruchsvoraussetzungen 236
   1. Eingriff durch hoheitliche Maßnahme 237
   2. Enteignungswirkung 237
   3. Entschädigung bei Immissionen 238
  III. Rechtsfolgen 241
  IV. Rechtsweg 241
  V. Konkurrenzen 241

	Seite
D. Öffentlich-rechtliche Aufopferung	242
I. Anwendungsbereich	242
II. Entschädigung	242
III. Prozessuales	242
E. Wiederholung	242
I. Zusammenfassung	242
II. Fragen	243
III. Lösungen	244

6. Kapitel. Der öffentlich-rechtliche Erstattungsanspruch

§ 17. Grundlagen	247
A. Allgemeines	247
I. Begriff	247
II. Inhalt	248
III. Funktion	249
IV. Abgrenzung	249
1. Bei Vermögensverschiebung durch Leistung	249
2. Bei Vermögensverschiebung auf sonstige Weise	250
V. Rechtsgrundlage	250
B. Anspruchssituation	251
I. Hoheitsträger gegen Private	251
II. Private gegen Hoheitsträger	252
III. Hoheitsträger gegen Hoheitsträger	252
C. Spezielle Erstattungsansprüche	253
I. Allgemeines Verwaltungsrecht	253
II. Subventionsrecht	254
D. Anwendungsbereich des allgemeinen Erstattungsanspruchs	254
I. Festlegung der Anspruchssituation	254
II. Klärung der Konkurrenzverhältnisse	255
E. Wiederholung	255
I. Zusammenfassung	255
II. Fragen	256
III. Lösungen	256

§ 18. Anspruchsvoraussetzungen	257
A. Vermögensverschiebung durch Leistung oder auf sonstige Weise	257
I. Vermögensvorteil	257
II. Durch Leistung oder auf sonstige Weise	258
1. Öffentlich-rechtliche Leistung	258
2. Vermögensverschiebung auf sonstige Weise	258

	Seite

  III. Öffentlich-rechtliche Rechtsbeziehung 259
    1. Leistungsfälle 259
    2. Nichtleistungsfälle 260
B. Ohne rechtlichen Grund 260
  I. Verwaltungsakt 261
    1. Wirksamkeit 261
    2. Rechtmäßigkeit 261
    3. Sonderfälle 262
  II. Öffentlich-rechtlicher Vertrag 264
  III. Realakt 264
C. Wiederholung 265
  I. Zusammenfassung 265
  II. Fragen 265
  III. Lösungen 265

§ 19. Rechtsfolgen 266

A. Erstattungspflichtiger 266
  I. Bei Vermögensverschiebung durch Leistung 266
  II. Bei Vermögensverschiebung auf sonstige Weise 266
B. Erstattungsumfang 267
  I. Herausgabe des Erlangten 267
    1. Rückgabe 267
    2. Wertersatz 268
  II. Ersatz von Nutzungen 268
  III. Ersatz von Surrogaten 269
C. Wegfall der Bereicherung 269
  I. Rechtliche Grundlage 270
    1. Bei speziellen Erstattungsansprüchen 270
    2. Beim allgemeinen Erstattungsanspruch 270
  II. Anwendungsbereich 271
    1. Bei Erstattungspflicht des Staates 271
    2. Bei Erstattungspflicht Privater 271
  III. Voraussetzungen 272
    1. Entreicherung 272
    2. Vertrauensschutz 272
D. Verjährung 275
E. Wiederholung 276
  I. Zusammenfassung 276
  II. Fragen 277
  III. Lösungen 277

	Seite

§ 20. **Durchsetzung des Anspruchs** 277
   A. Erstattungsansprüche von Privaten 278
       I. Rechtsweg 278
      II. Statthafte Klageart 278
          1. Bei nicht auf Verwaltungsakt beruhender Vermögensverschiebung 278
          2. Bei Vermögensverschiebung aufgrund Verwaltungsakt 279
   B. Erstattungsansprüche von Hoheitsträgern 280
       I. Erlaß eines Leistungsbescheides 280
          1. Aufgrund gesetzlicher Ermächtigung 280
          2. Ohne gesetzliche Ermächtigung 280
      II. Erhebung einer Klage 282
   C. Erstattungsansprüche unter Hoheitsträgern 282
   D. Wiederholung 282
       I. Zusammenfassung 282
      II. Fragen 283
     III. Lösungen 283

Entscheidungsverzeichnis 285

Sachverzeichnis 289

Abkürzungsverzeichnis

A

a.A.	andere Ansicht
aaO	am angegebenen Ort
AbfG	Gesetz über die Vermeidung und Entsorgung von Abfällen
ABl.	Amtsblatt
abl.	ablehnend
Abs.	Absatz
Abschn.	Abschnitt
abw.	abweichend
a.E.	am Ende
ÄndG	Änderungsgesetz
a.F.	alte Fassung
AG	Amtsgericht, Aktiengesellschaft, Ausführungsgesetz
AGB	Allgemeine Geschäftsbedingungen
AGBG	Gesetz zur Regelung der Allgemeinen Geschäftsbedingungen
AGGVG	Ausführungsgesetz zum Gerichtsverfassungsgesetz
allg.	allgemein
allg. M.	allgemeine Meinung
Allg. Teil	Allgemeiner Teil des BGB
ALR	Allgemeines Landrecht für die Preußischen Staaten
Alt.	Alternative
a.M.	andere Meinung
Amtl. Begr.	Amtliche Begründung
Anh.	Anhang
Anm.	Anmerkung
AO	Abgabenordnung
AöR	Archiv des öffentlichen Rechts
Art.	Artikel
AsylVfG	Gesetz über das Asylverfahren
Aufl.	Auflage
ausf.	ausführlich
Az.	Aktenzeichen

B

BAföG	Bundesausbildungsförderungsgesetz
BAG	Bundesarbeitsgericht
BauGB	Baugesetzbuch
BauO	Bauordnung (der Länder)
Bay, bay.	Bayern, bayerisch
BayObLG	Bayerisches Oberstes Landesgericht
BayStrWG	Bayerisches Straßen- und Wegegesetz
BayVBl.	Bayerische Verwaltungsblätter
BayVGH	Bayerischer Verwaltungsgerichtshof
BayVerfGH	Bayerischer Verfassungsgerichtshof
BB	Betriebs-Berater
BBG	Bundesbeamtengesetz
Bd.	Band

bearb.	bearbeitet
Bekl.	Beklagte(r)
BerlStrG	Berliner Straßengesetz
bes.	besonders
betr.	betreffend
BezG	Bezirksgericht
Bf.	Beschwerdeführer(in)
BFH	Bundesfinanzhof
BGB	Bürgerliches Gesetzbuch
BGBl.	Bundesgesetzblatt
BGH	Bundesgerichtshof
BHO	Bundeshaushaltsordnung
BImSchG	Bundes-Immissionsschutzgesetz
BImSchV	Bundes-Immissionsschutzverordnung
BMF	Bundesminister der Finanzen
BoKo	Bonner Kommentar zum Grundgesetz
BR	Bundesrat
BRAGO	Bundesrechtsanwaltsgebührenordnung
BRAO	Bundesrechtsanwaltsordnung
BR-Drucks.	Bundesratsdrucksache
BReg.	Bundesregierung
BRRG	Beamtenrechtsrahmengesetz
BSG	Bundessozialgericht
BSGE	Slg. der Entscheidungen des BSG
BSHG	Bundessozialhilfegesetz
BT	Bundestag
BT-Drucks.	Bundestagsdrucksache
BVerfG	Bundesverfassungsgericht
BVerfGE	Slg. der Entscheidungen des BVerfG
BVerfGG	Bundesverfassungsgerichtsgesetz
BVerwG	Bundesverwaltungsgericht
BVerwGE	Sammlung der Entscheidungen des BVerwG
BW, bw	Baden-Württemberg, baden-württembergisch
BWVGH	Verwaltungsgerichtshof Baden-Württemberg (VGH Mannheim)
BWVBl.	Baden-Württembergische Verwaltungsblätter
bzw.	beziehungsweise

C

c.i.c.	culpa in contrahendo

D

ders.	derselbe
d.h.	das heißt
DÖV	Die öffentliche Verwaltung
DtZ	Deutsch-Deutsche Rechts-Zeitschrift
DVBl.	Deutsches Verwaltungsblatt

E

E	Sammlung der Entscheidungen des jeweils angesprochenen Gerichts
ebda.	ebenda
EGBGB	Einführungsgesetz zum Bürgerlichen Gesetzbuch
Einl.	Einleitung

Einl.ALR. . . . . . Einleitung zum allgemeinen Landrecht für die Preußischen Staaten
EMRK . . . . Europäische Menschenrechtskonvention
entspr. . . . . entsprechend
Erg. . . . . Ergebnis
Erl. . . . . Erläuterung
EU . . . . Europäische Union
EuGH . . . . Gerichtshof der Europäischen Gemeinschaften
EWGV . . . . Vertrag zur Gründung einer Europäischen Wirtschaftsgemeinschaft

F
f. . . . . folgende Seite
ff. . . . . folgende Seiten
FGG . . . . Gesetz über die Angelegenheiten der Freiwilligen Gerichtsbarkeit
FGO . . . . Finanzgerichtsordnung
FStrG . . . . Bundesfernstraßengesetz
FVG . . . . Finanzverwaltungsgesetz
Fn. . . . . Fußnote(n)

G
G . . . . Gesetz
GastG . . . . Gaststättengesetz
GBl. . . . . Gesetzblatt
gem. . . . . gemäß
GeschO . . . . . . Geschäftsordnung
GewO . . . . Gewerbeordnung
GG . . . . Grundgesetz
gg. . . . . gegebenen
ggf. . . . . gegebenenfalls
GmbH . . . . Gesellschaft mit beschränkter Haftung
GO . . . . Gemeindeordnung
GoA . . . . Geschäftsführung ohne Auftrag
grdl. . . . . grundlegend
grds. . . . . grundsätzlich
GVBl. . . . . Gesetz- und Verordnungsblatt
GVG . . . . Gerichtsverfassungsgesetz

H
h.A. . . . . herrschende Ansicht
HandwO . . . . . Handwerksordnung
Hbg., hgb. . . . . Hamburg, hamburgisch
HChE . . . . Herrenchiemseer Entwurf
Hdb. . . . . Handbuch
HdbStR . . . . . . Handbuch des Staatsrechts der Bundesrepublik Deutschland
Hess., hess. . . . Hessen, hessisch
HGB . . . . Handelsgesetzbuch
h.L. . . . . herrschende Lehre
h.M. . . . . herrschende Meinung
Hrsg., hrsg. . . . Herausgeber, herausgegeben
Hs. . . . . Halbsatz

I
i.d.F. . . . . in der Fassung

i.d.R. .... in der Regel
i.e.S. .... im engeren Sinne
insb. .... insbesondere
i.S. des (von) ... im Sinne des (von)
i.V. mit .... in Verbindung mit
i.w.S. .... im weiteren Sinne

J
JA .... Juristische Arbeitsblätter
J/P .... Jarass-Pieroth, Grundgesetzkommentar
JR .... Juristische Rundschau
Jura .... Juristische Ausbildung
JuS .... Juristische Schulung
JZ .... Juristenzeitung

K
Kfz .... Kraftfahrzeug
Kl. .... Kläger(in)
Komm. .... Kommentar
KreisG .... Kreisgericht
krit. .... kritisch

L
LBauO .... Landesbauordnung
LBG .... Landesbeamtengesetz
Lfg. .... Lieferung
lit. .... Buchstabe
Lit. .... Literatur
LKV .... Landes- und Kommunalverwaltung
LReg. .... Landesregierung

M
MBl. .... Ministerialblatt
M/D .... Maunz-Dürig, Grundgesetzkommentar
MDR .... Monatsschrift für Deutsches Recht
MK .... Münchener Kommentar zum BGB
m.w.N. .... mit weiteren Nachweisen

N
Nachw. ...... Nachweis(e, en)
Nds., nds. .... Niedersachsen, niedersächsisch
n.F. .... neue Fassung, neue Folge
NJW .... Neue Juristische Wochenschrift
NJW-RR ..... NJW-Rechtsprechungs-Report Zivilrecht
NVwZ .... Neue Zeitschrift für Verwaltungsrecht
NVwZ-RR .... NVwZ-Rechtsprechungs-Report Verwaltungsrecht
NW .... Nordrhein-Westfahlen

O
o. .... oben
OFD .... Oberfinanzdirektion
OVG .... Oberverwaltungsgericht

Abkürzungsverzeichnis

OWiG . . . . Ordnungswidrigkeitengesetz

P
PAG . . . . Polizeiaufgabengesetz
PflVG . . . . Pflichtversicherungsgesetz
PolG . . . . Polizeigesetz
PostG . . . . Postgesetz
pr. . . . . preußisch
pVV . . . . positive Vertragsverletzung

R
RA . . . . Rechtsanwalt
RBHaftG . . . . . Reichsbeamtenhaftungsgesetz
RG . . . . Reichsgericht
RGBl. . . . . Reichsgesetzblatt
Rn. . . . . Randnummer
ROG . . . . Raumordnungsgesetz
Rspr. . . . . Rechtsprechung

S
s. . . . . siehe
S. . . . . Seite, Satz (bei Rechtsnormen)
SGB . . . . Sozialgesetzbuch
Slg. . . . . Sammlung von Entscheidungen, Gesetzen etc.
sog. . . . . sogenannte(r)
st. . . . . ständig
st. Rspr. . . . . . . ständige Rechtsprechung
StGB . . . . Strafgesetzbuch
StHG . . . . Staatshaftungsgesetz
StPO . . . . Strafprozeßordnung
str. . . . . streitig
StrEG . . . . Gesetz über die Entschädigung für Strafverfolgungsmaßnahmen
StrG . . . . StraßenG (der Länder)
StrWG . . . . Straßen- und Wegegesetz (der Länder)
StVG . . . . Straßenverkehrsgesetz
StVO . . . . Straßenverkehrsordnung
StVZO . . . . Straßenverkehrs – Zulassungsordnung

T
teilw. . . . . teilweise

U
u. . . . . unten
u.a. . . . . unter anderen(m), und andere
umstr. . . . . umstritten
unstr. . . . . unstreitig
u.U. . . . . unter Umständen

V
v. . . . . vom, von
VereinsG . . . . . . Vereinsgesetz
Verf. . . . . Verfasser, Verfassung

VerfGH ...... Verfassungsgerichtshof
VerfR .... Verfassungsrecht
VersammlG ... Versammlungsgesetz
VertrV .... Vertretungsverordnung
VerwArch. .... Verwaltungsarchiv
VerwR. .... Verwaltungsrecht
VG .... Verwaltungsgericht
VGH .... Verwaltungsgerichtshof
vgl. .... vergleiche
VO .... Verordnung
Vorb. .... Vorbemerkung
vorl. .... vorliegend
VwGO .... Verwaltungsgerichtsordnung
VwVfG .... Verwaltungsverfahrensgesetz
VwVG .... Verwaltungsvollstreckungsgesetz
VwZG .... Verwaltungszustellungsgesetz
VwZVG ...... Verwaltungszustellungs- und Vollstreckungsgesetz

W
WHG .... Wasserhaushaltsgesetz
wiss. .... wissenschaftlich

Z
z. .... zu; zur; zum
z. B. .... zum Beispiel
ZPO .... Zivilprozeßordnung
ZRP .... Zeitschrift für Rechtspolitik
z.T. .... zum Teil
zust. .... zustimmend
zutr. .... zutreffend
z.Z. .... zur Zeit

1. Kapitel. Grundlagen des Staatshaftungsrechts

Literatur: *Bettermann*, Rechtsnatur und Rechtsgrund der Staatshaftung, DÖV 1954, 299 ff.; *Maurer*, Allgemeines Verwaltungsrecht, 9. Aufl. 1994, § 28 (zit.: *Maurer*, Allg. VerwR.); *Papier*, in: Münchener Kommentar-BGB, 2. Aufl. 1986, § 839 (zit.: *MK*); *Ossenbühl*, Staatshaftungsrecht, 4. Aufl. 1991, §§ 1-3 (zit.: *Ossenbühl*, StHR).

§ 1. Einführung

A. Begriff

I. Entstehung

Der Begriff „Staatshaftungsrecht" hat erst in jüngerer Zeit Eingang in die Rechtswissenschaft gefunden. Dabei ist die Haftung des Staates kein neuartiges Rechtsinstitut. Schon §§ 74, 75 Einl. ALR. von 1794 sah eine „Staatshaftung" auf der Grundlage des Aufopferungsgedankens vor. Die zur Kennzeichnung und Vereinheitlichung dieses Rechtsbereichs verwendete Bezeichnung „Staatshaftungsrecht" ist in dieser Form aber erst im Rahmen der Beratungen zum Staatshaftungsgesetz von 1981 (StHG) entstanden. Sie behält trotz der Nichtigerklärung des Gesetzes durch Urteil des Bundesverfassungsgerichts vom 19.10.1982 (BVerfGE 61, 149 – *„Staatshaftung"*) weiterhin ihre Bedeutung. 1

II. Ermittlung

Zur Begriffsbestimmung ist mangels gesetzlicher Vorgaben auf die von Rechtsprechung und Literatur entwickelten Grundsätze zurückzugreifen. Das dabei vorgefundene Bild ist **uneinheitlich,** weil Staatshaftungsrecht kein vom Gesetzgeber einheitlich entwickeltes, geschlossenes Rechtssystem ist, sondern aus einer Vielzahl unterschiedlichster Rechtsquellen historisch gewachsen ist. 2

Beispiel: Der Amtshaftungsanspruch gem. § 839 BGB i. V. mit Art. 34 GG ist eine zivilrechtlich verwurzelte Anspruchsgrundlage, während Folgenbeseitigungs- und Unterlassungsansprüche dem öffentlichen Recht entstammen.

Gleichwohl ist es möglich und aufgrund der Verselbständigung dieses Rechtsgebietes auch nötig, Kriterien zu seiner begrifflichen Festlegung zu entwickeln. Hierbei ist zu berücksichtigen, daß sich an den Rechtsbegriff 3

„Staatshaftungsrecht" keine eigenständigen Rechtsfolgen knüpfen, sondern daß er nur die Eingrenzung eines bestimmten Rechtsbereichs zum Ziel hat. Der so verstandene **Zweckbegriff** „Staatshaftungsrecht" ist daher weit auszulegen, um eine sachlich nicht gerechtfertigte Ausgrenzung staatshaftungsrechtlich geprägter Sachverhalte zu vermeiden.

III. Inhalt

4 Unter Staatshaftungsrecht versteht man die Haftung des Staates und sonstiger Hoheitsträger für Schädigungen durch öffentlich-rechtliches Tätigwerden. Der Begriff **„Haftung"** umfaßt dabei alle Arten von Ersatzleistungen. Dazu zählen neben der Leistung von Geld oder geldwerten Sachen auch die Naturalrestitution durch Wiederherstellung des ursprünglichen Zustandes sowie Ansprüche auf Unterlassung.

Die Person des Geschädigten und die rechtliche Grundlage des Ersatzanspruches ist dagegen für seine Zurechnung zum Staatshaftungsrecht irrelevant.

Beispiele:
- Amtshaftungsansprüche gem. § 839 BGB i. V. mit Art. 34 GG sind ausschließlich auf Geldleistung gerichtet (vgl. *§ 7 Rn. 135*).
- Entschädigungsansprüche aus Enteignung gem. §§ 85 ff. BauGB zielen auf Geld oder geldwerte Leistung (vgl. z.B. §§ 99 – 101 BauGB).
- Folgenbeseitigungsansprüche sind auf die Wiederherstellung des ursprünglichen Zustandes gerichtet (vgl. *§ 11 Rn. 65 ff.*).

5 Der auf diese Weise bestimmte Inhalt des Staatshaftungsrechts **weicht** von seinem Wortlaut ab. Er erweitert einerseits den Geltungsbereich dieses Rechtsbegriffs, weil Haftungsschuldner nicht nur der Staat, sondern auch ein sonstiger Hoheitsträger sein kann. Andererseits wird sein Anwendungsbereich durch das Merkmal „öffentlich-rechtliches Tätigwerden" eingeschränkt. Der Staat oder sonstige Hoheitsträger haften zwar auch für Schäden aus privatrechtlichem Tätigwerden (Verwaltungsprivatrecht, fiskalisches und erwerbswirtschaftliches Handeln); dieser Rechtsbereich gehört aber nicht zum Staatshaftungsrecht, weil der Haftungsschuldner insoweit nicht den spezifisch staatshaftungsrechtlichen Haftungsgrundsätzen, sondern nur den allgemeinen zivilrechtlichen Schadensersatzvorschriften unterworfen ist.

Beispiel: Deliktische öffentlich-rechtliche Schädigungen werden vom Haftungsregime der Amtshaftung erfaßt. Für privatrechtliche Schädigungen haftet der Staat oder ein sonstiger Hoheitsträger hingegen auch bei Erfüllung öffentlicher Aufgaben nur nach allgemeinen zivilrechtlichen Vorschriften, insb. gem. §§ 823 I, 31 BGB oder §§ 831, 823 I BGB.

B. Abgrenzung

Das Staatshaftungsrecht hat Berührungspunkte zu verschiedenen Rechtsgebieten, weil es unabhängig von der Rechtsnatur der Anspruchsgrundlage alle Ansprüche zusammenfaßt, die auf das Anspruchsziel „Ersatzleistung" gerichtet ist. Dies erfordert neben der rechtlichen Qualifizierung des Staatshaftungsrechts eine Abgrenzung gegenüber verwandten Rechtsgebieten 6

I. Öffentlich-rechtliche Staatshaftung – zivilrechtliche Staatshaftung

1. Einordnung

Das Staatshaftungsrecht ist, abgesehen von einigen rein zivilrechtlichen Anspruchsgrundlagen (z. B. § 7 StVG), insgesamt dem öffentlichen Recht zuzuordnen (BVerfGE 61, 149 – *„Staatshaftung"*). 7

Abgrenzungsschwierigkeiten bestehen zwischen

- dem Amtshaftungsanspruch und der allgemeinen Deliktshaftung nach §§ 823 ff. BGB,
- Ansprüchen aus öffentlich-rechtlicher und aus zivilrechtlicher GoA,
- öffentlich-rechtlichen Erstattungsansprüchen und §§ 812 ff. BGB.

2. Abgrenzung

Zur Unterscheidung ist auf die **Rechtsnatur** des Handelns abzustellen. Schädigungen bei öffentlich-rechtlichem Tätigwerden werden von staatshaftungsrechtlichen Anspruchsgrundlagen erfaßt, während für privatrechtliche Schädigungen nur nach allgemeinen zivilrechtlichen Vorschriften gehaftet wird. 8

Die Abgrenzung zwischen öffentlich-rechtlichem und privatrechtlichem Handeln bereitet allerdings insb. im Bereich der schlicht-hoheitlichen Verwaltung und des Verwaltungsprivatrechts erhebliche Schwierigkeiten. Die dadurch hervorgerufenen Zuordnungsprobleme betreffen vor allem das Amtshaftungsrecht und werden dort behandelt (vgl. § 7 Rn. 43).

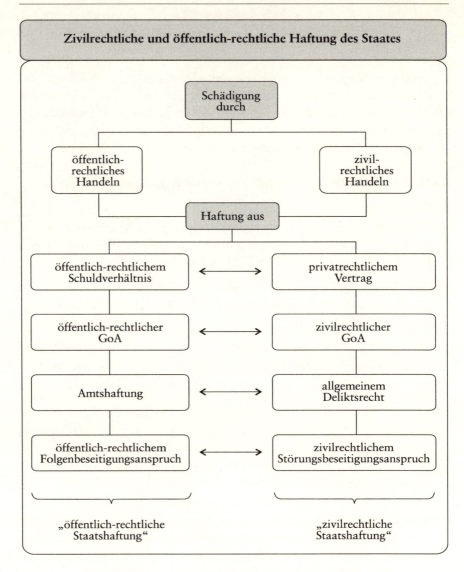

II. Staatshaftungsrecht – sonstiges öffentliches Recht

1. Einordnung

Eine trennscharfe Abgrenzung des Staatshaftungsrechts gegenüber dem sonstigen öffentlichen Recht ist nicht möglich. Denn Staatshaftungsrecht ist in weiten Bereichen selbst Teil des öffentlichen Rechts oder hängt untrennbar mit diesem zusammen. Das zeigt sich insb. im Verwaltungsrecht und Verfassungsrecht.

Beispiele:
- Ein Amtshaftungsanspruch nach § 839 BGB i. V. mit Art. 34 GG setzt eine Amtspflichtverletzung voraus. Die dafür maßgeblichen Grundsätze ergeben sich insb. aus allgemeinem und besonderem Verwaltungsrecht (vgl. *§ 7 Rn. 62 ff.*).
- Enteignungsentschädigungen gem. Art. 14 III GG werden nur für rechtmäßige Enteignungen gewährt. Ob ein Eingriff eine Enteignung i.S. von Art. 14 III GG darstellt und die Enteignung rechtmäßig ist, muß auf der Grundlage des Verfassungsrechts entschieden werden (vgl. *§ 13 Rn. 2)*.

2. Abgrenzung

Staatshaftungsrecht unterscheidet sich vom sonstigen öffentlichen Recht allein durch den **Blickwinkel**, unter dem das (hoheitliche) Handeln betrachtet wird. Während sich das öffentliche Recht mit der Rechtmäßigkeit des hoheitlichen Handelns beschäftigt, steht im Staatshaftungsrecht die Frage im Mittelpunkt, ob Ersatz für einen durch dieses Handeln verursachten Schaden verlangt werden kann. Staatshaftungsrechtliche Rechtsgrundlagen heben sich daher vom sonstigen öffentlichen Recht nicht durch den Entstehungsgrund, sondern nur durch ihre auf Schadensersatz oder Entschädigung gerichtete Rechtsfolge ab.

C. Bedeutung

Das Gewicht des Staatshaftungsrechts ist in der Rechtspraxis und im Examen in den letzten Jahren gewachsen. Diese Entwicklung hat vornehmlich **zwei Ursachen:**

Zum einen tritt – bedingt durch die lange Dauer gerichtlicher Verfahren – das Problem in den Vordergrund, wer den durch die Verzögerung verursachten Schaden zu tragen hat.

Beispiel: Amtshaftungsansprüche wegen verzögerter Erteilung einer Baugenehmigung (vgl. BayObLG, NVwZ-RR 1992, 534 – *„Bauverzögerung"*).

Zum anderen wendet die Rechtsprechung zunehmend staatshaftungsrechtliche Anspruchsgrundlagen auf neuartige Fallkonstellationen an und erweitert dadurch den Anwendungsbereich dieses Rechtsgebietes.

Beispiel: Ansprüche auf (Folgen-)Entschädigung für Immissionsbeeinträchtigungen innerhalb öffentlich-rechtlicher Nachbarschaftsverhältnisse gem. § 74 II 3 VwVfG analog.

D. Wiederholung

I. Zusammenfassung

❑ Das Staatshaftungsrecht ist kein vom Gesetzgeber einheitlich entwikkeltes, geschlossenes Rechtssystem. Zur Begriffsbestimmung ist daher auf die von Rechtsprechung und Lehre entwickelten Grundsätze zurückzugreifen.

❑ Unter Staatshaftungsrecht versteht man die Haftung des Staates und sonstiger Hoheitsträger für Schädigungen durch öffentlich-rechtliches Tätigwerden. Der Begriff „Haftung" umfaßt dabei alle Formen von Ersatzleistungen.

❑ Für die Abgrenzung des Staatshaftungsrechts gegenüber der zivilrechtlichen Haftung des Staates ist auf die Rechtsnatur des Handelns abzustellen. Staatshaftungsrecht erfaßt nur Ersatzansprüche aus öffentlich-rechtlichem Tätigwerden.

II. Fragen

1. Was versteht man unter Staatshaftungsrecht?
2. Wer kommt im Staatshaftungsrecht als Haftungsschuldner in Betracht?
3. Wie kann das Staatshaftungsrecht von der zivilrechtlichen Haftung des Staates abgegrenzt werden?

III. Lösungen

1. Unter Staatshaftungsrecht versteht man die Haftung des Staates oder sonstiger Hoheitsträger für Schädigungen bei öffentlich-rechtlichem Tätigwerden.
2. Potentielle Haftungsschuldner sind der Staat und sonstige Hoheitsträger.
3. Abgrenzungskriterium ist die Rechtsnatur des Handelns („öffentlich-rechtlich" – „privatrechtlich").

§ 2. Methodenlehre

A. Problemstellung

1 Die Bearbeitung staatshaftungsrechtlicher Fälle stellt besondere Anforderungen, weil sie eine spezielle Vorgehensweise bei der Fallösung verlangt. Diese ist untypisch für öffentlich-rechtliche Fragestellungen, weil sie sich am zivilrechtlichen Prüfungsaufbau orientiert. Die dabei bestehenden Schwierigkeiten lassen sich auf folgende Umstände zurückführen:

I. Lückenhafte und unübersichtliche Regelungen

2 Die staatshaftungsrechtlichen Anspruchsinstitute sind aus verschiedenen Rechtsquellen entwickelt worden. Sie stützen sich dabei z.T. auf lückenhaftes, vorkonstitutionelles Recht. Die Regelungen sind zudem nicht aufeinander abgestimmt und werfen daher erhebliche Konkurrenzprobleme auf.

Beispiel: Verhältnis von Ansprüchen aus enteignendem und enteignungsgleichem Eingriff, die auf der Grundlage des in §§ 74, 75 Einl. ALR. enthaltenen Aufopferungsgedankens entwickelt worden sind (sog. Aufopferungsgewohnheitsrecht) und Ansprüchen aus Enteignungsentschädigung gem. Art. 14 III GG (vgl. § 16).

II. Richterliche Rechtsfortbildung

3 Zur Bewältigung der vielgestaltigen Fallkonstellationen bedürfen die unscharf gefaßten Tatbestandsmerkmale der staatshaftungsrechtlichen Anspruchsgrundlagen einer Konkretisierung und Anpassung durch die Rechtsprechung. Dabei auftretende Ungereimtheiten und Lücken im Haftungssystem sind durch enge oder weite Normauslegung und **richterrechtliche Haftungsinstitute** wie z. B. Aufopferungsgewohnheitsrecht geschlossen worden. Die von den Gerichten anhand von Einzelfällen entwickelten Kriterien entbehren aber einer einheitlichen systematischen Grundlage und kollidieren teilweise miteinander. Die damit verbundenen Schwierigkeiten werden dadurch verschärft, daß ein Eingriff häufig von mehreren Anspruchsgrundlagen erfaßt wird, die vor verschiedenen Gerichten zu verfolgen sind.

Beispiel: Die vom BGH beim enteignenden Eingriff entwickelte Sonderopfergrenze, unterhalb derer eine Entschädigung nicht in Betracht kommt und die vom Bundesverwaltungsgericht für Entschädigungsansprüche innerhalb öffentlich-rechtlicher Nachbarschaftsverhältnisse gem. § 74 II 3 VwVfG analog aufgestellte Zumutbarkeitsgrenze divergieren, obwohl sich der Anwendungsbereich beider Haftungsinstitute überschneidet. Dies führt zu unterschiedlichen Anforderungen an eine Anspruchsbegründung bei gleichgerichteter Rechtsfolge.

III. Fortgeltendes Staatshaftungsrecht in den neuen Ländern

Neben dem historisch gewachsenen, nur teilweise kodifiziertem Staatshaftungsrecht im Bundesgebiet gilt in den neuen Bundesländern zusätzlich das Staatshaftungsrecht der DDR gem. Art. 9 I 1, II i. V. mit Anl. II, Kapitel III, Sachgebiet B: Bürgerliches Recht, Abschnitt III Nr. 1 des Einigungsvertrages seit dem 03.10.1990 als Landesrecht fort (sog. **StHG**, das in Sachsen-Anhalt inzwischen durch ein eigenes Gesetz zur Regelung von Entschädigungsansprüchen abgelöst wurde). Das hat zur Konsequenz, daß in Deutschland **unterschiedliches Staatshaftungsrecht** gilt. Nachdem das StHG 1981 durch das Bundesverfassungsgericht wegen fehlender Gesetzgebungskompetenz des Bundes für nichtig erklärt worden ist, könnte Abhilfe nur durch ein neues, einheitliches Staatshaftungsgesetz geschaffen werden. Im Hinblick auf die derzeit fehlende Gesetzgebungskompetenz des Bundes ist dafür aber nach jetziger Rechtslage eine vorherige Verfassungsänderung im Bereich der Gesetzgebungskompetenzen erforderlich.

B. Anspruchsgrundlagen

I. Überblick

5 Das Staatshaftungsrecht gliedert sich in folgende Anspruchsbereiche:

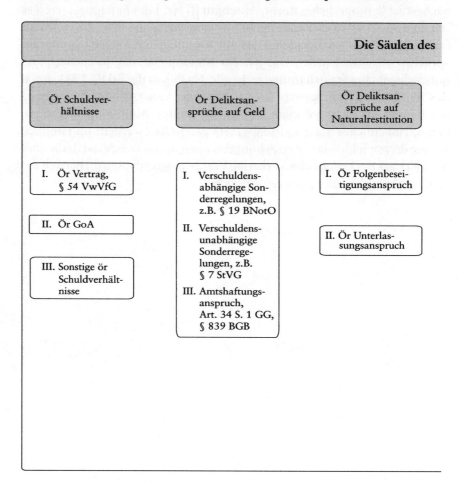

§ 2. Methodenlehre

Staatshaftungsrechts

- **Enteignungsentschädigung**
  - Art. 14 III GG

- **Ör Aufopferungsentschädigung**
  - I. Spezialgesetzlicher Aufopferungsanspruch, z.B. § 49 ff. BSeuchenG
  - II. Aufopferungsgewohnheitsrecht
    1. Enteignungsgleicher Eingriff
    2. Enteignender Eingriff
    3. Aufopferungsgleicher Eingriff
    4. Aufopfernder Eingriff
  - III. Billigkeitsentschädigung, z.B. § 39 BauGB

- **Ör Kondiktion**
  - I. Spezialgesetzlicher Erstattungsanspruch, z.B. § 48 II 5 VwVfG
  - II. Allgemeiner ör Erstattungsanspruch

II. Inhalt

6 Der Aufbau des Staatshaftungsrecht läßt sich vereinfacht als ein auf verschiedene „Säulen" gestütztes **Ordnungsmodell** begreifen. Darin werden die staatshaftungsrechtlichen Anspruchsgrundlagen bestimmten Anspruchsbereichen zugeordnet und in Anspruchsgruppen zusammengefaßt, die in einem bildhaften Vergleich „**Säulen**" verkörpern. Diese Systematik soll den notwendigen Überblick über die in Betracht kommenden Rechtsgrundlagen gewährleisten. Außerdem erleichtert sie die Lösung der oft schwierigen Konkurrenzfragen. Denn es gilt der Grundsatz, daß ein Spezialitätsverhältnis nur zwischen Anspruchsgrundlagen eines Anspruchsbereichs („Säule") entstehen kann.

Beispiel: Amtshaftungsansprüche gem. § 839 BGB i. V. mit Art. 34 GG und Ansprüche aus enteignungsgleichem Eingriff gem. §§ 74, 75 Einl. ALR. sind nebeneinander anwendbar, weil sie aus verschiedenen „Säulen" stammen.

> **Anspruchsgrundlagen aus verschiedenen Säulen des Staatshaftungsrechts sind stets nebeneinander anwendbar.**

7 Das schließt aber eine **gegenseitige Beeinflussung** der Anspruchsgrundlagen nicht aus, was sich insb. im Verhältnis von vertraglichen/vertragsähnlichen und deliktischen Ansprüchen zeigt.

Beispiel: Haftungsbeschränkungen innerhalb von öffentlich-rechtlichen Benutzungsverhältnissen beeinflußen den Haftungsmaßstab des Amtshaftungsanspruchs.

III. Einteilung

8 Staatshaftungsrechtliche Anspruchsgrundlagen können nach verschiedenen Merkmalen eingeteilt werden. Ausgangspunkt ist entweder der Anspruchsinhalt oder das Anspruchsziel. Die daran anknüpfende Unterteilung erlangt in der Fallbearbeitung Bedeutung, wenn nur nach einer bestimmten Art von Ansprüchen gefragt ist.

Beispiel: Der Bearbeitervermerk verlangt nur eine Prüfung von Entschädigungsansprüchen.

1. Entschädigungsansprüche – Schadensersatzansprüche

9 Beide Anspruchsinstitute unterscheiden sich hinsichtlich ihrer Tatbestandsvoraussetzungen (Verschulden) und Rechtsfolgen (Haftungsumfang).

a) Verschulden

10 Entschädigungsansprüche sind grds. verschuldensunabhängig, während Schadensersatzansprüche – mit Ausnahme der Gefährdungshaftungstatbestände – verschuldensabhängig sind.

Beispiele:
- ❏ Anspruch aus enteignendem Eingriff („verschuldensunabhängig").
- ❏ Amtshaftungsanspruch („verschuldensabhängig").

b) **Haftungsumfang**

Der Umfang des zu ersetzenden Schadens bemißt sich bei Entschädigungsansprüchen am **Substanzverlust**. Demgegenüber sind bei Schadensersatzansprüchen neben dem Substanzverlust auch die Nachteile, die durch die hypothetische Kausalentwicklung des Schadens entstanden sind, ersatzfähig. Hierzu zählt insb. der abstrakt zu berechnende entgangene Gewinn gem. § 252 BGB. Entschädigungsansprüche gewähren demgegenüber grundsätzlich keinen Anspruch auf den entgangenen Gewinn i. S. von § 252 BGB.

Beispiele:
- ❏ Anspruch aus pVV eines öffentlich-rechtlichen Schuldverhältnisses (Schadensersatzanspruch).
- ❏ Anspruch aus enteignungsgleichem Eingriff (Entschädigungsanspruch).

2. **Naturalrestition i.e. S. – Naturalrestitution i. w. S.**

Staatshaftungsrechtliche Anspruchsgrundlagen lassen sich auch nach *Art der Ersatzleistung* wie folgt unterteilen:

a) **Anspruch auf Geldersatz**

Beispiele:
- ❏ Bei schuldhaftem Verhalten: Amtshaftungsanspruch.
- ❏ Bei schuldlosem Verhalten: § 39 BauGB.

b) Anspruch auf Wiederherstellung des **früheren Zustandes**

Beispiel: Allgemeiner öffentlich-rechtlicher Folgenbeseitigungsanspruch.

c) Anspruch auf **Unterlassung**

Beispiel: Allgemeiner öffentlich-rechtlicher Unterlassungsanspruch.

Schadensumfang bei Schadensersatz- und Entschädigungsansprüchen

Schadensersatzanspruch

- Rechtsgut
- 252 BGB
- Substanzverlust
- 252 BGB
- Umfang des zu ersetzenden Schadens
- hypothetische Kausalentwicklung des Schadens

Entschädigungsanspruch

- Rechtsgut
- Substanzverlust
- Umfang des zu ersetzenden Schadens

C. Vorgehensweise bei der Fallbearbeitung

Die Methode bei der Bearbeitung staatshaftungsrechtlicher Fälle lehnt sich eng an den vom Zivilrecht her bekannten Anspruchsaufbau an. Das erklärt sich aus der vergleichbaren Interessenlage, die beiden Rechtsgebieten zugrunde liegt. Gemeinsamkeiten mit dem Zivilrecht bestehen sowohl bei der Art und Weise der Ermittlung der Anspruchsgrundlage als auch bei der Prüfung von Tatbestand und Rechtsfolge der Anspruchsnorm.

Im einzelnen sind folgende **Prüfungsschritte** erforderlich:

- Bildung von Anspruchspaaren („wer will was von wem"?).
- Ermittlung der in Betracht kommenden Anspruchsgrundlagen in Hinblick auf das konkrete Anspruchsziel (Geldersatz – Wiederherstellung des vorherigen Zustands – Unterlassung).
- Ausscheiden subsidiärer Anspruchsnormen.
- Prüfung der anspruchsbegründenden Tatbestandsmerkmale.
- Prüfung der anspruchsbegrenzenden oder -ausschließenden Tatbestandsmerkmale.
- Ermittlung der Rechtsfolgen der Anspruchsnorm, insb. Art und Umfang des zu ersetzenden Schadens und Passivlegitimation.
- Erörterung der prozessualen Möglichkeiten zur Durchsetzung des Anspruchs.

D. Wiederholung

I. Zusammenfassung

- Das Staatshaftungsrecht stützt sich auf lückenhafte gesetzliche Regelungen, die in verschiedenen Rechtsbereichen zu unterschiedlichen Zeitpunkten entstanden sind. Es fehlt daher an einem einheitlichen, dogmatisch fundierten System der Staatshaftung. In den neuen Bundesländern gilt zudem das Staatshaftungsgesetz der DDR als Landesrecht fort (sog. StHGe der neuen Bundesländer), was schwierige Konkurrenzfragen insb. gegenüber der Amtshaftung nach sich zieht (vgl. *Ossenbühl*, NJW 1991, 1201 ff.).
- Die staatshaftungsrechtlichen Anspruchsgrundlagen können nach Anspruchsbereichen in sog. „Säulen" eingeteilt werden. Die Einordnung lehnt sich eng an die vom Zivilrecht her bekannte Systematik an. Sie

gliedert sich in vertragliche bzw. vertragsähnliche, deliktische, entschädigungs- und kondiktionsrechtliche Ansprüche.

❏ Anspruchsgrundlagen aus verschiedenen Säulen sind stets nebeneinander anwendbar, können sich aber gegenseitig beeinflussen.

II. Fragen

1. Anhand welcher Kriterien lassen sich die Anspruchsgrundlagen des Staatshaftungsrechts systematisch gliedern?
2. In welchem Verhältnis stehen die Ansprüche aus verschiedenen „Säulen" zueinander?
3. In welchen Schritten erfolgt die Bearbeitung eines staatshaftungsrechtlichen Falles?

III. Lösungen

1. Staatshaftungsrechtliche Ansprüche können nach Anspruchsgruppen („Säulen") und Anspruchsarten (Entschädigung – Schadensersatz – Folgenbeseitigung/ Unterlassung) gegliedert werden. Die Einteilung innerhalb der „Säulen" erfolgt anhand der rechtlichen Qualifizierung der Anspruchsgrundlage als vertraglicher, deliktischer, entschädigungsrechtlicher und kondiktionsrechtlicher Anspruch.
2. Ansprüche aus verschiedenen „Säulen" sind stets nebeneinander anwendbar, können jedoch aufeinander einwirken.
3. Vgl. dazu *§ 2 Rn. 14*.

2. Kapitel.
Öffentlich-rechtliche Schuldverhältnisse

Literatur: *Engelhardt,* NVwZ 1989, 1052 ff.; *Erichsen/Martens,* Allgemeines Verwaltungsrecht, 9. Aufl. 1992, § 30 (zit.: *E/M,* Allg. VerwR.); *Gries/Willebrand,* JuS 1990, 103 ff. und 193 ff.; *Janson,* DÖV 1979, 696 ff.; *Kopp,* Verwaltungsverfahrensgesetz, 5. Aufl. 1991, § 54 ff. (zit.: *Kopp,* VwVfG); *Maurer,* Allgemeines Verwaltungsrecht, 9. Aufl. 1994, § 28 (zit.: *Maurer,* Allg. VerwR.); *Ossenbühl,* Staatshaftungsrecht, 4. Aufl. 1991, § 41 ff. (zit.: *Ossenbühl,* StHR); *Papier,* in: Münchener Kommentar-BGB, 2. Aufl. 1986, § 839 (zit.: *MK*); *ders.,* Die Forderungsverletzung im öffentlichen Recht, 1970.

§ 3. Grundlagen

A. Allgemeines

Öffentlich-rechtliche Schuldverhältnisse sind eine Rechtskonstruktion, die von Rechtsprechung und Lehre durch Rechtsfortbildung geschaffen worden ist. Durch Erweiterung der Verantwortlichkeit der öffentlichen Hand soll ein ungerechtfertigtes Auseinanderfallen von zivilrechtlicher und öffentlich-rechtlicher Haftung vermieden werden. Die **Haftungsdivergenz** betrifft Haftungstatbestand und -folgen. Sie führt zu einer Haftungsprivilegierung der staatlichen Gewalt, die durch eine Haftung aus öffentlich-rechtlichen Schuldverhältnissen verhindert werden soll.

I. Begriff

Unter einem öffentlich-rechtlichen Schuldverhältnis versteht man eine **besonders enge,** öffentlich-rechtliche Beziehung zwischen Hoheitsträgern und Privaten, die nach Gegenstand und Struktur zivilrechtlichen Schuldverhältnissen vergleichbar ist (vgl. *Maurer,* Allg. VerwR., § 28 Rn. 2). Die Bezeichnung solcher Rechtsbeziehungen als öffentlich-rechtliches Schuldverhältnis ist **umstritten.** Teilweise wird auch von „öffentlich-rechtlichen Sonderverbindungen" oder von „verwaltungsrechtlichen Schuldverhältnissen" gesprochen. Die **terminologische Vielfalt** folgt aus dem Umstand, daß der Gesetzgeber zwar die Existenz öffentlich-rechtlicher Schuldverhältnisse in § 40 II 1 VwGO ausdrücklich anerkennt (vgl. *§ 3 Rn.* 6), aber ihren Inhalt offen läßt. Die Schwierigkeiten, sich auf einen Begriff zu einigen, resultieren letztlich aus den unterschiedlichen Rechtsauffassungen über Funktion und Reichweite dieses Rechtsinstituts. Denn mit der Festlegung des Begriffs fällt zugleich die (Vor-)Entscheidung darüber, welche Rechtsbeziehungen als öffentlich-rechtliche Schuldverhältnisse anzusehen sind und damit besonderen, vertragsähnlichen Haftungsregelungen unterstellt werden können.

Beispiel: Stuft man die Beziehung zwischen der Stadt als Betreiberin eines Wasserwerkes und dem Wasserabnehmer als öffentlich-rechtliches Schuldverhältnis ein, so können die Vorschriften des Kaufrechts mit ihren vielfältigen Sanktionsmöglichkeiten (z. B. § 463 Satz 1 BGB) entsprechende Anwendung finden (vgl. BGHZ 59, 304 ff.).

> Die Begriffsmerkmale der öffentlich-rechtlichen Schuldverhältnisse entscheiden zugleich über ihren Anwendungsbereich und Inhalt.

Beachte: In der Bezeichnung als „öffentlich-rechtliches Schuldverhältnis" spiegelt sich der (eingeschränkte) Geltungsanspruch dieses Rechtsinstituts wider. Der Begriff ist einerseits enger gefaßt als die Bezeichnung „öffentlich-rechtliche Sonderverbindung", weil nicht jede Form von Sonderbeziehung, sondern nur schuldrechtsähnliche Rechtsverhältnisse erfaßt werden. Andererseits reichen öffentlich-rechtliche Schuldverhältnisse über „verwaltungsrechtliche Schuldverhältnisse" hinaus. Denn das Schuldverhältnis muß nicht auf verwaltungsrechtlicher Grundlage beruhen, sondern kann auch andere öffentlich-rechtliche Beziehungen zum Gegenstand haben.

II. Rechtliche Konstruktion

3   Öffentlich-rechtliche Schuldverhältnisse knüpfen in modifizierter Form an die Haftungskonzeption des Zivilrechts an.

1. Ausgangspunkt

4   Dem Zivilrecht liegt ein zweigeteiltes Haftungssystem zugrunde, das bei der Regelung der Haftung primär auf die **Art der betroffenen Rechtspflichten** abstellt. Die Verletzung allgemeiner, d. h. gegenüber jedermann bestehender Pflichten begründet (allein) deliktische Ansprüche gem. §§ 823 ff. BGB. Demgegenüber führt die Zuwiderhandlung gegen relative, d. h. nur zwischen bestimmten Personen bestehende Pflichten zusätzlich zu einer vertraglichen oder vertragsähnlichen Haftung.

2. Abweichung

5   Öffentlich-rechtliche Schuldverhältnisse übernehmen im Grundsatz diese Haftungsstruktur und passen sie den Besonderheiten des öffentlichen Rechts an. Im Vordergrund steht nicht die Unterscheidung zwischen relativen und absoluten Pflichten, weil eine solche Abgrenzung im öffentlichen Recht nicht (trennscharf) möglich ist. Entscheidend wirkt sich vielmehr das besondere „**Näheverhältnis**" zwischen den Beteiligten aus (vgl. § 3 Rn. 9 f.). Die Haftungsintensität muß in dem Maße zunehmen, in dem die Dich-

te der Rechtsbeziehungen zwischen den Rechtssubjekten wächst. Je weiter die Rechte und Pflichten zwischen den Beteiligten gehen, umso häufiger ergeben sich Rechts- und Pflichtverletzungen, die einer Sanktion bedürfen. Dafür bieten sich insb. Schadensersatzansprüche aus öffentlich-rechtlichen Schuldverhältnissen an (vgl. *Ossenbühl*, StHR, S. 284).

Beispiel: Der Amtshaftungsanspruch ist aufgrund seiner systematischen Stellung eine deliktische Anspruchsgrundlage. Seinem Inhalt nach rückt er aber in die Nähe zu vertraglichen Ansprüchen, weil das Tatbestandsmerkmal „drittbezogene Amtspflicht" eine besondere rechtliche Beziehung zwischen Staat und Geschädigtem voraussetzt (vgl. BGH NJW 1994, 1647 – „*Provision*").

Auch der **Gesetzgeber** hat diese Haftungskonstruktion dem Grunde nach anerkannt. § 40 II 1 VwGO spricht von Schadensersatzansprüchen aus der Verletzung öffentlich-rechtlicher Pflichten, die nicht auf einem Vertrag beruhen. Die Regelung geht daher von der Existenz weiterer öffentlich-rechtlicher Schuldverhältnisse neben öffentlich-rechtlichen Verträgen aus. Schadensersatzansprüche aus öffentlich-rechtlichen Schuldverhältnissen ermöglichen somit neben den Regelungen für öffentlich-rechtliche Verträge (§§ 54 ff. VwVfG) eine erweiterte öffentlich-rechtliche Haftung und schließen dadurch die als unbillig empfundene Haftungslücke und -divergenz gegenüber dem Zivilrecht. 6

Haftungskonstruktion des privaten und des öffentlichen Rechts		
Art der Pflichtverletzung	Privatrecht	Öffentliches Recht
Verletzung relativer Pflichten	Schadensersatzanspruch aus zivilrechtlichem Vertrag Bsp.: §§ 280 ff. BGB	Schadensersatzanspruch aus öffentlich-rechtlichem Vertrag Bsp.: pVV der §§ 54 ff. VwVfG
	Schadensersatzanspruch aus zivilrechtlichem vertragsähnlichen Verhältnis Bsp.: pVV einer berechtigten GoA	Schadensersatzanspruch aus (sonstigen) öffentlich-rechtlichen Schuldverhältnissen Bsp.: pVV eines öffentlich-rechtlichen Benutzungsverhältnisses (vgl. § 4 Rn. 7 ff.)
Verletzung absoluter Pflichten	Deliktische Ansprüche auf Schadensersatz Bsp.: §§ 823 ff. BGB	Schadensersatzanspruch aus Amtshaftung gem. § 839 BGB i.V. mit Art. 34 GG
	Zivilrechtliche Folgenbeseitigungs- und Unterlassungsansprüche gem. § 1004 i.V. mit § 823 I BGB	Öffentlich-rechtlicher Folgenbeseitigungs- und Unterlassungsanspruch

B. Tatbestandsmerkmale

7 Öffentlich-rechtliche Schuldverhältnisse werden durch folgende Kriterien festgelegt:

- ❑ Fehlen einer gesetzlichen Regelung *(§ 3 Rn. 8)*.
- ❑ Rechtsnatur und Intensität der Rechtsbeziehungen *(§ 3 Rn. 9 f.)*.

Dagegen ist die Art der Begründung des Rechtsverhältnisses irrelevant (a. A. *Janson,* DÖV 1979, 696). Öffentlich-rechtliche Schuldverhältnisse können einseitig durch Rechtsnorm bzw. Verwaltungsakt oder zweiseitig durch Übereinkunft der Beteiligten begründet werden.

I. Regelungslücke

8 Einige öffentlich-rechtliche Sonderverbindungen sind gesetzlich geregelt. Sie fallen nicht unter die hier behandelten öffentlich-rechtlichen Schuldverhältnisse, weil ein Rückgriff auf zivilrechtliche Haftungsgrundsätze in diesen Fällen weder möglich noch erforderlich ist.

Beispiel: Schädigungen innerhalb von Postbenutzungsverhältnissen, bei denen Ersatz nur auf der Grundlage von §§ 11 ff. PostG gewährt wird (vgl. zur Amtshaftung § 7 *Rn. 7).*

II. Schuldrechtsähnliche öffentlich-rechtliche Sonderverbindung

1. Besonderes Näheverhältnis

9 Entscheidendes Merkmal öffentlich-rechtlicher Schuldverhältnisse ist ein besonders **enges Verhältnis** zwischen den Beteiligten, das nach Gegenstand und Struktur den zivilrechtlichen Schuldverhältnissen vergleichbar ist. Das erfordert eine gesteigerte, über die allgemeinen deliktischen Beziehungen hinausgehende Rechte- und Pflichtenstellung. Die Anforderungen hierfür sind umstritten, weil ein öffentlich-rechtliches Schuldverhältnis zwar ein besonderes Näheverhältnis voraussetzt, aber offen läßt, was darunter zu verstehen ist. Der Inhalt dieses Merkmals ist daher durch Auslegung unter Berücksichtigung des Zwecks dieser Haftungskonstruktion zu ermitteln.

> Das besondere Näheverhältnis zwischen den Beteiligten rechtfertigt ein besonderes, gegenüber dem allgemeinen Deliktsrecht verschärftes Haftungsregime.

10 Dabei fallen zwei **Besonderheiten** ins Auge, die unabdingbare Voraussetzung einer schuldrechtsähnlichen Sonderverbindung sind:

- ❑ Zum einen ist eine *Individualisierung* der Rechtsbeziehung erforderlich. Das bedeutet im Regelfall, daß einem Hoheitsträger ein abgrenzbarer Kreis von Privatpersonen gegenüberstehen muß (vgl. *Janson*, DÖV 1979, 697). Rechte und Pflichten, die jedermann betreffen, begründen keine öffentlich-rechtlichen Schuldverhältnisse.
- ❑ Zum anderen muß zwischen den Beteiligten eine *gesteigerte Pflichtenstellung* bestehen. Diese ergibt sich i. d. R. aus der erhöhten Gefährdung der Rechtsgüter der Beteiligten, die Folge ihrer rechtlich oder tatsächlich begründeten engen Verbindung ist.

  Beispiel: Hoheitliche Beschlagnahme zerbrechlicher Kunstgegenstände.

2. Öffentlich-rechtliche Beziehung

Die Sonderverbindung muß öffentlich-rechtliche Rechte und Pflichten zum Gegenstand haben und sich dadurch von zivilrechtlichen Schuldverhältnissen unterscheiden. Zur Abgrenzung ist primär auf die **Rechtsnatur** des das Rechtsverhältnis begründenden Hoheitsaktes abzustellen. Schuldverhältnisse, die durch einen öffentlich-rechtlichen Hoheitsakt begründet und geprägt werden, sind öffentlich-rechtlicher Natur. 11

Beispiel: Ein durch gemeindliche Satzung begründeter Anschluß- und Benutzungszwang von Grundstücken an die gemeindliche Wasserversorgung führt zu einem öffentlich-rechtlichen Schuldverhältnis in Form eines sog. öffentlich-rechtlichen Benutzungsverhältnisses zwischen der Gemeinde und den betroffenen Grundstückseigentümern.

Wird das Rechtsverhältnis durch **Realakt** begründet, ist darauf abzustellen, ob sein Gegenstand in engem **Sachzusammenhang** mit öffentlich-rechtlichen Rechten und Pflichten steht. Die Rechtslage ist insoweit mit der Abgrenzung zwischen zivilrechtlichen und öffentlich-rechtlichen Verträgen vergleichbar (vgl. *Kopp*, VwVfG, § 54 Rn. 7). 12

Beispiel: Verwahrung einer beweglichen Sache.

C. Inhalt

Öffentlich-rechtliche Schuldverhältnisse lassen sich nach ihrem Entstehungsgrund unterteilen in: 13

I. Sachbezogene Schuldverhältnisse

Abzustellen ist auf die Handlung, durch die das besondere Näheverhältnis begründet und gesteigerte Pflichten ausgelöst werden. Darunter fallen: 14

- ❑ Rechtsbeziehungen, die eine *besondere Obhutspflicht* zum Inhalt haben.

Beispiel: Öffentlich-rechtliche Verwahrverhältnisse, die z. B. durch die polizeilich angeordnete Sicherstellung eines Fahrzeuges entstehen.

❑ Rechtsverhältnisse, bei denen sich die Leistung der Verwaltung und die *Gegenleistung* des Privaten ohne vertragliche Grundlage gegenüberstehen.

Beispiel: Öffentlich-rechtliche Benutzungsverhältnisse bei Anschluß- und Benutzungszwang eines Grundstückseigentümers an die gemeindliche Trinkwasserversorgung aufgrund gemeindlicher Satzung.

Beachte: Bei eigenmächtiger Wahrnehmung fremder Interessen kann aufgrund der damit verbundenen Einwirkungsmöglichkeiten auf fremde Rechtsgüter ebenfalls ein öffentlich-rechtliches Schuldverhältnis in Form einer öffentlich-rechtlichen Geschäftsführung ohne Auftrag entstehen. Dieses Rechtsverhältnis folgt aber eigenen, den §§ 677 ff. BGB entlehnten Regeln und wird aufgrund seiner Examensbedeutung gesondert dargestellt (vgl. § 5).

II. Personenbezogene Schuldverhältnisse

15 Das erforderliche Näheverhältnis wird durch die besondere rechtliche Stellung der Beteiligten begründet. Die Rechtsprechung sieht unter Bezugnahme auf die besondere **Fürsorgepflicht** des Dienstherrn Beamtenverhältnisse als öffentlich-rechtliche Schuldverhältnisse an, für die allerdings besondere Grundsätze gelten (vgl. *E/M*, Allg. VerwR., § 53 Rn. 10 m. w. N.).

Beispiel: Verletzung der Pflicht zur Beachtung des Leistungsprinzips gem. Art. 33 II GG i. V. mit § 7 BRRG.

16 Das Fürsorgekriterium wurde aber nicht auf andere personenbezogene Rechtsverhältnisse wie z. B. das Schulverhältnis oder das Strafgefangenenverhältnis ausgedehnt. Die Rechtsprechung ist vielmehr den umgekehrten Weg gegangen und hat unter Aufgabe der bisherigen Rechtsauffassung (vgl. noch BVerwG, NVwZ 1989, 32) einen **eigenen,** im öffentlichen Dienstverhältnis wurzelnden **Schadensersatzanspruch** entwickelt, ohne daß es eines Rückgriffs auf das Rechtsinstitut „der Verletzung der Fürsorgepflicht" bedarf (vgl. BVerwGE 80, 123 – „*Beförderung*"). Dieser Anspruch stützt sich vielmehr unmittelbar auf die öffentlich-rechtliche Sonderverbindung. Das Beamtenverhältnis bildet damit das einzige personenbezogene Rechtsverhältnis, das zu den öffentlich-rechtlichen Schuldverhältnissen zu zählen ist.

D. Haftungsfolgen

Die Begründung öffentlich-rechtlicher Schuldverhältnisse ermöglicht aufgrund der Vergleichbarkeit der zugrundeliegenden Interessenlage eine **entsprechende Anwendung** zivilrechtlicher Haftungsregelungen, weil aufgrund des besonders engen Verhältnisses der Einzelnen zu einem Hoheitsträger ein Bedürfnis für eine angemessene Verteilung der Verantwortung innerhalb des öffentlichen Rechts besteht (BGHZ 21, 214). Dies verbessert die Stellung des Geschädigten. Dadurch werden die Defizite der öffentlich-rechtlichen Deliktshaftung (Amtshaftung) kompensiert (vgl. dazu *§ 8 Rn. 15 ff.*).

17

Der dadurch ermöglichte Zugriff auf zivilrechtliche Haftungsregelungen ist allerdings **ausgeschlossen,** wenn die **Besonderheiten** des öffentlichen Rechts im Einzelfall entgegenstehen. Diese kommen insb. in der rechtlichen oder tatsächlichen Überlegenheit der öffentlichen Gewalt und ihrer dadurch bedingten erhöhten Grundrechts- und Gesetzesbindung zum Ausdruck, die im Zivilrecht nicht in vergleichbarer Weise anzutreffen ist. Dies schließt vor allem eine (entsprechende) Anwendung von solchen zivilrechtlichen Bestimmungen aus, die eine Haftung der öffentlichen Hand begrenzen.

Beispiel: § 690 BGB ist auf öffentlich-rechtliche Verwahrverhältnisse unanwendbar, da ein Hoheitsträger, der allgemein nachlässig verfährt, nicht durch eine Haftungsbeschränkung auf Vorsatz und große Fahrlässigkeit belohnt werden soll (vgl. *Ossenbühl,* StHR, S. 288).

18 Die **unterschiedlichen Rechtsfolgen** bei Amtshaftung und Haftung aus öffentlich-rechtlichen Schuldverhältnissen verdeutlicht folgende Übersicht:

Haftungsfolgen im privaten und im öffentlichen Recht		
Abgrenzungskriterien	Haftung aus öffentlich-rechtlichen Schuldverhältnissen	Amtshaftung
I. Haftung für Hilfspersonen	Vollumfängliche Haftung für Erfüllungsgehilfen gem. § 278 BGB analog *ohne* Exkulpationsmöglichkeit; Haftungszurechnung auch bei privaten Unternehmern, die zur Erfüllung hoheitlicher Vertragsverpflichtungen herangezogen werden	Beschränkte Haftung für Verwaltungshelfer gem. § 831 BGB analog *mit* Exkulpationsmöglichkeit bei ordnungsgemäßer Beaufsichtigung („Werkzeugtheorie", str., vgl. *§ 7 Rn. 28 ff.*); nach a.A. keine Haftung, wenn hoheitliche Aufgaben durch Privatunternehmer erfüllt werden, die keine Beliehenen sind
II. Subsidiarität der Haftung	./.	Subsidiaritätsklausel gem. § 839 I 2 BGB
III. Mitverschulden	254 BGB analog	§ 839 III BGB bei schuldhafter Versäumung eines Rechtsmittels
IV. Beweislast für Verschulden	Beklagter (§ 282 BGB analog), wenn Kläger Pflichtverletzung und Schaden darlegt	Kläger
V. Anspruchsinhalt	Naturalrestitution i.S. von §§ 249 ff. BGB analog, aber kein Schmerzensgeld	Nur Geldersatz, aber ggf. zusätzlich Schmerzensgeld gem. § 847 BGB
VI. Verjährung	Grds. § 195 BGB analog (30 Jahre)	§ 852 BGB (3 Jahre)

E. Wiederholung

I. Zusammenfassung

❑ Unter einem öffentlich-rechtlichen Schuldverhältnis versteht man eine besonders enge öffentlich-rechtliche Beziehung zwischen Hoheitsträgern und Privaten, die nach Gegenstand und Struktur zivilrechtlichen Schuldverhältnissen vergleichbar ist.

❑ Öffentlich-rechtliche Schuldverhältnisse verhindern Haftungsdefizite im öffentlichen Recht, indem sie bei Pflichtverletzungen vertragsähnli-

che Schadensersatzansprüche begründen und dadurch die Haftung erweitern.
- Die Haftung innerhalb öffentlich-rechtlicher Schuldverhältnisse bestimmt sich vorrangig nach öffentlichem Recht. Im übrigen kann aufgrund der vergleichbaren Sach- und Interessenlage auf zivilrechtliche Vorschriften zurückgegriffen werden, sofern die Besonderheiten des öffentlichen Rechts nicht entgegenstehen.

II. Fragen

1. Was versteht man unter einem öffentlich-rechtlichen Schuldverhältnis?
2. Welche Haftungskonzeption liegt öffentlich-rechtlichen Schuldverhältnissen zugrunde?
3. Welche Merkmale müssen öffentlich-rechtliche Schuldverhältnisse erfüllen?
4. Nach welchen Vorschriften bestimmt sich die Haftung bei öffentlich-rechtlichen Schuldverhältnissen?
5. Wie wirkt sich das Bestehen eines öffentlich-rechtlichen Schuldverhältnisses auf die Rechtsposition des Geschädigten aus?

III. Lösungen

1. vgl. § 3 Rn. 2.
2. Den öffentlich-rechtlichen Schuldverhältnissen liegt eine zweigeteilte Haftungskonzeption zugrunde, die dem Zivilrecht entlehnt ist. Sie orientiert sich an der Intensität der Rechtsbeziehung zwischen den Beteiligten (sog. „Näheverhältnis").
3. Vergleiche dazu § 3 Rn. 7 ff.
4. Die Haftung bestimmt sich vorrangig nach öffentlichem Recht. Zivilrechtliche Haftungsvorschriften finden ergänzend Anwendung, wenn ein besonders enges Verhältnis des einzelnen zu einem Hoheitsträger besteht, aufgrund dessen mangels ausdrücklicher gesetzlicher Regelung ein Bedürfnis für eine angemessene Verteilung der Verantwortung innerhalb des öffentlichen Rechts besteht.
5. Sie verbessert die Rechtsposition des Geschädigten, da die Defizite der Amtshaftung kompensiert werden.

§ 4. Öffentlich-rechtliche Benutzungs- und Leistungsverhältnisse

Literatur: *Gries/Willebrand*, JuS 1990, 103 ff. und 193 ff.; *Rüfner*, in: Erichsen/Martens, Allgemeines Verwaltungsrecht, 9. Aufl. 1992, § 53 (zit.: *E/M*, Allg. VerwR.); *Maurer*, Allgemeines Verwaltungsrecht, 9. Aufl. 1994, § 28 (zit.: *Maurer*, Allg. VerwR.); *Ossenbühl*, Staatshaftungsrecht, 4. Aufl. 1991, § 41 ff. (zit.: *Ossenbühl*, StHR).

1 Ansprüche aus öffentlich-rechtlichen Benutzungs- und Leistungsverhältnissen treten im Examen relativ häufig auf. An ihnen zeigt sich beispielhaft Konstruktion und Problematik einer Haftung aus öffentlich-rechtlichen Schuldverhältnissen, für die die Rechtsprechung vielfältiges Anschauungsmaterial liefert. Aus staatshaftungsrechtlicher Sicht stehen nicht Primäransprüche auf Erfüllung, sondern Sekundäransprüche bei Leistungsstörungen im Vordergrund. Diese können in unterschiedlichen Richtungen entstehen, wie folgende Beispielsfälle zeigen:

A. Beispielsfall „Bullentod" (vgl. BGH, NJW 1974, 1816)

2 Die Stadt S betreibt einen Schlachthof, dessen Benutzung durch Satzung geregelt ist. Darin ist neben einem Benutzungszwang für das Schlachten (§ 1) und besonderen Zulassungsvoraussetzungen für die Benutzung (§ 2) eine Gebührenpflicht vorgesehen (§ 3). Die Verkehrssicherungspflicht wird von S hoheitlich übernommen (§ 4), wobei die Haftung für Schäden bei der Schlachthofbenutzung auf Vorsatz und grobe Fahrlässigkeit beschränkt wird (§ 5). Die ortsansässige Metzgerei M läßt ihr Schlachtgut aufgrund der Satzung im städtischen Schlachthof schlachten. Dabei verenden zwei Bullen, weil sie aufgrund fahrlässigen Verhaltens des bei S angestellten A von der Rampe gleiten und sich an ihren Ketten erdrosseln. Das Fleisch ist deshalb ungenießbar, wodurch M ein Schaden in Höhe von DM 5.000,– entsteht.

Hat eine Klage der M gegen S auf Ersatz des Schadens Aussicht auf Erfolg?

I. Auslegung des Rechtsschutzziels

3 Am Beginn der Fallbearbeitung steht die Ermittlung des Rechtsschutzzieles und – daran anschließend – Überlegungen zum zweckmäßigen Prüfungsaufbau. Diese tauchen zwar in der Niederschrift nicht auf, sind aber unerläßliche Voraussetzung für eine erfolgreiche Fallösung. Zur Veranschaulichung mag folgender Vergleich dienen: „Ein Bergsteiger, der einen Gipfel erklimmen will, klettert auch nicht einfach los, sondern überlegt sich zu-

nächst, welche Stelle er erreichen will und welcher Weg hierfür am besten geeignet ist." Das Rechtsschutzziel ergibt sich aus dem **Bearbeitervermerk**. Demzufolge ist vorliegend eine Prüfung in materiell-rechtlicher und prozessualer Hinsicht erforderlich („Aussicht auf Erfolg"). Da noch kein Rechtsbehelf eingelegt worden ist, steht es dem Bearbeiter frei, ob er mit der Prüfung der materiellen oder der prozessualen Rechtslage beginnt. Bei staatshaftungsrechtlichen Aufgaben empfiehlt es sich, mit der materiell-rechtlichen Prüfung („Begründetheitsprüfung") zu beginnen, weil in diesem Rechtsgebiet eine Vielzahl von anspruchsabhängigen Rechtswegzuweisungen bestehen (z. B. Art. 34 Satz 3 GG bei Amtshaftungsansprüchen, vgl. *§ 9 Rn. 18*), deren endgültige Beurteilung erst nach Abschluß der Begründetheitsprüfung möglich ist.

II. Anspruchssituation

Durch sie wird festgelegt, zwischen welchen Personen Anspruchsbeziehungen bestehen und welche Anspruchsgrundlagen in Betracht kommen. Diese Vorüberlegung ist notwendig zur richtigen Zeiteinteilung und „Problemgewichtung" bei der Niederschrift. Ausgehend vom Klagebegehren des M kommt es vorliegend auf die Anspruchssituation zwischen M und S an. 4

1. Anspruchsgrundlagen

Die Ermittlung der einschlägigen Anspruchsgrundlagen folgt der im Zivilrecht üblichen Vorgehensweise. Abzustellen ist auf die Anspruchsbeziehungen (M und S) und auf das Anspruchsziel (Schadensersatz in Geld). Auf der Grundlage des Aufbauschemas „Säulen des Staatshaftungsrechts" (vgl. dazu *§ 2 Rn. 5 f.*) kommen vorliegend zwei Anspruchsgrundlagen in Betracht: 5

❑ pVV eines öffentlich-rechtlichen Benutzungsverhältnisses – und –

❑ Amtshaftung gem. § 839 BGB i. V. mit Art. 34 Satz 1 GG.

2. Anspruchskonkurrenzen

Die Anspruchsgrundlagen stammen aus verschiedenen Anspruchsbereichen („Säulen") und sind daher nebeneinander anwendbar („**Idealkonkurrenz**"). Die vertragsähnliche Haftung der öffentlichen Hand tritt gleichwertig neben die deliktische Haftung aus unerlaubter Handlung (BGH, NJW 1974, 1816). Dabei ist zweckmäßigerweise mit der Prüfung eines Anspruches aus öffentlich-rechtlichem Benutzungsverhältnis zu beginnen, weil dieses vertragsähnliche öffentlich-rechtliche Schuldverhältnis die Tatbestandsmerkmale des (deliktischen) Amtshaftungsanspruchs beeinflussen kann, was sich insb. beim Haftungsmaßstab zeigt (vgl. eingehend *§ 4 Rn. 14 ff.; § 8 Rn. 10 ff.*). 6

III. Anspruch aufgrund pVV des Benutzungsverhältnisses

1. Anwendbarkeit

7   Die im Zivilrecht entwickelten Regeln einer pVV sind auf öffentlich-rechtliche Benutzungsverhältnisse unter folgenden Voraussetzungen entsprechend anwendbar:

8   a) Zwischen dem einzelnen und der Verwaltung muß ein **besonders enges**, über die allgemeinen deliktischen Rechte und Pflichten hinausgehendes **Verhältnis** begründet worden sein (vgl. VGH Mannheim, NVwZ-RR 1991, 325 – *„Zyanid"*).

Das vorliegende öffentlich-rechtliche Anstaltsbenutzungsverhältnis ist ein öffentlich-rechtliches Schuldverhältnis, bei dem die geforderte „Nähe" zur Verwaltung durch die Zulassung der M zur Benutzung des Schlachthofs gegeben ist.

9   b) Mangels ausdrücklicher gesetzlicher Regelung muß ein **Bedürfnis** für eine angemessene Verteilung der Verantwortlichkeit im öffentlichen Recht bestehen, durch das eine entsprechende Anwendung schuldrechtlicher Haftungsgrundsätze ermöglicht wird (vgl. VGH Mannheim, NVwZ-RR 1991, 325 – *„Zyanid"*).

Die hier auftretenden Leistungsstörungen sind nicht im öffentlichen Recht geregelt. Auch das Zivilrecht enthält insoweit keine speziellen Vorschriften (z. B. Gewährleistungsrecht), die die ungeschriebenen Regeln der pVV verdrängen. Dies führt zu einer Regelungslücke, die durch entsprechende Anwendung der zivilrechtlichen Grundsätze der pVV zu schließen ist.

2. Anspruchsvoraussetzungen

10 Die Tatbestandsprüfung folgt im wesentlichen dem Aufbau bei zivilrechtlichen Ansprüchen aus pVV. Sie setzt sich aus folgenden Merkmalen zusammen:

a) **Öffentlich-rechtliches Schuldverhältnis**

11 M war aufgrund der Satzung verpflichtet, den von S betriebenen Schlachthof zu benutzen und ist zur Benutzung auch zugelassen worden. Zwischen den Parteien bestand daher zum Zeitpunkt des schädigenden Ereignisses ein öffentlich-rechtliches Schuldverhältnis in Form eines Anstaltsbenutzungsverhältnis.

Beachte: Erleiden Dritte, die nicht Partei des öffentlich-rechtlichen Schuldverhältnisses sind, durch Verletzung von Schutzpflichten einen Schaden, steht ihnen ein eigener Schadensersatzanspruch aus pVV zu, wenn die im Zivilrecht entwickelten Kriterien für Verträge mit Schutzwirkung für Dritte bei entsprechender Anwendung erfüllt sind und sie deshalb in den Schutzbereich des öffentlich-rechtlichen Schuldverhältnisses einbezogen werden. Außerdem ist ein innerer Zusammenhang zwischen Benutzungsverhältnis und Schaden erforderlich (vgl. BGH, NJW 1992, 39 – „*Regenwasser*"). Eine Geltendmachung des Anspruchs im Wege einer Drittschadensliquidation ist in diesem Fall nicht möglich (vgl. VGH Mannheim, NVwZ–RR 1992, 656 – „*Klärschlamm*").

b) **Objektive Pflichtverletzung**
Aus Anstaltsbenutzungsverhältnissen ergeben sich wechselseitige vertragsähnliche Rechte und Pflichten, insb. in Form von Verkehrssicherungspflichten. S wäre daher auch ohne die ausdrückliche Regelung in § 4 der Benutzungssatzung verpflichtet gewesen, den Schlachthof und seine Benutzung so zu organisieren und durchzuführen, daß Rechtsgüter der Benutzer nicht gefährdet werden. Diese Pflicht ist objektiv verletzt worden. 12

c) **Verschulden**
Die Pflichtverletzung erfolgte durch fahrlässiges Handeln des A gem. § 276 I 2 BGB analog. Sein Verschulden ist S gem. § 278 BGB analog zuzurechnen, weil diese sich zur Erfüllung ihrer Aufgaben der Hilfe des A bediente, der insoweit als Erfüllungsgehilfe handelte (vgl. VGH Mannheim, NVwZ-RR 1991, 325 – „*Zyanid*"). 13

d) **Wirksamkeit der Haftungsbegrenzung**
Der Verschuldenstatbestand würde aber aufgrund der in der Satzung verankerten Haftungsbegrenzung (§ 5) entfallen, wenn diese wirksam ist. 14

Grundsätzlich ist es auch innerhalb öffentlich-rechtlicher Schuldverhältnisse zulässig, die Haftung zu beschränken, um eine **Überhaftung** der öffentlichen Hand zu vermeiden. Dies rechtfertigt sich aus der vergleichbaren Sach- und Interessenlage bei öffentlich-rechtlichen und privatrechtlichen Schuldverhältnissen und gilt auch bei öffentlichen Einrichtungen, die mit Benutzungszwang ausgestattet sind oder rechtlich oder tatsächlich eine Monopolstellung einnehmen (vgl. *Ossenbühl*, StHR, S. 301). Solche Haftungsbeschränkungen sind nur dann (generell) ausgeschlossen, wenn sie mit dem Charakter der öffentlichen Aufgabe unvereinbar sind und dem einzelnen ein unbilliges Opfer abverlangen würden.

Beispiel: Haftungsausschluß für die Lieferung von gesundheitsgefährdenden Wasser durch die gemeindliche Trinkwasserversorgung bei gleichzeitigem Anschluß- und Benutzungszwang.

Im vorliegenden Fall ist die satzungsmäßige Haftungsbegrenzung nicht von vornherein aufgrund des Benutzungszwangs ausgeschlos- 15 sen. Daraus darf allerdings nicht gefolgert werden, daß jede Haftungsbeschränkung stets zulässig ist. Die Vergleichbarkeit mit zivilrechtlichen Schuldverhältnissen führt vielmehr dazu, daß Haftungsbeschränkungen bei öffentlich-rechtlichen Schuldverhältnissen den gleichen **Grenzen** unterliegen wie bei privatrechtlichen Schuldverhältnissen. Dies führt zu folgenden **Differenzierungen:**

- ❑ Ein Haftungsausschluß bei *Vorsatz* ist gem. § 276 II BGB analog unzulässig. Gleiches gilt – zumindest bei satzungsmäßig auferlegten Haftungsbegrenzungen – gem. § 11 I Nr. 7 AGBG analog für *grob fahrlässiges* Handeln.

- ❑ Im übrigen ist eine Haftungsbegrenzung zulässig, wenn sie in *formeller* Hinsicht in der gleichen Art und Weise wie die Regelung des öffentlich-rechtlichen Schuldverhältnisses erfolgt und wenn sie in *materieller* Hinsicht durch sachliche Gründe gerechtfertigt ist und nicht gegen das Übermaßverbot verstößt.

Aufgrund dieser Kriterien ist die Haftungsbeschränkung in § 5 der Satzung als wirksam anzusehen. Denn sie schließt die Haftung nur für fahrlässiges Verhalten aus und ist zur Vermeidung einer Überhaftung der Verwaltung sachlich gerechtfertigt und verhältnismäßig. Sie erging außerdem in der gleichen Form wie die sonstigen Regelungen des öffentlich-rechtlichen Benutzungsverhältnisses. Der Schuldvorwurf entfällt daher.

Ergebnis: Die Voraussetzungen eines Schadensersatzanspruchs aufgrund pVV des öffentlich-rechtlichen Anstaltsbenutzungsverhältnisses sind **nicht** erfüllt. Ob M von S Schadensersatz aufgrund § 839 BGB i. V. mit Art. 34 Satz 1 GG verlangen kann, wird vor allem davon abhängen, ob die in der Satzung festgelegte Haftungsbeschränkung auch gegenüber Amtshaftungsansprüchen Rechtswirkung entfaltet und diese ausschließt (vgl. dazu *§ 8 Rn. 10 ff.*).

3. Prozessuales

16   Hilfsgutachtlich bleibt zu prüfen, auf welche Weise ein (unterstellter) Schadensersatzanspruch aus pVV des öffentlich-rechtlichen Benutzungsverhältnisses prozessual durchgesetzt werden könnte. Probleme wirft dabei allein die Frage des richtigen **Rechtswegs** auf. Der Schadensersatzanspruch leitet sich aus einem öffentlich-rechtlichen Rechtsverhältnis ab, so daß an sich gem. § 40 I VwGO der Verwaltungsrechtsweg eröffnet ist. § 40 II 1 VwGO enthält aber für Schadensersatzansprüche von Privaten gegen Hoheitsträger wegen Verletzung öffentlich-rechtlicher Pflichten eine abdrängende Sonderzuweisung zu den Zivilgerichten, soweit die Pflichten nicht auf einem öffentlich-rechtlichen Vertrag beru-

hen. M müßte einen Schadensersatzanspruch aus pVV des Benutzungsverhältnisses gegen S daher gem. § 40 II 1 VwGO im ordentlichen Rechtsweg geltend machen. Dies gilt allerdings **nicht** im umgekehrten Fall, wenn Hoheitsträger Ansprüche aus öffentlich-rechtlichen Benutzungs- oder Leistungsverhältnissen gegen Private geltend machen (vgl. zur Begründung *§ 4 Rn. 29*). Die spezifischen Probleme dieser Fallkonstellation soll der folgende Fall verdeutlichen:

B. Beispielsfall „Klärschlamm" (vgl. VGH Mannheim, NVwZ-RR 1992, 656)

Die Stadt S betreibt eine Kläranlage, für die aufgrund der städtischen Entwässerungssatzung (EWS) ein Anschluß- und Benutzungszwang für alle Grundstückseigentümer im räumlichen Geltungsbereich der Satzung besteht. Gemäß § 3 EWS ist die Einleitung von Abwässern, die Schwermetalle enthalten, unzulässig. Das metallverarbeitende Unternehmen U leitet dennoch stark cadmiumhaltige Abwässer ein, was zur Verunreinigung des Klärschlammes führt. S kann diesen daher nicht mehr wie bisher an die Landwirte der Umgebung verkaufen, wodurch ihr ein Schaden in Höhe von DM 20.000 entsteht.

Hat S gegen U einen Anspruch auf Ersatz des Schadens aufgrund pVV des Benutzungsverhältnisses? Auf welche Weise könnte er ggf. durchgesetzt werden?

I. Anwendbarkeit der Regeln der pVV

Die im Zivilrecht entwickelten Grundsätze einer pVV sind vorliegend anwendbar, weil durch das öffentlich-rechtliche Benutzungsverhältnis ein besonders enges Verhältnis zwischen S und U begründet worden ist, bei dem mangels ausdrücklicher (Haftungs-)Regelung ein Bedürfnis für eine angemessene Verteilung der Verantwortung besteht.

II. Anspruchsvoraussetzungen

1. Öffentlich-rechtliches Schuldverhältnis

Das zwischen S und U aufgrund der EWS bestehende Benutzungsverhältnis ist ein öffentlich-rechtliches Schuldverhältnis (vgl. *§ 3 Rn. 14*).

2. Objektive Pflichtverletzung

U hat die durch § 3 EWS begründete Pflicht verletzt, keine schwermetallhaltigen Abwässer einzuleiten. Hinsichtlich der Wirksamkeit dieser Satzungsbestimmung bestehen keine Bedenken. Wer eine öffentlich-rechtliche Einrichtung in Anspruch nimmt, ist in nicht geringerem Maße als ein Mieter, der mit der Mietsache pfleglich umzugehen hat, verpflichtet, den Anstaltsträger nicht zu schädigen (vgl. VGH Mannheim, NVwZ-RR 1991, 325 – „*Zyanid*").

3. Verschulden

21 Auch wenn man unterstellt, daß der Geschäftsführer (Organ) von U keine Kenntnis von der Verunreinigung des Abwassers gehabt hat, ist ein Verschulden des U gegeben. Dies folgt aus der **Beweislastregel** des § 282 BGB, die bei öffentlich-rechtlichen Schuldverhältnissen entsprechend anwendbar ist. U muß daher bei Verstößen in seinem Organisations- und Risikobereich nachweisen, daß es kein Verschulden trifft (VGH Mannheim, NVwZ-RR 1992, 656 – „*Klärschlamm*"). Dafür müßte (jedenfalls) ein Sachverhalt dargelegt und unter Beweis gestellt werden, der den Schuldvorwurf entfallen läßt (VGH Mannheim, NVwZ-RR 1991, 325 – „*Zyanid*"). Die behauptete Unkenntnis der Pflichtverletzung genügt insoweit nicht. U haftet daher gem. § 278 BGB analog auch für das Verschulden der Personen, derer es sich zur Erfüllung seiner Verbindlichkeiten bedient, ohne daß diese konkret ermittelt und von S benannt werden müssen.

4. Kausalität und Schaden

22 Durch die Pflichtverletzung entstand S ein Schaden in Höhe von 20.000 DM, weil der kontaminierte Klärschlamm nicht verkehrsfähig ist. Der Schaden liegt im Schutzbereich der verletzten Pflicht, weil diese (zumindest auch) den Zweck hat, S als Betreiberin der Kläranlage vor solchen Schädigungen zu schützen.

5. Mitverschulden

23 Ein gem. § 254 BGB analog zu berücksichtigendes Mitverschulden der S ist nicht ersichtlich, weil sie die Verunreinigung des Abwassers nicht erkennen konnte.

Die Voraussetzungen für einen Anspruch aus pVV des öffentlich-rechtlichen Benutzungsverhältnisses sind daher erfüllt.

III. Rechtsfolgen

1. Anspruchsgegner

24 Der Anspruch richtet sich gegen denjenigen, mit dem das öffentlich-rechtliche Schuldverhältnis besteht. Daneben kann der Handelnde selbst („gesamtschuldnerisch") aufgrund Deliktsrecht in Anspruch genommen werden. Da der Schädiger nicht zu ermitteln ist, bleibt es bei dem vertragsähnlichen Ersatzanspruch der S gegen U aus pVV.

2. Art und Umfang der Haftung

Abzustellen ist auf §§ 249 ff. BGB in entsprechender Anwendung. I.d.R. kann nur Schadensersatz in Geld verlangt werden. Sein Umfang bemißt sich nach dem positiven Interesse (Erfüllungsinteresse) des Geschädigten.

Ergebnis: S kann von U Schadensersatz in Höhe von DM 20.000 aufgrund pVV des öffentlich-rechtlichen Benutzungsverhältnisses verlangen.

IV. Durchsetzung des Anspruchs

Der Verwaltung stehen neben gerichtlichen (Klage) auch außergerichtliche Mittel (Leistungsbescheid) zur Durchsetzung des Anspruchs zur Verfügung. Besonderes Augenmerk richtet sich auf das Verhältnis, in dem diese Möglichkeiten zueinander stehen.

1. Leistungsbescheid

S ist **nicht berechtigt**, ihren Ersatzanspruch gegen U mittels eines auf Zahlung von Schadensersatz gerichteten Leistungsbescheids durchzusetzen („Titelfunktion", vgl. *Stelkens, in: Stelkens/Bohk/Sachs*, Verwaltungsverfahrensgesetz, 4. Aufl. 1993, § 35 Rn. 18). Denn es **fehlt** die hierfür erforderliche (ausdrückliche) gesetzliche Ermächtigung. Auch ein Über-/Unterordnungsverhältnis zwischen S und U, das die Geltendmachung des Anspruchs durch Verwaltungsakt legitimieren würde, ist nicht gegeben, da die Parteien sich aufgrund der vertragsähnlichen Beziehungen auf einer „Gleichordnungsebene" gegenüberstehen.

2. Klageerhebung

S muß ihre Schadensersatzforderung daher im Klageweg geltend machen. Bei der Zulässigkeitsprüfung sind folgende Gesichtspunkte zu beachten:

a) Rechtsweg

Die Klage ist gem. § 40 I VwGO im **Verwaltungsrechtsweg** zu erheben. Der Anspruch ist öffentlich-rechtlicher Natur, weil er sich auf die Verletzung von Pflichten aus dem zwischen S und U bestehenden öffentlich-rechtlichen Kanalbenutzungsverhältnis stützt. Der öffentlich-rechtliche Charakter dieses Rechtsverhältnisses ergibt sich aus seiner satzungsrechtlichen Ausgestaltung (VGH Mannheim, NVwZ-RR 1992, 656 – „*Klärschlamm*"). Die besondere Rechtswegzuweisung des **§ 40 II 1 VwGO** wegen Verletzung öffentlich-rechtlicher Pflichten greift **nicht** ein, weil ihr Anwendungsbereich auf Schadensersatzansprüche des Bürgers gegen Hoheitsträger beschränkt ist. Auf den hier vorliegenden umgekehrten Fall ist die Vorschrift aufgrund ihres Normzwecks nicht anwendbar (VGH Mannheim, NVwZ-RR 1992, 656). § 40 II 1 VwGO will eine Verdoppelung des Rechtsweges ausschließen, die sich sonst aus der zumindest bei Sekundäransprüchen regelmäßig bestehenden Konkurrenz mit Amtshaftungsansprüchen ergeben würde. Diese „Gefahr" besteht aber nur bei Ansprüchen gegen Hoheitsträger (vgl. *Kopp*, VwGO, 9. Aufl. 1992, § 40 Rn. 71 f.).

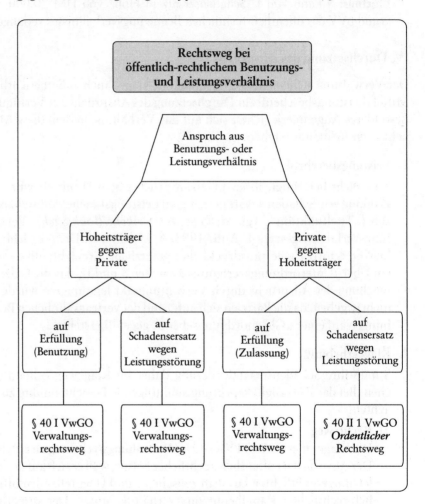

b) **Klageart**

30   Richtige Klageart ist eine allgemeine Leistungsklage. Eine Verpflichtungsklage scheidet aus, weil die Leistung von Schadensersatz durch Private nicht aufgrund Verwaltungsakt erfolgt.

c) **Klagebefugnis**

31   Die gem. § 42 II VwGO analog erforderliche Klagebefugnis ergibt

sich aus dem auf das öffentlich-rechtliche Benutzungsverhältnis gestützten (möglichen) Anspruch der S.

d) **Rechtsschutzbedürfnis**
Der Klage fehlt nicht das Rechtsschutzbedürfnis. S war zur Geltendmachung des Anspruchs durch Leistungsbescheid nicht berechtigt, so daß darin keine einfachere, gleich geeignete Durchsetzungsmöglichkeit zu sehen ist (vgl. § 4 Rn. 27). Außerdem würde die Befugnis zum Erlaß eines Leistungsbescheids das Rechtsschutzbedürfnis nicht entfallen lassen, weil damit zu rechnen ist, daß U Klage gegen den Bescheid erheben wird und es damit in jedem Fall zu einem Rechtsstreit kommt.

Ergebnis: S kann ihren Schadensersatzanspruch gegen U nur durch allgemeine verwaltungsgerichtliche Leistungsklage durchsetzen.

C. Wiederholung

I. Zusammenfassung

❑ Öffentlich-rechtliche Benutzungsverhältnisse entstehen, wenn die Nutzung einer öffentlichen Einrichtung durch Satzung oder öffentlich-rechtlichen Vertrag geregelt ist, oder wenn das Rechtsverhältnis durch Verwaltungsakt („Zulassung") begründet wird.

❑ Treten bei Benutzung der Einrichtung Leistungsstörungen auf, können sich Schadensersatzansprüche aus entsprechender Anwendung zivilrechtlicher Regelungen ergeben, soweit spezielle öffentlich-rechtliche Vorschriften oder die Besonderheiten des öffentlichen Rechts nicht entgegenstehen.

❑ Haftungsbeschränkungen sind auch bei öffentlich-rechtlichen Benutzungsverhältnissen grds. zulässig, um eine „Überhaftung" der öffentlichen Hand zu vermeiden. Dies gilt nicht bei Vorsatz (§ 276 II BGB analog) und grober Fahrlässigkeit (§ 11 I Nr. 7 AGBG analog). Außerdem muß die Begrenzung in der gleichen Form wie die Begründung des Benutzungsverhältnisses erfolgen und sachlich gerechtfertigt sowie verhältnismäßig sein.

❑ Schadenersatzansprüche von Privaten gegen Hoheitsträger wegen Verletzung von Pflichten aus dem Benutzungsverhältnis sind gem. § 40 II 1 VwGO wegen ihrer „Sachnähe" zum Amtshaftungsanspruch im ordentlichen Rechtsweg geltend zu machen. Im umgekehrten Fall ist dagegen gem. § 40 I VwGO der Verwaltungsrechtsweg eröffnet („restriktive teleologische Normauslegung").

II. Fragen

1. Was versteht man unter öffentlich-rechtlichen Benutzungsverhältnissen und wie können sie entstehen?
2. Woraus können sich Schadensersatzansprüche bei Leistungsstörungen ergeben?
3. Unter welchen Voraussetzungen sind die Regeln über eine pVV auf öffentlich-rechtliche Benutzungsverhältnisse anwendbar?
4. Sind Haftungsbegrenzungen durch Satzung zulässig?
5. Welcher Rechtsweg ist für Ansprüche aus pVV des öffentlich-rechtlichen Benutzungsverhältnisses eröffnet?

III. Lösungen

1. Der Begriff „öffentlich-rechtliches Benutzungsverhältnis" kennzeichnet das öffentlich-rechtliche Verhältnis zwischen Privaten und Hoheitsträgern bei der Benutzung öffentlicher Einrichtungen. Es entsteht i. d. R. aufgrund Satzung.
2. In Betracht kommt insb. eine analoge Anwendung der Regeln der pVV.
3. Vgl. dazu § 4 Rn. 7 ff.
4. Vgl. dazu § 4 Rn. 14 ff.
5. Der ordentliche Rechtsweg ist gem. § 40 II 1 VwGO (nur) für Klagen von Privatpersonen gegen öffentliche Rechtsträger gegeben. Für Rechtsbehelfe von Hoheitsträgern ist dagegen gem. § 40 I VwGO der Verwaltungsrechtsweg eröffnet.

§ 5. Öffentlich-rechtliche Geschäftsführung ohne Auftrag

Literatur: *Erichsen/Martens,* Allgemeines Verwaltungsrecht, 9. Aufl. 1992, § 30 (zit.: E/M, Allg. VerwR.); *Maurer,* Allgemeines Verwaltungsrecht, 9. Aufl. 1994, § 28 (zit.: Maurer, Allg. VerwR.); *Ossenbühl,* Staatshaftungsrecht, 4. Aufl. 1991, §§ 43 ff. (zit.: Ossenbühl, StHR); *Palandt,* 53. Aufl. 1994, §§ 677 ff. (zit.: Pal.); *Seiler,* in: Münchener Kommentar-BGB, 2. Aufl. 1986, vor § 677 Rn. 22 ff. (zit.: MK).

A. Allgemeines

I. Begriff

Eine öffentlich-rechtliche Geschäftsführung ohne Auftrag (GoA) liegt gem. dem in § 677 BGB enthaltenen Rechtsgedanken vor, wenn der Geschäftsführer ein fremdes, öffentlich-rechtliches Geschäft ohne Auftrag oder sonstige Berechtigung für einen anderen ausführt (vgl. E/M, Allg. VerwR., § 30 Rn. 16).

Beispiel: Grundstückseigentümer E, dessen Grundstück unmittelbar an den von der letzten Sturmflut stark beschädigten Deich angrenzt, repariert diesen nach mehrmaligem erfolglosen Abhilfeverlangen anstelle des zuständigen Hoheitsträgers H, weil er eine Überschwemmung seines Hauses durch das nächste Hochwasser befürchtet.

II. Abgrenzung

Zur Unterscheidung zwischen öffentlich-rechtlicher und privatrechtlicher Geschäftsführung ohne Auftrag ist auf die **Rechtsnatur** des (fremden) **Geschäftes** abzustellen. Eine öffentlich-rechtliche GoA liegt vor, wenn das Geschäft öffentlich-rechtlicher Natur gewesen wäre, wenn es der Geschäftsherr selbst ausgeführt hätte (vgl. BGHZ 63, 167). Auf den Rechtscharakter einer möglicherweise bestehenden Pflicht zur Vornahme des Geschäftes kommt es dagegen nicht an. Das führt zu der auf den ersten Blick merkwürdig anmutenden Konsequenz, daß eine öffentlich-rechtliche GoA regelmäßig in den Fällen gegeben ist, in denen ein Privater für einen Hoheitsträger handelt, während sie im umgekehrten Fall grds. ausscheidet.

Beispiele:
❑ Repariert ein Privater anstelle des Trägers der Straßenbaulast eine öffentliche Straße, liegt eine öffentlich-rechtliche GoA vor, weil dieses Geschäft bei Wahrnehmung durch den an sich zuständigen Hoheitsträger öffentlich-rechtlicher Natur ist (Straßenbaulast, vgl. z. B. § 5 FStrG).
❑ Schleppt die Polizei ein verbotswidrig abgestelltes Auto eines Privaten ab, kommen nur Ansprüche aus privatrechtlicher GoA in Betracht. Der Private ist zwar

aufgrund öffentlichen Rechts (StVG, StVO) zum Wegfahren des Fahrzeuges verpflichtet, hätte aber bei der Durchführung dieses Geschäftes privatrechtlich gehandelt.

III. Rechtliche Grundlage

3 Soweit das öffentliche Recht keine speziellen Regelungen bereitstellt, beurteilt sich die öffentlich-rechtliche GoA nach §§ 677 ff. **BGB in entsprechender Anwendung** (BVerwG, NJW 1989, 922 – „*Deichbau*"). Dabei kann dahingestellt bleiben, ob dies rechtsmethodisch im Wege einer Analogiebildung erfolgt oder ob lediglich auf den in den zivilrechtlichen Geschäftsführungsvorschriften zum Ausdruck kommenden Rechtsgedanken abgestellt wird (vgl. *Ossenbühl*, StHR, S. 288).

B. Anwendungsbereich

4 Ausgehend von der Person des Geschäftsführers öffnet sich ein unterschiedlicher Anwendungsspielraum für Ansprüche aufgrund öffentlich-rechtlicher Geschäftsführung ohne Auftrag.

I. Verwaltungsträger handeln für Private

5 Ansprüche aus öffentlich-rechtlicher GoA entstehen insoweit i. d. R. nicht, weil das Geschäft – auch bei möglicherweise bestehender öffentlich-rechtlicher Verpflichtung – grds. privatrechtlicher Natur ist, wenn der Geschäftsherr, d. h. der Private es selbst ausgeführt hätte. In Betracht kommen daher allenfalls Ansprüche aus **privatrechtlicher GoA** (vgl. *Ossenbühl*, StHR, S. 289 f.). Diese scheiden aber ebenfalls aus, wenn der Geschäftsführer im Rahmen der sog. **Eingriffsverwaltung** handelt. Denn die öffentlich-rechtlichen Vorschriften (insb. die Kostengesetze) regeln in diesem Fall die Voraussetzungen und Rechtsfolgen des öffentlich-rechtlichen Tätigwerdens abschließend. Sie dürfen nicht durch einen Rückgriff auf privatrechtliche Geschäftsführungsregelungen umgangen werden (vgl. BGH, NJW 1993, 1258 – „*Fahrzeugbergung*"). Dies folgt aus der engen Bindung der Verwaltung an die öffentlich-rechtlichen Bestimmungen, die durch den (streng) hoheitlichen Charakter der Aufgabe bedingt und Ausfluß der Grundrechtsbindung der öffentlichen Gewalt gem. Art. 1 III GG ist (vgl. dazu Studium Jura, Verfassungsrecht I, § 5 Rn. 1 ff.). Für eine Anwendung der §§ 677 ff. BGB bleibt daher nur bei **Leistungsverwaltung**, insb. bei schlichthoheitlichem und verwaltungsprivatrechtlichem Handeln, Raum. Dieser wird durch die Regeln der Geschäftsführung ohne Auftrag aber nur dann ausgefüllt, wenn der Hoheitsträger mit Fremdgeschäftsführungswillen handelt – was bei sog. „auch fremden Ge-

§ 5. Öffentlich-rechtliche Geschäftsführung ohne Auftrag

schäften" regelmäßig der Fall ist (vgl. *§ 5 Rn. 17*)– und soweit die Kostenabwälzung auf Private nicht aufgrund des Charakters der Aufgabe ausgeschlossen ist (vgl. *E/M,* Allg. VerwR., § 30 Rn. 14).

Beispiel: Ist das Abschleppen eines verbotswidrig geparkten Fahrzeugs durch die Polizei rechtswidrig, steht ihr kein Kostenersatzanspruch aufgrund des einschlägigen Sicherheitsrechtes i. V. mit dem anzuwendenden Kostengesetz zu. Die Polizei kann ihre Aufwendungen auch nicht aufgrund der Regeln einer (privatrechtlichen) GoA ersetzt verlangen. Denn dies würde zur Umgehung der insoweit abschließenden öffentlich-rechtlichen Vorschriften führen und hätte das paradoxe Ergebnis, daß ein Aufwendungsersatzanspruch gerade wegen der Rechtswidrigkeit des Handelns besteht, weil der Hoheitsträger (nur) in diesem Fall ohne Auftrag oder sonstige Berechtigung handelt.

II. Private handeln für Verwaltungsträger

Dieser Bereich bildet das hauptsächliche Anwendungsfeld der öffentlich-rechtlichen GoA. Die in §§ 677 ff. BGB vorgesehene Verteilung der Rechte und Pflichten von Geschäftsführer und Geschäftsherrn ist **grds.** auch für das Verhältnis eines für die Verwaltung einspringenden Bürgers zum Hoheitsträger tragfähig und **angemessen** (vgl. OVG Lüneburg, NVwZ 1991, 81 – *„Baumwurzel")*. Dies rechtfertigt aber nicht die generelle Annahme, daß einem Privaten stets ein Anspruch gegen den zuständigen Hoheitsträger auf Ersatz seiner Aufwendungen aufgrund §§ 683, 670 BGB analog zusteht, wenn er dessen (öffentlich-rechtliche) Aufgaben erfüllt. Die Wahrnehmung dieser Aufgaben ist nämlich durch gesetzliche Kompetenzregelungen ausschließlich einem bestimmten Hoheitsträger zugewiesen. Dieser entscheidet, ob, in welcher Reihenfolge und auf welche Weise er tätig wird. Aufgrund des in Art. 104 a I GG verankerten Grundsatzes der Konnexität zwischen Verwaltungsaufgabe und Verwaltungsausgaben hat er auch die anfallenden Kosten zu tragen. Kommt der Hoheitsträger seinen Pflichten nicht nach, ist der Betroffene auf die einschlägigen Rechtsschutzmöglichkeiten zu verweisen. Er ist grds. aber nicht berechtigt, die Aufgabe selbst anstelle des Hoheitsträgers zu erfüllen. Denn dies würde im Ergebnis dazu führen, daß Private den **Entscheidungs- und Handlungsvorrang** der Verwaltung übergehen und den gewünschten Erfolg selbst durch eigenmächtige, private Selbsthilfe herbeiführen können, wobei die Verwaltung nachher mit den dabei entstandenen Kosten belastet würde. Das gilt insb. bei sog. **Selbsthilfeaufwendungen,** die ein Privater erbringt, um eine Leistung zu erlangen, die ein Verwaltungsträger ihm zu gewähren hat (vgl. *Ossenbühl,* StHR, S. 290).

6

Beispiel: Ausbesserung des Bürgersteigs durch den Hauseigentümer anstelle der als Trägerin der Straßenbaulast zuständigen Gemeinde.

Der Anwendungsbereich einer öffentlich-rechtlichen GoA ist daher neben den Hilfeleistungen in besonderen Notlagen (sog. **„Nothilfefälle"**) auf die

7

Fälle zu beschränken, in denen die zuständige Behörde nicht oder nicht mit der sachlich gebotenen Dringlichkeit tätig wird (sog. „**Dringlichkeitsfälle**").

Beispiel: Fällen eines zum öffentlichen Straßengrund gehörenden Baumes, der jeden Moment auf ein Haus zu stürzen droht.

C. Beispielsfall „Herbststurm" (vgl. auch BVerwG, NJW 1989, 922)

8 Das mit einem Wohnhaus bebaute Grundstück des E grenzt an eine Gemeindestraße. Die Gemeinde G hatte als Trägerin der Straßenbaulast im Jahre 1950 die zur öffentlichen Straße gehörende Böschung mit Fichten bepflanzt, die mittlerweile eine beträchtliche Höhe erreicht haben. Aufgrund des sandigen Untergrundes und der Herbststürme des vergangenen Jahres haben die Bäume ihre Standfestigkeit verloren und drohen auf das Haus des E zu fallen. E hat deswegen schon mehrfach bei G und der zuständigen Aufsichtsbehörde vorgesprochen und unverzügliche Abhilfe verlangt. Gleichwohl geschah nichts. Nachdem drei Monate verstrichen sind und eine kleinere Fichte bereits auf den Hühnerstall des E gestürzt ist und den Hahn Gallo erschlagen hat, beauftragt E angesichts der fortbestehenden erheblichen Gefährdung eine Gartenbaufirma. Diese fällt die Fichten, da sie nicht durch Abstützung oder sonstige Maßnahmen gesichert werden konnten. Die dafür in Rechnung gestellten Kosten in Höhe von DM 12.000 trägt E, der hierfür angesichts seiner knappen finanziellen Mittel ein verzinsliches Darlehen (Zinssatz: 10 %) aufnimmt. Die gefällten Bäume lagert er ordnungsgemäß auf seinem Grundstück.

Kann E von G Ersatz seiner Aufwendungen in Höhe von DM 12.000 nebst 10 % Zinsen hieraus seit Darlehensaufnahme verlangen?

Steht G ein Anspruch gegen E auf Herausgabe der Baumstämme zu?

I. Aufwendungsersatz- und Zinsanspruch des E

9 Der Prüfungsaufbau bei Ansprüchen aus öffentlich-rechtlicher GoA folgt weitgehend der Normstruktur der privatrechtlichen GoA. Besonderheiten bestehen nur aufgrund des Handlungsvorrangs der Verwaltung, der bei entgegenstehendem Handlungswillen im Rahmen des § 679 BGB analog zu berücksichtigen ist (vgl. *§ 5 Rn. 22 ff.*).

1. Anspruchsgrundlage

10 Ein Ersatzanspruch des E könnte sich aus §§ 683 Satz 1, 670 BGB analog ergeben.

11 a) Eine **unmittelbare** Anwendung dieser Vorschriften scheidet aus, weil keine privatrechtliche, sondern eine öffentlich-rechtliche Geschäfts-

§ 5. Öffentlich-rechtliche Geschäftsführung ohne Auftrag

führung ohne Auftrag vorliegt. Das Fällen der Bäume ist eine öffentlich-rechtliche Handlung, weil dieses Geschäft als Teil der Straßenbaulast öffentlich-rechtlichen Charakter gehabt hätte, wenn es von G selbst durchgeführt worden wäre.

b) Die §§ 677 ff. BGB können aber **analog** angewendet werden, weil das **12** öffentliche Recht für den vorliegenden Fall keine ausdrücklichen Bestimmungen enthält und die Vorschriften des Bürgerlichen Gesetzbuchs über eine Geschäftsführung ohne Auftrag (§§ 677 ff.) in Dringlichkeitsfällen aufgrund der vergleichbaren Sach- und Interessenlage auch im öffentlichen Recht entsprechend herangezogen werden können (vgl. *§ 5 Rn. 6 f.*).

2. Anspruchsvoraussetzungen

a) **Öffentlich-rechtliches Geschäft**

Unter einer Geschäftsbesorgung i. S. von § 677 BGB analog versteht **13** man jede rechtsgeschäftliche oder tatsächliche Handlung. Ausgeschlossen sind lediglich bloße Unterlassungen. Der Geschäftsherr braucht nicht in eigener Person tätig zu werden, sondern kann sich seiner Leute oder sonstiger Dritter bedienen (vgl. *Pal.*, § 677 Rn. 2). Das Fällen der Bäume durch die beauftragte Gartenbaufirma ist daher ein von E geführtes Geschäft. Sein öffentlich-rechtlicher Charakter folgt aus dem Umstand, daß die Tätigkeit öffentlich-rechtlich gewesen wäre, wenn G die Aufgabe selbst wahrgenommen hätte (vgl. *§ 5 Rn. 11*).

b) **Fremdes Geschäft**

Ein Geschäft ist fremd, wenn es unmittelbar in einen fremden Rechts- **14** und Interessenkreis fällt (vgl. *MK*, § 677 Rn. 3). Dabei ist zwischen objektiv und subjektiv fremden Geschäften sowie sog. „auch fremden Geschäften" zu differenzieren, weil sich daraus unterschiedliche Anforderungen an den Fremdgeschäftsführungswillen ergeben.

(1) Ein **objektiv** fremdes Geschäft liegt vor, wenn die Tätigkeit schon **15** nach ihrem Erscheinungsbild und Inhalt einem fremden Rechtskreis zuzuordnen ist. Bei solchen Geschäften besteht allein aufgrund ihrer Vornahme die widerlegbare (tatsächliche) Vermutung für Bewußtsein und Wille einer Fremdgeschäftsführung (vgl. *Pal.*, § 677 Rn. 4).

Beispiel: Instandsetzung eines beschädigten Uferdeckwerkes durch einen Privaten anstelle des zuständigen Verwaltungsträgers.

Beachte: Erfüllt ein Privater anstelle eines Hoheitsträgers dessen hoheitliche Aufgaben, ist i. d. R. ein objektiv fremdes Geschäft gegeben, weil die Angelegenheit dem Hoheitsträger durch Zuständigkeitsvorschriften zur alleinigen Wahrnehmung zugewiesen ist.

16 (2) Unter **subjektiv** fremden Geschäften versteht man Tätigkeiten, die nicht bereits nach ihrem äußeren Erscheinungsbild in einen fremden Rechtskreis fallen. Diese objektiv eigenen oder neutralen Geschäfte erhalten ihren Fremdcharakter erst durch den Fremdgeschäftsführungswillen des Geschäftsführers. Dieser kann nicht vermutet werden, sondern muß nach außen erkennbar in Erscheinung treten (vgl. *MK*, § 677 Rn. 5).

Beispiel: Die Polizei repariert eine defekte Ampel anstelle der als Straßenverkehrsbehörde zuständigen Stadtverwaltung.

Beachte: Subjektiv fremde Geschäfte sind häufig anzutreffen, wenn ein Verwaltungsträger Aufgaben eines anderen Verwaltungsträgers erfüllt.

17 (3) Bei einem sog. „**auch-fremden-Geschäft**" besorgt der Geschäftsführer ein zugleich eigenes und fremdes Geschäft. Die Übernahme der Tätigkeit liegt daher im eigenen und im fremden Interesse (vgl. *Pal.*, § 677 Rn. 6). Dabei spielt es keine Rolle, wenn der Geschäftsführer zur Aufgabenerfüllung aufgrund privatrechtlicher oder öffentlich-rechtlicher Regelung verpflichtet ist, soweit die Verpflichtung (Berechtigung) nicht gegenüber dem Geschäftsherrn besteht (vgl. *MK*, § 677 Rn. 9). Ob bei „auch-fremden" Geschäften ein Fremdgeschäftsführungswille vermutet werden kann, ist umstritten (bejahend *Pal.*, § 677 Rn. 6; a. A. OVG Lüneburg, NVwZ 1991, 81 – „*Baumwurzel*").

Beispiel: Die zuständige Behörde reinigt eine öffentliche Straße von dem Öl, das bei einem Unfall aus einem umgestürzten privaten Tankwagen ausgelaufen ist.

Im vorliegenden Fall ist das Fällen der Bäume durch die Gartenbaufirma ein fremdes Geschäft für E, weil diese Tätigkeit in den Aufgabenbereich der G als Trägerin der Straßenbaulast fällt. Die gleichzeitige Wahrnehmung eigener Interessen steht dem nicht entgegen und führt zu einem „auch-fremden" Geschäft.

Beachte: „Auch-fremde" Geschäfte sind die Regel, wenn Verwaltungsträger für Private handeln. Denn sie erfüllen dadurch ihre öffentlich-rechtlichen Pflichten und handeln z. T. zugleich im Interesse von Privaten.

c) **Fremdgeschäftsführungswille**

18 Darunter versteht man das Bewußtsein und den Willen, in einen fremden Rechtskreis einzugreifen und für einen anderen zu handeln. Über die Person des Geschäftsherrn braucht der Geschäftsführer keine genaue Kenntnis zu besitzen (vgl. *MK*, § 677 Rn. 6). E handelte mit Fremdgeschäftsführungswillen, weil er ein „auch – fremdes" Geschäft erfüllte und dabei erkennbar wissentlich und willentlich für G handelte.

d) **Ohne Auftrag oder sonstige Berechtigung**

Entscheidend ist allein die Berechtigung des Geschäftsführers gegenüber dem Geschäftsherrn. Diese kann insb. auf rechtsgeschäftlicher oder gesetzlicher Grundlage beruhen. Verpflichtungen gegenüber Dritten sind hingegen irrelevant (vgl. § 5 Rn. 17). Das wird deutlich, wenn sich die Verwaltung bei der Erfüllung ihrer Aufgaben der Hilfe Privater aufgrund eines zivilrechtlichen Vertrages bedient, wie es z. B. beim polizeilich angeordneten Abschleppen verbotswidrig geparkter Fahrzeuge durch private Abschleppunternehmen üblich ist (vgl. zur Rechtsnatur der Geschäftsführung in diesem Fall *§ 5 Rn. 5*).

E war gegenüber G weder durch Gesetz noch aufgrund Rechtsgeschäft oder in sonstiger Weise zum Fällen der Bäume berechtigt oder verpflichtet.

e) **Berechtigte Übernahme der Geschäftsführung**

Die Berechtigung zur Übernahme der Geschäftsführung ohne Auftrag entscheidet über Art und Inhalt der Pflichten des Geschäftsführers sowie über die Haftungsfolgen. Eine berechtigte öffentlich-rechtliche GoA setzt – ungeachtet einer möglichen nachträglichen Genehmigung der Geschäftsführung nach § 684 Satz 2 BGB analog – gem. § 683 Satz 1 BGB analog voraus, daß die Übernahme der Geschäftsbesorgung dem Interesse und dem wirklichen oder mutmaßlichen Willen des Geschäftsherrn entspricht.

(1) Das Fällen der Bäume liegt im **Interesse** der G, weil sie hierzu aufgrund der Straßenbaulast verpflichtet war und die Geschäftsführung damit für sie objektiv nützlich gewesen ist.

(2) Die Übernahme der Geschäftsführung entspricht aber **nicht** ihrem wirklichen **Willen**, weil sie ein Tätigwerden ausdrücklich abgelehnt hat. Auf den mit dem Interesse an der Geschäftsführung inhaltsgleichen mutmaßlichen Willen der G kann nicht (mehr) abgestellt werden, weil der tatsächlich geäußerte Wille vorgeht, auch wenn er – wie vorliegend – rechtswidrig ist.

Der entgegenstehende Wille der G könnte aber aufgrund **§ 679 BGB analog** unbeachtlich sein, wenn ohne die Geschäftsführung eine Pflicht, deren Erfüllung im öffentlichen Interesse liegt, nicht rechtzeitig erfüllt werden würde (BVerwG, NJW 1989, 922 – „*Deichbau*"). Welche Anforderungen an dieses öffentliche Interesse zu stellen sind, ist umstritten. Allgemein anerkannt ist, daß das Handeln im Gemeinwohlinteresse erfolgen muß. Das setzt voraus, daß es – ungeachtet der Durchbrechung der Zuständigkeiten – im Einklang mit den geltenden öffentlich-rechtlichen Vorschriften steht. Das ist vorliegend der Fall, weil E eine öffentliche Aufgabe der G für diese ordnungsgemäß erfüllt hat.

23 Eine analoge Anwendung von § 679 BGB bei öffentlich-rechtlicher GoA erfordert aber darüber hinaus ein **besonderes öffentliches Interesse** an der Übernahme dieses Geschäftes in der konkreten Situation durch diesen Geschäftsführer. Denn die Erfüllung öffentlicher Aufgaben liegt regelmäßig im öffentlichen Interesse. Es besteht daher die Gefahr, daß Private auf dem Umweg über § 679 BGB analog die gewünschten Maßnahmen anstelle der Verwaltung (für diese) durchführen. Dadurch würde der Handlungsvorrang der Exekutive umgangen (vgl. *§ 5 Rn. 6*). Um dies zu verhindern, muß das Interesse der Allgemeinheit an der Geschäftsführung durch den privaten Geschäftsführer gegenüber den insb. in den Zuständigkeitsvorschriften zum Ausdruck kommenden gegenteiligen Belangen überwiegen. Dies ist im Einzelfall durch **Abwägung** der für und gegen die Übernahme der Geschäftsbesorgung sprechenden öffentlichen und privaten Interessen zu ermitteln (vgl. BVerwG, NJW 1989, 922 – „*Deichbau*").

24 Dabei sind insb. folgende **Kriterien** zu berücksichtigen:

- Behördlicher Handlungsspielraum und Entscheidungsvorrang.
- Art und Ausmaß der Rechtsgütergefährdung.
- Dringlichkeit der Aufgabe.
- Verhalten der Behörde, insb. ihre Fähigkeit und Bereitschaft zum (unverzüglichen) Tätigwerden.
- Möglichkeit des Geschäftsführers, die Gefahr durch Ausschöpfung aller Rechtsschutzmöglichkeiten zu beseitigen.
- Leistungsansprüche des Geschäftsführers gegen den Geschäftsherrn auf Vornahme der begehrten Handlung. Das Bestehen solcher Ansprüche ist allerdings nicht zwingend erforderlich, sondern hat nur indizielle Bedeutung.

Aus der Abwägung folgt vorliegend, daß die Übernahme der Geschäftsführung durch E aufgrund seiner Gefährdung und dem Verhalten der Verwaltung im öffentlichen Interesse i. S. von § 679 BGB analog lag. Die Voraussetzungen einer berechtigten öffentlich-rechtlichen Geschäftsführung ohne Auftrag sind daher erfüllt.

Beachte: Ein besonderes öffentliches Interesse an einer öffentlich-rechtlichen Geschäftsführung durch Private i. S. von § 679 BGB analog ist i. d. R. bei Nothilfe- und Dringlichkeitsfällen gegeben (vgl. dazu bereits *§ 5 Rn. 7*).

3. Rechtsfolgen

a) **Anspruchsgegner**

Ersatzpflichtig ist der Geschäftsherr, d. h. derjenige, in dessen Rechtskreis das Geschäft fällt. Das ist hier G als Trägerin der Straßenbaulast. 25

b) **Inhalt der Ersatzpflicht**

Die Aufwendungen sind in Geld zu ersetzen. Eine andere Form des Ersatzes scheidet aus. 26

c) **Umfang der Ersatzpflicht**

Der Anspruch umfaßt gem. §§ 683 Satz 1, 670 BGB analog die tatsächlichen Aufwendungen des Geschäftsführers (BVerwG, NJW 1989, 922 – „Deichbau"). Der Anspruchsumfang hängt im Gegensatz zum öffentlich-rechtlichen Erstattungsanspruch (vgl. *§ 19 Rn. 4 ff.*) nicht davon ab, was der Geschäftsherr durch die Geschäftsführung tatsächlich erspart hat. G muß E daher DM 12.000 zahlen, auch wenn sie die Bäume selbst kostengünstiger hätte fällen können 27

Beachte: Der Aufwendungsersatz umfaßt gem. §§ 683 Satz 1, 670 BGB analog auch sog. „*risikotyische Schäden*" sowie einen Ausgleich für die aufgewendete eigene Arbeitskraft, soweit die Tätigkeit zum Beruf oder Gewerbe des Geschäftsführers gehört (vgl. *Pal.*, § 683 Rn. 8).

Hinsichtlich des **Zinsanspruchs** ist zu unterscheiden: 28

(1) Setzt der Geschäftsführer zur Geschäftsbesorgung **eigene Mittel** ein, ist der aufgewendete Betrag gem. § 256 BGB analog von der Zeit der Aufwendung an mit dem gesetzlichen Zinssatz zu verzinsen (BVerwG, NJW 1989, 922 – „Deichbau").

(2) Hat der Geschäftsführer dagegen zur Finanzierung der Geschäftsbesorgung ein (verzinsliches) **Darlehen** aufgenommen, sind die Darlehenszinsen selbst Bestandteil der Aufwendungen und können als solche geltend gemacht werden.

Ergebnis: E kann von G 12.000 DM nebst 10 % Zinsen hieraus seit Darlehensaufnahme als Aufwendungen gem. §§ 683 Satz 1, 670 BGB analog ersetzt verlangen.

II. Herausgabeanspruch der G

1. Anspruchsgrundlage

In Betracht kommt ein Herausgabeanspruch aufgrund § 681 Satz 2 i. V. mit § 677 BGB analog. Die entsprechende Anwendung dieser Vorschriften ist angesichts fehlender öffentlich-rechtlicher Regelungen im Hin- 29 blick auf die Vergleichbarkeit der Sach- und Interessenlage gerechtfertigt (vgl. auch § 5 Rn. 12).

2. Anspruchsvoraussetzungen

30 § 681 Satz 2 BGB analog setzt eine berechtigte öffentlich-rechtliche Geschäftsführung ohne Auftrag voraus. Die Voraussetzungen hierfür sind vorliegend erfüllt (vgl. § 5 Rn. 13 ff.).

3. Rechtsfolgen

31 Der Geschäftsführer E ist dem Geschäftsherrn G gem. §§ 681 Satz 2, 667 BGB analog zur Herausgabe des aus der Geschäftsführung Erlangten verpflichtet.

Ergebnis: G kann von E aufgrund §§ 681 Satz 2, 667 BGB analog Herausgabe der Baumstämme verlangen.

Beachte: Bei unberechtigter öffentlich-rechtlicher GoA sind aufgrund der Verweisung in § 684 Satz 1 BGB auf die Regeln des Bereicherungsrechts nur die tatsächlich ersparten Aufwendungen, nicht aber sog. „aufgedrängte Bereicherungen" zu ersetzen. Die Haftungsfolgen decken sich insoweit mit dem öffentlich-rechtlichen Erstattungsanspruch (vgl. § 19 Rn. 4 ff.).

D. Prozessuales

32 Die prozessuale Durchsetzung von Ansprüchen aus öffentlich-rechtlicher GoA wirft allein hinsichtlich des einschlägigen **Rechtsweges** Probleme auf. Dieser hängt entscheidend von der Person des Anspruchsstellers ab, was zu folgender Differenzierung führt:

I. Verwaltungsträger als Anspruchssteller

33 Sämtliche Primär- und Sekundäransprüche eines Verwaltungsträgers gegen einen anderen Verwaltungsträger oder gegen Private aus öffentlich-rechtlicher GoA sind gem. § 40 I VwGO im **Verwaltungsrechtsweg** geltend zu machen, da sie in einem durch die öffentlich-rechtliche Geschäftsführung begründeten öffentlich-rechtlichen Rechtsverhältnis wurzeln. Die Sonderzuweisung des § 40 II 1 VwGO greift nicht ein, weil sie nach ihrem Normzweck auf Ansprüche von Privaten gegen Hoheitsträger beschränkt ist (vgl. dazu § 4 Rn. 29).

II. Private als Anspruchssteller

34 Die Rechtswegfrage hängt von der Stellung des Privaten (Geschäftsherr – Geschäftsführer) und dem im Einzelfall verfolgten Anspruchsziel ab.

§ 5. Öffentlich-rechtliche Geschäftsführung ohne Auftrag

1. **Ansprüche des Geschäftsherrn**

   a) **Herausgabeansprüche** aus berechtigter (§§ 681 Satz 1, 667 BGB analog) oder unberechtigter (§§ 684 Satz 1, 818 ff. BGB analog) öffentlich-rechtlicher Geschäftsführung ohne Auftrag sind Primäransprüche. Sie werden nicht von § 40 II 1 VwGO erfaßt, sondern sind gem. § 40 I VwGO im **Verwaltungsrechtsweg** geltend zu machen. 35

   b) **Schadensersatzansprüche** aus berechtigter öffentlich-rechtlicher Geschäftsführung ohne Auftrag (pVV der §§ 677 ff. BGB analog) sind dagegen gem. § 40 II 1 VwGO im **ordentlichen Rechtsweg** geltend zu machen, weil sie an die Verletzung des durch die berechtigte Geschäftsführung begründeten öffentlich-rechtlichen Schuldverhältnisses anknüpfen. Die Sonderzuweisung trägt dem Umstand Rechnung, daß in solchen Fällen regelmäßig auch Amtshaftungsansprüche bestehen, für die aufgrund der verfassungsrechtlichen Rechtswegeröffnung des Art. 34 Satz 3 GG (ebenfalls) der ordentliche Rechtsweg gegeben ist (vgl. § 9 Rn. 18). 36

2. **Ansprüche des Geschäftsführers**

   Ist der Private Geschäftsführer, hat er die in Betracht kommenden Aufwendungsersatzansprüche aus berechtigter (§§ 683 Satz 1, 670 BGB analog) oder unberechtigter (§§ 684 Satz 1, 818 ff. BGB analog) öffentlich-rechtlicher Geschäftsführung ohne Auftrag gem. § 40 I VwGO im **Verwaltungsrechtsweg** geltend zu machen, weil diese Ansprüche sich aus einem öffentlich-rechtlichen Rechtsverhältnis ableiten (OVG Lüneburg, NVwZ 1991, 81 – *„Baumwurzel"*). Die Rechtswegzuweisung des § 40 II 1 VwGO greift nicht ein. Denn Aufwendungsersatzansprüche sind keine Sekundäransprüche auf Ersatz eines Schadens (= unfreiwilliges Vermögensopfer), sondern Primäransprüche auf Ausgleich freiwilliger Vermögensopfer. 37

Rechtsweg bei öffentlich-rechtlicher GoA		
Anspruchsziel \ Anspruchssteller	Private	Verwaltungsträger
Primäransprüche z.B. auf Herausgabe oder Aufwendungsersatz	§ 40 I VwGO Verwaltungsrechtsweg	§ 40 I VwGO Verwaltungsrechtsweg
Sekundäransprüche z.B. auf Schadensersatz	§ 40 II 1 VwGO **Ordentlicher** Rechtsweg	§ 40 I VwGO Verwaltungsrechtsweg

E. Konkurrenzen

38 Ansprüche aus öffentlich-rechtlicher GoA können zu anderen (staatshaftungsrechtlichen) Ersatzansprüchen in Konkurrenzverhältnisse unterschiedlicher Art treten. Das Entstehen solcher Konkurrenzlagen hängt – aus dem Blickwinkel der öffentlich-rechtlichen GoA betrachtet – vorrangig von der Anspruchssituation ab, die ihrerseits durch Anspruchsteller und Anspruchsziel bestimmt wird. Ihre Auflösung beurteilt sich auf der Grundlage des Ordnungsmodells „Säulen des Staatshaftungsrechts" (vgl. § 2 Rn. 5 f.) nach folgenden Grundsätzen:

I. Amtshaftungsansprüche

39 Abgrenzungsprobleme entstehen bei Ausführungsverschulden des Geschäftsführers. Neben einem Schadensersatzanspruch des Geschädigten aufgrund pVV einer berechtigten öffentlich-rechtlichen GoA kann ein Amtshaftungsanspruch gegeben sein, wenn das Verhalten des Geschäftsführers sich (gleichzeitig) als Handeln in Ausübung eines öffentlichen Amtes darstellt. Die Ansprüche schließen sich nicht gegenseitig aus, da sie verschiedenen Anspruchsbereichen entspringen und auf unterschiedlicher rechtlicher Konstruktion und Grundlage beruhen.

Beachte: Die Haftungsbeschränkung gem. § 690 BGB kann im Rahmen der Amtshaftung nicht entsprechend angewendet werden, weil dies zu einer Haftungsprivilegierung der öffentlichen Hand führen würde, die mit ihrer Stellung unvereinbar ist.

II. Öffentlich-rechtliche Erstattungsansprüche

1. Konkurrenzlage

40 Aufwendungsersatzansprüche des Geschäftsführers gem. §§ 683, 670 BGB analog (berechtigte öffentlich-rechtliche GoA) bzw. §§ 684 Satz 1, 818 ff. BGB analog (unberechtigte öffentlich-rechtliche GoA) treten aufgrund ihres Anspruchsziels in Konkurrenz zum öffentlich-rechtlichen Erstattungsanspruch (vgl. dazu § 18). Das Verhältnis zwischen beiden Anspruchsgrundlagen kann aufgrund des **divergierenden Umfangs** der zu ersetzenden Aufwendungen nicht offengelassen werden (so *Wollschläger*, JA 1979, 182 ff.; a. A. BVerwG, NJW 1989, 922 – „*Deichbau*"). Dies wird insb. bei Aufwendungsersatzansprüchen aus berechtigter öffentlich-rechtlicher GoA deutlich, wenn die dem Geschäftsführer entstandenen Kosten größer sind, als die vom Geschäftsherrn durch die Geschäftsführung tatsächlich ersparten Aufwendungen. Wird der Er-

satzanspruch auf §§ 683 Satz 1, 670 BGB analog gestützt, kann der Geschäftsführer Ersatz der ihm entstandenen Kosten verlangen, unabhängig davon, ob der Geschäftsherr geringere Aufwendungen gehabt hätte, wenn er das Geschäft selbst wahrgenommen hätte. Demgegenüber richtet sich der Umfang des Aufwendungsersatzes beim (allgemeinen) öffentlich-rechtlichen Erstattungsanspruch nach den (hypothetischen) Aufwendungen, die der Geschäftsherr bei zeitgerechter und sachgemäßer Ausführung des Geschäftes gehabt hätte und die er durch die Geschäftsführung erspart hat (vgl. *§ 18 Rn. 3; § 19 Rn. 7*). Ein übermäßiger Aufwand (sog. **„aufgedrängte Bereicherung"**) ist bei Erstattungsansprüchen nicht zu erstatten (BVerwG, NJW 1989, 922 – *„Deichbau"*). Gleiches gilt bei Aufwendungsersatzansprüchen aus unberechtigter öffentlich-rechtlicher Geschäftsführung ohne Auftrag (§§ 684 Satz 1, 818 ff. BGB).

2. Konkurrenzlösung

Bei der Auflösung dieser Konkurrenzlage sind zwei Konstellationen auseinanderzuhalten (vgl. *E/M,* Allg. VerwR., § 30 Rn. 11): 41

a) Bei **berechtigter** öffentlich-rechtlicher GoA besteht kein öffentlich-rechtlicher Erstattungsanspruch, weil die berechtigte Geschäftsführung ein öffentlich-rechtliches Schuldverhältnis begründet, das den Rechtsgrund für die Vermögensverschiebung bildet (vgl. *Blas,* BayVBl. 1989, 648 ff.). Ansprüche aus öffentlich-rechtlicher GoA sind daher stets vor öffentlich-rechtlichen Erstattungsansprüchen zu prüfen (vgl. *§ 18 Rn. 11*). 42

b) Bei **unberechtigter** öffentlich-rechtlicher GoA sind beide Anspruchsgrundlagen nebeneinander anwendbar, weil sie auf unterschiedlichen Rechtsgrundlagen und -konstruktionen beruhen. Praktische Probleme entstehen daraus nicht. Denn der Umfang der zu ersetzenden Aufwendungen ist insoweit identisch (vgl. *§ 5 Rn. 40*). 43

F. Wiederholung

I. Zusammenfassung

- Mangels spezieller Vorschriften können aufgrund der vergleichbaren Sach- und Interessenlage die §§ 677 ff. BGB auf eine öffentlich-rechtliche Geschäftsführung ohne Auftrag grds. entsprechend angewendet werden. Dies gilt insb. in sog. Nothilfe- und Dringlichkeitsfällen.

- Die Abgrenzung zwischen öffentlich-rechtlicher und privatrechtlicher GoA hängt davon ab, welche Rechtsnatur das (fremde) Geschäft gehabt hätte, wenn der Geschäftsherr es selbst geführt hätte. Öffentlich-rechtliche Geschäftsführungsverhältnisse entstehen daher regelmäßig bei Geschäftsführung eines Privaten für einen Hoheitsträger und nicht umgekehrt.

- Die Anspruchsvoraussetzungen der öffentlich-rechtlichen und der zivilrechtlichen GoA decken sich im wesentlichen. Besonderheiten ergeben sich aber aufgrund des Entscheidungsvorrangs der Verwaltung hinsichtlich der Anforderungen an das besondere öffentliche Interesse an der Übernahme der Geschäftsführung gem. § 679 BGB analog. Sind sie erfüllt, kann ein entgegenstehender Wille der Verwaltung übergangen werden.

- Ansprüche aus öffentlich-rechtlicher GoA sind grds. gem. § 40 I VwGO im Verwaltungsrechtsweg geltend zu machen. Lediglich für Schadensersatzansprüche ist gem. § 40 II 1 VwGO der ordentliche Rechtsweg eröffnet, wenn der Anspruchsteller ein Privater ist.

II. Fragen

1. Wann liegt eine öffentlich-rechtliche GoA vor?
2. Worauf ist bei der Differenzierung zwischen öffentlich-rechtlicher und privatrechtlicher GoA abzustellen?
3. Nach welchen Kriterien richtet sich die Ermittlung der Anspruchsgrundlagen bei öffentlich-rechtlicher GoA?
4. Nennen Sie die Tatbestandsvoraussetzungen einer berechtigten öffentlich-rechtlichen GoA.
5. Was ist bei der Prüfung des öffentlichen Interesses gem. § 679 BGB analog besonders zu beachten?
6. Umfaßt der Aufwendungsersatzanspruch gem. §§ 683 Satz 1, 670 BGB analog auch Zinsen?

III. Lösungen

1. Aufgrund des in § 677 BGB enthaltenen Rechtsgedankens liegt eine öffentlich-rechtliche Geschäftsführung ohne Auftrag vor, wenn der Geschäftsführer ein fremdes öffentlich-rechtliches Geschäft ohne Auftrag oder sonstige Berechtigung für einen anderen führt.
2. Zur Abgrenzung ist auf die Rechtsnatur des (fremden) Geschäfts abzustellen. Eine öffentlich-rechtliche GoA liegt vor, wenn das Geschäft öffentlich-rechtlicher Natur gewesen wäre, sofern der Geschäftsherr es selbst wahrgenommen hätte.
3. Abzustellen ist auf die Person des Anspruchstellers und die Berechtigung zur Geschäftsführung ohne Auftrag.
4. Vgl. *§ 5 Rn. 13 ff.*
5. Vgl. *§ 5 Rn. 22 ff.*
6. Bei Ansprüchen auf Ersatz von Zinsen ist nach der Herkunft der zur Geschäftsbesorgung aufgewendeten Mittel zu differenzieren. Setzte der Geschäftsherr eigene Mittel ein, sind Zinsen in Höhe des gesetzlichen Zinssatzes aufgrund § 256 BGB analog zu erstatten; nahm er zur Finanzierung der Geschäftsbesorgung ein verzinsliches Darlehen auf, können die Darlehenszinsen als Teil der Aufwendungen gem. §§ 683 Satz 1, 670 BGB analog geltend gemacht werden.

3. Kapitel. Die Amtshaftung

Literatur: *Dagtoglou*, Bonner Kommentar, Art. 34 (zit.: *BoKo*, Art. 34); *Kreft*, in: Das Bürgerliche Gesetzbuch, Bd. II, 6. Teil, 12. Aufl. 1989, § 839 (zit.: *RGRK*); *Lörler*, Die Subsidiaritätsklausel in der Amtshaftung, JuS 1990, 544 ff.; *Maurer*, Allgemeines Verwaltungsrecht, 9. Aufl. 1994, § 25 (zit.: *Maurer*, Allg. VerwR.); *Ossenbühl*, Staatshaftungsrecht, 4. Aufl. 1991, §§ 4 ff. (zit.: *Ossenbühl*, StHR); *Palandt*, 53. Aufl. 1994, §§ 249 ff., 839, 847 (zit.: *Pal.*); *Papier*, in: Münchener Kommentar-BGB, 2. Aufl. 1986, § 839 (zit.: *MK*, § 839); *ders.*, in: Maunz-Dürig, Grundgesetz, Art. 34 (zit.: *M/D*); *Rüfner*, in: Erichsen-Martens, Allgemeines Verwaltungsrecht, 9. Aufl. 1992, §§ 50, 51 (zit.: *E/M*, Allg. VerwR.).

§ 6. Grundlagen

A. Allgemeines

I. Rechtsgrundlage

Der Amtshaftungsanspruch ist in **§ 839 BGB i.V. mit Art. 34 GG** rechtlich 1
verankert. Auffällig dabei ist, daß sich die Anspruchsgrundlage aus Normen zusammensetzt, die aus verschiedenen Rechtsbereichen stammen und zu unterschiedlichen Zeitpunkten entstanden sind. § 839 BGB ist eine zivilrechtliche Vorschrift, die mit Erlaß des Bürgerlichen Gesetzbuchs am 1. Januar 1900 in Kraft trat, während Art. 34 GG als verfassungsrechtliche Bestimmung erst später mit Ausfertigung und Verkündung des Grundgesetzes (23. Mai 1949, vgl. Art. 145 II GG)) hinzutrat. Gleichwohl bilden beide Vorschriften gemeinsam eine rechtliche Grundlage, die unmittelbar verbindliche Rechtswirkung entfaltet. § 839 BGB und Art. 34 GG sind untrennbar miteinander verwoben. Sie ergänzen und beeinflußen sich wechselseitig. Das schließt eine isolierte Prüfung ihrer Bestandteile aus und erfordert eine einheitliche Würdigung des Anspruchstatbestandes.

Beispiel: Zur Ermittlung der Person des Handelnden ist nicht isoliert auf § 839 I BGB oder Art. 34 Satz 1 GG abzustellen. Inhalt und Umfang des Amtswalterbegriffs ergeben sich vielmehr aufgrund einer Gesamtbetrachtung beider Vorschriften, die zu einer inhaltlich konsistenten Rechtsgrundlage verschmelzen.

II. Verhältnis zwischen § 839 BGB und Art. 34 GG

2 Der Prüfungsaufbau des Amtshaftungsanspruchs wird entscheidend durch das Verhältnis zwischen § 839 BGB und Art. 34 Satz 1 GG geprägt. § 839 BGB begründet – für sich betrachtet – eine Eigenhaftung des Beamten, der vorsätzlich oder fahrlässig die ihm Dritten gegenüber obliegenden Amtspflichten verletzt hat. Dies gilt unabhängig davon, ob die Pflichtverletzung bei öffentlich-rechtlichem oder privatrechtlichem Tätigwerden erfolgte (vgl. *MK*, § 839 Rn. 1). Diese persönliche Verantwortlichkeit des Beamten wird durch Art. 34 Satz 1 GG **verlagert** und **modifiziert**. Das hat zur Folge, daß bei Schädigung durch öffentlich-rechtliches Handeln die Haftung nicht den Schädiger selbst, sondern den „dahinterstehenden" Hoheitsträger trifft. Auf den Status des Handelnden kommt es insoweit nicht an. Daher ergeben sich die anspruchsbegründenden und -begrenzenden Tatbestandsvoraussetzungen aus § 839 BGB, während Art. 34 Satz 1 GG die Haftungsüberleitung auf den Staat oder sonstige Hoheitsträger ermöglicht und dadurch zugleich den Amtswalterbegriff erweitert.

> **Der Prüfungsaufbau der Amtshaftung ist gekennzeichnet durch das Zusammenspiel der deliktischen Anspruchsnorm des § 839 BGB und der verfassungsrechtlichen Zurechnungsnorm des Art. 34 Satz 1 GG (*MK*, § 839 Rn. 100).**

III. Systematische Stellung

3 Die Stellung des Amtshaftungsanspruchs im Geflecht der staatlichen Ersatzleistungen wird maßgeblich durch die deliktische Anspruchsnorm des § 839 BGB geprägt. Die Zurechnungsnorm des Art. 34 Satz 1 GG läßt dagegen die rechtliche Einordnung dieses Haftungsinstituts unberührt. Die Amtshaftung ist daher als **deliktischer Anspruch** zur Kompensation hoheitlich begangenen Unrechts durch Schadensersatzleistung in Geld zu qualifizieren (vgl. zur Abgrenzung gegenüber dem urheberrechtlichen Unterlassungsanspruch aus § 97 UrhG BGH, NJW 1992, 1310 – *„Seminarkopien"*).

IV. Probleme

4 Der Amtshaftungsanspruch nimmt in Theorie und Praxis eine zentrale Stellung ein. Dies zeigt die Vielzahl gerichtlicher Entscheidungen und die Häufigkeit, mit der dieses Rechtsinstitut im Examen auftaucht. Das Verständnis der Amtshaftung bereitet aber aus folgenden Gründen Schwierigkeiten:

1. Komplexe Tatbestandsstruktur

Das ineinandergreifende Zusammenwirken von § 839 BGB und Art. 34 Satz 1 GG erschweren eine präzise Subsumtion der einzelnen Tatbestandsmerkmale. Dies zeigt sich insb. bei der Person des Amtswalters (vgl. *§ 7 Rn. 15 ff.*).

2. Richterrechtliche Ausgestaltung

Die entstehungsgeschichtlich bedingte uneinheitliche Normstruktur des Amtshaftungsanspruches erfordert zur Vermeidung von Ungereimtheiten und Verfassungsverstößen eine **verfassungskonforme Auslegung** seiner Tatbestandsmerkmale. Da der Gesetzgeber seit dem Scheitern des Staatshaftungsgesetzes (vgl. dazu *§ 1 Rn. 1*) untätig geblieben ist, erfolgte die Anpassung staatshaftungsrechtlicher Anspruchsgrundlagen an die sich wandelnden rechtlichen und tatsächlichen Anforderungen im wesentlichen durch die Rechtsprechung. Die Amtshaftung ist daher heute ein weitgehend richterrechtlich geformtes Rechtsinstitut.

Beispiel: Kriterien hinsichtlich der Drittbezogenheit von Amtspflichten (vgl. *§ 7 Rn. 82 ff.* sowie zuletzt BGH, NJW 1994, 1847 – *„Provision"*).

3. Auffangfunktion

Mit Ausnahme des in den neuen Ländern als Landesrecht fortgeltenden ehemaligen Staatshaftungsgesetzes der DDR (früher StHG-DDR, jetzt StHG der einzelnen neuen Bundesländer, vgl. näher *§ 9 Rn. 15 ff.*) fehlt bis heute eine einheitliche gesetzliche Regelung des Staatshaftungsrechts. Dieses **Defizit** weist der Amtshaftung bei hoheitlichem rechtswidrigem Handeln die Funktion eines Auffangtatbestandes zu. Als Konsequenz wird dieses Rechtsinstitut inzwischen auf eine Vielzahl neuartiger Schädigungen angewendet, für die es nach seiner Normstruktur ursprünglich nicht konzipiert war.

Beispiel: Schadensersatz für sog. neuartige Waldschäden wegen legislativem Unterlassen aufgrund Amtshaftung (BGH, NJW 1988, 478 – *„Waldsterben"*).

B. Rechtliche Konstruktion

Der unübersichtliche Tatbestandsaufbau des Amtshaftungsanspruchs ist Folge des ihm zugrundeliegenden Haftungsmodells, das seinerseits die stürmische und wechselhafte Entwicklung des Staatshaftungsrechts widerspiegelt. Die Kenntnis der in diesem Bereich entstandenen unterschiedlichen Haftungsmodelle bildet die Grundlage für ein fundiertes Verständnis der Normstruktur der Amtshaftung und ist daher Ausgangspunkt für die weiteren Überlegungen.

I. Haftungsmodelle

9 Die verschiedenen Möglichkeiten einer Staatshaftung für hoheitliches Unrecht können nach der Person des Haftungspflichtigen und der Art seiner Inanspruchnahme in sog. Haftungsmodelle eingeordnet werden. Hiervon hängt der Haftungsumfang und damit die finanziellen Belastungen ab, die auf die hoheitliche Gewalt aufgrund der Ersatzpflicht zukommen. Die Frage nach dem „richtigen" Haftungsmodell war und ist vor allem rechtspolitisch umstritten (vgl. die Verhandlungen des 47. Juristentags über die Neuordnung der Staatshaftung).

In Betracht kommen:

1. Persönliche Haftung des Beamten

10 Haftungssubjekt ist allein der Beamte. Er haftet als Privatperson für alle unerlaubten Handlungen, die er in Ausübung seines Amtes einem Bürger zufügt (*Ossenbühl*, StHR, S. 6). Eine zusätzliche oder alternative Haftung des Staates besteht nicht.

Beispiel: Eigenhaftung des „im Exzeß" handelnden Beamten gem. §§ 823 ff. BGB (vgl. auch *§ 6 Rn. 15 und § 7 Rn. 56*).

2. Unmittelbare Staatshaftung

11 Der Staat haftet direkt für alle deliktischen Handlungen, die seine Beamten in Ausübung ihres Amtes begehen. Der Beamte selbst haftet nicht.

Beispiel: §§ 1 ff. StHG der neuen Länder (vgl. näher *§ 9 Rn. 15 ff.*).

3. Mittelbare Staatshaftung

12 Haftungsgrundlage ist die schädigende Handlung des Beamten. Der Staat übernimmt aber unter bestimmten Voraussetzungen die Haftung. Nach Art der Haftungsübernahme kann weitgehend unterschieden werden:

a) **Kumulative Haftung**
Die persönliche Haftung des Beamten bleibt bestehen. Daneben tritt der Staat als Haftungsschuldner.

Beispiel: Haftung eines Hoheitsträgers gem. §§ 823 I, 31, 89 BGB, die die Eigenhaftung des Schädigers (z.B. §§ 823 ff. BGB) unberührt läßt (vgl. *Pal.*, § 31 Rn. 13).

b) **Alternative Haftung**
Der Beamte bleibt Zurechnungssubjekt der Haftung. Hinsichtlich der Anspruchsvoraussetzung ist daher auf seine Person abzustellen. Die persönliche Haftung wird aber unter bestimmten Voraussetzungen mit befreiender Wirkung vom Staat übernommen (sog. **„befreiende Schuldübernahme"**). Die schädigende Handlung wird dabei dem Ho-

heitsträger nicht unmittelbar zugerechnet. Lediglich die haftungsrechtliche Verantwortung wird auf ihn übergeleitet. Man spricht daher auch von einer sog. *„mittelbaren Staatshaftung"*.

Beispiel: Amtshaftung gem. § 839 BGB i.V. mit Art. 34 GG.

II. Historische Entwicklung

Das der Amtshaftung zugrundeliegende Haftungsmodell ist das Ergebnis der rechtsgeschichtlichen Entwicklung in diesem Rechtsgebiet, die nachfolgend in ihren Grundzügen aufgezeigt wird. 13

1. Alleinhaftung des Beamten

Die in § 839 I BGB verankerte Beamtenhaftung ist Ausdruck der im Recht der Staatsdiener des 18. und beginnenden 19. Jahrhunderts vorherrschenden sog. **„Mandatstheorie"**. Sie spiegelt sich in §§ 88, 89 Einl. ALR. wider, wonach gilt: „Wer ein Amt übernimmt, muß auf die pflichtgemäße Führung desselben die genaueste Aufmerksamkeit verwenden. Jedes dabei begangene Versehen, welches bei gehöriger Aufmerksamkeit und nach den Kenntnissen, die bei der Verwaltung des Amtes erforderlich sind, hätte vermieden werden können und sollen, muß der Amtswalter vertreten." 14

Die „Mandatstheorie" verstand das Beamtenverhältnis daher als einen privatrechtlichen Mandatskontrakt. Das Verhalten des Beamten konnte dem Staat nur zugerechnet werden, wenn es sich im Rahmen der Gesetze hielt. Handelte der Beamte dagegen rechtswidrig, so erfolgte die Handlung „contra mandatum" und traf ihn selbst als Privatperson. Zwangsläufige Folge war eine deliktische **Eigenhaftung** des Beamten nach dem geltenden privaten Haftungsrecht. Der Haftungsschuldner hing damit von der Rechtmäßigkeit des Handelns ab. Die Lehre vom Mandatskontrakt ist rechtspolitisch unhaltbar und wurde daher schon im Laufe des vorigen Jahrhunderts als eine „wahrhaft skandalöse Theorie" überwunden (*MK*, § 839 Rn. 6).

2. Unmittelbare Staatshaftung aufgrund des BGB

Das Bürgerliche Gesetzbuch führte nur für den **privatrechtlichen Funktionsbereich** eine unmittelbare Unrechtshaftung der öffentlichen Hand ein. §§ 31, 89 BGB begründen unter den dort genannten Voraussetzungen eine Organhaftung des Staates. Für den öffentlich-rechtlichen Tätigkeitskreis blieb es dagegen bei der in § 839 BGB verankerten deliktischen Eigenverantwortlichkeit des Beamten. Eine weitergehende Haftung des Staates sieht das BGB nicht vor. Diese gesetzgeberische Entscheidung beruht weniger auf rechtspolitischen Erwägungen, als auf **kompetenz-** 15 rechtlichen Zwängen. Denn schon bei Inkrafttreten des BGB war zweifelhaft, ob das Reich die Gesetzgebungskompetenz für die Einführung einer Haftung für hoheitlich begangenes Unrecht besaß. Eine solche Haftung steht nämlich in engem Regelungszusammenhang mit dem öffentlichen Recht, das in die Gesetzgebungszuständigkeit der Länder fällt. Diese Kompetenzbegrenzung spiegelt sich auch in Art. 77 EGBGB wider, der die Einführung einer hoheitlichen Unrechtshaftung für öffentlich-rechtliches Handeln ausdrücklich den Ländern vorbehält (*MK*, § 839 Rn. 6).

3. Schuldbefreiende Haftungsübernahme durch Art. 34 Satz 1 GG

16 Das Beamtenhaftungsgesetz in Preussen und das in seinem konstruktiven Ansatz daran anknüpfende Reichshaftungsgesetz führten erstmals eine Staatshaftung für hoheitlich begangenes Unrecht ein. Sie war gekennzeichnet durch eine schuldbefreiende Haftungsübernahme seitens des Staates. Diese Konstruktion wurde durch Art. 131 WRV und später durch Art. 34 Satz 1 GG übernommen.

III. Amtshaftung als mittelbare Staatshaftung

17 Als Konsequenz dieser Entwicklung stellt sich die Amtshaftung heute als mittelbare, alternative Staatshaftung dar (vgl. bereits *§ 6 Rn. 12*). Sie knüpft an die durch § 839 BGB begründete Beamtenhaftung an, die bei hoheitlichem Handeln durch Art. 34 Satz 1 GG auf die öffentliche Gewalt **übergeleitet** wird. Eine persönliche Haftung des Handelnden wird dadurch ausgeschlossen. Art. 34 Satz 1 GG wirkt als verfassungsrechtlich verbürgte befreiende Schuldübernahme (vgl. *§ 6 Rn. 12*).

Beispiel: Verursacht der Polizist P bei einer Streifenfahrt einen Unfall, übernimmt das Land als Träger der Polizei gem. Art. 34 Satz 1 GG die Haftung und befreit P dadurch von einer unmittelbaren persönlichen Inanspruchnahme durch den Geschädigten.

> Im Amtshaftungsanspruch verwirklicht sich das Modell einer mittelbaren Staatshaftung.

C. Rechtsfolgen

18 Die rechtliche Konstruktion der Amtshaftung hat folgende Konsequenzen:

I. Überleitung der Haftungsbegrenzung

19 Der Staat haftet nur unter den Voraussetzungen, nach denen der Beamte auch persönlich haften würde. Damit kommen ihm grds. auch alle auf die

Person des Beamten abstellenden Haftungsvorteile zugute (*Ossenbühl*, StHR, S. 11 f.).

Beispiel: Aufgrund der Subsidiaritätsklausel des § 839 I 2 BGB kann der Staat bei fahrlässiger Amtspflichtverletzung nur dann in Anspruch genommen werden, wenn der Verletzte nicht auf andere Weise Ersatz zu erlangen vermag (vgl. zu Anwendbarkeit, Verfassungsmäßigkeit und Inhalt der Subsidiaritätsklausel unter *§ 8 Rn. 15 ff.*).

II. Beschränkung des Anspruchsinhalts

Art. 34 Satz 1 GG bewirkt lediglich eine Verschiebung der Verantwortlichkeit. Die durch § 839 BGB begründete Schadensersatzpflicht ist – und bleibt – auf den ursprünglich als Privatperson haftenden Beamten zugeschnitten. Der Amtshaftungsanspruch kann daher nur solche Schadensersatzleistungen gewähren, die der Beamte selbst als Privatperson erfüllen kann. Der Anspruchsinhalt ist daher auf **Schadensersatz in Geld** beschränkt (vgl. im einzelnen unter *§ 7 Rn. 135*). Die Beseitigung rechtswidriger Beeinträchtigungen durch Naturalrestitution kann dagegen nicht verlangt werden (*§ 1 Rn. 4; § 2 Rn. 12*).

Beispiel: Wird das Fahrzeug des E von der Polizei in Verwahrung genommen und dabei von einem Polizeibeamten P beschädigt, kann E vom Staat aufgrund Amtshaftung nicht Reparatur des Fahrzeugs, sondern lediglich Schadensersatz in Geld fordern.

III. Schutz des Geschädigten

Der Geschädigte soll durch die Haftungsüberleitung auf den Staat oder sonstige juristische Personen des öffentlichen Rechts anstelle des Amtswalters einen **leistungsfähigen Schuldner** als Anspruchsgegner erhalten. Art. 34 Satz 1 GG konkretisiert insoweit rechtsstaatliche Schutzfunktionen.

Beispiel: Würde sich der Amtshaftungsanspruch des E nicht gegen den Staat, sondern gegen P persönlich richten, müßte E das Risiko der Durchsetzungsfähigkeit des Anspruchs tragen. Seine Rechtsstellung würde dann letztlich von der Leistungsfähigkeit des Schädigers abhängen.

IV. Schutz des Amtswalters

Dem in Ausübung eines öffentlichen Amtes handelnden Amtswalter droht ohne die Haftungsüberleitung (Art. 34 Satz 1 GG) bei fahrlässiger Schädigung eine persönliche Haftung aufgrund § 839 BGB (§§ 823 ff. BGB) mit für ihn unübersehbaren finanziellen Folgen. Dies würde sich nachteilig auf seine **Entschlußfreudigkeit** auswirken. Die befreiende Haftungsübernahme soll dies verhindern, indem sie den Amtswalter vor unangemessenen, seine Entschlußkraft lähmenden Haftungsrisiken bewahrt.

Beispiel: Handelt es sich bei dem abgeschleppten Auto des E um einen Rolls Royce, würde P mit einem unübersehbaren Haftungsrisiko belastet, wenn er persönlich aus Amtshaftung in Anspruch genommen werden könnte.

V. Schutz der Exekutive

23 Funktionsfähigkeit und Effektivität der Verwaltung hängen maßgeblich von der Arbeitsleistung und Einsatzbereitschaft ihrer Bediensteten ab. Der haftungsrechtliche Schutz des Beamten im Bereich der Amtshaftung fördert daher mittelbar die **Funktionsfähigkeit** der Exekutive.

Beispiel: Ohne eine Haftungsüberleitung auf den Staat würde P möglicherweise vom Abschleppen bes. wertvoller Fahrzeuge aufgrund des drohenden Schadensersatzrisikos absehen.

Beachte: Die beiden letztgenannten Schutzfunktionen der Haftungsübernahme treten gegenüber dem Ziel, den Geschädigten zu schützen, in ihrer Bedeutung zurück.

D. Wiederholung

I. Zusammenfassung

- Der Amtshaftungsanspruch ist in § 839 BGB i. V. mit Art. 34 Satz 1 GG rechtlich verankert.
- § 839 BGB begründet – für sich betrachtet – eine Eigenhaftung des Beamten, der vorsätzlich oder fahrlässig ihm Dritten gegenüber obliegende Amtspflichten verletzt.
- Handelte der Amtswalter privatrechtlich, bleibt es bei dessen Eigenhaftung nach § 839 BGB oder §§ 823 ff. BGB.
- Wird er dagegen öffentlich-rechtlich tätig, kommt es gem. Art. 34 Satz 1 GG zu einer befreienden Schuldübernahme durch den Staat oder sonstige juristische Personen des öffentlichen Rechts.
- Der Amtshaftungsanspruch beruht auf dem Modell einer mittelbaren Staatshaftung.
- Der vorrangige Zweck der Haftungsüberleitung durch Art. 34 Satz 1 GG ist der Schutz des Geschädigten. Darüber hinaus dient sie auch den Interessen des Amtswalters und der Exekutive.

II. Fragen

1. Nennen Sie die Rechtsgrundlage des Amtshaftungsanspruchs.
2. Welche Rechtswirkung hat Art. 34 Satz 1 GG?

3. Welches Haftungsmodell liegt der Amtshaftung zugrunde?
4. Auf welche Weise wirkt sich die rechtliche Konstruktion der Amtshaftung auf ihren Inhalt aus?

III. Lösungen

1. Der Amtshaftungsanspruch ist in § 839 BGB i. V. mit Art. 34 GG geregelt.
2. Art. 34 Satz 1 GG verlagert und modifiziert die durch § 839 BGB begründete persönliche Verantwortlichkeit des Beamten. Ist der Schaden bei öffentlich-rechtlichem Tätigwerden eingetreten, so trifft die Haftung allein den „dahinterstehenden" Hoheitsträger. Dies erweitert zugleich den Amtswalterbegriff.
3. Die Amtshaftung beruht auf einer mittelbaren, alternativen Staatshaftung.
4. Der Staat haftet nur unter den Voraussetzungen, nach denen der Beamte auch persönlich haften würde, so daß ihm auch alle auf die Person des Beamten zugeschnittenen Haftungsvorteile zugute kommen.

§ 7. Haftungstatbestand

Bevor auf die Tatbestandsvoraussetzungen im einzelnen eingegangen wird, ist das Anwendungsfeld des Amtshaftungsanspruchs abzustecken. 1

1. Teil. Anwendungsbereich

Der sachliche Geltungsbereich der Amtshaftung wird durch zwei Merkmale bestimmt: 2

❏ Die Schädigung muß in Ausübung eines öffentlichen Amtes erfolgen
 – und –
❏ der Amtshaftungsanspruch darf nicht durch spezielle gesetzliche Regelungen verdrängt sein.

Klausurhinweis: In der Fallbearbeitung darf mit der Tatbestandsprüfung erst begonnen werden, wenn die Anwendbarkeit des Amtshaftungsanspruchs geprüft und bejaht worden ist.

A. Abgrenzung zum allgemeinen Deliktsrecht

3 Der Amtshaftungsanspruch ist (nur) bei Schädigungen durch öffentlich – rechtliches Tätigwerden anwendbar. Bei privatrechtlichem Handeln kommt es dagegen nicht zu einer Haftungsüberleitung gem. Art. 34 Satz 1 GG. Der Staat haftet insoweit nur aufgrund der allgemeinen deliktischen Regelungen der §§ 823 ff. BGB, sofern ihm das Handeln zuzurechnen ist (vgl. §§ 31, 89, 831 BGB). Dies wirkt sich in unterschiedlicher Weise auf die Rechtsposition des Anspruchsstellers aus und führt zu einer Zweiteilung (Dichotomie) des Haftungssystems (vgl. dazu § 7 Rn. 5). Daher ist eine Abgrenzung zwischen Amtshaftungsrecht und allgemeinem Deliktsrecht unumgänglich.

> Amtshaftung und allgemeines Deliktsrecht schließen sich gegenseitig aus.

I. Voraussetzungen

4 Die Abgrenzung zwischen Amtshaftung und (allgemeiner) privatrechtlicher Deliktshaftung ergibt sich aus dem **Tatbestandsmerkmal** „Handeln (eines Amtswalters) in Ausübung eines öffentlichen Amtes" i. S. von § 839 BGB i. V. mit Art. 34 Satz 1 GG. Anwendungsbereich und Anspruchsvoraussetzungen überschneiden sich an dieser Stelle. Zur Vermeidung einer „Kopflastigkeit" der Prüfung des Anwendungsbereichs sollte das Merkmal erst im Rahmen der Tatbestandsvoraussetzungen behandelt werden. Anwendungsbereich und Tatbestand der Amtshaftung gehen insoweit nahtlos ineinander über und verschmelzen zu einer einheitlichen Prüfung (vgl. § 7 Rn. 14 ff.)

II. Rechtsfolgen

5 Die Dichotomie staatlicher Unrechtshaftung führt zu unterschiedlichen Rechtsfolgen, was anhand folgender Übersicht deutlich wird:

Deliktische Staatshaftung für **privatrechtliches** Handeln gemäß § 823 ff. i.V. mit §§ 31, 89 BGB	Deliktische Staatshaftung für **öffentlich-rechtliches** Handeln gemäß § 839 BGB i.V. mit Art. 34 S. 1 GG
❏ Verschuldenshaftung ❏ Primäre Haftung ❏ Unmittelbare Haftung ❏ Kumulative Haftung („Gesamtschuldner")	❏ Verschuldenshaftung ❏ Subsidiäre Haftung, § 839 I 2 BGB ❏ Mittelbare Haftung ❏ Alternative Haftung („befreiende Schuldübernahme")

B. Haftungsverdrängende Sonderregelungen

Die Prüfung der Anwendbarkeit des Amtshaftungsanspruchs beschränkt 6
sich daher auf die Feststellung, ob spezielle Vorschriften seine Geltung gänzlich ausschließen.

I. Begriff

Haftungsverdrängende Vorschriften schließen eine Amtshaftung von vorn- 7
herein aus, weil sie ein **eigenes, abgeschlossenes deliktisches Haftungssystem**
an seine Stelle setzen. Dies verhindert nicht nur eine Haftungsüberleitung
auf den Staat nach Art. 34 Satz 1 GG (vgl. dazu *§ 7 Rn. 8; § 8 Rn. 3*),
sondern steht generell der Anwendung des Amtshaftungsrechts entgegen.
Diese in der Praxis seltenen Sonderregelungen werden daher als haftungsverdrängende Bestimmungen bezeichnet, wobei die Terminologie uneinheitlich ist (vgl. *BoKo*, Art. 34 Rn. 254 – „unmittelbare Staatshaftungsausschließungsgründe").

Beispiel: Für Schädigungen durch die Deutsche Bundespost bei nicht ordnungsgemäßer Ausführung ihrer Dienstleistungen errichten die §§ 11 ff. PostG ein eigenständiges, geschlossenes Haftungssystem, das einen Rückgriff auf § 839 BGB i. V. mit Art. 34 Satz 1 GG ausschließt. Das gilt nicht nur für die Anspruchshöhe, sondern auch für den Haftungsgrund (vgl. BGH, NJW 1993, 2235 – „*Posthaftung*").

II. Abgrenzung

1. Haftungsüberleitungsausschließende Regelungen

Darunter fallen alle Bestimmungen, die trotz Vorliegen der (sonstigen) 8
Tatbestandsvoraussetzungen der Amtshaftung eine Haftungsüberleitung auf den Staat nach **Art. 34 Satz 1 GG** ausschließen. Die Abgrenzung
gegenüber amtshaftungsverdrängenden Sonderregelungen ist praktisch
bedeutsam, weil nur in letztgenannten Fällen die Prüfung des Amtshaftungsanspruchs insgesamt entfällt, während bei bloßem Ausschluß der
Haftungsüberleitung der Anspruchstatbestand namentlich für eine Eigenhaftung des Beamten gem. § 839 BGB bedeutsam bleibt. Diese Bestimmungen werfen daher andersartige Probleme insb. hinsichtlich ihrer
verfassungsrechtlichen Zulässigkeit auf und werden erst unter dem Gesichtspunkt „Haftungsausschluß und -begrenzung" behandelt (vgl. *§ 8 Rn. 2 f.*).

Beispiel: Ausschluß der Staatshaftung nach § 7 RBHaftG bzw. den entsprechenden Landesbeamtenhaftungsgesetzen bei Schädigung von Angehörigen ausländischer Staaten, mit denen keine Gegenseitigkeitsverbürgung besteht (vgl. *§ 8 Rn. 5 ff.* und *M/D*, Art. 34 Rn. 262 f.)

2. Haftungstatbestandsbeschränkende Regelungen

9 Unberücksichtigt bleiben an dieser Stelle auch sog. haftungstatbestandsbeschränkende Vorschriften, die – im Gegensatz zu den vorher genannten Bestimmungen – relativ häufig vorkommen. Sie schließen weder die Anwendbarkeit des Amtshaftungsanspruchs insgesamt, noch eine Haftungsüberleitung aus, sondern knüpfen die Haftung lediglich an bes. Voraussetzungen oder **modifizieren** einzelne **Tatbestandsmerkmale** (vgl. § 8 Rn. 4 ff.).

Beispiel: Eine Haftungsbeschränkung auf Vorsatz und grobe Fahrlässigkeit aufgrund gemeindlicher Satzung schließt nicht die Anwendbarkeit des Amtshaftungsanspruchs aus, sondern beeinflußt nur den Verschuldenstatbestand. Ihre Wirksamkeit ist daher im Rahmen des Tatbestandsmerkmals „Verschulden" zu behandeln (vgl. auch § 8 Rn. 5 ff).

> Die Anwendbarkeit der Amtshaftung wird nur durch solche Vorschriften berührt, die das Haftungssystem im Ganzen ausschließen.

III. Rechtsfolgen

10 Soweit ein Sachverhalt von haftungsverdrängenden Vorschriften erfaßt wird, ist eine Amtshaftung ausgeschlossen. Dies gilt auch für den Fall, daß die Sonderregelungen zwar anwendbar, aber tatbestandlich nicht erfüllt sind. Außerdem entfällt die **deliktische Eigenhaftung** des Beamten gem. § 839 BGB, wenn die spezielle Vorschrift Schädigungen dieser Art abschließend regelt und der Normtext Anhaltspunkte für einen so weitgefaßten Haftungsausschluß enthält.

Beispiel: Die Haftungsregelungen der §§ 11 ff. PostG schließen neben der Amtshaftung grds. auch eine deliktische Eigenhaftung des Beamten nach § 839 BGB aus, sofern dieser seine Dienstpflichten nicht vorsätzlich verletzt hat (§ 11 II PostG; s. auch § 7 Rn. 7).

Beachte: Die Umorganisation der Deutschen Bundespost durch das Poststrukturgesetz vom 8.6.1989 hat nichts daran geändert, daß jedenfalls bei Schädigungen im Bereich der Monopoldienstleistungen ein Handeln in Ausübung eines öffentlichen Amtes vorliegt. Postdienst und Telekom haften insoweit Dritten gegenüber aufgrund Amtshaftung. Der Haftungsausschluß der §§ 11 ff. PostG greift nicht, weil er sich auf Schädigungen des Benutzers in den dort genannten Fällen beschränkt (vgl. OLG Nürnberg, NJW 1994, 2032 - „*Postdienst*"; OLG Karlsruhe, NJW 1994, 2033 – „*Telekom*").

2. Teil. Anspruchsvoraussetzungen

A. Allgemeines

Der Tatbestand der Amtshaftung spaltet sich in haftungsbegründende und haftungsausschließende oder -begrenzende Merkmale (vgl. zu letzteren § 8). **11**

I. Überblick

Anspruchsbegründende Voraussetzungen sind: **12**
- Handeln eines Amtswalters in Ausübung eines öffentlichen Amtes *(§ 7 Rn. 14 ff.)*.
- Amtspflichtverletzung *(§ 7 Rn. 57 ff.)*.
- Drittbezogenheit der Amtspflicht *(§ 7 Rn. 82 ff.)*.
- Verschulden *(§ 7 Rn. 113 ff.)*.
- Verursachung des Schadens *(§ 7 Rn. 122 ff.)*.

Beachte: § 839 I 2 BGB enthält keine Einwendung oder Einrede, sondern eine „negative Anspruchsvoraussetzung". Der Anspruchssteller ist insoweit darlegungs- und beweispflichtig (vgl. BGH, NVwZ 1992, 911 – „*Planungsfehler*"). Dieses Tatbestandsmerkmal ist daher eigentlich bereits bei der Haftungsbegründung zu prüfen. Für eine Behandlung im Rahmen des Haftungsausschlusses spricht aber die Rechtsfolge des § 839 I 2 BGB (vgl. näher *§ 8 Rn. 15 ff.*).

II. Problembereiche

Folgende Tatbestandsmerkmale bereiten in der Fallbearbeitung erfahrungsgemäß Schwierigkeiten, weil ihre rechtliche Struktur Ungereimtheiten aufwirft und sie z. T. als rechtspolitisch verfehlt angesehen werden: **13**
- Handeln in Ausübung eines *öffentlichen Amtes*
  Probleme ergeben sich aus der schwierigen Abgrenzung zwischen öffentlich-rechtlichem und privatrechtlichem Handeln, die der Subsumtion dieses Tatbestandsmerkmales zugrundeliegt (vgl. *§ 7 Rn. 37 ff.*).
- Verletzung einer *drittbezogenen Amtspflicht*
  Eine klare Eingrenzung der Drittbezogenheit bereitet in Theorie und Praxis Schwierigkeiten, die aus der entstehungsgeschichtlich bedingten (Fehl-) Konstruktion der Amtspflichten resultieren (vgl. *§ 7 Rn. 85 ff.*).
- *Subsidiarität* der Amtshaftung gem. § 839 I 2 BGB
  Dieses Haftungsprivileg kommt aufgrund der durch Art. 34 Satz 1 GG bewirkten Haftungsverlagerung der öffentlichen Hand zugute, was in

der Rechtswissenschaft einhellig als rechtspolitisch verfehlt kritisiert wird und zu einer Einschränkung des Anwendungsbereichs der Subsidiaritätsklausel geführt hat (vgl. § 8 Rn. 17 ff.).

B. Handeln eines Amtswalters in Ausübung eines öffentlichen Amtes

14 Durch dieses Tatbestandsmerkmal wird das einschlägige (deliktische) Haftungsregime festgelegt. Handelt der Schädiger in Ausübung eines öffentlichen Amtes, beurteilt sich die deliktische Haftung – vorbehaltlich spezieller Regelungen (vgl. § 7 Rn. 6 f.) – ausschließlich aufgrund § 839 BGB i. V. mit Art. 34 Satz 1 GG. Dies führt zu einer Haftungsübernahme des Staates, durch die der Schädiger von seiner deliktischen **Eigenhaftung befreit** wird. Er kann nicht (zusätzlich) aufgrund allgemeiner deliktischer Vorschriften gem. §§ 823 ff. BGB in Anspruch genommen werden, weil Art. 34 Satz 1 GG insoweit Sperrwirkung entfaltet (vgl. OLG Köln, NVwZ – RR 1992, 285 – *„Straßengraben"*).

I. Amtswalter

15 Welche Bedeutung der Person und dem Status des Handelnden im Rahmen dieses Tatbestandsmerkmales zukommt, ist umstritten. Diese rechtsdogmatischen Diskrepanzen kommen bereits im Normtext der Anspruchsgrundlage zum Ausdruck. Während § 839 BGB von der Amtspflichtverletzung eines „Beamten" spricht, bezeichnet Art. 34 Satz 1 GG den Handelnden allgemein als „jemand". Diese Friktion hat zur Entwicklung unterschiedlicher Beamtenbegriffe geführt.

1. Darstellung der Beamtenbegriffe
a) **Staatsrechtlicher Beamtenbegriff, § 839 BGB**

16 Beamter ist danach jeder, der in einem öffentlich-rechtlichen Dienst- und Treueverhältnis zum Staat oder zu einer sonstigen juristischen Person des öffentlichen Rechts steht, in das er unter Aushändigung der gesetzlich vorgeschriebenen Ernennungsurkunde berufen worden ist (vgl. § 2 I BRRG sowie *MK*, § 839 Rn. 110). Der staatsrechtliche Beamtenbegriff stellt auf den **Status** des Handelnden ab. Diese Personen werden daher z. T. auch als Beamte im statusrechtlichen Sinn bezeichnet.

Beispiele: Polizeibeamte, Richter, Staatsanwälte, verbeamtete Lehrer.

b) **Haftungsrechtlicher Beamtenbegriff, Art. 34 Satz 1 GG**

17 Beamter in diesem Sinne ist – unabhängig von seinem Status – jedermann, der hoheitlich tätig wird. Art. 34 Satz 1 GG stellt allein auf die

vom Handelnden ausgeübte **Funktion** ab. Dieser Beamtenbegriff liegt der **Amtshaftung** zugrunde. Amtswalter ist danach jeder, der hoheitlich handelt, unabhängig von seiner Person und Rechtsstellung. Art. 34 Satz 1 GG überlagert und **erweitert** den statusrechtlichen Beamtenbegriff des § 839 BGB und erstreckt die Amtshaftung auf den gesamten Bereich hoheitlichen Handelns. Das folgt aus der in dieser Vorschrift angeordneten Haftungsüberleitung. Sie beruht auf dem Gedanken, daß der Staat letztlich für den Schaden einstehen muß, der durch eine von ihm eingesetzte Person verursacht worden ist, soweit diese in Ausübung hoheitlicher Aufgaben gehandelt hat. Allerdings bestehen **unterschiedliche Anforderungen** bei Schädigungen durch Personen, die in die Verwaltungsorganisation integriert sind und solchen, die außerhalb der Verwaltung stehen. Beide Fallgruppen werden daher nachfolgend getrennt behandelt.

Beispiele: Schöffen, Schülerlotsen, freiwillige Feuerwehr, Mitglieder der Bundes- und Landesregierungen, Gemeinderatsmitglieder.

2. Angehörige der Verwaltung

Schädigungen bei hoheitlichem Handeln erfolgen i. d. R. durch Personen, die einem Hoheitsträger angehören. Inhalt und Reichweite des Amtswalterbegriffs beurteilt sich in diesem Bereich anhand folgender Kriterien: 18

a) Funktionshaftung

Nach diesem Grundsatz müssen alle hoheitlichen Schädigungen durch Angehörige eines Hoheitsträgers haftungsrechtlich gleichbehandelt werden, unabhängig davon, ob der Handelnde Beamter im staatsrechtlichen Sinne, Arbeiter oder Angestellter im öffentlichen Dienst ist. Die Amtshaftung wandelt sich bei hoheitlichem Handeln von Personen, die der Verwaltung angehören, von einer Statushaftung in eine Funktionshaftung. Sie handeln insoweit **stets** in Ausübung eines öffentlichen Amtes. Diese Erweiterung des statusrechtlichen Beamtenbegriffs rechtfertigt sich aufgrund des Verfassungsgrundsatzes der **Gleichbehandlung** (Art. 3 I GG). Eine auf Beamte i. S. des § 839 BGB beschränkte Haftungsübernahme des Staates würde jeglicher Rechtfertigung entbehren, weil der Status des Schädigers aus Sicht des Geschädigten belanglos ist (vgl. BGH, NJW 1993, 1258 – *„Fahrzeugbergung"*). 19

> Amtshaftung ist keine Statushaftung, sondern eine Funktionshaftung (*Ossenbühl*, StHR, S. 12).

Als Amtswalter kommen neben statusrechtlichen Beamten im Sinne 20 der Beamtengesetze folgende **Personenkreise** in Betracht (vgl. Ossenbühl, StHR, S. 13):

- Personen, die in einem sonstigen öffentlich-rechtlichen *Dienstverhältnis* stehen.

  Beispiele: Soldaten, Zivildienstleistende, Richter.

- Personen, die in einem privaten Arbeitsverhältnis zu einem Hoheitsträger stehen.

  Beispiele: Arbeiter und Angestellte im öffentlichen Dienst.

- Personen, die in einem öffentlich-rechtlichen Amtsverhältnis stehen.

  Beispiele: Minister, Parlamentsabgeordnete, Bürgermeister.

Beachte: In der sog. *Francovich*-Entscheidung des EuGH (EuGH, NJW 1992, 165) ist ein Amtshaftungsanspruch wegen unterlassener oder mangelhafter Umsetzung von EU-Richtlinien in nationales Recht zuerkannt worden. Dabei ist bislang offen, ob dieser richterrechtlich entwickelte Anspruch sich unmittelbar aus europäischem Gemeinschaftsrecht ableitet und den gemeinschaftsrechtlichen Amtshaftungsanspruch aus Art. 215 II EWGV ergänzt oder ob sich seine Voraussetzungen aus dem nationalen Recht, d. h. vorliegend aus dem Amtshaftungsrecht (§ 839 BGB i.V. mit Art. 34 GG) ergeben und durch europäisches Gemeinschaftsrecht lediglich modifiziert werden (vg. dazu *Jarass*, NJW 1994, 881 ff.). Im letzteren Fall sind Amtswalter auch die **Bundestagsabgeordneten,** die zur gesetzlichen Umsetzung von EU-Richtlinien verpflichtet sind (vgl. *Detterbeck*, Staatshaftung für Mißachtung von EG-Recht, VerwArch., Bd. 85 [1994], S. 159 [163]).

> Amtshaftung ist keine Beamtenhaftung, sondern eine Haftung für Amtswaltertätigkeit (*Ossenbühl*, StHR, S. 12).

b) **Statushaftung**

21 Der Grundsatz der Funktionshaftung wird in den nachfolgenden Fällen **durchbrochen.** Das hat zur Konsequenz, daß auf den staatsrechtlichen Beamtenbegriff des § 839 BGB zurückzugreifen ist. Der Status des Handelnden erlangt damit erneut Bedeutung.

(1) **Privatrechtliches Handeln**

22 Schädigungen bei privatrechtlichem Handeln werden nicht aufgrund Art. 34 Satz 1 GG auf die öffentliche Hand übergeleitet. Es bleibt vielmehr bei der zivilrechtlichen Eigenhaftung des Schädigers. Beam-

§ 7. Haftungstatbestand

te im staatsrechtlichen Sinn haften aufgrund des besonderen Deliktstatbestandes des § 839 BGB. Die Verantwortlichkeit sonstiger Personen beurteilt sich nach den allgemeinen Regelungen über unerlaubte Handlungen gem. §§ 823 ff. BGB.

Beispiel: Der städtische Arbeiter A besucht im Dienst (unerlaubterweise) seine Freundin zu einem gemeinsamen „Schäferstündchen". Verursacht er auf dem Weg dorthin schuldhaft einen Verkehrsunfall mit Sachschaden, kommt es nicht zu einer Haftungsübernahme durch die Stadt nach Art. 34 Satz 1 GG. A haftet vielmehr selbst aufgrund §§ 823 ff. BGB bzw. § 18 StVG.

(2) **Gesetzlicher Ausschluß der Haftungsüberleitung**

Schließen spezielle Vorschriften bei hoheitlichem Handeln die Haftungsübernahme nach Art. 34 Satz 1 GG aus (vgl. *§ 7 Rn. 8; § 8 Rn. 3*), haftet der Schädiger persönlich aufgrund § 839 BGB oder gem. §§ 823 ff. BGB. Bei (Eigen-)Haftung gem. § 839 BGB ist in diesem Fall trotz hoheitlicher Schädigung am (engen) statusrechtlichen Beamtenbegriff festzuhalten. Der öffentlich-rechtliche Charakter des Tätigwerdens allein rechtfertigt nicht die Übernahme des haftungsrechtlichen Beamtenbegriffs. Denn dieser ist nicht generell bei hoheitlichem Handeln, sondern nur bei tatsächlich eintretender Haftungsübernahme gem. Art. 34 Satz 1 GG anzuwenden (a. A. *MK*, § 839 Rn. 110). 23

Beispiel: Verschuldet der Polizeibeamte P des Landes Niedersachsen bei einer Streifenfahrt einen Verkehrsunfall, bei dem der usbekische Staatsangehörige U verletzt wird, kommt es aufgrund § 7 RBHaftG trotz hoheitlichem Handeln mangels Gegenseitigkeitsverbürgung nicht zu einer Haftungsüberleitung auf den Staat gem. Art. 34 Satz 1 GG. P haftet als Beamter im statusrechtlichen Sinne persönlich aufgrund § 839 BGB und § 18 StVG, soweit die weiteren, dort genannten Voraussetzungen erfüllt sind (vgl. dazu *M/D*, Art. 34 Rn. 262 f.).

3. Außerhalb der Verwaltung stehende Personen

Anders stellt sich die Situation bei Personen dar, die außerhalb der Verwaltung stehen (vgl. dazu *Notthoff*, NVwZ 1994, 771 ff.). Auf den ersten Blick erscheint die Rechtslage ganz einfach. Geht man vom Grundsatz der Funktionshaftung aus, sind auch Private Amtswalter i. S. von § 839 BGB i. V. mit Art. 34 Satz 1 GG, wenn sie hoheitlich tätig geworden sind. Dieser beim Handeln von Verwaltungsangehörigen entwickelte Lösungsansatz läßt sich aber **nicht** schematisch auf Private übertragen. Denn dies würde zu einer generellen, undifferenzierten Einbeziehung dieses Personenkreises in den Bereich der Amtshaftung führen. Das widerspricht dem Normzweck des Art. 34 Satz 1 GG. Eine die Funktionshaftung legitimierende Gleichbehandlung von Privaten und Verwaltungsbediensteten ist aufgrund ihrer unterschiedlichen Rechtsstellung nicht möglich. Außerhalb der Verwaltung stehende Personen 24 sind grds. nicht den Weisungen eines Hoheitsträgers unterworfen, sondern handeln und entscheiden selbständig und eigenverantwortlich. Sie werden nur dann in Ausübung eines öffentlichen Amtes tätig, wenn ein **besonderer Zurechnungstatbestand** die Einbeziehung ihres Handelns in den hoheitlichen Funktionsbereich ermöglicht. Die hieran zu richtenden Anforderungen hängen entscheidend von der **Person** und der Stellung des Handelnden ab. Dies zwingt zu folgenden Differenzierungen:

a) **Beliehene**

25 Darunter versteht man natürliche oder juristische Personen des Privatrechts, denen durch Gesetz oder aufgrund eines Gesetzes durch Verwaltungsakt hoheitliche Kompetenzen zur selbständigen Wahrnehmung im eigenen Namen übertragen worden sind (vgl. *MK*, § 839 Rn. 113).

Beispiele:
- Schiffskapitäne (§§ 75 I, 101, 106 SeemannsG).
- Jagdaufseher (§ 25 II BJagdG)
- Anerkannte Beschäftigungsstellen für Zivildienst (§ 4 ZDG, vgl. BGH, NJW 1992, 2882 – *„Zivildienst"*; *Lüdemann/Windthorst*, DVBl. 1993, 1084).

Beachte: Träger eines privaten Amtes wie z. B. Vormund, Testamentsvollstrecker oder Konkursverwalter sind keine Beliehenen.

Beispielsfall „TÜV-Plakette" (vgl. OLG Braunschweig, NJW 1990, 2629)

26 E ist Eigentümer eines PKW's. Bei Durchführung der gem. § 29 StVZO vorgeschriebenen Hauptuntersuchung führt eine fehlerhafte Anweisung durch den Sachverständigen S, der beim TÜV Niedersachsen e. V. angestellt ist, zu einer Verletzung des E (Oberschenkelquetschung). Kann E Schadenersatz aufgrund Amtshaftung verlangen oder ist er auf die allgemeinen deliktischen Vorschriften der §§ 823 ff. BGB beschränkt?

27 Ein Amtshaftungsanspruch setzt voraus, daß S in **Ausübung eines öffentlichen Amts** gehandelt hat. Der TÜV ist zwar als eingetragener Verein privatrechtlich organisiert. Bei Durchführung der Hauptuntersuchung handeln er bzw. seine Bediensteten aber als **Beliehene**, weil ihnen hoheitliche Befugnisse zur eigenverantwortlichen Wahrnehmung aufgrund Gesetz übertragen worden sind. Ob S als Amtswalter tätig geworden ist, hängt daher von der im konkreten Fall von ihm wahrgenommenen Funktion ab. Die Verletzung des E erfolgte bei der Kraftfahrzeugüberwachung. Diese Gutachter- und Prüftätigkeit hängt mit der Erteilung der Erlaubnis („TÜV-Plakette") durch die Verwaltungsbehörde aufs engste zusammen und bildet geradezu einen Bestandteil der von ihr ausgeübten und sich in dem abschließen-

den Verwaltungsakt niederschlagenden hoheitlichen Tätigkeit. S handelte somit hoheitlich im Rahmen der durch die StVZO zugewiesenen öffentlich-rechtlichen Aufgaben (*Ossenbühl*, StHR, S. 17). Der Schaden ist daher aufgrund Amtshaftung geltend zu machen. Das schließt einen Schadensersatzanspruch von E gegen S gem. §§ 823 ff. BGB aus. Passivlegitimiert ist im Rahmen des Amtshaftungsanspruchs nicht der TÜV, sondern das Land Niedersachsen (vgl. *§ 9 Rn. 4*; s. zur Vertiefung *Notthoff*, NVwZ 1994, 771).

b) **Verwaltungshelfer**

Darunter versteht man Personen, die einen Hoheitsträger bei Erfüllung seiner öffentlichen Aufgaben in weisungsabhängiger, unselbständiger Stellung unterstützen. 28

Beispiele:
❏ Schülerlotse.
❏ Ordnungsschüler bei vorübergehender Abwesenheit des Lehrers.

Beachte: Die Rechtsprechung verwendete den Begriff „Verwaltungshelfer" (bislang) im engen Sinn und forderte neben Weisungsgebundenheit eine funktionale Eingliederung des Handelnden in den Tätigkeitsbereich des Hoheitsträgers. Kennzeichnend hierfür ist, daß der Verwaltungshelfer als Werkzeug der Verwaltung auftritt (sog. „Werkzeugtheorie", vgl. dazu *§ 7 Rn. 31 ff*; s. auch *Notthoff*, NVwZ 1994, 771.).

Beispielsfall „Schülerlotse" (OLG Köln, NJW 1968, 655)

Nach einem Runderlaß des zuständigen Ministers können Schulen einen Schülerlotsendienst als Verkehrshilfedienst einrichten und organisieren. Daraufhin setzt das Gymnasium in H den Schüler S nach vorheriger Einweisung als Schülerlotsen auf dem vor der Schule befindlichen Zebrastreifen ein. S hat die Schüler nach Schulschluß über die Straße zu leiten, indem er ihnen mit einer Kelle ein Zeichen zur Überquerung der Straße gibt. Aufgrund einer mißverständlichen Zeichenregelung durch S überquert Schüler A die Straße und wird von einem PKW angefahren und erheblich verletzt. 29

Können die Eltern des A den Schaden aufgrund Amtshaftung geltend machen oder sind sie auf die allgemeinen deliktischen Schadensersatzregelungen gem. §§ 823 ff. BGB zu verweisen?

Das einschlägige **Haftungsregime** hängt davon ab, ob S bei der (fehlerhaften) Zeichengebung in Ausübung eines öffentlichen Amtes handelte. Eine **rechtliche Beleihung** scheidet aus, weil die hierfür erforderliche Rechtsgrundlage fehlt. Auch eine zur Begründung der Amtswaltereigenschaft ausreichende **faktische Beleihung** liegt nicht 30 vor. Denn die Schule wollte S keine hoheitlichen Befugnisse zur eigenverantwortlichen Wahrnehmung übertragen. Er ist beim Lotsendienst nicht zur Verkehrsregelung nach der StVO befugt, sondern darf die Schüler lediglich auf die Verkehrslage hinweisen und (nur) ihnen Weisungen erteilen. Zuwiderhandlungen hat er dem Schulleiter zu melden, der dann schuldisziplinarische Maßnahmen ergreifen kann. S handelte beim Lotsendienst als weisungsabhängiger, „verlängerter Arm" der Schule und ist somit ein **Verwaltungshelfer.** Er unterstützte die Schule bei der Wahrnehmung ihrer Aufsichts- und Fürsorgepflicht. Diese hoheitliche Aufgabe wird in Ausübung eines öffentlichen Amtes wahrgenommen. Sein Verhalten ist daher dem Bereich hoheitlicher Aufgabenerfüllung zuzurechnen. Die Schädigung beurteilt sich somit nach den Regeln der Amtshaftung.

Beachte: Bedient sich ein Amtswalter unbefugt der Hilfe Dritter bei der Erfüllung öffentlicher Aufgaben, liegt eine Amtspflichtverletzung bereits in der unzulässigen Aufgabenübertragung. Bei berechtigter Zuhilfenahme Dritter ist ihr Verhalten dem „anvertrauenden" Amtswalter zuzurechnen, was ebenfalls zu einer Amtshaftung führt, soweit nicht ausnahmsweise ein „Exzeß" vorliegt.

c) **Selbständige Privatunternehmer**

31   Die Verwaltung nutzt bei der Wahrnehmung hoheitlicher Aufgaben aus finanziellen und organisatorischen Gründen zunehmend die Mithilfe selbständiger Privatunternehmer (s. zuletzt *Notthoff*, NVwZ 1994, 771). Diese werden entweder durch Hoheitsakt zur Aufgabenerfüllung herangezogen (vgl. *§ 7 Rn. 32*) oder handeln freiwillig auf vertraglicher Grundlage (vgl. *§ 7 Rn. 33 ff.*). Kommt es dabei zur (schuldhaften) Schädigung Dritter, stellt sich die Frage, ob die Verwaltung oder der Private (selbst) schadensersatzpflichtig ist. Die Entscheidung hängt davon ab, ob das Verhalten des Privaten in Ausübung eines öffentlichen Amtes erfolgte und damit zu einer schuldbefreienden Haftungsübernahme durch den Hoheitsträger gem. § 839 BGB i. V. mit Art. 34 GG führt (vgl. *§ 6 Rn. 16*). Kern des Problems sind die **Anforderungen,** die an eine Einbeziehung des Handelns von Privatpersonen in den Geltungsbereich der Amtshaftung zu stellen sind. Denn ihr Tätigwerden steht an der Schnittstelle von öffentlichem und privatem Recht, was erhebliche Schwierigkeiten bereitet. Bei der Prüfung einer **Zurechnung** stehen sich zwei **gegensätzliche Argumente** gegenüber:

Für eine **Einbeziehung** ihres Handelns in den öffentlich-rechtlichen Funktionsbereich spricht, daß sie hoheitliche Aufgaben erfüllen. Folgerichtig stellte die frühere Rechtsprechung darauf ab, ob die öffentliche Hand in so weitgehendem Maße Einfluß auf die Durchführung der Aufgaben genommen hat, daß sie das Verhalten des privaten Unternehmers gegen sich gelten lassen muß. Der Private ist dann lediglich als **Werkzeug** der Behörde bei der Durchführung ihrer hoheitlichen Aufgaben tätig geworden (BGH, NJW 1980, 1679). Andernfalls könnte sich die Verwaltung der (Amts-)Haftung durch eine Flucht ins Privatrecht entziehen, indem sie ihre öffentlichen Aufgaben durch Private erfüllen läßt (vgl. zu diesem Argument BGH, NJW 1993, 1258 – *„Fahrzeugbergung"*; *Notthoff*, NVwZ 1994, 771).

Gegen eine **Einbeziehung** in den öffentlich-rechtlichen Funktionsbereich spricht, daß Privatpersonen insoweit **freiwillig** auf vertraglicher Grundlage handeln und daher grds. mangels Weisungsabhängigkeit keine Verwaltungshelfer im engen, oben genannten Sinne sind (vgl. *§ 7 Rn. 28*). Dieses unbefriedigende Ergebnis legt die „Schwachstellen" des engen Verwaltungshelferbegriffs offen. Er ist auf ein Über-/Unterordnungsverhältnis zwischen Staat und Bürger und damit auf die Eingriffsverwaltung zugeschnitten, was in der starren Anbindung an die Weisungsabhängigkeit zum Ausdruck kommt. Das Verhältnis zwischen Verwaltung und Privaten hat sich aber gewandelt. Die insb. im Bereich der Leistungsverwaltung entstehenden (Zurechnungs-)-Probleme lassen sich auf diese Weise nicht bewältigen. Das hat zu einer Auflösung des engen Verwaltungshelferbegriffs zugunsten verschiedener, **flexibler Zurechnungskriterien** geführt (vgl. im einzelnen *§ 7 Rn. 36*). Dadurch wird die bisher allein zur Lösung herangezogene sog. „Werkzeugtheorie" in ihrer Bedeutung zurückgedrängt (vgl. dazu *§ 7 Rn. 28*). Auszugehen ist nunmehr von folgender **Differenzierung:**

(1) Bei **hoheitlicher Heranziehung** von Privaten zur Erfüllung öffentlicher Aufgaben bleiben diese zwar rechtlich selbständig, handeln aber funktionell wie weisungsabhängige Verwaltungshelfer. Ihre Tätigkeit kann bereits aufgrund der Werkzeugtheorie dem Bereich hoheitlicher Aufgabenerfüllung zugerechnet werden, weil die Verwaltung sie unter Einsatz hoheitlicher Befugnisse in den öffentlich-rechtlichen Funktionsbereich einbindet und sie als weisungsabhängiges, beaufsichtigtes „Werkzeug" der Verwaltung handeln.

32

Beispiel: Verpflichtet die Polizei einen zufällig vorbeikommenden Abschleppunternehmer A durch Verwaltungsakt zum Abschleppen des verbotswidrig geparkten Fahrzeugs, haftet sie für dabei verursachte Schädigungen aus Amtshaftung bei gleichzeitiger (deliktischer) Haftungsfreistellung des A. Der Grund für die Zurechnung seines Handelns ergibt sich aus seiner Stellung als Verwaltungshelfer, die durch die hoheitliche Inanspruchnahme als Nichtstörer begründet wird.

33 (2) Werden Private dagegen **freiwillig** auf vertraglicher Grundlage für die Verwaltung tätig, sind sie grds. nicht weisungsgebunden. Eine Zurechnung ihres Tätigwerdens stellt besondere Anforderungen, was anhand folgenden Falles deutlich wird:

Beispielsfall „Fahrzeugbergung" (BGH, NJW 1993, 1258)

34 Der Polizist P beauftragt die Firma S mit der Bergung eines im Straßengraben liegenden Unfallfahrzeuges aufgrund eines zwischen dem Land als Träger der Polizei und S bestehenden privatrechtlichen Rahmenvertrags. Der Fahrer F der S spannt bei der nächtlichen Bergung des Fahrzeugs ein Abschleppseil ohne Sicherung und Kennzeichnung über die Straße. Der unbeteiligte Verkehrsteilnehmer K fährt in das gespannte Stahlseil und wird dadurch erheblich verletzt.

Kann K diesen Schaden von S und/oder F ersetzt verlangen oder muß er sich an das Land wenden?

35 Mangels vertraglicher oder vertragsähnlicher Beziehungen kommen nur deliktische Ansprüche in Betracht. Anspruchsgrundlage (§§ 823 ff. BGB oder § 839 BGB i. V. mit Art. 34 Satz 1 GG) und richtiger Anspruchsgegner hängen davon ab, ob die Verletzung der Verkehrssicherungspflicht bei Bergung des Fahrzeugs eine Schädigung in Ausübung eines öffentlichen Amtes darstellt. Einigkeit besteht darüber, daß S **nicht** als **Beliehener** handelte, weil ihm kein öffentliches Amt i. S. von Art. 34 Satz 1 GG zur eigenverantwortlichen Wahrnehmung anvertraut worden ist. Denn eine solche Übertragung von Hoheitsbefugnissen setzt einen Beleihungsakt voraus, der hier weder tatsächlich vorlag noch rechtlich möglich war. S ist auch **kein weisungsabhängiger,** in den hoheitlichen Organisationsbereich funktionell eingegliederter **Verwaltungshelfer** im engeren Sinn (vgl. *§ 7 Rn. 28*), weil er bei seinem Handeln ein nicht unerhebliches Maß an Selbständigkeit und Entscheidungsfreiheit besaß. Dabei zeigt sich der Konstruktionsfehler der Werkzeugtheorie. Sie stellt allein auf ein Weisungsrecht oder sonstige Einflußmöglichkeiten der Verwaltung ab und orientiert sich letztlich an der in § 831 BGB verankerten Rechtsfigur des **Verrichtungsgehilfen**. Dies trägt den unterschiedlichen Erscheinungsformen (modernen) Verwaltungshandelns nicht ausreichend Rechnung. An die Stelle der Werkzeugtheorie ist daher ein Katalog variabler, wertender Zurechnungskriterien getreten, der sich stärker an der Stellung des **Erfüllungsgehilfen** orientiert.

36 Eine Zurechnung beurteilt sich nunmehr nach folgenden **Merkmalen:**

❑ *Charakter* der wahrgenommenen *Aufgaben,*

❑ *Sachnähe* der übertragenen Tätigkeit zu diesen Aufgaben,

❏ *Ausmaß der Einbindung* des Privaten in den behördlichen Pflichtenkreis.

Je stärker der hoheitliche Charakter der Aufgabe in den Vordergrund tritt, je enger die Verbindung zwischen dem Handeln des Privaten und der von der Behörde zu erfüllenden hoheitlichen Aufgabe ist und je begrenzter der Entscheidungsspielraum des Privaten ist, desto eher ist eine Zurechnung seines Verhaltens gerechtfertigt (vgl. BGH, NJW 1993, 1258 – „*Fahrzeugbergung*"). Das hat zur Folge, daß eine Zurechnung des Handelns von Privaten – zumindest im Bereich der **Eingriffsverwaltung** – die Regel ist. Eine ungerechtfertigte Flucht ins Privatrecht wird dadurch verhindert. Der starre Verwaltungshelferbegriff im engen Sinn ist zugunsten des flexiblen, funktionalen Begriffs eines „**Erfüllungsgehilfen im Hoheitsbereich**" aufzugeben.

Die Anwendung dieser Kriterien ermöglicht eine Zurechnung des Verhaltens des F und damit zugleich der S zum Bereich hoheitlicher Aufgabenerfüllung. Der Umstand, daß F (S) im (Innen-)Verhältnis zu P auf privatrechtlicher Grundlage tätig wurde, ist insoweit ohne Bedeutung. Maßgeblich ist allein das (Außen-) Verhältnis zwischen der für die Bergungsmaßnahme verantwortlichen Polizei und dem geschädigten K. (so auch *Notthoff*, NVwZ 1994, 771). Dabei trat F (S) als „Erfüllungsgehilfe" des Trägers öffentlicher Gewalt auf. Auf welche Weise sich P die Dienste des F (S) verschafft hat, ist irrelevant (BGH, NJW 1993, 1258; unklar dagegen BGH, NJW 1992, 2882 – „*Zivildienst*" mit Anm. *Lüdemann/Windthorst*, DVBl. 1993, 1084). K ist daher auf Amtshaftungsansprüche gegen das Land beschränkt. Eine zusätzliche (deliktische) Eigenhaftung von S oder F scheidet aus (s. allg. *Kreissl*, NVwZ 1994, 349 ff.).

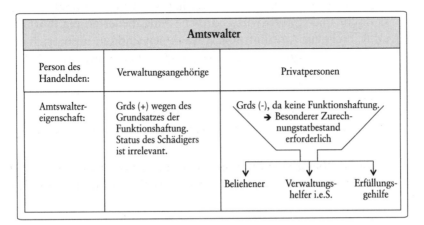

II. Öffentliches Amt

37 Die Schädigung muß in Ausübung eines öffentlichen Amtes erfolgen. Dieses Tatbestandskriterium erfordert eine rechtliche Zuordnung des Handelns und knüpft dabei an die Unterscheidung zwischen öffentlichem und privatem Recht an (vgl. zur Problematik § 7 Rn. 13).

1. Begriff

38 Unter „Ausübung eines öffentlichen Amtes" i. S. von § 839 BGB i. V. mit Art. 34 Satz 1 GG versteht man jedes hoheitliche Tätigwerden (vgl. BGH, NVwZ 1992, 92 – *„Schulbus"*).

Beispiele:
- Erlaß eines Bebauungsplans.
- Erteilung einer Baugenehmigung.

39 Hoheitliches Handeln liegt vor, wenn öffentliche Aufgaben mit öffentlich-rechtlichen Mitteln erfüllt werden (so ausdrücklich BGH, NJW 1992, 972 – *„Rentenversicherung"*). Öffentliche Aufgaben sind alle Angelegenheiten, deren Erfüllung im Interesse der Allgemeinheit liegt.

Beispiele:
- Aufrechterhaltung der öffentlichen Sicherheit und Ordnung
- Bau und Unterhaltung öffentlicher Straßen.

40 Die Verwaltung hat – jedenfalls im Bereich der Leistungsverwaltung – grds. ein **Wahlrecht,** in welcher Handlungsform sie öffentliche Aufgaben wahrnimmt. Zur Eingrenzung der dadurch „offenen" Flanke dieses Tatbestandsmerkmals müssen öffentliche Aufgaben auch mit öffentlich-rechtlichen Mitteln erfüllt werden. Das verhindert ein Übergreifen des Amtshaftungsrechts auf den privatrechtlichen Funktionsbereich. **Öffentlich-rechtliche Handlungsformen** umfassen obrigkeit-hoheitliches und schlicht-hoheitliches Tätigwerden. Verwaltungsprivatrechtliche, fiskalische und erwerbswirtschaftliche Aufgabenerfüllung führt dagegen i.d.R. nicht zur Amtshaftung. Ausnahmen sind nur im Bereich der Monopoldienstleistungen zuzulassen (vgl. OLG Nürnberg, NJW 1994, 2032 – *„Postdienst"*).

Beispiele:
- Gebührenbescheid (obrigkeit-hoheitliches Handeln).
- Öffentlich-rechtlicher Erschließungsvertrag (schlicht-hoheitliches Handeln).

> Die Ausübung eines öffentlichen Amtes erfordert grds. die Wahrnehmung öffentlicher Aufgaben mit öffentlich-rechtlichen Mitteln.

2. Inhalt

Zur Ermittlung, ob ein Handeln in Ausübung eines öffentlichen Amtes 41
vorliegt, ist auf folgende, von der Rechtsprechung entwickelte Kriterien
zurückzugreifen, die in der dargestellten Reihenfolge zu prüfen sind:

a) **Rechtsform des Handelns**

Erfolgt die Schädigung durch eine **Rechtshandlung** in gesetzlich fest- 42
gelegten oder anerkannten Formen des öffentlichen Rechts, liegt stets
ein Handeln in Ausübung eines öffentlichen Amtes vor.

Beispiele:
- Verwaltungsakt.
- Öffentlich-rechtlicher Vertrag.
- Satzung/Verordnung
- Formelles Gesetz zur Umsetzung einer EU-Richtlinie (vgl. EuGH, NJW 1992, 165 – „*Francovich*" s. auch BGH, NJW 1994, 858 – „*Irak-Embargo*").

Diese Rechtsfolge rechtfertigt sich aus der Bedeutung der Handlungs- 43
form für das Tatbestandsmerkmal „Handeln in Ausübung eines öffentlichen Amtes". Denn öffentliche Aufgaben können grds. mit öffentlich-rechtlichen oder privatrechtlichen Mitteln wahrgenommen
werden (vgl. *§ 7 Rn. 40*), während mit öffentlich-rechtlichen Mitteln
nur öffentlich-rechtliche Aufgaben erfüllt werden können. Der Einsatz öffentlich-rechtlicher Mittel erlaubt daher den **Rückschluß** auf die
öffentlich-rechtliche Natur der Aufgabe und des Tätigwerdens, was in
umgekehrter Richtung nicht möglich ist (zurückhaltender zuletzt
OLG Karlsruhe, NJW 1994, 2033 – „*Telekom*": Indiz).

Außerdem nimmt die öffentliche Hand nur beim Einsatz öffentlich-
rechtlicher Handlungsinstrumente gegenüber Privaten eine die Anwendung der Amtshaftung rechtfertigende Sonderstellung ein, die
sich in einer rechtlichen Überlegenheit widerspiegelt. Diese „**Vorrang-
stellung**" manifestiert sich in der Verpflichtung des Betroffenen, der in
der Rechtshandlung enthaltenen Anordnung Folge zu leisten (*MK,
§ 839 Rn. 125*). Dies legitimiert die Anwendung eines besonderen
Haftungsregimes (kritisch dazu BGH, NJW 1992, 2882 – „*Zivildienst*"). Umgekehrt erklärt sich daraus auch die (z. T. kritisierte) Unanwendbarkeit der Amtshaftung bei verwaltungsprivatrechtlichem
Handeln. Denn die Verwaltung läßt in diesem Bereich mit der Wahl
privatrechtlicher Mittel erkennen, daß sie dem Bürger ohne Inanspruchnahme einer rechtlichen Überlegenheit auf der Ebene einer
Gleichordnung gegenübertreten und die Rechtsbeziehungen in haftungsrechtlicher Sicht dem allgemeinen Deliktsrecht unterstellen will.
Lediglich bei einer Monopolstellung des Staates liegt auch bei privatrechtlichem Handeln die Ausübung eines öffentlichen Amtes vor
(vgl. OLG Nürnberg, NJW 1994, 2032 „*Postdienst*").

Beispiele:
- Betrieb städtischer Straßenbahnen in Form einer AG.
- Überlassung der Stadthalle an eine politische Partei aufgrund Mietvertrags.

Beachte: Auf die Rechtsform des Handelns kann nur dann abgestellt werden, wenn dieses nach seinem Erscheinungsbild eindeutig öffentlich-rechtlicher Natur ist. In den übrigen Fällen, insb. bei rechtlich ambivalenten Realakten versagt dieses Merkmal (*MK*, § 839 Rn. 128).

b) Zielsetzung des Handelnden

44 Über die Zuordnung sonstiger Maßnahmen entscheidet der **Funktionszusammenhang**, in dem sie stehen. Ein Handeln in Ausübung eines öffentlichen Amtes liegt vor, wenn der Amtswalter mit dem Ziel handelt, öffentliche Aufgaben zu erfüllen (vgl. BGH, NJW 1993, 2612 – *„Baumgefahr"*).

Beispiel: Fahrt eines Polizeibeamten zum Einsatzort.

Beachte: Die öffentlich-rechtliche Natur der Aufgabe muß objektiv gegeben sein. Ein Handeln in Erfüllung vermeintlich öffentlich-rechtlicher Aufgaben genügt nicht. Allerdings kann ein bestimmtes Verhalten eines Amtswalters gegenüber verschiedenen Personen (zugleich) zu einer Haftung nach allgemeinem Deliktsrecht (§§ 823 ff. BGB) und nach Amtshaftungsrecht führen (vgl. BGH, NVwZ 1992, 92 – *„Schulbus"*).

c) Rechtsnatur des Benutzungsverhältnisses

45 Eine Sonderstellung nehmen Schädigungen bei der Benutzung öffentlicher Einrichtungen ein (s. schon *§ 3 Rn. 14; § 4*). Das Kriterium der **Rechtsform** hilft hier i. d. R. **nicht** weiter, weil die Beeinträchtigungen üblicherweise durch Realakte erfolgen.

Beispiel: Schädigung eines Grundstückseigentümers durch Wasserrückstau aufgrund unzureichend dimensionierter städtischer Abwasserkanalisation, für die aufgrund Satzung ein Benutzungszwang besteht (vgl. OLG München, NVwZ 1992, 1124 – *„Abwasserkanalisation"*).

46 Auch ein Rückgriff auf das Merkmal der **Zielsetzung** führt **nicht** zu befriedigenden Ergebnissen, weil es den in der Ausgestaltung des Benutzungsverhältnisses zum Ausdruck kommenden Willen des Hoheitsträgers nicht berücksichtigt. Da mit der Regelung der Benutzung öffentlicher Einrichtungen stets öffentliche Aufgaben erfüllt werden, könnte es zu einer systemwidrigen Anwendung des Amtshaftungsanspruchs auf Schädigungen innerhalb verwaltungsprivatrechtlicher Rechtsverhältnisse kommen, wenn man in diesen Fällen (allein) auf die Zielsetzung abstellt.

§ 7. Haftungstatbestand

Beispiel: Wird der Benutzer der privatrechtlich betriebenen städtischen U-Bahn bei Benutzung dieser öffentlichen Einrichtung durch einen Bediensteten der Stadt schuldhaft verletzt, liegt zwar eine Schädigung in Erfüllung öffentlicher Aufgaben vor. Trotz dieser Zielsetzung kann aber kein Schadensersatz aufgrund Amtshaftung verlangt werden. Denn die Stadt bedient sich zur Erfüllung dieser Aufgabe privatrechtlicher Mittel. Die Benutzer öffentlicher Verkehrsmittel schließen privatrechtliche Beförderungsverträge. Konsequenterweise stehen ihnen nur Schadensersatzansprüche aus dem privatrechtlichen Benutzungsverhältnis oder aufgrund allgemeinem Deliktsrecht zu.

Die Rechtsnatur von Schädigungen im Rahmen von Benutzungsverhältnissen ist daher auf anderem Weg zu ermitteln. Dabei ist vorrangig auf die **Person des Geschädigten** abzustellen: 47

(1) Wird der **Benutzer** geschädigt, hängt die rechtliche Qualifizierung des Handelns von **der rechtlichen Ausgestaltung des Benutzungsverhältnisses** ab (widersprüchlich OLG Karlsruhe, NJW 1994, 2033 – „*Telekom*"). Bei öffentlich-rechtlichen Benutzungsverhältnissen ist die Beeinträchtigung als Handeln in Ausübung eines öffentlichen Amtes zu qualifizieren. Bei privatrechtlichen Benutzungsverhältnissen liegt dagegen trotz Erfüllung öffentlicher Aufgaben eine nach allgemeinem Deliktsrecht zu beurteilende privatrechtliche Schädigung vor. Die rechtliche Ordnung des Benutzungsverhältnisses überlagert insoweit das Merkmal „Zielsetzung", weil dieses das Wahlrecht der Verwaltung zwischen schlicht-hoheitlicher und verwaltungsprivatrechtlicher Erfüllung öffentlicher Aufgaben außer acht läßt (vgl. § 7 Rn. 40, 43).

Beispiel: Eine Gemeinde kann die Benutzung ihres Schwimmbads öffentlich-rechtlich durch Satzung regeln und Gebühren erheben oder auf privatrechtlicher Ebene ein Entgelt verlangen. Kommt es zu einer Schädigung, hängt die (Delikts-) Haftung von der Ausgestaltung des Benutzungsverhältnisses ab.

> Bei Schädigung von Benutzern innerhalb eines Benutzungsverhältnisses folgt die Haftungsform der Rechtsform des Benutzungsverhältnisses.

Beachte: Für die rechtliche Einordnung des Benutzungsverhältnisses ist insb. die Art und Weise seines Zustandekommens und sein Inhalt entscheidend. Anhaltspunkte für eine öffentlich-rechtliche Ausgestaltung sind etwa eine Nutzungsordnung in Form einer Satzung, ein Anschluß- und Benutzungszwang oder die Erhebung einer „Benutzungsgebühr" anstelle eines „Entgeltes".

(2) Bei Schädigung außerhalb des Benutzungsverhältnisses stehender **Dritter** kommt es für die haftungsrechtliche Zuordnung allein auf die 48

Zielsetzung des Handelns des Amtswalters an. Die Rechtsnatur des Benutzungsverhältnisses ist dagegen irrelevant, weil dieses nicht gegenüber dem geschädigten Dritten besteht (so jetzt ausdrücklich OLG Nürnberg, NJW 1994, 2032 *„Postdienst"*; vgl. zum zusätzlich erforderlichen inneren Zusammenhang BGH, NJW 1992, 39 – *„Regenwasser"*). Dies führt grds. zur Anwendung des Amtshaftungsanspruchs, weil mit öffentlichen Einrichtungen i. d. R. öffentliche Aufgaben verfolgt werden (a. A. *MK*, § 839 Rn. 143 – 145, der davon ausgeht, daß die Rechtsnatur der Realakte stets zwingend der rechtlichen Ausgestaltung des Benutzungsverhältnisses folgt).

Beispiel: Amtshaftungsansprüche der Nachbarn eines städtischen Schlachthofs wegen Beeinträchtigung durch unzulässig hohe („Geruchs-")Immissionen.

d) **Regelvermutung für öffentlich-rechtliches Handeln**

49 Läßt sich das Tätigwerden nach vorgenannten Kriterien keinem Funktionsbereich eindeutig zuordnen, gilt die **widerlegbare Vermutung** für ein öffentlich-rechtliches Handeln. Denn der Staat und sonstige Hoheitsträger handeln i. d. R. zur Wahrnehmung öffentlicher Aufgaben. Ihr Verhalten ist daher solange an den Normen des öffentlichen Rechts zu messen, wie der entgegenstehende Wille, nach Maßgabe des Privatrechts zu handeln (z. B. durch Abschluß eines privatrechtlichen Vertrages), nicht deutlich in Erscheinung tritt (vgl. *MK*, § 839 Rn. 128).

Beispiele:
❑ Ehrenrührige falsche Tatsachenbehauptungen durch Behörden.
❑ Immissionen bei der Herstellung öffentlicher Einrichtungen.

50 Bei der Verletzung von **Verkehrssicherungspflichten** gilt diese Vermutung allerdings in **umgekehrter** Richtung. Soweit diese Pflichten nicht durch gesetzliche Regelung ausdrücklich als öffentlich-rechtlich qualifiziert werden (vgl. z. B. Art. 72 BayStrWG), sind sie privatrechtlicher Natur, um eine Gleichbehandlung von Privatpersonen und Hoheitsträgern zu gewährleisten (vgl. *Ossenbühl*, StHR, S. 30).

Beispiel: Aufgrund § 7 V 1 BerlStrG sind die mit der Überwachung der Verkehrssicherheit der öffentlichen Straßen zusammenhängenden Aufgaben als (Verkehrssicherungs-) Pflichten des öffentlichen Rechts wahrzunehmen (BGH, NJW 1993, 2612 – *„Baumgefahr"*). Verletzt sich dagegen der Benutzer eines zwischen zwei öffentlichen Straßen verlaufenden Trampelpfades, besteht nur eine allgemeine Deliktshaftung des Trägers der Straßenbaulast wegen Verletzung privatrechtlicher Verkehrssicherungspflichten (vgl. OLG Düsseldorf, NVwZ – RR 1992, 608 – *„Trampelpfad"*).

III. Handeln in Ausübung eines öffentlichen Amtes

Der hoheitliche Charakter der Aufgabe allein erlaubt nicht die Annahme, 51
daß der Amtswalter auch in Ausübung eines öffentlichen Amtes gehandelt
hat. Erforderlich ist außerdem ein vom Tatbestandsmerkmal „in Ausübung"
vorausgesetzter, besonderer Zusammenhang zwischen der verfolgten Aufgabe und der schädigenden Handlung.

> Das Zurechnungskriterium „in Ausübung" tritt neben das funktionale Kriterium „öffentliches Amt".

1. Anwendungsbereich

a) Bei **Rechtshandlungen** ist der erforderliche Zusammenhang zwischen 52
Aufgabenerfüllung und Schädigung nicht gesondert zu prüfen, weil er
wesensimmanentes Merkmal dieser Hoheitsakte ist. Probleme können allenfalls bei mittelbaren Schädigungen auftreten. Sie sind beim
Tatbestandsmerkmal „Schaden" zu würdigen (vgl. *§ 7 Rn. 132 f.*).

Beispiel: Bei Schädigung durch eine rechtswidrig erteilte Baugenehmigung handelt der Amtswalter stets in Ausübung eines öffentlichen Amtes (vgl. eingehend *de Witt/Burmeister*, NVwZ 1992, 1039 ff.).

b) Ganz anders stellt sich die Rechtslage bei Schädigungen durch **Real-** 53
akte dar. In diesem Bereich entfaltet das Kriterium „Handeln in Ausübung ..." seine maßgebliche Bedeutung.

Beispiel: Schuldhaft verursachter Verkehrsunfall eines Amtswalters, während er bei einer Dienstfahrt einen Umweg fährt, um zu tanken (vgl. hierzu *RGRK*, § 839 Rn. 120 ff. m. w. N.).

2. Inhalt

Ein Handeln in Ausübung eines öffentlichen Amtes liegt vor, wenn zwi- 54
schen hoheitlicher Zielsetzung und schädigender Handlung ein so enger
äußerer und innerer Zusammenhang besteht, daß die Handlung ebenfalls noch als dem Bereich hoheitlicher Betätigung angehörend angesehen werden muß (BGH, NJW 1992, 1310 – *„Seminarkopien"*).

a) Ein **äußerer Zusammenhang** erfordert, daß die Schädigung in räum- 55
lich-zeitlicher Beziehung zur hoheitlichen Betätigung steht (BGH,
NJW 1992, 1227 – *„Schülerausflug"*).

Beispiel: A führt seinen Wohnwagen beim TÜV zur Hauptuntersuchung vor.
Nach Aufforderung durch den zuständigen Prüfer fährt er in die Untersuchungshalle ein und steigt – aufgrund eines Mißverständnisses – aus dem Fahrzeug aus.
Dabei gerät er mit dem linken Bein bis zum Oberschenkel zwischen die Bremsrollen des Prüfstandes und erleidet dadurch erhebliche Verletzungen. Der erforderliche äußere Zusammenhang besteht aufgrund des räumlich-zeitlichen Zusam-

mentreffens zwischen Schädigung und Zielsetzung (vgl. aber zum inneren Zusammenhang § 7 Rn. 56).

56 b) Ein **innerer Zusammenhang** zwischen schädigender Handlung und hoheitlicher Zielsetzung setzt voraus, daß sich aus der Sache und der Natur des Amtsgeschäftes zwischen der wahrzunehmenden hoheitlichen Aufgabe und der schädigenden Handlung eine innere Beziehung dergestalt ergibt, daß die Handlung geradezu einen Bestandteil der hoheitlichen Tätigkeit bildet. Dabei kommt es entscheidend auf wertende Kriterien an. Abzustellen ist insb. darauf, ob Schädigung und Aufgabenerfüllung als einheitlicher Lebenssachverhalt erscheinen, der vom hoheitlichen Charakter der Aufgabe **geprägt** wird (BGH, NJW 1992, 1310 – *„Seminarkopien"*). Daran fehlt es, wenn die Schädigung nur „bei Gelegenheit" hoheitlicher Aufgabenerfüllung erfolgt.

Beispiel: Im obigen Fall fehlt der erforderliche innere Zusammenhang. Die Anweisung des Sachverständigen hängt nicht so eng mit der hoheitlichen Aufgabe der Überprüfung und Begutachtung des PKW's zusammen, daß sie von der hoheitlichen Zielsetzung geprägt und als Bestandteil der hoheitlichen Tätigkeit in diesen Aufgabenbereich wertungsmäßig einbezogen wird. Die Haftung richtet sich daher nach allgemeinem Deliktsrecht gem. §§ 823 ff. BGB (vgl. auch OLG Braunschweig, NJW 1990, 2629 – *„TÜV-Plakette"*).

Beachte:

❏ Der innere Zusammenhang entfällt nicht allein deshalb, weil der Amtswalter **bewußt** seinen Amtspflichten **zuwiderhandelt.** Andernfalls wäre die Normstruktur der Amtshaftung im Hinblick auf die erforderliche Amtspflichtverletzung widersprüchlich.

Beispiel: Die deutschen Fluglotsen führten zur Verbesserung ihrer Besoldung einen Bummelstreik. Die verzögerte Abwicklung des Flugverkehrs verursachte erhebliche Verluste bei den betroffenen Fluggesellschaften. Der für eine Amtshaftung erforderliche innere Zusammenhang zwischen hoheitlicher Aufgabenerfüllung (Flugsicherung als öffentliche Aufgabe nach dem LuftVG) und Schädigung ist wegen des engen, „prägenden" Bezugs zur hoheitlichen Tätigkeit gegeben, obwohl die Fluglotsen mit ihrem unerlaubten Streik bewußt Dienstpflichten verletzten (BGHZ 69, 128 – *„Fluglotsenstreik"*).

❏ Der innere Zusammenhang fehlt dagegen, wenn der Amtswalter **allein** oder **ganz überwiegend** aus persönlichen Gründen handelt.

Beispiel: Polizist P beobachtet einen Einbruch. Als er den erkennbar unbewaffneten und aufgabebereiten Täter stellt, erkennt er in ihm den seit langem verhaßten Nebenbuhler und schießt ihm aus Rache in den linken Oberschenkel. Trotz „äußerer Einbindung" in den Bereich hoheitlicher Aufgabenerfüllung (Gefahrenabwehr, Strafverfolgung) liegt kein Handeln in Ausübung eines öffentlichen Amtes vor, weil der erforderliche innere Zusammenhang zwischen schädigendem Handeln und hoheitlicher Zielsetzung fehlt.

C. Amtspflichtverletzung

I. Begriff

Unter Amtspflichten versteht man die persönlichen **Verhaltenspflichten** des Amtswalters hinsichtlich seiner Amtsführung. Aufgrund der konstruktiven Besonderheit der Amtshaftung als einer auf den Staat übergeleiteten, ursprünglich persönlichen „Beamtenhaftung" (vgl. § 6 Rn. 17) bestehen Amtspflichten ausschließlich im Verhältnis zwischen Amtswalter und Hoheitsträger (Dienstherr). **Zurechnungssubjekt** dieser Pflichten ist und bleibt der Amtswalter selbst (vgl. *MK*, § 839 Rn. 165). Zwischen ihm und dem Geschädigten bestehen hingegen keine Amtspflichten. Auch den Staat und sonstige juristische Personen des öffentlichen Rechts, in deren Namen und Rechtskreis der Amtswalter handelt, treffen keine Amtspflichten gegenüber dem Geschädigten, sondern allein Rechtspflichten (vgl. zur Abgrenzung § 7 Rn. 61 f.). Diese betreffen das Außenverhältnis zwischen Hoheitsträger und Geschädigten und sind mit den Amtspflichten des Amtswalters gegenüber dem Hoheitsträger nicht (notwendigerweise) inhaltsgleich (*MK*, § 839 Rn. 165). Der dadurch hervorgerufene dogmatische Bruch wird insb. bei einem Verstoß gegen sog. „Innenrecht" sichtbar (vgl. dazu § 7 Rn. 75 ff.).

57

Beispiel: Verzögert der zuständige Amtswalter ohne ausreichenden sachlichen Grund die Bearbeitung und Verbescheidung eines Baugesuchs, begründet dies im Außenverhältnis einen Verstoß gegen den bauaufsichtsrechtlichen Beschleunigungsgrundsatz (vgl. z. B. Art. 71 I BayBauO), was im Innenverhältnis zugleich zu einer Verletzung der Amtspflicht zu unverzüglicher Sachentscheidung führt (vgl. BayObLG, NVwZ – RR 1992, 534 – *„Bauverzögerung"*).

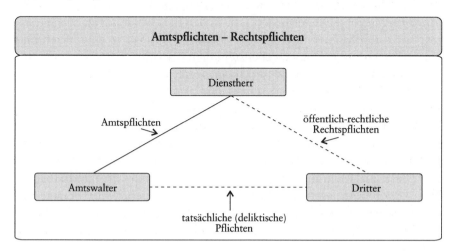

II. Rechtliche Grundlage

58 Ein abschließender Katalog von Amtspflichten, deren Verletzung einen Amtshaftungsanspruch begründet, ist weder in § 839 BGB noch in Art. 34 GG enthalten. Die Amtshaftung setzt zwar eine Amtspflichtverletzung voraus, schweigt aber über Rechtsgrundlage, Inhalt und Umfang dieser Pflichten. Die möglichen Entstehungsgründe ergeben sich aus der rechtlichen Konstruktion der Amtshaftung, die die Amtspflichten dem **Innenverhältnis** zwischen Amtswalter und Hoheitsträger zuweist. Diese Rechtsbeziehung wird durch Außen- und Innenrechtssätze (vgl. zum Begriff § 7 Rn. 75) gestaltet. Amtspflichten können daher insb. aus folgenden **Rechtsquellen** erwachsen:

59 ❏ Primäres und sekundäres Gemeinschaftsrecht.

❏ Verfassungsrecht.

❏ formelles Bundes- und Landesrecht.

❏ Rechtsverordnung.

❏ Satzung.

❏ Gewohnheitsrecht.

❏ Verwaltungsvorschriften.

❏ Weisungen im Einzelfall.

Beachte: Die Mitgliedstaaten der EU sind aufgrund Art. 189 III EWGV verpflichtet, alle erforderlichen Maßnahmen zur Verwirklichung des durch eine Richtlinie vorgegebenen Ziels zu treffen (vgl. BGH, NJW 1994, 858 – *„Irak-Embargo")*. Dies erfordert i. d. R. den Erlaß eines förmlichen Gesetzes. Bei unterlassener oder unzureichender Umsetzung einer Richtlinie durch den nationalen Gesetzgeber steht dem Betroffenen unter bestimmten Voraussetzungen ein Schadensersatzanspruch zu (vgl. bereits § 7 Rn. 20 und EuGH, NJW 1992, 165 – *„Francovich")*. Leitet man dessen Voraussetzungen nicht unmittelbar aus Gemeinschaftsrecht, sondern aus nationalem Recht, d. h. insb. aus der Amtshaftung ab (vgl. zu dieser bislang offenen Frage *Jarass*, NJW 1994, 881 ff. und *Detterbeck*, VerwArch., Bd. 85 [1994], S. 159 ff.), können sich Amtspflichten auch aus Gemeinschaftsrecht, insb. aus Richtlinien ergeben. Der Einzelne kann sich unmittelbar auf die dadurch begründete Verpflichtung des Staates berufen und Ersatz verlangen, soweit er durch fehlende oder nicht ordnungsgemäße Umsetzung der Richtlinie in nationales Recht einen Schaden erleidet (vgl. *Jarass*, aaO, S. 881 f.).

III. Inhalt

Das durch die fehlende einheitliche gesetzliche Festlegung der Amtspflichten bedingte „Vakuum" ist von Rechtsprechung und Lehre im Laufe der Zeit durch Herausbildung einer Vielzahl von Amtspflichten ausgefüllt worden. Das dadurch entstandene „Netz" unterschiedlicher Amtspflichten läßt aber die notwendige Geschlossenheit vermissen. Das hat zur Folge, daß Amtspflichten z. T. nicht trennscharf abgegrenzt werden können, weil sie sich überschneiden. Ein und dasselbe Verhalten kann mehrere Amtspflichten verletzen. Ein fester, abschließender Pflichtenkatalog ist nicht erkennbar. Gleichwohl ist eine **Systematisierung** der Amtspflichten nach Entstehungsgrund und praktischer Bedeutung möglich und erforderlich (vgl. *§ 7 Rn. 61 ff.*). Das führt zu folgender Einteilung: 60

1. Amtspflicht zu rechtmäßigem Handeln

a) **Entstehung**

Der Amtswalter ist gegenüber seinem Dienstherrn aufgrund des verfassungsrechtlichen Grundsatzes der **Gesetzesbindung der Verwaltung** (Art. 20 III GG) bzw. aufgrund der einschlägigen beamten- und arbeitsrechtlichen Regelungen verpflichtet, bei der Erfüllung hoheitlicher Aufgaben Recht und Gesetz zu wahren. Jede Zuwiderhandlung des Amtswalters gegen eine kraft Gesetzes bestehende Rechtspflicht des Hoheitsträgers im Außenverhältnis gegenüber Dritten begründet zugleich eine Verletzung der im Innenverhältnis zwischen ihm und dem Hoheitsträger bestehenden Amtspflicht zu rechtmäßigem Handeln. 61

Beispiel: Verursacht ein Polizeibeamter im Dienst einen Verkehrsunfall, verstößt er gegen die sich aus der StVO ergebenden Rechtspflichten und verletzt dadurch zugleich seine Amtspflicht zu rechtmäßigem Handeln.

b) **Ermittlung**

Die Amtspflicht zu rechtmäßigem Verhalten ist bei jedem Verstoß gegen Außenrecht betroffen. Ihr Inhalt und Umfang wird mittelbar **durch die Rechtspflichten** bestimmt (vgl. *§ 7 Rn. 61*). Die Amtspflicht zu rechtmäßigem Handeln bildet daher das „Einfallstor" zur Beseitigung der durch die Divergenz von Amtspflichten und Rechtspflichten begründeten Ungereimtheiten (vgl. hierzu *MK, § 839 Rn. 166* sowie *§ 7 Rn. 57*). Zur Ermittlung einer Amtspflichtverletzung ist in diesen Fällen auf die gegenüber dem geschädigten Dritten bestehenden Rechtspflichten abzustellen. Amtspflichten des Amtswalters im Innenverhältnis und Rechtspflichten des Hoheitsträgers (und des Amtswalters) im Außenverhältnis sind insoweit deckungsgleich. 62

Klausurhinweis: Grds. sind die ordentlichen Gerichte im Amtshaftungsprozeß aufgrund ihrer sog. **Vorfragenkompetenz** (vgl. § 9 Rn. 22) zur eigenständigen Beurteilung der Rechtmäßigkeit des hoheitlichen Handelns berechtigt. Steht seine Rechtswidrigkeit aber aufgrund rechtskräftiger, verwaltungsgerichtlicher Entscheidung fest, bindet dies die ordentlichen Gerichte im (anhängigen) Amtshaftungsprozeß. In diesem Fall müssen sie ohne weitere Prüfung von einer Amtspflichtverletzung ausgehen (vgl. BGH, NVwZ 1992, 298 – „*Architektenkammer*"). Demgegenüber sind die Zivilgerichte durch die Bestandskraft eines Verwaltungsaktes nicht gehindert, diesen im Amtshaftungsprozeß auf seine Rechtmäßigkeit hin zu überprüfen. Etwas anderes gilt nur dann, wenn die Rechtskraft eines (verwaltungsgerichtlichen) Urteils sich auch auf die Frage der materiellen Rechtmäßigkeit des Verwaltungsaktes erstreckt. Einem ohne gerichtliche Erkenntnis bestandskräftig gewordenen Verwaltungsakt kommt indes keine gleichartige, auch die Zivilgerichte bindende Wirkung zu. Seine Bestandskraft wird durch die in die Vorfragenkompetenz der Zivilgerichte fallende Feststellung seiner Rechtswidrigkeit nicht berührt (s. BGH, NJW 1991, 1168 – „*Bindungswirkung*"; BGH, NJW 1994, 2087).

c) **Ausprägungen**

63 Die (generelle) Amtspflicht zu rechtmäßigem Handeln ist wegen ihrer Weite und Unbestimmtheit anhand von Einzelfällen konkretisiert und dadurch in eine Vielzahl einzelner Amtspflichten aufgesplittert worden (vgl. *MK,* § 839 Rn. 167 ff.; *Engelhardt,* NVwZ 1992, 1052 ff.).

Als **wichtigste** Ausprägungen kommen in Betracht:

64 ❏ Amtspflicht zu **zuständigkeits- und verfahrensgemäßem** Handeln

Beispiel: Unterschlagung von Geld durch einen Grundbuchbeamten unter Vorspiegelung, er sei für die Hinterlegung des Geldes zuständig.

65 ❏ Amtspflicht zu **fehlerfreier Ermessensausübung**

Beispiel: Ablehnung einer straßenrechtlichen Sondernutzungserlaubnis für das Musizieren in der Fußgängerzone, weil dem zuständigem Beamten die Art der Musik (Rock'n Roll) nicht gefällt (vgl. auch LG Düsseldorf, NJW 1992, 699 – „*Börsenkrach*").

66 ❏ Amtspflicht zu **verhältnismäßigem** Verhalten

Beispiel: Vorläufige Festnahme eines Tatverdächtigen (§ 316 StGB – Trunkenheit im Verkehr) zur Entnahme einer Blutprobe, wobei seine Hände auf den Rücken gefesselt bleiben, während er uriniert (vgl. LG Baden-Baden, NVwZ 1991, 1118 – „*Gnadenlos*").

67 ❏ Amtspflicht zur **Schonung unbeteiligter Dritter**

Beispiel: Verletzung eines unbeteiligten Passanten durch die Polizei bei der

Verfolgung eines flüchtenden Bankräubers (vgl. auch LG Köln, NVwZ 1992, 1125 – „*Rauschgift*").

❏ Amtspflicht zu **unverzüglicher Sachentscheidung**   68

Beispiel: Verletzt ein Amtswalter den bauaufsichtsrechtlichen Beschleunigungsgrundsatz (vgl. z. B. Art. 76 I 1 I BayBauO) durch zögerliche Bearbeitung eines (ordnungsgemäßen) Bauantrags, begründet dies (zugleich) einen Verstoß gegen die Amtspflicht zu unverzüglicher Sachentscheidung (vgl. BayObLG, NVwZ – RR 1992, 534 – „*Bauverzögerung*").

❏ Amtspflicht zu **konsequentem Verhalten**   69

Beispiel: Bei der Planung von Ent- oder Versorgungsanlagen muß die Gemeinde ihre eigene, bereits abgeschlossene Bauleitplanung berücksichtigen.

❏ Amtspflicht zur **Erteilung ordnungsgemäßer Auskünfte**   70

Jeder Amtsträger hat die (Amts-)Pflicht, Auskünfte und Belehrungen richtig, klar, unmißverständlich, eindeutig und vollständig zu erteilen, so daß der um sie nachsuchende Bürger als Empfänger der Auskunft entsprechend disponieren kann (vgl. BGH, NJW 1992, 1230 – „*Auskunft*").

Beispiel: Unrichtige behördliche Auskunft über die Bebaubarkeit eines Grundstückes im Rahmen einer förmlichen Bauvoranfrage.

Beachte: Eine Auskunft bezieht sich nur auf gegenwärtige tatsächliche Gegebenheiten, während eine Zusage eine bindende behördliche Verpflichtung zu einem künftigen Verhalten enthält (vgl. BGH, NJW 1992, 1230 – „*Auskunft*").

❏ Amtspflicht zur **Unterlassung unerlaubter Handlungen**   71

Beispiel: Der Professor einer Hochschule kopiert zur Vorbereitung seiner Lehrveranstaltung Teile eines (fremden) Buchs und verkauft die Ablichtungen zum Selbstkostenpreis an seine Studenten. Er verletzt dadurch das Urheberrecht des Autors und verstößt gegen die Amtspflicht, unerlaubte Handlungen zu unterlassen (vgl. BGH, NJW 1992, 1310 – „*Seminarkopien*").

❏ Amtspflicht zur Beachtung **öffentlich-rechtlicher Verkehrssicherungspflichten**   72

Beispiel: Eine zum öffentlichen Straßengrund gehörende „kranke" Ulme, deren Standfestigkeit zuletzt vor zwei Jahren vom Träger der Straßenbaulast überprüft wurde, stürzt auf ein vorschriftsmäßig abgestelltes Fahrzeug und beschädigt es (vgl.BGH, NJW 1993, 2612 – „*Baumgefahr*").

❏ Amtspflicht zur Beachtung der **höchstrichterlichen Rechtsprechung**   73

Inhalt und Umfang dieser Amtspflicht sind vor dem Hintergrund der **Gesetzesbindung** (Art. 20 III GG) und des **Gewaltenteilungsprinzips** (Art. 20 II 2 Hs. 2 GG) umstritten. Denn die Verwaltung ist grds. lediglich an das Gesetz (selbst), nicht dagegen an die Gesetzesauslegung durch die Gerichte gebunden. Etwas anderes gilt nur dann, wenn sie als Prozeßbeteiligte an das verwaltungsgerichtliche Urteil gebunden ist (§§ 63, 121 VwGO) oder wenn dieses ausnahmsweise allgemeinverbindlich („inter omnes") wirkt (vgl. z. B. § 47 VI 2 VwGO). Eine Amtspflicht zu genereller, strikter Beachtung der höchstrichterlichen Rechtsprechung ist daher weder rechtlich zulässig noch aufgrund der fließenden Entwicklung der Rechtsprechung tatsächlich durchführbar. Allerdings setzt eine ständige Rechtsprechungspraxis einen Vertrauenstatbestand und entfaltet damit eine **Leit- und Orientierungsfunktion** für die Normanwendung. Die Verwaltung ist daran zwar nicht zwingend gebunden; sie muß aber aus Gründen der Rechtssicherheit einen sachlichen Grund geltend machen, wenn sie von der durch ständige Rechtsprechung begründeten allgemeinen Rechtsauffassung abweicht. Unterläßt sie dies, verletzt der Amtswalter seine Amtspflicht zur Beachtung der höchstrichterlichen Rechtsprechung.

Beispiel: Genehmigt ein Staatsanwalt entgegen der bestehenden Rechtsprechung und Richtlinien die Öffentlichkeitsfahndung nach einem vermeintlichen Straftäter im Fernsehen, begründet diese objektiv unrichtige Rechtsanwendung eine vorwerfbare Amtspflichtverletzung, wenn sie gegen den klaren, bestimmten und eindeutigen Wortlaut dieser Vorschriften verstößt oder ohne sachlichen Grund von der gefestigten Rechtsprechung abweicht (vgl. OLG Hamm, NJW 1993, 1209 – *„Aktenzeichen XY"*).

Klausurhinweis: Die Frage, ob der Amtswalter die höchstrichterliche Rechtsprechung beachtet hat, wird häufig erst beim Tatbestandsmerkmal „Verschulden" behandelt (vgl. dazu *§ 7 Rn. 120*), während beim Merkmal Amtspflichtverletzung allein auf den Gesetzesverstoß abgestellt wird (vgl. BGH, NJW 1993, 530 – *„Innenbereichsbebauung"*).

74 ❑ Amtspflicht zur ordnungsgemäßen **Umsetzung von EU-Richtlinien** (vgl. dazu *bereits § 7 Rn. 20, 42, 59*)

Beispiel: Nichtumsetzung einer EU-Richtlinie zur Angleichung der Rechtsvorschriften der Mitgliedsstaaten, die einen Mindestschutz der Arbeitnehmer bei Zahlungsunfähigkeit der Arbeitgeber festlegt (vgl. EuGH, NJW 1992, 165 – *„Francovich"*).

Klausurhinweis: Verletzt das Verhalten eine spezielle (Ausprägung der) Amtspflicht, darf nicht auf die „allgemeine" Amtspflicht zu rechtmäßigem Verhalten zurückgegriffen werden, weil diesem nur Auffangcharakter zukommt.

2. Amtspflicht zur Beachtung von Innenrecht

Amtspflichten entstehen im Verhältnis zwischen Amtswalter und Hoheitsträger („Innenverhältnis"). Sie können sich daher auch aus **Innenrecht** (Weisungen, Verwaltungsvorschriften) ergeben. Dieses besitzt zwar im Innenverhältnis eine Außenrechtssätzen vergleichbare Bindungswirkung, entfaltet aber im Außenverhältnis zwischen Hoheitsträger und Geschädigten keine unmittelbare, sondern nur **mittelbare Rechtswirkung**. Diese dogmatisch-strukturelle Besonderheit kann im Einzelfall zu Divergenzen zwischen Rechtspflichten und Amtspflichten führen, deren Bewältigung erhebliche Schwierigkeiten bereitet. Das wird anhand folgender Fallkonstellationen deutlich: 75

a) Rechtmäßiges, aber amtspflichtwidriges Verhalten

Eine Mißachtung von Verwaltungsvorschriften oder Einzelweisungen begründet im Innenverhältnis eine Amtspflichtverletzung des Amtswalters, der im Außenverhältnis keine Rechtspflichtverletzung korrespondiert, wenn das Handeln im Einklang mit der Rechtsordnung steht. Zu denken ist dabei insb. an rechtswidrige Weisungen oder an ein sachlich begründetes Abweichen von Verwaltungsvorschriften in besonders gelagerten Fällen. 76

Beispiel: Der zuständige Amtswalter A der Bundeswehr unterläßt es, den Wehrpflichtigen W auf die durch Ministerialerlaß (Verwaltungsvorschrift) angeordnete, aber gesetzeswidrige Möglichkeit einer Befreiung vom Wehrdienst hinzuweisen. Da das Handeln objektiv rechtmäßig war (§§ 5 I, 21 I WPflG, § 13 I der MusterungsVO), liegt ein Unrechtstatbestand i. S. des Amtshaftungsrechts trotz Zuwiderhandlung gegen den Amtswalter bindendes (rechtswidriges) Innenrecht nicht vor (vgl. OLG Düsseldorf, NVwZ – RR 1992, 225 – „*Wehrpflicht*").

Ein **intern dienstpflichtwidriges** Verhalten führt daher erst dann zu einer amtspflichtwidrigen unerlaubten Handlung, wenn damit ein Eingriff in den Rechtskreis eines anderen verbunden ist und dieser im Widerspruch zur Rechtsordnung steht. Die objektive Widerrechtlichkeit ist das gemeinsame, ihren rechtlichen Charakter bestimmende Merkmal aller unerlaubten Handlungen, zu denen auch die Amtspflichtsverletzung gehört (vgl. OLG Düsseldorf, NVwZ – RR 1992, 225 – „*Wehrpflicht*"). 77

Eine „Flut" von Amtshaftungsansprüchen ist in diesen Fällen gleichwohl nicht zu befürchten, weil zwei „Klippen" entgegenstehen: 78

Zum einen fehlt bei einem Verstoß gegen Innenrecht grds. die erforderliche **Drittbezogenheit** der Amtspflicht, außer die Verwaltungsvorschrift oder die Einzelweisung bezweckt ausnahmsweise (zumindest auch) den Schutz der Interessen des betroffenen Dritten (vgl. *MK*, § 839 Rn. 174). Eine solche Drittwirkung kommt vor allem bei Verwaltungsvorschriften in Betracht, die den Ermessensgebrauch bei Anwendung drittschützender Normen regeln.

Beispiel: Der zuständige Staatsanwalt X genehmigt entgegen der bundeseinheitlichen Richtlinien über die Inanspruchnahme von Publikumsorganen zur Fahndung nach Personen bei der Strafverfolgung die Öffentlichkeitsfahndung in Presse und Fernsehen nach dem vermeintlichen Straftäter Y, weil er in unvertretbarer Weise den dringenden Tatverdacht einer schweren Straftat annahm. X verstieß dadurch gegen die durch die Richtlinien begründeten Amtspflichten, die gegenüber Y drittschützend waren, weil sie gerade dem Schutz des Tatverdächtigen vor unnötiger Rufschädigung und Bloßstellung in der Öffentlichkeit dienen (vgl. OLG Hamm, NJW 1993, 1209 – „*Aktenzeichen XY*").

Zum andern erleidet der betroffene Dritte bei rechtmäßigem Handeln regelmäßig **keinen ersatzfähigen Schaden.**

Beispiel: Leistet W in Unkenntnis der möglichen Zurückstellung seinen Wehrdienst ab, kann er den ihm in diesem Zeitraum entgangenen Nettoverdienst nicht aufgrund Amtshaftung ersetzt verlangen, weil ein Schaden, der nur bei unrichtiger Verwaltungsentscheidung hätte vermieden werden können, grds. nicht ersatzfähig ist (vgl. OLG Düsseldorf, NVwZ – RR 1992, 225 – „*Wehrpflicht*").

b) Rechtswidriges, aber amtspflichtgemäßes Verhalten

79 Diese Situation entsteht, wenn der Amtswalter eine rechtswidrige Verwaltungsvorschrift oder Weisung „amtspflichtgemäß" befolgt und dadurch Rechtspflichten gegenüber Dritten verletzt.

Beispiel: Auf Weisung des hierarchisch übergeordneten Behördenleiters B erläßt der einer untergeordneten Behörde angehörende zuständige Amtswalter A „gezwungenermaßen" ein rechtswidriges Versammlungsverbot.

80 Im Innenverhältnis handelt der Amtswalter in bezug auf die Weisung **amtspflichtgemäß,** weil er auch durch rechtswidriges Innenrecht gebunden wird (vgl. *§ 7 Rn. 75*) und daher die Weisung befolgen mußte. Im Außenverhältnis ist sein Verhalten dagegen **rechtswidrig,** weil ein Verstoß gegen die Rechtsordnung aufgrund des Prinzips vom Vorrang des Gesetzes nicht durch Innenrechtssätze legitimiert werden kann (vgl. OLG Düsseldorf, NVwZ – RR 1992, 225 – „*Wehrpflicht*"). Der Amtswalter kann zunächst einen Ausweg aus diesem Konflikt über die Möglichkeit einer Remonstration suchen, durch die der handelnde Amtswalter entlastet und die Verantwortung auf die anweisende Behörde abgewälzt wird (vgl. z. B. § 56 II BBG). Die Amtspflichtverletzung wird dadurch aber nicht beseitigt, sondern nur innerhalb der Verwaltung „verlagert", was sich grds. nur auf mögliche disziplinarische Konsequenzen auswirkt (s. aber *§ 7 Rn. 81*). Denn bei einem Beharren auf der Weisung trotz Remonstration begeht der **anweisende Amtswalter** eine Amtspflichtverletzung.

Beispiel: A kann gegenüber B darlegen, daß er die Weisung für rechtswidrig hält und um Rücknahme bitten. Beharrt B auf seiner Weisung, muß A sie befolgen. B übernimmt damit allerdings die Verantwortung für das Handeln des A.

Das **Auseinanderfallen** von Amtspflichten und Rechtspflichten wirkt sich in diesen Fällen in folgender Weise auf die Amtshaftung aus: Befolgt der Amtswalter die Weisung nicht, handelt er im Außenverhältnis rechtmäßig (vgl. *§ 7 Rn. 75 f.*). Kommt er ihr nach, handelt nicht er, sondern die anweisende Stelle amtspflichtwidrig. Das rechtswidrige Handeln ist ihr in diesem Fall aufgrund der Weisung zuzurechnen. Die Verlagerung des Amtspflichtverstoßes hat nur dann praktische Konsequenzen, wenn der anweisende Amtswalter einem anderen Hoheitsträger angehört als der angewiesene Amtswalter. Die Passivlegitimation beim verwaltungsgerichtlichen Primärrechtsschutz gegen das rechtswidrige Handeln und bei amtshaftungsrechtlichen Sekundäransprüchen wegen dieses Verhaltens divergiert insoweit (vgl. *MK, § 839 Rn. 10*). 81

Beachte: Kommt der Angewiesene einer rechtmäßigen Weisung nicht nach, handelt er amtspflichtwidrig und rechtswidrig. Primär- und Sekundäransprüche richten sich – ungeachtet der unterschiedlichen Rechtswege – grds. gegen die Anstellungskörperschaft des angewiesenen Amtswalters (vgl. im einzelnen *§ 9 Rn. 1 ff.*).

D. Drittbezogenheit der Amtspflicht

Die „Achillesferse" des Amtshaftungsanspruchs bildet die erforderliche Drittbezogenheit der Amtspflichten. Hierfür genügt nicht jede Zuwiderhandlung, die zu einer Rechtsbeeinträchtigung führt; die verletzte Amtspflicht muß vielmehr auch gegenüber dem Geschädigten bestehen (vgl. *MK, § 839 Rn. 191*). 82

I. Begriff

Eine Amtspflicht ist drittbezogen, wenn sie nicht allein im Interesse der Allgemeinheit besteht, sondern **zumindest auch** schutzwürdige Belange eines abgrenzbaren Personenkreises, zu dem der Geschädigte gehört, zu schützen bezweckt. Die Frage, wer „Dritter" i. S. der Amtshaftung ist, beantwortet sich danach, ob die Amtspflicht (auch) den **Zweck** hat, das besondere Interesse des Betroffenen zu wahren. Nur wenn sich aus den die Amtspflicht begründenden und sie umreißenden Bestimmungen sowie aus der Natur des Amtsgeschäfts ergibt, daß der Geschädigte zu dem Personenkreis gehört, dessen Belange nach dem Zweck der rechtlichen Bestimmung geschützt und 83 gefördert sein sollen, besteht ihm gegenüber bei schuldhafter Pflichtverletzung eine Schadensersatzpflicht aus Amtshaftung. Daran fehlt es gegenüber anderen Personen, selbst wenn sich die Amtspflichtverletzung für sie nachteilig ausgewirkt hat (vgl. BGH, NJW 1993, 2303 – *„rechtswidriger Bauvorbescheid"*).

Beispiel: Der Erlaß eines rechtswidrigen Bauvorbescheides führt zur Verletzung der Amtspflicht zu rechtmäßigem Handeln, die gegenüber dem Antragssteller und sonstigen Personen, die im berechtigten, schutzwürdigen Vertrauen auf den Bescheid unmittelbar die Verwirklichung des konkreten Bauvorhabens in Angriff nehmen wollten, Drittwirkung entfaltet (vgl. auch zur Drittbezogenheit bei rechtswidriger Versagung eines Bauvorbescheides BGH, NJW 1994, 2091).

II. Funktion

84 Das Merkmal der Drittbezogenheit dient der **Haftungsbegrenzung**. Zur Vermeidung einer ausufernden (Amts-) Haftung der öffentlichen Hand soll nicht jeder Vermögensschaden, der von einem Amtswalter durch Verletzung seiner Amtspflichten verursacht wird, dem Institut der Amtshaftung unterstellt werden. Eine Ersatzpflicht des Staates wird nur ausgelöst, wenn die verletzte Amtspflicht nach ihrem Sinn und Zweck den verantwortlichen Hoheitsträger und den geschädigten Bürger in einen **näheren Kontakt** zueinander bringt, der diese besondere Haftung rechtfertigt (vgl. *Ossenbühl*, StHR, S. 47). Das hat zu einer kaum mehr überschaubaren, in sich nicht immer einheitlichen Kasuistik geführt (vgl. *MK*, § 839 Rn. 193). Die von der Rechtsprechung dabei entwickelte „Systematik" beschränkt sich auf die Verwendung gleichlautender Formulierungen, die sich bei näherem Hinsehen als „Leerformeln" erweisen. Die Drittbezogenheit zerfließt letztlich in Einzelfallentscheidungen (vgl. *Ossenbühl*, StHR, S. 49). Die dadurch verursachte Unsicherheit betrifft nicht nur das Tatbestandsmerkmal „Drittbezogenheit der Amtspflicht", sondern greift über das Bindeglied des Schutzzwecks der Amtspflicht auch auf das Merkmal „ersatzfähiger Schaden" über. Ziel der weiteren Ausführungen ist daher vorrangig die Hervorhebung der Strukturen dieses Tatbestandsmerkmales.

III. Ermittlung

85 Ob eine Amtspflicht Drittwirkung entfaltet, hängt entscheidend von den betroffenen **Personen** und den verletzten **Rechtsgütern** ab (vgl. *Ossenbühl*, StHR, S. 47). Dabei ist auf folgende Kriterien abzustellen, die die Drittbezogenheit aus verschiedenen Richtungen eingrenzen:

❑ Ist die verletzte Amtspflicht generell geeignet, drittschützende Wirkung zu entfalten (sog. „allgemeine Drittbezogenheit", vgl. *§ 7 Rn. 86*)?

§ 7. Haftungstatbestand   93

❏ Gehört der Geschädigte zu dem von der Amtspflicht geschützten Personenkreis (vgl. *§ 7 Rn. 87*)?
❏ Wird das verletzte Recht oder Rechtsgut von der drittschützenden Wirkung erfaßt (vgl. *§ 7 Rn. 88*)?

1. Allgemeine Drittbezogenheit der Amtspflicht

Auf der Grundlage dieses am Anfang der Prüfung stehenden Kriteriums sind von vornherein diejenigen Amtspflichten auszuscheiden, die unter keinen Umständen Drittschutz entfalten können. Das erfordert eine am Schutzzweck der die Amtspflicht begründenden Rechtsquellen ausgerichtete Auslegung. Eine Drittbezogenheit **fehlt generell** bei Amtspflichten, deren Funktion sich ausschließlich im Schutz von Belangen der Allgemeinheit erschöpft. Zu denken ist dabei beispielsweise an Amtspflichten, die lediglich das öffentliche Interesse an einer korrekten Amtsführung oder die Beachtung vermögensrechtlicher Interessen des Gemeinwesens betreffen (vgl. *MK, § 839 Rn. 193*).   86

Beispiel: Die landesrechtlichen Vorschriften, die den Staat zu aufsichtlichem Einschreiten gegenüber Gebietskörperschaften ermächtigen, dienen allein dem Grundsatz der Gesetzmäßigkeit der Verwaltung und bestehen daher im Interesse der Allgemeinheit. Einzelne (individualisierbare) Personen sollen dadurch nicht „qualifiziert" geschützt werden.

2. Geschützter Personenkreis

„Dritte" sind nur die natürlichen oder juristischen Personen, die durch die verletzte Amtspflicht – wenn auch nicht notwendig allein, so doch zumindest auch – geschützt werden sollen. Das erfordert eine **Individualisierung** der Amtspflicht. Sie muß nicht nur generell Dritte, sondern gerade den Geschädigten schützen (vgl. *MK, § 839 Rn. 194*). Das setzt eine besonders **enge Beziehung** zwischen der Amtspflicht und dem Betroffenen voraus, durch die dieser aus der Allgemeinheit hervorgehoben wird. Dabei sind die das Außenverhältnis gestaltenden Rechtsvorschriften zu berücksichtigen. Die erforderliche Individualisierung ist jedenfalls dann gegeben, wenn der Amtspflichtverstoß mit einer Verletzung subjektiv-öffentlicher Rechte des Geschädigten zusammenfällt (vgl. *BGH, NJW 1994, 1647 – „Provision"*). Daneben kommen auch sonstige rechtlich geschützte Interessen, wie z. B. abwägungsbeachtliche private Belange in Betracht. Rein wirtschaftliche oder ideelle Interessen genügen dagegen nicht. Entscheidend ist, ob entweder die Rechtsvorschriften selbst, oder Art und Ausmaß grundrechtlicher Betroffenheit einem abgrenzbaren Personenkreis eine **besonders geschützte Rechtsstellung** vermitteln, die den Amtspflichten Drittbezogenheit verleiht.   87

Beispiele:
- Ein Fahrgast stürzt beim Aussteigen aus dem städtischen Bus und verletzt sich dabei erheblich, weil die Stadt entgegen ihrer durch das Landesstraßengesetz (LStrG) begründeten Rechtspflichten den eisglatten Bussteig weder geräumt noch gestreut hatte. Die einschlägigen Vorschriften des LStrG dienen (auch) dem Schutz der Fahrgäste und begründen insoweit eine drittbezogene Amtspflicht („drittschützende Norm", vgl. BGH, NJW 1993, 2802 – *„Streupflicht"*).
- Fahrlässige Verletzung eines Unbeteiligten durch einen Schuß aus der Dienstpistole eines Polizisten bei Verfolgung eines Straftäters („unmittelbarer Eingriff in Art. 2 II 1 GG", vgl. dazu LG Köln, NVwZ 1992, 1125 – *„Rauschgift"*).
- Verletzung des Planungsleitsatzes gem. § 1 V 2 Nr. 1 BauGB bei Aufstellung eines Bebauungsplans („abwägungsbeachtlicher privater Belang", vgl. näher unter *§ 7 Rn. 101 ff.*)

Beachte: Teilweise wird das besondere Näheverhältnis zwischen Geschädigten und Hoheitsträger als eigenes, zusätzlich zu beachtendes Kriterium neben dem Schutzzweck der Amtspflicht behandelt, was sich insb. bei Amtspflichtverletzung wegen legislativem Unterlassen auswirkt (vgl. *Detterbeck*, VerwArch., Bd. 85 [1994], S. 159 [166 f.]; *§ 7 Rn. 107 f.*).

Merke: Die Drittbezogenheit einer Amtspflicht kann bei Beeinträchtigung subjektiv-öffentlicher Rechte aufgrund einer „Gegenprobe" verifiziert werden, indem man feststellt, ob dem Betroffenen gegen den Eingriff eine verwaltungsprozeßrechtliche Klagebefugnis gem. § 42 II VwGO zustehen würde (so ausdrücklich jetzt BGH, NJW 1994, 1647 – *„Provision"*).

3. Geschütztes Rechtsgut

88 Auch wenn der Betroffene zu dem von der Amtspflicht geschützten Personenkreis gehört, ist damit noch nicht gesagt, daß jeder durch die Amtspflichtverletzung entstandene Schaden ersatzfähig ist. Erforderlich ist vielmehr zusätzlich, daß der Schaden in den **Schutzzweck** der Amtspflicht fällt. Dies zielt auf eine inhaltliche Bestimmung und sachliche Begrenzung des dem geschädigten „Dritten" gewährten Schutzes (vgl. BGH, NJW 1992, 1230 – *„Auskunft"*; BGH, NJW 1994, 1647 *„Provision"*). Die Amtspflicht muß zumindest auch den Schutz der betroffenen Rechtsgüter gegen derartige Beeinträchtigungen bezwecken. Reine Vermögensschäden, die keinen unmittelbaren Bezug zur verletzten Amtspflicht aufweisen, sind daher nicht ersatzfähig. Das führt neben der personenbezogenen Begrenzung der Haftung („Dritte") zu einer **sachbezogenen Relativierung** der Drittbezogenheit. Der „Dritte" ist bei Verletzung ihn schützender (drittbezogener) Amtspflichten nicht „absolut"

gegen sämtliche Schädigungen, sondern nur „relativ" im Umfang des Schutzzwecks der verletzten Amtspflicht geschützt (vgl. *Ossenbühl*, StHR, S. 55).

Beispiel: Ein Bauvorbescheid, der die planungsrechtliche Zulässigkeit eines Vorhabens zu Unrecht bejaht, begründet eine Amtspflichtverletzung, die in personenbezogener Hinsicht gegenüber dem Bauherrn Drittwirkung entfaltet (vgl. zu sonstigen geschützten Personen BGH, NJW 1994, 2091). In den sachlichen Schutzbereich der Amtspflicht fällt aber nicht jeder Vermögensschaden, sondern nur die Aufwendungen, die der Bauherr im Vertrauen auf die Richtigkeit des amtspflichtwidrig erteilten Vorbescheides für die Planung des Vorhabens gemacht hat (z. B. Architektenhonorar, vgl. BGH, NJW 1993, 2303 – *„rechtswidriger Bauvorbescheid"*), nicht dagegen das Provisionsinteresse des Architekten (vgl. BGH, NJW 1994, 1647 – *„Provision"*).

Klausurhinweis: Hinsichtlich der Anforderungen an das geschützte Rechtsgut überschneiden sich die Tatbestandsmerkmale „Drittbezogenheit der Amtspflicht" und „ersatzfähiger Schaden". Während die Rechtsprechung die Schutzzweckproblematik früher i. d. R. erst beim Tatbestandsmerkmal „Schaden" behandelte, geht sie in neuerer Zeit dazu über, diese Frage bereits im Rahmen der Drittbezogenheit der Amtspflicht zu klären (vgl. BGH, NJW 1993, 2303 – *„rechtswidriger Bauvorbescheid"*). Diese Entwicklung ist zu begrüßen und im Fallaufbau zu übernehmen (vgl. zuletzt BGH, NJW 1994, 2091).

> Eine Amtspflicht entfaltet in dem Umfang drittschützende Wirkung, in dem sie den Schutz besonderer Interessen eines abgrenzbaren Personenkreises bezweckt.

IV. Ausprägungen

Einer Zersplitterung des Tatbestandsmerkmals „Drittbezogenheit" kann dadurch begegnet werden, daß seine Reichweite bezogen auf die unterschiedlichen Formen der Außenverhältnisse ermittelt wird. Das führt zu folgender Einteilung: 89

1. Bei öffentlich-rechtlichen Sonderverbindungen

Öffentlich-rechtliche Sonderverbindungen begründen ein besonders enges, auf gewisse Dauer angelegtes Verhältnis des einzelnen zu einem Hoheitsträger. Dieses Näheverhältnis führt zu besonderen, wechselseitigen Pflichten, die eine Einbeziehung der beteiligten Privaten in den Kreis der von der Amtspflicht (dritt-)geschützten Personen ermöglicht. Dies gilt insb. bei: 90

91 **a) Öffentlich-rechtlichen Schuldverhältnissen**

Beispiel: Wird der Keller eines Hauses aufgrund fehlerhafter Konstruktion der gemeindlichen Regenwasserkanalisation überschwemmt, für die aufgrund Satzung ein Anschluß- und Benutzungszwang besteht, gehört der geschädigte Benutzer zu den von der verletzten Amtspflicht geschützten Personen (vgl. BGH, NJW 1992, 39 – „*Regenwasser*").

92 **b) Besonderen Gewaltverhältnissen**

Beispiel: Schüler A und B verprügeln in der Pause auf dem Schulhof ihren Intimfeind C und fügen ihm dabei erhebliche Verletzungen zu. Trotz lauter Hilferufe der anderen Schüler greift der eigentlich für die Pausenaufsicht zuständige Lehrer L nicht ein, weil er sich zu diesem Zeitpunkt zu einem privaten Gespräch mit einer Kollegin in die Cafeteria zurückgezogen hat. Die Verletzung der in Ausübung eines öffentlichen Amtes wahrzunehmenden Aufsichtspflicht durch L begründet (zugleich) einen Amtspflichtverstoß, bei dem C aufgrund des bes. Gewaltverhältnisses als „Dritter" anzusehen ist (vgl. dazu LG Aachen, NJW 1992, 1051 – „*Pausenaufsicht*").

93 **c) Verwaltungsrechtlichen Genehmigungsverfahren**

Sie sind auf den Erlaß eines (begünstigenden) Verwaltungsakts gerichtet (§ 9 VwVfG) und begründen aufgrund der wechselseitigen Pflichten und Obliegenheiten den für die Drittbezogenheit einer Amtspflicht erforderlichen engen Kontakt zwischen Bürger und Verwaltung. Dritter ist insoweit jeder, der durch die rechtswidrige Ablehnung oder Unterlassung eines begünstigenden Verwaltungsaktes in seinen Rechten verletzt wird (vgl. BGH, NJW 1994, 1647 – „*Provision*" sowie *§ 7 Rn. 87*).

Beispiel: Schuldhaft verzögerte Bearbeitung und Verbescheidung eines ordnungsgemäßen Baugesuchs (vgl. BayObLG, NVwZ – RR 1992, 534 – „*Bauverzögerung*").

Klausurhinweis: Das Bestehen einer öffentlich-rechtlichen Sonderverbindung erlaubt eine relativ sichere Beurteilung des Umfangs der Drittbezogenheit einer Amtspflicht und sollte daher zu Beginn der Prüfung dieses Tatbestandsmerkmales bedacht werden.

2. Bei unerlaubten Handlungen

94 Bei Amtspflichtverletzungen aufgrund deliktischer Eingriffe in absolute Rechtspositionen hängt das Ausmaß der Drittbezogenheit von der Art der Rechtsbetroffenheit ab, wobei Verkehrssicherungspflichten eine Sonderrolle spielen (vgl. *§ 7 Rn. 97*). Das führt zu folgender Unterscheidung:

a) Unmittelbarer Eingriff

95 Greift die Amtstätigkeit unmittelbar in die durch § 823 I BGB geschützten Rechte oder Rechtsgüter ein, sind die Inhaber dieser Rechtspositionen stets Dritte i. S. des Amtshaftungsanspruchs. Das,

was jedermann durch die Deliktsnorm des § 823 I BGB verboten ist, ist auch Amtswaltern bei Ausübung eines öffentlichen Amtes untersagt. Der Tatbestand des § 839 BGB schließt unerlaubte Handlungen i. S. der §§ 823 ff. BGB ein (vgl. *MK*, § 839 Rn. 196).

Beispiel: Der minderjährige A stand im Verdacht, in alkoholbedingt fahruntüchtigem Zustand mit seinem PKW einen anderen geparkten Wagen angefahren und anschließend Fahrerflucht begangen zu haben. Die auf Streifenfahrt befindlichen Polizisten B und C suchen A daraufhin in der Wohnung seiner Eltern auf, um bei ihm eine Blutprobe entnehmen zu lassen. Da A sich wehrt, fesseln B und C ihm die Hände auf den Rücken. Als A urinieren will, führen sie ihn in gefesseltem Zustand auf die Toilette und bleiben dort anwesend, nachdem die Mutter des A diesem zuvor den Hosenladen geöffnet hatte. Der unmittelbare Eingriff in das allgemeine Persönlichkeitsrecht des A (Art. 2 I, 1 I GG) begründet eine Verletzung der ihm gegenüber drittbezogenen Amtspflicht zu verhältnismäßigem Handeln (vgl. LG Baden-Baden, NVwZ 1991, 1118 – *„Gnadenlos"*).

b) **Mittelbarer Eingriff**

Demgegenüber gehören Personen, die durch den Eingriff nur mittelbar geschädigt werden, grds. nicht zum Kreis der geschützten „Dritten" i. S. des Amtshaftungsanspruchs. Etwas anderes gilt nur in den Fällen, in denen der Amtswalter eine Verletzung der Rechtsgüter dieser Personen bezweckt oder jedenfalls damit rechnet („Finalität") oder wenn die mittelbare Beeinträchtigung eine einem unmittelbaren Eingriff vergleichbare Wirkung entfaltet („Intensität").

Beispiel: Das Verhalten der Polizisten gegenüber A beeinträchtigt mittelbar auch das durch Art. 6 II 1 GG gewährleistete Erziehungsrecht seiner Eltern, bezieht diese aber aufgrund der Zielrichtung des Eingriffs nicht in den Kreis der durch die verletzte Amtspflicht geschützten Dritten ein.

Beachte: Bei Eingriffen in den eingerichteten und ausgeübten Gewerbebetrieb, der als sonstiges Recht i. S. von § 823 I BGB anerkannt ist, kann das Unmittelbarkeitserfordernis nur bei „Betriebsbezogenheit des Eingriffs" bejaht werden. Die Beeinträchtigung muß sich daher gegen die Substanz des Gewerbebetriebes richten und darf nicht nur vom Betrieb ohne weiteres ablösbare Rechte oder Rechtsgüter betreffen.

c) **Öffentlich-rechtliche Verkehrssicherungspflichten**

Führt die Verletzung öffentlich-rechtlicher Verkehrssicherungspflichten zu einer Amtspflichtverletzung, ist eine Unterscheidung zwischen unmittelbarer und mittelbarer Beeinträchtigung weder möglich noch erforderlich. Gleiches gilt für die Frage, ob die Verletzung durch Handeln oder Unterlassen erfolgte. Der (dritt-) geschützte Personenkreis bestimmt sich nach dem **Schutzzweck** der betroffenen Verkehrssicherungspflicht. Sie entfaltet Schutzwirkung gegenüber den durch die **Gefahrenquelle** besonders gefährdeten Personen. Dabei besteht aber die Einschränkung, daß die drittgeschützten Personen nicht in allen, sondern nur in den durch die Verkehrssicherungspflicht geschützten Rechtsgütern als Dritte anzusehen sind.

Beispiel: Die (öffentlich-rechtliche) Verkehrssicherungspflicht des Trägers der Straßenbaulast bei öffentlichen Straßen erstreckt sich zwar auf alle Straßenbenutzer, schützt sie aber nicht vor jeglichen Rechtseingriffen. Die Schutzwirkung beschränkt sich vielmehr auf den Schutz vor Gefahren des Straßenverkehrs für Leben, Gesundheit oder sonstige absolute Rechte. Das allgemeine Vermögensinteresse zählt nicht dazu. Ein Verkehrsteilnehmer, der infolge mangelhafter Absicherung einer Baustelle (Verkehrssicherungspflichtverletzung) in einen Verkehrsstau gerät und wegen des Zeitverlustes einen Vermögensschaden erleidet, kann diesen daher nicht aufgrund § 839 BGB i. V. mit Art. 34 Satz 1 GG ersetzt verlangen (vgl. *MK*, § 839 Rn. 227; s. zum Kreis der Dritten bei Straßenverkehrssicherungspflichten auch BGH, NJW 1993, 2612 – *„Baumgefahr"*).

V. Sonderfälle

98 Die Ermittlung der Drittbezogenheit der verletzten Amtspflicht bereitet in folgenden Fällen besondere Schwierigkeiten:

1. Baurecht

Beispielsfall „Mülldeponie" (BGH, NJW 1990, 381)

99 Die Stadt S war Eigentümerin eines Geländes, das in den letzten 30 Jahren als Mülldeponie genutzt worden ist. Nach ihrer Stillegung beschließt der Stadtrat einen Bebauungsplan, der für das Gelände ein allgemeines Wohngebiet gem. § 4 BauNVO festsetzt. Über die im Bauleitplanaufstellungsverfahren von verschiedenen Seiten vorgebrachten Bedenken hinsichtlich einer Kontaminierung des Bodens setzte sich der Stadtrat hinweg, ohne weitere Nachforschungen anzustellen. Das Gelände wurde später von der Bauträgergesellschaft B erworben, die einen Teil davon an E veräußerte. Dieser errichtete darauf aufgrund mittlerweile bestandskräftiger Baugenehmigung ein Wohnhaus, in dem er mit seiner Familie wohnt. Den anderen Teil des Geländes läßt B unbebaut, um ihn später zu Spekulationszwecken zu veräußern. B hatte zu keinem Zeitpunkt die Absicht, das Gelände zu bebauen. Später stellt sich heraus, daß das gesamte Gelände quecksilberverseucht und deshalb nicht bewohnbar ist. Zivilrechtliche Ersatzansprüche von E gegen B scheitern an der zwischenzeitlich eingetretenen Verjährung.

B und E verlangen nunmehr von S Schadensersatz aufgrund § 839 BGB i. V. mit Art. 34 GG. Zu Recht?

100 a) Die Stadtratsmitglieder von S sind bei Beschlußfassung als **„Beamte im haftungsrechtlichen Sinne"** tätig geworden. Der hoheitliche Cha-

rakter der Maßnahme ergibt sich aus ihrer rechtlichen Qualifizierung als „Bebauungsplan" (Satzung, § 10 BauGB; „Kriterium der Rechtsform", vgl. *§ 8 Rn. 42 f.*).

b) Die planerische Ausweisung des ehemaligen Deponiegeländes zu Wohnzwecken verstößt gegen den Planungsleitsatz nach § 1 V 2 Nr. 1 BauGB und führt zu einer **Amtspflichtverletzung**. Die Stadtratsmitglieder haben die Pflicht, bei der Aufstellung von Bebauungsplänen Gesundheitsgefährdungen zu verhindern, die den zukünftigen Bewohnern des Plangebiets aus dessen Bodenbeschaffenheit drohen (BGH, NJW 1990, 1038 – *„Altlasten"*). Sie hätten daher bereits bei der Zusammenstellung des Planungsmaterials die offensichtlichen Gefährdungen z. B. durch Einholung eines Bodengutachtens aufklären und bei der Abwägung berücksichtigen müssen. **101**

c) Fraglich ist aber, ob die verletzte Amtspflicht **Drittwirkung** gegenüber E und B entfaltet. **102**

(1) Die beim Erlaß von Bebauungsplänen zu beachtenden **Planungsleitsätze des § 1 V 2 BauGB** dienen dem Ziel, eine geordnete städtebauliche Entwicklung zu gewährleisten. Sie obliegen dem Planungsträger daher in erster Linie gegenüber der Allgemeinheit und sind **grds. nicht drittbezogen**. Eine Ausnahme besteht aber hinsichtlich der in § 1 V 2 Nr. 1 BauGB verankerten Pflicht, bei der Bauleitplanung die Anforderungen an gesunde Wohn- und Arbeitsverhältnisse zu wahren. Dieses Gebot bezweckt auch den Schutz der Personen, die (künftig) im Plangebiet wohnen. Diese müssen sich darauf verlassen können, daß ihnen aus der Bodenbeschaffenheit keine Gefahren für Leben und Gesundheit drohen. Dabei ist unbeachtlich, ob die Geschädigten bereits bei Aufstellung des Bebauungsplans Eigentümer der Grundstücke im Plangebiet waren oder ob sie diese erst später erworben haben. Denn die planerische Ausweisung des Geländes ist *„objektbezogen"* und nicht *„personenbezogen"*. **103**

(2) Die **Drittbezogenheit** der Amtspflicht in den Fällen des § 1 V 2 Nr. 1 BauGB rechtfertigt sich aus der überragenden Bedeutung von Leben und Gesundheit. Daraus ergibt sich jedoch zugleich eine Eingrenzung des Kreises der geschützten Dritten. Geschützt sind **nur** die Personen, bei denen eine unmittelbare Beziehung zur Gesundheitsgefährdung besteht. Das setzt voraus, daß sie entweder im (unbewohnbaren) Plangebiet wohnen und damit selbst Gesundheitsgefahren ausgesetzt sind oder aus bes. Gründen für gesunde Wohnverhältnisse verantwortlich sind. **104**

Dies führt vorliegend zu folgender **Differenzierung:**

105 E ist **drittgeschützt**, weil er selbst im Plangebiet wohnt und seine Gesundheit durch die fehlerhafte planerische Festsetzung (= Amtspflichtverletzung) unmittelbar gefährdet ist. Auch die übrigen Voraussetzungen einer Amtshaftung sind erfüllt.

106 Demgegenüber wohnt **B nicht** im Plangebiet. Seine Einbeziehung in den Kreis drittgeschützter Personen ist daher nur aufgrund einer nach außen gerichteten Verantwortlichkeit möglich. Diese ist beispielsweise gegeben, wenn der Erwerber ein Gelände mit Wohnhäusern bebauen und nach Teilung weiterveräußern will, da er in diesem Fall bei Unbewohnbarkeit der Häuser einer zivilrechtlichen Sachmängelhaftung (§§ 459 ff. BGB) ausgesetzt ist. B erwarb das Gelände aber ausschließlich zu Spekulationszwecken und hatte nie die Absicht, es zu bebauen. Sie zählt daher **mangels Verantwortlichkeit** nicht zum Kreis der geschützten Dritten. Zwar entsteht B durch die planerische Ausweisung des kontaminierten Geländes ein Vermögensschaden; dieser fällt aber nicht unter den Schutzzweck der verletzten Amtspflicht.

Ergebnis: B steht im Gegensatz zu E kein Schadensersatzanspruch gegen S aufgrund Amtshaftung zu.

Vertiefungshinweise:

❏ Amtshaftung bei rechtswidriger Baugenehmigung (BGH, NJW 1994, 2087 – *„rechtswidrige Baugenehmigung"*).

❏ Amtshaftung bei verspätet erteilter Baugenehmigung (BayObLG, NVwZ – RR 1992, 534 – *„Bauverzögerung"*).

❏ Amtshaftung bei rechtswidrigem Erlaß eines Bauvorbescheides (BGH, NJW 1993, 2303 – *„rechtswidriger Bauvorbescheid"*).

❏ Amtshaftung bei rechtswidriger Ablehnung einer Bauvoranfrage (BGH, NJW 1994, 1647 – *„Provision"*).

❏ Amtshaftung bei verspäteter positiver Verbescheidung einer Bauvoranfrage (BGH, NVwZ 1993, 299 – *„verspäteter Bauvorbescheid"*).

❏ Amtshaftung bei mündlicher Zusicherung im Bauvoranfrageverfahren (BGH, NJW 1992, 1230 – *„Auskunft"*; vgl. zum Ganzen auch *de Witt/Burmeister*, Amtshaftung für rechtswidrig erteilte Genehmigungen, NVwZ 1992, 1039 ff.).

2. Legislatives Unterlassen

a) **Begriff**

Unter legislativem Unterlassen versteht man in diesem Zusammenhang die Fälle, in denen es der Gesetzgeber unterlassen hat, ausreichende (formell-) gesetzliche Vorschriften zum Schutz bestimmter Rechtsgüter und Personen zu erlassen. Die Problematik weist Parallelen zur verfassungsrechtlichen Fragestellung einer aus den Grundrechten abgeleiteten Schutzpflicht des Staates auf (vgl. hierzu Studium Jura, Verfassungsrecht I, § 4). Aus dem Blickwinkel des Staatshaftungsrechts betrachtet steht das Problem im Vordergrund, ob das Unterlassen als eine Amtspflichtverletzung zu werten ist und in welchem Umfang die Amtspflicht Drittwirkung entfaltet. 107

b) **Beispielsfall „Waldsterben"** (BGH, NJW 1988, 478)

E ist Eigentümer eines Waldes, dessen Baumbestand durch Immissionen, die insb. von industriellen Anlagen, privaten Ölheizungen und Kraftfahrzeugen ausgehen, stark geschädigt ist. Er verlangt vom Bund Schadensersatz aufgrund Amtshaftung, weil der Bundestag es unterlassen habe, die einschlägigen immissionsschutzrechtlichen Vorschriften so zu verschärfen, daß solche sog. „neuartigen Waldschäden" verhindert oder zumindest vermindert werden. Zu Recht? 108

Das Bestehen eines Amtshaftungsanspruchs hängt entscheidend davon ab, ob das (behauptete) gesetzgeberische Unterlassen eine Amtspflichtverletzung darstellt, die gegenüber E Drittwirkung entfaltet. Allgemein begründet ein Unterlassen nur dann eine Amtspflichtverletzung, wenn eine **Handlungspflicht des Gesetzgebers** besteht. Diese kann sich aufgrund eines Verfassungsauftrags (z. B. Art. 3 II, 6 V GG) oder aus den Grundrechten (z. B. Art. 2 II 1, 14 GG) ergeben. Aufgrund des Einschätzungsspielraums und Entscheidungsvorrangs der Legislative läßt sich aus dem objektiv-rechtlichen Gehalt der Grundrechte aber nur dann eine (Schutz–)Pflicht zu gesetzlichem Handeln ableiten, wenn das bisherige (Un-)Tätigbleiben des Gesetzgebers eine **evidente Grundrechtsverletzung** darstellt. Da dies vorliegend nicht der Fall ist, fehlt es bereits an der erforderlichen Amtspflichtverletzung. Selbst wenn man einen solchen Verstoß unterstellt, scheitert ein Amtshaftungsanspruch grds. an der fehlenden Drittbezogenheit der Amtspflicht. Denn der Gesetzgeber nimmt i. d. R. ausschließlich Aufgaben gegenüber der Allgemeinheit, nicht aber gegenüber bestimmten Personen oder Personengruppen als „Dritten" i. S. der Amtshaftung wahr. Es fehlt daher grds. das erforderliche bes. Näheverhältnis. Nur **ausnahmsweise** können bei sog. Maßnahme- und Einzelfallgesetzen die Belange bestimmter Personen unmittelbar berührt werden, so daß sie als Dritte anzusehen sind. Ein solcher Fall individueller Betroffenheit durch Rechtsvorschriften liegt hier aber nicht vor, so daß ein Amtshaftungsanspruch auch mangels Drittbetroffenheit ausscheidet.

3. Nichtumsetzung von EU-Richtlinien

109 Einen Sonderfall der Haftung für legislatives Unterlassen bildet der Schadensersatzanspruch wegen fehlender oder unzureichender Umsetzung von Richtlinien der Europäischen Union (EuGH, NJW 1992, 165 – *„Francovich"*; s. auch § 7 Rn. 20, 42, 59, 74). Er führt aber auch bei Ableitung aus der Amtshaftung nur scheinbar zu einer systemwidrigen Durchbrechung des Grundsatzes, daß der Staat nicht für legislatives Unterlassen haftet. Denn bei Umsetzung von Richtlinien durch den nationalen Gesetzgeber steht nicht der Gestaltungsspielraum der Legislative im Vordergrund, sondern die ordnungsgemäße Ausfüllung eines (bereits) durch die Richtlinie vorgegebenen Entscheidungsrahmens (vgl. auch BGH, NJW 1994, 858 – *„Irak-Embargo"*). Die Situation, in der sich der Gesetzgeber befindet, ist daher eher mit der Nichtbefolgung von Weisungen innerhalb eines hierarchischen Verwaltungsaufbaus vergleichbar (vgl. eingehend *Detterbeck*, VerwArch., Bd. 85 [1994], S. 159 ff.).

110 Der EuGH hat **drei Voraussetzungen** für einen solchen Anspruch genannt, wobei er seine rechtliche Verankerung offen gelassen hat:

❏ Die Richtlinie muß die Verleihung von *Rechten an einzelne* beinhalten.

❏ Der Inhalt dieser Rechte muß sich aufgrund der Richtlinie *ausreichend bestimmen* lassen.

❏ Zwischen dem Verstoß des Staates und dem Schaden des Bürgers muß ein *Kausalzusammenhang* bestehen

111 Es muß sich also um eine **„bürgerbegünstigende"** Richtlinie handeln, wobei der EuGH bei der Zuerkennung subjektiver Rechte großzügiger verfährt, als die deutschen Gerichte. Eine besondere Drittbegünstigungsabsicht ist nicht erforderlich. Vielmehr ist rein objektiv festzustellen, ob die Richtlinie einem bestimmten, abgrenzbaren Personenkreis zugute kommt. Hinsichtlich der Bestimmtheit müssen sich aus der Richtlinie klar und unbedingt Inhalt und Begünstigter des durch sie gewährten Rechtes ergeben. Bezüglich des Verpflichteten ist dagegen eine eindeutige Regelung nicht erforderlich, da an seine Stelle in jedem Fall der Staat durch seine Haftung tritt. Deshalb greift dieser Ersatzanspruch auch bei Richtlinien ein, die im Ergebnis Ansprüche von Privaten gegen Private begründen (z. B. Schadensersatzanspruch gegen den Arbeitgeber bei geschlechtsspezifischer Diskriminierung). Inwieweit die weiteren materiel-

len Anspruchsvoraussetzungen (z. B. Mitverschulden, Subsidiarität) dem nationalen Recht zu entnehmen sind oder abschließend durch EU-Recht festgelegt werden, ist mangels weiterer Entscheidungen des EuGH oder der nationalen Gerichte noch offen (vgl. dazu *Detterbeck*, aaO, S. 159 ff.). Die Frage, ob und ggf. auf welche Weise dieser Anpruch in das System der Amtshaftung eingebaut werden kann, ist deshalb heftig umstritten (vgl. *Jarass*, NJW 1994, 881 ff. m. w. N.).

4. Juristische Personen des öffentlichen Rechts als „Dritte"

„Dritte" i. S. des Amtshaftungsrechts können grds. auch der Staat und sonstige juristische Personen des öffentlichen Rechts sein, weil Art. 34 GG – im Gegensatz zu den Grundrechten – auch zugunsten von Hoheitsträgern anwendbar ist (vgl. *MK*, § 839 Rn. 229). Das setzt aber voraus, daß die verletzte Amtspflicht zumindest auch dem **Schutz** des geschädigten Hoheitsträgers **dient** und ihm der Amtswalter in einer Weise gegenübertritt, die für das Verhältnis von Staat und Bürger charakteristisch ist (vgl. BGH, NJW 1992, 972 – „*Rentenversicherung*"). Das erfordert eine „**Gegnerschaft**" in der Interessenwahrnehmung, wie sie insb. bei einer Schädigung von Selbstverwaltungskörperschaften im Rahmen ihres eigenen Wirkungskreises häufig anzutreffen ist (vgl. *Ossenbühl*, StHR, S. 56). Wirken hingegen der Dienstherr des Amtswalters und die geschädigte Körperschaft bei der Erfüllung einer ihnen gemeinsam übertragenen Aufgabe nicht in Wahrnehmung **widerstreitender Interessen,** sondern gleichsinnig derart zusammen, daß sie im Rahmen dieser Aufgabe als Teil eines einheitlichen Ganzen erscheinen, können die Pflichten, die dem Amtswalter im Interesse der Förderung des gemeinsam angestrebten Zieles obliegen, nicht als „drittgerichtete" Amtspflichten angesehen werden (vgl. BGH, NJW 1992, 972). Ihre Verletzung kann daher allein eine beamtenrechtliche Innenhaftung (vgl. z. B. § 78 I BBG), aber keine (außenrechtliche) Amtshaftung auslösen (vgl. *MK*, § 839 Rn. 230).

112

Beispiel: Beschädigt ein Lehrer (Landesbeamter) bei seiner Lehrtätigkeit im Eigentum der Gemeinde stehende Schulgegenstände, ist die Gemeinde nicht „Dritte" i. S. des Amtshaftungsrechts, auch wenn sie nach der gesetzlichen Aufgabenzuweisung Trägerin des Sachaufwandes für die Schule und Eigentümerin des Gebäudes und der darin befindlichen Sachen ist. Denn Staat und Gemeinde nehmen insoweit eine gemeinsame Aufgabe wahr und sind bei ihrer Erfüllung derart miteinander „verzahnt", daß Pflichtverletzungen im Rahmen dieser Aufgabenstellung „Verwaltungsinterna" darstellen.

E. Verschulden

113 Die bei diesem Tatbestandsmerkmal auftretenden Probleme sind mit Ausnahme der von der Rechtsprechung entwickelten besonderen Grundsätze zur Objektivierung und Entindividualisierung des Verschuldens (vgl. § 7 Rn. 119 ff.) inhaltsgleich mit den „Standardfragen" des allgemeinen Deliktsrechts.

I. Verschuldensprinzip

114 Die Amtshaftung greift nicht schon bei objektiver Pflichtwidrigkeit der Amtshandlung ein, sondern setzt eine **schuldhafte Amtspflichtverletzung** voraus. Dieses Verschuldenserfordernis, das z. T. auch als Verschuldensprinzip bezeichnet wird, ist zwar in Art. 34 GG nicht ausdrücklich erwähnt, findet aber seinen Ausdruck in § **839 BGB** (vgl. *Ossenbühl*, StHR, S. 58). Das Festhalten an diesem Grundsatz ist Folge der Schuldübernahmekonstruktion der Amtshaftung (vgl. § 6 Rn. 17) und wird teilweise aus vorrangig rechtspolitischen Erwägungen kritisiert (vgl. *MK*, § 839 BGB Rn. 237 m. w. N.). Die praktischen Konsequenzen dieser Bedenken sind indes gering, weil die Judikative das Verschuldenserfordernis bereits durch Objektivierung und Entindividualisierung des Verschuldens (vgl. dazu § 7 Rn. 119 ff.) „aufgeweicht" und im Ergebnis einer verschuldensunabhängigen Haftung angenähert hat (vgl. *MK*, § 839 BGB Rn. 238).

Beachte: Der durch § 839 BGB für Beamte im staatsrechtlichen Sinn begründete Verschuldensgrundsatz gilt aufgrund der Haftungsüberleitung durch Art. 34 Satz 1 GG nunmehr für sämtliche Amtswalter, die in Ausübung eines öffentlichen Amtes handeln.

II. Schuldfähigkeit

115 Schuldhaftes Handeln setzt Schuldfähigkeit des Amtswalters voraus. Der Maßstab hierfür ergibt sich aus §§ 827, 828 BGB, soweit nicht Sonderregeln wie beispielsweise § 1 II RBHaftG eingreifen (vgl. *MK*, § 839 Rn. 249).

III. Schuldform

116 Verschulden i. S. der Amtshaftung umfaßt **vorsätzliches** und **fahrlässiges** Verhalten. Dieses muß sich grds. nur auf die Amtspflichtverletzung, nicht hingegen auch auf den Schaden beziehen. Das gilt auch für Schmerzensgeldansprüche gem. §§ 839, 847 BGB i. V. mit Art. 34 Satz 1 GG (vgl. *Engelhardt*, NVwZ 1992, 1052 ff.). Eine Ausnahme besteht lediglich bei der

§ 7. Haftungstatbestand   105

Amtspflicht, sich eines deliktischen Eingriffs i. S. des § 826 BGB zu enthalten, bei der sich das Verschulden auch auf den Schaden erstrecken muß.

Klausurhinweis: Die Schuldform darf bei der Fallbearbeitung nicht offengelassen werden, weil die Subsidiaritätsklausel des § 839 I 2 BGB und das Richterprivileg des § 839 II BGB bei vorsätzlichem Handeln unanwendbar sind (vgl. *§ 8 Rn. 15 ff., 37 ff.*). Außerdem kommt eine durch Art. 34 Satz 2 GG zugelassene Rückgriffshaftung des Beamten nur bei Vorsatz und grober Fahrlässigkeit in Betracht (vgl. *§ 9 Rn. 25*).

1. Vorsatz

Vorsätzliches Handeln setzt voraus, daß der Amtswalter die Amtshandlung **willentlich** und in **Kenntnis** der die Amtspflichtwidrigkeit objektiv begründenden Tatsachen vornimmt bzw. unterläßt (vgl. *MK*, § 839 Rn. 240). Er muß sich bewußt über seine Amtspflichten hinwegsetzen. Dazu gehört auch das Bewußtsein der Pflichtwidrigkeit. Der Amtswalter muß zumindest mit der Möglichkeit eines Amtspflichtverstoßes rechnen und diesen billigend in Kauf nehmen (vgl. BGH, NVwZ 1992, 911 – *„Planungsfehler"*). 117

Beispiel: Amtswalter A versagt Grundstückseigentümer E die beantragte Baugenehmigung, obwohl er weiß, daß die Voraussetzungen für eine Genehmigungserteilung vorliegen. A hat aber das Nachbargrundstück geerbt und möchte auf alle Fälle verhindern, daß durch das Vorhaben des E sein schöner Ausblick auf die bayerischen Berge beeinträchtigt wird.

Beachte: Ein Verbotsirrtum läßt das Bewußtsein der Pflichtwidrigkeit und damit den Vorsatz entfallen. Der Fahrlässigkeitsschuldvorwurf bleibt aber unberührt.

2. Fahrlässigkeit

Der Maßstab für fahrlässiges Handeln ergibt sich aus § 276 I 2 BGB. Der Amtswalter handelt fahrlässig, wenn bei seiner Amtstätigkeit die im Verkehr erforderliche Sorgfalt außer acht läßt. Der Fahrlässigkeitstatbestand der Amtshaftung ist durch Objektivierung des Sorgfaltsmaßstabs und Entindividualisierung des Schuldvorwurfs gekennzeichnet. 118

a) Objektivierung des Verschuldens

Art und Umfang der Sorgfaltspflichten werden von der Person des konkret handelnden Amtswalters abgelöst und als allgemeine Verhaltenserwartungspflicht auf die idealtypische Figur des **„pflichtgetreuen Durchschnittsbeamten"** bezogen (vgl. *Ossenbühl*, StHR, S. 62). Für die Verschuldensfrage kommt es somit auf die Kenntnisse und Einsichten an, die für die Führung des übernommenen Amtes im Durchschnitt erforderlich sind. Über welche Fähigkeiten der Amtswalter tatsächlich verfügt, ist unbeachtlich. Er muß sich die zur Füh- 119 rung des Amtes notwendigen Rechts- und Verwaltungskenntnisse aneignen oder unter Zuhilfenahme Dritter verschaffen (st. Rspr., vgl. BGH, NJW 1990, 381 – „*Mülldeponie*"). Die damit verbundenen Schwierigkeiten und Risiken zeigt folgender Fall:

Beispielsfall „Altlasten" (vgl. BGH, NJW 1990, 1038)

120   Die Stadtratsmitglieder der ländlich geprägten Stadt S beschließen für ein ehemaliges Zechengelände einen Bebauungsplan. Dieser setzt für das Gelände, ungeachtet der im Bauleitplanaufstellungsverfahren von mehreren Seiten aufgetauchten Hinweise auf eine mögliche Kontaminierung des Boden durch sog. Altlasten, ein allgemeines Wohngebiet fest. Bei der Bebauung des Plangebiets stellt sich heraus, daß dieses unbewohnbar ist, weil der Boden cadmiumverseucht ist. Scheitert der gegen S erhobene Amtshaftungsanspruch der geschädigten Grundstückseigentümer daran, daß die Ratsmitglieder nicht die erforderlichen (geologischen) Fachkenntnisse für die Beurteilung der Bodenbeschaffenheit besessen und deshalb nicht schuldhaft gehandelt haben?

Da keine Anhaltspunkte für ein vorsätzliches Handeln bestehen, verengt sich die Fragestellung auf das Problem, ob die Ratsmitglieder bei Beschlußfassung **fahrlässig** i. S. von § 276 I 2 BGB gehandelt haben. Die hierfür erforderliche Sorgfaltspflichtverletzung hängt entscheidend vom anzulegenden Sorgfaltsmaßstab ab. Danach sind Stadtratsmitglieder als Teil des Beschlußorgans einer Gebietskörperschaft **verpflichtet**, sich auf ihre Entschließungen sorgfältig vorzubereiten und – soweit ihnen die eigene Sachkunde fehlt – den Rat ihrer Verwaltung oder die Empfehlung von sonstigen Fachbehörden einzuholen bzw. notfalls sogar außerhalb der Verwaltung stehende Sachverständige hinzuziehen (vgl. BGH, NJW 1990, 381 – „*Mülldeponie*"). Sie können sich dabei **nicht auf** ihre (tatsächlich) **fehlende Sachkenntnis** berufen. Im sozialen Rechtsstaat kann der Bürger von Gemeinde- und Stadträten erwarten, daß sie bei ihrer Amtstätigkeit den durch § 276 BGB vorgegebenen Standard der verkehrserforderlichen Sorgfalt einhalten. Andernfalls würde das Schadensrisiko in unzumutbarer Weise auf den Bürger verlagert. Die Stadtratsmitglieder von S wußten, daß das Plangebiet ein ehemaliges Zechengelände war und hätten daher bereits von sich aus eine mögliche Bodenkontaminierung bedenken und die erforderlichen Nachforschungen anstellen müssen. Ihr diesbezügliches Unterlassen begründet den Vorwurf der **Fahrlässigkeit** i. S. von § 276 I 2 BGB.

Beachte: Eine objektiv *unrichtige Gesetzesauslegung* oder Rechtsanwendung durch die Exekutive begründet eine fahrlässige Amtspflichtverletzung, wenn sie gegen den klaren, bestimmten und ein-

§ 7. Haftungstatbestand

deutigen Wortlaut der Norm verstößt (vgl. OLG Hamm, NJW 1993, 1209 – „*Aktenzeichen XY*") oder wenn die auftretenden Zweifelsfragen durch die höchstrichterliche Rechtsprechung geklärt sind (vgl. BGH, NJW – RR 1992, 919 – „*Konkurs*"). Entscheidend ist, ob die objektiv falsche Rechtsauffassung aufgrund sorgfältiger rechtlicher und tatsächlicher Prüfung gewonnen worden ist und als rechtlich vertretbar angesehen werden kann (vgl. BGH, NJW 1993, 530 – „*Innenbereichsbebauung*"; vgl. auch § 8 Rn. 73).

Vertiefungshinweis: S. zur Frage, ob das Verschulden eines Amtswalters entfällt, wenn ein mit mehreren Berufsrichtern besetztes Kollegialgericht ein objektiv rechtswidriges Verhalten verneint hat: grds. bejahend in der Tradition der Rspr. des Reichsgerichts BGH, NJW – RR 1992, 919 – „*Konkurs*"; BayObLG, NVwZ – RR 1992, 534 – „*Bauverzögerung*"; kritisch demgegenüber *Schmidt*, NJW 1993, 1630; zurückhaltend neuerdings auch BGH, NJW 1993, 2802 – „*Streupflicht*".

c) **Entindividualisierung des Verschuldens**

Der gesamte Anspruchstatbestand der Amtshaftung muß in der Person eines Amtswalters erfüllt sein. Das schließt aber die Abkopplung der Verschuldensvoraussetzungen von der Person eines konkret vom Geschädigten zu benennenden Amtswalters bei fahrlässigem Handeln nicht aus. Das Merkmal „Verschulden eines Amtswalters" ist zu verstehen als „Verschulden irgendeines Amtswalters" (vgl. BGH, NJW 1992, 972 – „*Rentenversicherung*"). Eine gewisse Entindividualisierung tritt bereits aufgrund der Objektivierung des Verschuldens ein, durch die der Verschuldensmaßstab von den konkreten (tatsächlichen) Fähigkeiten des Schädigers abgelöst wird (vgl. *§7 Rn. 119*). Diese Tendenz wird durch den in Judikatur und Rechtswissenschaft entwickelten Grundsatz der Entindividualisierung des Verschuldens verstärkt. Dies beeinflußt insb. die prozessuale Durchsetzung des Amtshaftungsanspruchs. Der Geschädigte muß den schuldhaft handelnden Amtswalter weder namentlich bezeichnen noch in anderer Weise individualisieren. Sein Verschulden wird **anonymisiert** und als eine Art „**Organisationsverschulden**" der mangelhaft funktionierenden Verwaltungsorganisation zugerechnet. Dies trägt dem Umstand Rechnung, daß der Bürger einem für ihn anonymen Verwaltungsapparat gegenübersteht, dessen stark differenzierte Arbeits- und Funktionsweise er von außen nicht durchschauen kann. Die Beweisführung des Geschädigten wird dadurch erleichtert (vgl. *Ossenbühl*, StHR, S. 62).

121

Beispiel: Der durch den fehlerhaften Bebauungsplan Geschädigte muß die einzelnen Ratsmitglieder, die für den Planentwurf gestimmt haben, nicht benennen.

Beachte: Die Person des Amtswalters bleibt für vorsätzliches und grob fahrlässiges Verhalten aufgrund des „subjektiven Elements" dieser Schuldformen (vgl. *§ 7 Rn. 117*) und im Hinblick auf mögliche Rückgriffsansprüche des Dienstherren (vgl. Art. 34 Satz 2 GG und *§ 9 Rn. 25*) bedeutsam.

F. Verursachung des Schadens

122 Die Amtspflichtverletzung muß bei dem von der Amtspflicht geschützten Dritten einen Schaden verursacht haben. Hinter dieser Standartformulierung verbergen sich die Tatbestandsmerkmale „Kausalität" und „Schaden". Ihre wechselseitige Verknüpfung rechtfertigt eine einheitliche, aber inhaltlich differenzierende Darstellung. Denn die Kausalkette bildet die „Brücke" zwischen der Amtspflichtverletzung und dem (ersatzfähigen) Schaden.

I. Kausalität

123 Die Amtshaftung wirft im Vergleich zu sonstigen Deliktsansprüchen i. d. R. keine besonders gearteten Kausalitätsprobleme auf, so daß grds. auf die im Zivilrecht entwickelten Grundsätze zurückgegriffen werden kann. Besonderheiten bestehen lediglich hinsichtlich der Art der zu prüfenden Kausalität (vgl. sogleich *§ 7 Rn. 124*).

1. Begriff

124 Unter Kausalität i. S. des Amtshaftungsanspruchs versteht man allein die sog. **„haftungsausfüllende Kausalität"**. Sie betrifft den Ursachenzusammenhang zwischen Amtspflichtverletzung und Schaden. Demgegenüber ist eine Prüfung der haftungsbegründenden Kausalität, die sich auf die Ursachenkette zwischen Handlung/Unterlassung und Amtspflichtverletzung bezieht, nicht erforderlich. Diese **Abweichung** gegenüber den allgemeinen Grundsätzen des Deliktsrechts erklärt sich aus der rechtlichen Konstruktion der Amtshaftung. Sie stellt nicht auf einen Eingriff in absolute Rechte, sondern auf die Verletzung drittbezogener Amtspflichten ab. Die durch das Merkmal „Drittbezogenheit" implizierte, besondere Nähe begründet relative Beziehungen zwischen Anspruchssteller und Anspruchsgegner und läßt die Prüfung einer haftungsbegründenden Kausalität entfallen.

2. Voraussetzungen

Die Kausalitätsprüfung beruht auf einem **Verursachungselement** („conditio sine qua non", sog. Äquivalenztheorie), das durch wertende **Zurechnungskriterien** ergänzt und eingeschränkt wird (z. B. Adäquanz, rechtmäßiges Alternativverhalten, vgl. im einzelnen *RGRK*, § 839 Rn. 302 f.; *§ 7 Rn. 126 f.*). Dabei ist mit der i. d. R. unproblematischen Prüfung des Verursachungselements zu beginnen. Die nachfolgend an den Zurechnungstatbestand zu stellenden Anforderungen hängen von der Art der Verletzungshandlung ab:

a) Bei Amtspflichtverletzung **durch Handeln**

(1) **Adäquater Kausalzusammenhang**

Danach sind nur solche Amtspflichtverletzungen als ursächlich für den Schaden anzusehen, die im allgemeinen und nicht nur unter besonders gearteten, nach dem regelmäßigen Verlauf der Dinge außer acht zu lassenden Umständen zur Herbeiführung des eingetretenen schädigenden Ereignisses geeignet sind. Der erforderliche adäquate Kausalzusammenhang beurteilt sich nach den im Zivilrecht hierzu entwickelten Grundsätzen und fehlt nur in seltenen Ausnahmefällen (vgl. *Pal.*, vor § 249 Rn. 58 ff.). Eine zum Schaden neigende Konstitution des Geschädigten unterbricht den Kausalzusammenhang grds. nicht.

Beispiel: Die 98-jährige O stürzt beim Aussteigen aus dem städtischen Bus auf dem eisglatten Busteig und bricht sich dabei ein Bein. Während des Krankenhausaufenthalts stirbt sie an einer Lungenembolie, was (insb.) auf ihren altersbedingt geschwächten Gesundheitszustand zurückzuführen ist (vgl. dazu BGH, NJW 1993, 2802 – *„Streupflicht"*).

(2) **Rechtmäßiges Alternativverhalten**

Nach diesem Kriterium ist der Amtspflichtverstoß für den eingetretenen Schaden nicht kausal, wenn dieser auch bei pflichtgemäßem Verhalten des Amtswalters eingetreten wäre (vgl. OLG Oldenburg, NVwZ-RR 1993, 593 – *„Mietausfall"*). Dabei ist darauf abzustellen, welchen Verlauf die Dinge bei **pflichtgemäßem Verhalten** des Amtswalters genommen hätten und wie sich die Vermögenslage des Betroffenen in diesem Fall darstellen würde (BGH, NJW 1988, 1143). Dieses Merkmal schränkt die Kausalitätskette (zusätzlich) ein und ist insb. im Baurecht und bei Ermessenshandlungen bedeutsam. Kann die Verwaltung zwischen mehreren Rechtsfolgen wählen, so ist eine Amtspflichtverletzung wegen fehlerhafter Ermessensausübung nur dann kausal für den Vermögensschaden, wenn feststeht, daß dieser bei ermessensfehlerfreier Tätigkeit nicht oder zumindest nicht in dieser Höhe eingetreten wäre. Dies kann i.d.R. nur bei einer Ermessensreduzierung auf Null angenommen werden.

Beispiele:
- Kommt es aufgrund unzureichender Dimensionierung der Abwasserkanalisation bei einigen Anliegern zu Überschwemmungsschäden wegen Rückstau, besteht trotz Amtspflichtverletzung kein Amtshaftungsanspruch, wenn ein (solcher) Rückstau auch bei zureichender Auslegung der Kanalistion auftreten würde (vgl. OLG München, NVwZ 1992, 1124 – „*Abwasserkanalisation*"). Eine fehlende Rückstausicherung berührt nicht die Kausalität, sondern ist im Rahmen des § 254 BGB (Mitverschulden) zu würdigen (vgl. § 8 Rn. 56).
- Verweigert die Bauaufsichtsbehörde die beantragte Baugenehmigung nur deshalb, weil die Gemeinde das erforderliche Einvernehmen versagt hat, ist die Pflichtverletzung der Gemeinde allein kausal für den Schaden, der dem Bauherrn entstanden ist. Wird die Ablehnung dagegen auch auf eigene Erwägungen der Bauaufsichtsbehörde gestützt, sind beide Pflichtverletzungen jeweils für sich genommen ursächlich für den Schaden. Dies hat eine gesamtschuldnerische (Amts-) Haftung zur Folge (vgl. dazu BGH, NJW 1993, 3065 – „*Einvernehmen*").

b) Bei Amtspflichtverletzung **durch Unterlassen**

128 Besteht die Amtspflichtverletzung im Unterlassen des gebotenen Handelns oder in einem vergleichbaren zögerlichen Verhalten, ist ein Ursachenzusammenhang mit dem Schaden nur dann zu bejahen, wenn ein pflichtgemäßes Handeln den Eintritt des schädigenden Erfolges mit an **Sicherheit grenzender Wahrscheinlichkeit** verhindert hätte. Die bloße Möglichkeit genügt hierfür nicht. Erforderlich ist – neben einer Rechtspflicht zum Handeln – die Feststellung, daß bei Vornahme der gebotenen Handlung der Schaden mit an Sicherheit grenzender Wahrscheinlichkeit nicht oder jedenfalls nicht in dieser Höhe entstanden wäre.

Beispiel: Fordert ein durch sog. „neuartige Waldschäden" geschädigter Waldeigentümer Schadensersatz vom Bund aufgrund Amtshaftung, weil der Bundestag den Erlaß strengerer Umweltschutzgesetze unterlassen hat, muß er neben der Rechtspflicht der Legislative zum Handeln nachweisen, daß strengere Gesetze seinen Waldschaden verhindert oder zumindest vermindert hätten (vgl. BGH, NJW 1988, 478 – „*Waldsterben*").

Beachte: Die Beweislast für den ursächlichen Zusammenhang zwischen Amtspflichtverletzung und Schaden trägt der Geschädigte (vgl. *Ossenbühl*, StHR, S. 58).

II. Schaden

129 Die (generelle) Ersatzfähigkeit des geltend gemachten Schadens wird im Einklang mit der neueren Rechtsprechung schon im Rahmen des Tatbestandsmerkmals „Drittbezogenheit der Amtspflicht" behandelt (vgl. § 7

§ 7. Haftungstatbestand

Rn. 88). Die Prüfung beschränkt sich daher an dieser Stelle auf die Ermittlung von Art und Umfang des zu ersetzenden Schadens.

1. Umfang des Ersatzes

Der Umfang des im Rahmen der Amtshaftung zu ersetzenden Schadens ist auf der Grundlage der §§ 249 ff. BGB zu ermitteln. Diese allgemeinen zivilrechtlichen Schadensregelungen bleiben auch bei Haftungsüberleitung auf den Staat anwendbar, weil die anspruchsbegründende Regelung des § 839 BGB dem Deliktsrecht entstammt. Dabei ist zwischen Vermögens- und Nichtvermögensschaden zu differenzieren. 130

a) Vermögensschaden

Ausgangspunkt der Schadensfeststellung ist eine „abgewandelte Differenzmethode", bei der die in die Differenzrechnung einzusetzenden, an sich wertneutralen Rechnungsposten nach dem Schutzzweck der Haftung und der Ausgleichsfunktion des Schadensersatzes wertend bestimmt und ggf. eingeschränkt werden (vgl. *Engelhardt*, NVwZ 1992, 1052 ff.). 131

(1) Differenzmethode

Der Schaden besteht in der Differenz zwischen zwei Güterlagen. Er ist durch einen **Vergleich** zwischen der tatsächlich, durch das Schadensereignis geschaffenen und der hypothetischen, d. h. unter Ausschaltung dieses Ereignisses gedachten Vermögenslage zu ermitteln (vgl. *Pal.*, vor § 249 Rn. 8). Ein **Schaden** liegt danach vor, wenn der jetzige tatsächliche Wert des Vermögens des Geschädigten geringer ist als der Wert, den das Vermögen bei pflichtgemäßem Handeln des Amtswalters gehabt hätte. Ersetzt wird in diesem Fall der gesamte, durch die Amtspflichtverletzung unmittelbar oder mittelbar verursachte Vermögensschaden. Dazu gehört auch der aufgrund § 252 BGB abstrakt zu berechnende **entgangene Gewinn,** sofern er in den Schutzbereich der verletzten Amtspflicht fällt (vgl. *BoKo*, Art. 34 Rn. 216 ff.). 132

Beispiel: Die Verwaltung der Stadt S verweigert Grundstückseigentümer E schuldhaft die Erteilung der beantragten Baugenehmigung innerhalb angemessener Frist. E kann deshalb nicht den mit der Firma F (Mieter) abgeschlossenen Mietvertrag erfüllen. Nach der Differenzmethode besteht der Schaden in dem Mietausfall, der durch einen Vergleich zwischen den tatsächlich eingenommenen Mietzinsen und den Mieteinnahmen, die bei fristgerechter Genehmigungserteilung erzielt worden wären, festzustellen ist (vgl. OLG Oldenburg, NVwZ – RR 1993, 593 – „*Mietausfall*").

(2) Schutzzweck der Norm

Dieses Kriterium ist grds. bereits beim Tatbestandsmerkmal „Drittbezogenheit der Amtspflicht" zu berücksichtigen (vgl. *§ 7 Rn. 88, 129*). An dieser Stelle bleibt lediglich zu prüfen, ob die geltend ge- 133 machten (einzelnen) **Schadenspositionen** vom Schutzzweck der die Amtspflicht begründenden Norm umfaßt sind. Für einen nach der Differenzmethode ermittelten Schadensposten ist nur Ersatz zu leisten, wenn er nach Art und Entstehungsweise unter den Schutzzweck der verletzten Amtspflicht fällt. Im Schaden muß sich die Gefahr verwirklicht haben, zu deren Abwendung die verletzte Norm erlassen worden ist (OLG Oldenburg, NVwZ-RR 1993, 593 – *„Mietausfall"*).

Beispiel: Beruht der Mietausfallschaden des E auf einer Zurückstellung seines Baugesuchs gem. § 15 BauGB, die wegen fehlender Bekanntgabe des Bebauungsplanaufstellungsbeschlusses rechtswidrig ist, so hängt seine Ersatzfähigkeit vom Schutzzweck des § 2 I 2 BauGB ab. Die ortsübliche Bekanntgabe soll den Betroffenen die Möglichkeit der Kenntniserlangung gewährleisten, damit sie sich rechtzeitig auf die Bauleitplanung der Gemeinde einstellen können. E kann deshalb nur verlangen, so gestellt zu werden, als wäre die Veröffentlichung ordnungsgemäß erfolgt. In den Schutzbereich des § 2 I 2 BauGB und damit der verletzten Amtspflicht fallen nur Schäden, die darauf zurückzuführen sind, daß der Bauinteressent von der Planung nicht rechtzeitig erfahren und deshalb beispielsweise Aufwendungen gemacht hat, die er bei Kenntnis der Planung unterlassen hätte. Geschützt ist daher nur das sog. **negative Interesse**. Der Schutzzweck des Bekanntmachungsgebots rechtfertigt es dagegen nicht, den Bauherrn E so zu stellen, als wäre die (zulässige) Planung nicht existent, weil der Aufstellungsbeschluß nicht ortsüblich bekanntgemacht wurde. Das **positive Interesse** des E an der Verwirklichung des Bauvorhabens wird somit **nicht** geschützt. Die entgangenen Mieteinnahmen knüpfen an die Errichtung und Nutzung des von E geplanten Gebäudes an und fallen daher nicht unter den Schutzzweck des § 2 I 2 BauGB. Der geltend gemachte Schaden ist daher im Rahmen der Amtshaftung nicht ersatzfähig (vgl. OLG Oldenburg, NVwZ 1993, 593 – *„Mietausfall"*).

Beachte: Steht der (künftige) rechtmäßige Bebauungsplan bei ordnungsgemäßer Zurückstellung des Baugesuchs des E dem geplanten Vorhaben entgegen, fehlt es aufgrund rechtmäßigen Alternativverhaltens bereits an der Kausalität zwischen Amtspflichtverletzung und Schaden (vgl. dazu *§ 7 Rn. 127*).

Klausurhinweis: Bei der Fallbearbeitung sind bes. Ausführungen zum Tatbestandsmerkmal „Schaden" nur erforderlich, wenn Anhaltspunkte dafür bestehen, daß einzelne Teile des geltend gemachten Schadens nicht vom Schutzbereich der verletzten Amtspflicht erfaßt werden.

Vertiefungshinweis: Vgl. zur Ersatzfähigkeit von Folgeschäden, insb. von Aufwendungen zur Rechtsverfolgung (z. B. Rechtsanwaltsgebühren) LG Hamburg, NVwZ – RR 1992, 608 und *RGRK*, § 839 Rn. 307 ff.

§ 7. Haftungstatbestand

b) Nichtvermögensschaden

Aufgrund §§ 839, 847, 253 BGB i. V. mit Art. 34 GG kann ausnahmsweise auch für einen immateriellen Schaden „eine billige Entschädigung in Geld" (sog. **Schmerzensgeld**) verlangt werden. Die Anwendbarkeit der §§ 253, 847 BGB rechtfertigt sich aus der auch bei Haftungsüberleitung auf den Staat fortbestehenden deliktischen Natur der Amtshaftung (vgl. auch *§ 7 Rn. 130*). Ein Schmerzensgeld wird nach dem Wortlaut des § 847 BGB gewährt, wenn der Amtspflichtverstoß zur Verletzung des Körpers, der Gesundheit oder zu einer Freiheitsentziehung geführt hat. Über den Normtext hinaus begründen auch schwere Beeinträchtigungen des allgemeinen Persönlichkeitsrechts einen Anspruch auf Schmerzensgeld, wenn keine andere Genugtuungsmöglichkeit eröffnet ist (vgl. LG Baden-Baden, NVwZ 1991, 1118 – *„Gnadenlos"*).

134

Beispiel: Amtspflichtwidrige Öffentlichkeitsfahndung der Staatsanwaltschaft in Rundfunk und Fernsehen nach dem vermeintlichen Straftäter S, der in Wirklichkeit unschuldig ist und nur mit seinem Bruder B verwechselt wurde (vgl. dazu OLG Hamm, NJW 1993, 1209 – *„Aktenzeichen XY"*).

2. Art des Ersatzes

Der Amtshaftungsanspruch ist ein Schadensersatz- und kein Entschädigungsanspruch (vgl. zu dieser Unterscheidung *§ 2 Rn. 9 ff.*; *BoKo*, Art. 34 Rn. 223 f.). Das folgt aus dem Normtext und der systematischen Stellung des § 839 BGB. Die für solche Ansprüche in §§ 249 ff. BGB vorgesehene Naturalrestitution bedarf allerdings aufgrund der rechtlichen Konstruktion der Amtshaftung (vgl. *§ 6 Rn. 17*) einer Einschränkung. Ersatz kann **nur in Geld** (bzw. der Lieferung vertretbarer Sachen), **nicht** aber in Form von **Naturalrestitution** verlangt werden. Denn die Amtshaftung bleibt trotz Haftungsüberleitung auf die öffentliche Gewalt eine auf die Person des Amtswalters zugeschnittene Haftung. Die Übernahme der Verantwortung durch den Staat verändert nicht den Inhalt der Ersatzpflicht. Diese kann sich nur auf das richten, was der Amtswalter unabhängig von seinem öffentlichen Amt als (Privat-) Person zu leisten vermag. Das ist in der Regel Geld. Die Beseitigung des rechtswidrigen Zustandes kann dagegen nicht verlangt werden, weil das einen erneuten Hoheitsakt erfordern würde, den der Amtswalter als Privater nicht vornehmen kann. Diese Einschränkung führt zu einer **Haftungslücke** im Deliktsrecht, die durch den öffentlich-rechtlichen Folgenbeseitigungs- und Unterlassungsanspruch geschlossen worden ist (vgl. *§ 10*). Allerdings stößt die strikte **Trennung** zwischen Geldersatz aufgrund Amtshaftung einerseits und Naturalrestitution aufgrund öffentlich-rechtlichem Folgenbeseitigungs- und Unterlassungsanspruch

135

andererseits an ihre Grenzen, wenn eine Beseitigung des rechtswidrigen Zustands aus rechtlichen oder tatsächlichen Gründen nicht möglich ist. Das hat (ansatzweise) zur Entwicklung einer sog. Folgenentschädigung geführt, durch die obige Dichotomie (Zweiteilung) partiell durchbrochen wird (vgl. näher §§ *10 Rn. 11 ff.; § 11 Rn. 67*).

Beispiel: Bezeichnet Bürgermeister B der Gemeinde G in seiner Funktion als Amtswalter öffentlich den ortsansässigen Unternehmer U als „Blutsauger", kann U Widerruf oder Unterlassung dieser ehrverletzenden Äußerungen nur aufgrund des (allgemeinen) öffentlich-rechtlichen Folgebeseitigungs- und Unterlassungsanspruchs, nicht dagegen aus Amtshaftung verlangen (vgl. *§ 11 Rn. 52 ff.* sowie grundlegend BGHZ 34, 99).

G. Wiederholung

I. Zusammenfassung

❑ Ein Handeln in Ausübung eines öffentlichen Amtes i. S. der Amtshaftung liegt vor, wenn ein Amtswalter hoheitlich tätig geworden ist. Das erfordert i.d.R. die Wahrnehmung öffentlicher Aufgaben mit öffentlich-rechtlichen Mitteln. Auf Person und Status des Amtswalters kommt es grds. nicht an, weil Amtshaftung keine Status-, sondern eine Funktionshaftung ist. Lediglich bei Personen, die außerhalb der Verwaltungsorganisation stehen, bedarf es eines besonderen Zurechnungsgrundes (vgl. *§ 7 Rn. 24 ff.*).

❑ Unter Amtspflichten versteht man die persönlichen Verhaltenspflichten des Amtswalters hinsichtlich seiner Amtsführung. Sie entstehen im Innenverhältnis zwischen Amtswalter und Hoheitsträger und können sich aus Außenrecht (förmlichen und materiellen Gesetzen) und Innenrecht (Verwaltungsvorschriften, Weisungen) ergeben.

❑ Eine Amtspflicht ist drittbezogen, wenn sie nicht allein im Interesse der Allgemeinheit besteht, sondern zumindest auch schutzwürdige Belange eines abgrenzbaren Personenkreises, zu dem der Geschädigte gehört, zu schützen bezweckt.

❑ Die Haftungsüberleitung auf einen Hoheitsträger durch Art. 34 Satz 1 GG läßt das in § 839 I GG verankerte Verschuldensprinzip unberührt. Der Amtswalter muß daher vorsätzlich oder fahrlässig gehandelt haben. Dies beurteilt sich nach § 276 I BGB.

❑ Die Amtspflichtverletzung muß bei dem von der Amtspflicht geschützten Dritten einen Schaden verursacht haben. Das setzt das Bestehen einer sog. haftungsausfüllenden Kausalität zwischen Amtspflichtverletzung und Schaden voraus. Der Umfang des zu ersetzenden Schadens ergibt sich aus §§ 249 ff. BGB, sofern die Rechtsgutverletzung in den Schutzbereich der verletzten Amtspflicht fällt. Die Art des Schadensersatzes ist aufgrund der rechtlichen Konstruktion der Amtshaftung grds. auf Geldleistung beschränkt.

II. Fragen

1. Nach welchen Kriterien beurteilt sich die Anwendbarkeit des Amtshaftungsanspruchs?
2. Nennen Sie die Voraussetzungen des Tatbestandsmerkmals „Handeln eines Amtswalters in Ausübung eines öffentlichen Amtes".
3. Was versteht man unter Amtspflichten?
4. Aus welchen Rechtsquellen können sich Amtspflichten ergeben?
5. Unter welchen Voraussetzungen entfaltet eine Amtspflicht Drittwirkung?
6. Welche Besonderheiten bestehen bei der Amtshaftung hinsichtlich des Tatbestandsmerkmals „Verschulden"?
7. Nach welchen Grundsätzen beurteilt sich die Kausalität?
8. Wie kann der zu ersetzende Schaden ermittelt werden?

III. Lösungen

1. Der Amtshaftungsanspruch ist anwendbar, wenn der Amtswalter in Ausübung eines öffentlichen Amtes gehandelt hat und keine haftungsverdrängenden Sonderregelungen bestehen.
2. Vgl. § 7 Rn. 14 ff.
3. Unter Amtspflichten versteht man die persönlichen Verhaltenspflichten des Amtswalters hinsichtlich seiner Amtsführung.
4. Vgl. § 7 Rn. 58 f.
5. Vgl. § 7 Rn. 85 ff.
6. Bei fahrlässigem Verhalten führen die Grundsätze der Objektivierung und Entindividualisierung des Verschuldens dazu, daß losgelöst von der Person des konkret handelnden Amtswalters ein objektivierter Sorgfaltsmaßstab anzulegen ist.
7. Ausgangspunkt ist die Äquivalenztheorie („conditio sine qua non"), die durch wertende Zurechnungskriterien (z. B. „Adäquanz", „Schutzzweck der Amtspflicht") eingeschränkt wird.
8. Der Umfang des zu ersetzenden Schadens beurteilt sich grds. nach §§ 249 ff. BGB. Der Amtshaftungsanspruch ist auf Schadensersatz in Geld beschränkt.

§ 8. Haftungsausschluß und -begrenzung

1 Der Amtshaftungsanspruch kann aus folgenden Gründen ausgeschlossen oder beschränkt sein:

- ❏ Spezielle Haftungsausschlüsse und -beschränkungen *(§ 8 Rn. 2 – 14)*.
- ❏ Verweisungsprivileg, § 839 I 2 BGB *(§ 8 Rn. 15 – 36)*.
- ❏ Richterprivileg, § 839 II BGB *(§ 8 Rn. 37 – 42)*.
- ❏ Rechtsmittelversäumung, § 839 III BGB *(§ 8 Rn. 43 – 52)*.
- ❏ Mitverschulden, § 254 BGB *(§ 8 Rn. 53 – 56)*.
- ❏ Verjährung, § 852 BGB *(§ 8 Rn. 57)*.

Klausurhinweis: Das Verweisungsprivileg des § 839 I 2 BGB muß stets am Anfang geprüft werden, weil es als negative Anspruchsvoraussetzung Teil des Haftungstatbestands ist (vgl. BGH, NJW 1993, 1647 – *„Flutwelle"*; *§ 7 Rn. 12*). Auf die anderen Ausschluß- und Begrenzungsmöglichkeiten ist dagegen nur einzugehen, wenn der Sachverhalt hierfür Anhaltspunkte enthält. Kommen mehrere Begrenzungsmöglichkeiten in Betracht, muß § 839 III BGB als spezielle Vorschrift vor § 254 BGB geprüft werden, während § 852 BGB als Einrede erst nach den Einwendungen zu behandeln ist. Im übrigen steht es dem Bearbeiter frei, mit welcher Begrenzungsform er beginnt. Eine zwingende Prüfungsreihenfolge ist insoweit nicht einzuhalten.

A. Spezielle Haftungsbegrenzungen

2 Neben den bereits behandelten haftungsverdrängenden Sonderregelungen (vgl. *§ 7 Rn. 6 ff.*) bestehen weitere Haftungsbegrenzungen, die eine Amtshaftung ausschließen oder beschränken. Sie können sich aus Gesetz oder aufgrund (vertraglicher) Vereinbarung ergeben, wobei erstgenannte Begrenzungsgrundlage die Regel ist. Anspruchsausschließende und -beschränkende Regelungen differieren nur graduell hinsichtlich des Umfangs der Haftungsbegrenzung, so daß eine Unterscheidung kaum praktische Bedeutung entfaltet. Examensrelevant ist dagegen die Einteilung nach dem **Anknüpfungspunkt der Begrenzungswirkung**, weil dies sich in unterschiedlicher Weise auf die Eigenhaftung des Amtswalters auswirkt. Das hat zur folgender Differenzierung geführt:

I. Haftungsüberleitungsausschließende Regelungen

Darunter versteht man Bestimmungen, die unter bestimmten Voraussetzungen die in **Art. 34 Satz 1 GG** vorgesehene Haftungsüberleitung auf den Staat verhindern. Da der Haftungstatbestand im übrigen erfüllt ist, lebt in diesem Fall die Eigenhaftung des Amtswalters nach § 839 BGB (vgl. *§ 7 Rn. 8*) oder §§ 823 ff. BGB erneut auf (str., vgl. *§ 7 Rn. 23; BoKo*, Art. 34 Rn. 255 ff.; *M/D*, Art. 34 Rn. 362 ff. mit weiteren Beispielsfällen).

Beispiel: Nach § 7 RBHaftG steht Ausländern, die durch hoheitliches Handeln einen Schaden erleiden, ein Amtshaftungsanspruch nur zu, wenn durch die Gesetzgebung des ausländischen Staates oder durch völkerrechtlichen Vertrag die Gegenseitigkeit der Haftung verbürgt ist (vgl. zur Zulässigkeit dieser Regelungen im Hinblick auf Art. 3 I GG BVerfG, NVwZ 1981, 661. Siehe auf landesrechtlicher Ebene die Gegenseitigkeitsregelung in § 7 des Entschädigungsgesetzes des Landes Sachsen-Anhalt).

II. Haftungstatbestandsbeschränkende Regelungen

Sie begrenzen die Haftung, indem einzelne Tatbestandsmerkmale des Amtshaftungsanspruchs, wie beispielsweise der Verschuldensmaßstab modifiziert werden (vgl. *§ 7 Rn. 9*). Dies wirkt sich grds. auch auf die Eigenhaftung des Amtswalters aus, sofern sich aus der Haftungsbeschränkung nichts anderes ergibt.

Beispiel: Eine gemeindliche Satzung sieht einen Benutzungszwang für den gemeindlichen Schlachthof vor und beschränkt gleichzeitig die Haftung der Gemeinde auf Vorsatz und grobe Fahrlässigkeit (vgl. zur Zulässigkeit dieser Begrenzung *§ 8 Rn. 5 ff.*). Bei Wirksamkeit der Beschränkung entfällt die Amtshaftung der Gemeinde für fahrlässige Schädigungen (vgl. zur Haftung aufgrund pVV des öffentlich-rechtlichen Benutzungsverhältnisses *§ 4 Rn. 14 ff.*).

III. Zulässigkeit

Haftungsüberleitungsausschließende und haftungstatbestandsbeschränkende Vorschriften verändern unmittelbar oder mittelbar die Rechtsfolge des Art. 34 Satz 1 GG. Ihre Zulässigkeit beurteilt sich daher einheitlich auf der Grundlage der zu dieser Verfassungsnorm entwickelten Kriterien.

1. Grundsatz

Die Amtshaftung kann grds. durch Gesetz ausgeschlossen oder beschränkt werden (vgl. *MK*, § 839 Rn. 291). Denn Art. 34 Satz 1 GG enthält – vermittelt durch den Begriff „grundsätzlich" – einen thematisch nicht begrenzten **Gesetzesvorbehalt**, durch den der Gesetzgeber zur Beschränkung der Amtshaftung ermöchtigt wird. Dies ergibt sich aus folgenden Überlegungen (vgl. dazu *M/D*, Art. 34 Rn. 214 ff.; s. zur Gegenansicht die Nachweise bei *MK*, § 839 Rn. 291):

a) Normtext

7 Der Wortlaut des Art. 34 Satz 1 GG sieht nur „grundsätzlich" eine Haftungsüberleitung auf den Staat vor und läßt damit Raum für Haftungsausschlüsse und -beschränkungen im Einzelfall (vgl. *M/D*, Art. 34 Rn. 214).

b) Entstehungsgeschichte

8 Schon Art. 131 WRV sah nur „grundsätzlich" eine Haftungsübernahme durch den Staat vor. Daher waren bereits damals gesetzliche Begrenzungen der Amtshaftung verfassungsrechtlich zulässig. Das Grundgesetz hat durch Übernahme des Begriffs „grundsätzlich" in Art. 34 Satz 1 GG diesen Rechtszustand anerkannt und fortgeführt.

2. Grenzen

9 Gesetzliche (Amts-) Haftungsausschlüsse und -beschränkungen sind nicht unbegrenzt möglich, sondern unterliegen folgenden, von der Rechtsprechung entwickelten **Beschränkungen**:

a) in formeller Hinsicht

10 Die Amtshaftung kann nur durch **förmliches Gesetz** ausgeschlossen oder beschränkt werden. Begrenzungen durch Satzung oder Rechtsverordnung sind demgegenüber unzulässig, weil dies gegen das Gewaltenteilungsprinzip verstoßen würde und die damit verbundene Gefahr einer Aushöhlung der Amtshaftung zu Rechtsunsicherheit und sachwidriger Ungleichbehandlung führt (str., wie hier BGH, NJW 1984, 615; a. A. noch BGH, NJW 1974, 1816, wonach eine satzungsmäßige Beschränkung der Amtshaftung zulässig ist, wenn sie sich auf eine hinreichend bestimmte formell-gesetzliche Rechtsgrundlage stützen kann). Außerdem wenden sich Gesetzesvorbehalte nicht an die Exekutive, sondern an die Legislative (vgl. Studium Jura, Verfassungsrecht I, § 9 Rn. 27). Dies hat zur Folge, daß beispielsweise eine Beschränkung des Verschuldensmaßstabs durch gemeindliche Anstaltsbenutzungssatzung nicht gegenüber dem Amtshaftungsanspruch Wirkung entfaltet (vgl. zur Wirksamkeit dieser Haftungsbeschränkung gegenüber Ansprüchen aufgrund pVV des öffentlich-rechtlichen Benutzungsverhältnisses § 4 Rn. 14 ff.).

11 Aus **kompetenzrechtlicher Sicht** können neben Bundesgesetzen auch (förmliche) Landesgesetze die Amtshaftung begrenzen, indem sie z.B. Ausnahmen von der Haftungsüberleitung auf das Land nach Art. 34 Satz 1 GG vorsehen. Das setzt aber voraus, daß dem Land für den betroffenen Sachbereich die Gesetzgebungskompetenz zusteht (vgl. *MK*, § 839 Rn. 295). **Strengere Anforderungen** gelten außerdem für landesrechtlichen Regelungen, die nicht nur eine Haftungsüberleitung auf den Staat, sondern auch die Eigenhaftung des Beamten nach

§ 839 BGB ausschließen. Derartige Haftungsbegrenzungen dürfen nur durch (förmliches) Bundesgesetz erfolgen. Landesgesetze sind insoweit unzulässig, weil sie in den dem Bund durch Art. 74 Nr. 1 GG zugewiesenen und mit Erlaß des Bürgerlichen Gesetzbuches ausgeschöpften Kompetenzbereich „hineinragen". Das Land würde durch Erlaß solcher Bestimmungen die ihm an sich zustehende Gesetzgebungskompetenz in unzulässiger Weise zu Lasten des Bundes „überdehnen".

b) **in materieller Hinsicht**
Zunächst müssen **sachliche Gründe** des öffentlichen Wohls bestehen, die eine Haftungsbegrenzung rechtfertigen (vgl. *MK*, § 839 Rn. 293).

Beispiel: Die Stadt S beschränkt durch Benutzungssatzung die Haftung für Schäden bei der Benutzung des städtischen Schwimmbads auf Vorsatz und grobe Fahrlässigkeit, um eine „Überhaftung" zu verhindern.

Außerdem dürfen Haftungsbegrenzungen die grundsätzliche Entscheidung für eine Amtshaftung der öffentlichen Hand **nicht aushöhlen**. Eine Staatshaftung für amtspflichtwidriges Verhalten von Amtswaltern darf daher nicht generell oder für wesentliche Bereiche staatlicher Tätigkeit abgeschafft werden (vgl. *MK*, § 839 Rn. 293).

Beispiel: Angesichts der prekären Finanzlage schließt der Bund eine Haftungsüberleitung nach Art. 34 Satz 1 GG für alle fahrlässig verursachten Verkehrsunfälle aus, die seine Amtswalter im hoheitlichen Funktionsbereich verschuldet haben. Dies würde gegen obige Grundsätze verstoßen.

Schließlich darf die Haftungsbegrenzung nicht im Widerspruch zum **Verhältnismäßigkeitsgrundsatz** stehen. Dies schließt Regelungen aus, die den Bürger unzumutbar benachteiligen, indem sie Schädigungen aus vorsätzlichem oder grob fahrlässigem Verhalten ausschließen oder ihm schwere Rechtsgütergefährdungen und -beeinträchtigungen ersatzlos zumuten.

Beispiel: Die Satzung der Stadt S sieht einen Anschluß- und Benutzungszwang für die städtische Trinkwasserversorgung vor, beschränkt aber zugleich die Haftung für Schäden aus der Lieferung von verunreinigtem Wasser auf Vorsatz und grobe Fahrlässigkeit.

B. Das Verweisungsprivileg, § 839 I 2 BGB

Das Verweisungsprivileg ist eine Besonderheit der Amtshaftung. Aufgrund der in ihm zum Ausdruck kommenden Nachrangigkeit der Haftung des Amtswalters bzw. des an seine Stelle getretenen Hoheitsträgers wird es teilweise auch als *Subsidiaritätsklausel* bezeichnet. Es genießt einen zweifelhaften Ruf, weil seine rechtspolitische Funktion **umstritten** ist. In der Fallbearbeitung bereitet es eine Fülle von Problemen. Diese Ungereimtheiten führen zu einer fortschreitenden richterlichen Rechtsfortbildung in diesem Bereich, die im Hinblick auf die Bindung der Judikative an formelle Gesetze (Art. 20 III Hs. 2 GG) verfassungsrechtlich bedenklich, aber aufgrund der Untätigkeit des Gesetzgebers hinzunehmen ist.

I. Rechtliche Grundlage

16 Das Verweisungsprivileg ist in **§ 839 I 2 BGB** rechtlich verankert. Handelt der Beamte fahrlässig, so kann er nur in Anspruch genommen werden, wenn der Geschädigte nicht auf andere Weise Ersatz zu erlangen vermag. Dies gilt nicht nur bei einer Eigenhaftung des Beamten (im statusrechtlichen Sinn) für privatrechtliches Tätigwerden (§ 839 I BGB), sondern auch bei einer Haftungsüberleitung auf den Staat. Denn an der (Fort-)Geltung der Subsidiaritätsklausel haben weder Art. 131 WRV noch Art. 34 GG etwas geändert. Der nach diesen Vorschriften verantwortliche Hoheitsträger tritt lediglich an die Stelle des Amtswalters. Die auf ihn zugeschnittene Haftungsbeschränkung durch § 839 I 2 BGB gilt daher grds. auch dann, wenn an seiner Stelle der Staat oder eine sonstige juristische Person des öffentlichen Rechts haftet.

Beachte: Die Unmöglichkeit, anderweitig Ersatz zu erlangen, ist Teil des Tatbestandes der Amtshaftung. Daher hat der Verletzte das Vorliegen dieser zur Klagebegründung gehörenden, negativen Voraussetzung darzulegen und im Streitfall zu beweisen (vgl. BGH, NVwZ 1992, 911 – *„Planungsfehler"*).

II. Funktionen

17 Zweck und Bedeutung der Subsidiaritätsklausel sind umstritten. Aufgrund der durch Art. 34 Satz 1 GG bewirkten Haftungsüberleitung auf die öffentliche Hand ist ihre **ursprüngliche Funktion** weggefallen bzw. hat sich jedenfalls grundlegend **verändert**. Gleichwohl sieht sich die Rechtsprechung aufgrund ihrer Gesetzesbindung (Art. 20 III GG) außer Stande, § 839 I 2 BGB durch generelle Nichtanwendung faktisch außer kraft zu setzen (vgl. BGH, NJW 1993, 1647 – *„Flutwelle"*; s. zur Kritik an dieser „zögerlichen" Haltung *MK*, § 839 Rn. 257 ff.). Sie hat vielmehr auf den Funktionsverlust dadurch reagiert, daß sie den sachlichen Geltungsbereich des Verweisungsprivilegs bei einer Haftungsüberleitung auf den Staat punktuell eingeschränkt hat und ihm insgesamt eine gewandelte Bedeutung beimißt. Die Funktion des § 839 I 2 BGB stellt sich nunmehr wie folgt dar:

1. Schutz des Amtswalters

Die Subsidiaritätsklausel war ursprünglich (unmittelbar) der Eigenhaftung des Beamten zugeordnet. Sie bezweckte seinen Schutz durch Begrenzung des persönlichen Haftungsrisikos (BGH, NJW 1992, 2476 – *„Eisglätte"*). Dadurch sollte seine **Entschlußfreude** und Tatkraft und damit letztlich die Funktionsfähigkeit und Effektivität der Verwaltung gefördert werden. Diese wäre gefährdet, wenn das Verwaltungshandeln durch eine übertriebene Ängstlichkeit des Amtswalters, für jeden Fehler mit seinem Vermögen einstehen zu müssen, begleitet würde (vgl. *§ 6 Rn. 22*; *Ossenbühl*, StHR, S. 64). Dieser Schutzzweck ist zwar aufgrund der durch die Haftungsübernahme des Staates bei hoheitlichem Handeln (Art. 34 Satz 1 GG) bewirkten Schuld – oder besser Haftungsbefreiung – des Amtswalters weitgehend entfallen; er behält aber in den Fällen seine Bedeutung, in denen der Beamte privatrechtlich handelt oder die Haftungsüberleitung durch spezielle Regelungen ausgeschlossen ist (vgl. dazu *§ 7 Rn. 23*; *§ 8 Rn. 2 ff.*). Letzteres spielt insb. für die bei Ausländerbehörden tätigen Amtswalter aufgrund der bei Schädigung von Ausländern oftmals bestehenden Haftungsüberleitungsausschlußregelungen eine große Rolle (vgl. *§ 8 Rn. 3*).

18

Beispiel: Schädigt ein bei einer Bundesbehörde beschäftigter Beamter fahrlässig einen afghanischen Staatsangehörigen, scheidet ein Amtshaftungsanspruch aus, weil zwischen der Bundesrepublik Deutschland und Afghanistan keine Gegenseitigkeitsverbürgung i. S. von § 7 RBHaftG besteht. Auch die Eigenhaftung des Beamten gem. § 839 BGB entfällt.

2. Schutz des Staates

Aufgrund der Haftungsüberleitung auf den Staat oder sonstige Hoheitsträger bei hoheitlichen Schädigungen wirkt § 839 I 2 BGB im Ergebnis als Schutznorm zugunsten der öffentlichen Hand. Sie wird durch die Subsidiaritätsklausel finanziell **entlastet** (vgl. *MK*, § 839 Rn. 255). Diese Haftungsprivilegierung wird als rechtspolitisch verfehlt kritisiert (vgl. *§ 7 Rn. 13*; *Ossenbühl*, StHR, S. 64). Die Rechtsprechung hat diesen Bedenken dadurch Rechnung getragen, daß sie die Anwendbarkeit der Subsidiaritätsklausel etappen- und bereichsweise angesichts ihres Schutzzwecks überprüft und eingeschränkt hat (sog. „teleologische Reduktion", vgl. *§ 8 Rn. 22 ff.*).

19

> Die Subsidiaritätsklausel bleibt auch bei einer Haftungsübernahme des Staates grds. anwendbar, unterliegt insoweit allerdings gewissen Beschränkungen.

III. Anwendungsbereich

20 Ausgangspunkt sind die im Normtext des § 839 I 2 BGB enthaltenen Anwendungskriterien (vgl. *Engelhardt*, NVwZ 1992, 1052 ff.).

1. Fahrlässiges Handeln

21 Das Verweisungsprivileg setzt voraus, daß der Amtswalter bei der Amtspflichtverletzung fahrlässig handelte. Fahrlässigkeit i. d. S. umfaßt sowohl leichte Fahrlässigkeit i. S. von **§ 276 I 2 BGB** als auch grob fahrlässiges Handeln (§ 277 BGB). Bei Vorsatz ist § 839 I 2 BGB dagegen unanwendbar. In diesem Fall fehlt es aber häufig bereits am erforderlichen Zusammenhang zwischen hoheitlicher Aufgabe und schädigendem Handeln, so daß eine Amtshaftung schon aus diesem Grunde ausscheidet (vgl. *§ 7 Rn. 54 ff.*).

Beispiele:
- Schießt Polizist P im Dienst aus Rache seinem Nebenbuhler N willentlich und wissentlich ins Bein, scheitert eine Amtshaftung des Landes (Träger der Polizei) schon daran, daß die Schädigung mangels inneren Zusammenhangs nicht dem hoheitlichen Funktionsbereich zugerechnet werden kann. Es kommt daher nur eine deliktische Eigenhaftung des P in Betracht.
- Erlassen die Stadtratsmitglieder von S in Kenntnis der Bodenverunreinigungen im Plangebiet einen Bebauungsplan, der dort ein allgemeines Wohngebiet festsetzt, kommt es trotz grob fahrlässiger Amtspflichtverletzung zu einer Haftungsüberleitung auf S gem. § 839 BGB i. V. mit Art. 34 Satz 1 GG. S kann sich allerdings auf die Haftungsprivilegierung nach § 839 I 2 BGB berufen. Bleibt die Haftung der S dennoch bestehen, weil eine anderweitige Ersatzmöglichkeit i. S. der Subsidiaritätsklausel fehlt, kann sie („wenigstens") aufgrund Art. 34 Satz 2 GG i. V. mit den einschlägigen kommunalrechtlichen Vorschriften Rückgriff bei den Stadtratsmitgliedern nehmen (vgl. *§ 9 Rn. 25*).

Beachte: Der Verschuldensmaßstab des Verweisungsprivilegs gem. § 839 I 2 BGB („jede Art von Fahrlässigkeit") und einer Regreßhaftung von Beamten gem. Art. 34 Satz 2 GG („Vorsatz und grobe Fahrlässigkeit") fallen auseinander. Dies ist insb. bei grob fahrlässigen Schädigungen bedeutsam, weil der Umfang der Verantwortlichkeit im Innen- und Außenverhältnis divergiert (vgl. *Ossenbühl*, StHR, S. 72).

2. Teleologische Reduktion

22 Die Rechtsprechung hat die Anwendbarkeit der Subsidiaritätsklausel – trotz fahrlässigen Handelns des Amtswalters – in einigen Bereichen ausgeschlossen. Sie ließ sich hierbei von der Überlegung leiten, daß eine Anwendung des Verweisungsprivilegs unzulässig ist, wenn dies gegen den aus Art. 3 I GG abgeleiteten Grundsatz der **haftungsrechtlichen Gleichbehandlung** verstößt. Das gilt insb. in den Fällen, in denen die Rechte und Pflichten des hoheitlich handelnden Amtswalters inhalts-

§ 8. Haftungsausschluß und -begrenzung

gleich mit den Rechten und Pflichten sind, die jedermann treffen (vgl. BGH, NJW 1992, 2476 – *„Eisglätte"*). Dabei sind **zwei Fallgruppen** hervorzuheben, bei denen die Subsidiaritätsklausel generell unanwendbar ist:

a) **Teilnahme am allgemeinen Straßenverkehr**

Die Subsidiaritätsklausel ist **nicht anwendbar,** wenn ein Amtswalter bei hoheitlicher Teilnahme am allgemeinen Straßenverkehr schuldhaft einen Verkehrsunfall verursacht und dadurch Dritte schädigt. Im allgemeinen Straßenverkehr gilt ein eigenständiges Haftungssystem, das den Grundsatz einer haftungsrechtlichen **Gleichbehandlung** aller Verkehrsteilnehmer festlegt. In diesem Ordnungssystem gibt es keine Rechtfertigung für eine haftungsrechtliche Benachteiligung etwaiger Mitschädiger, die bei Anwendung des Verweisungsprivilegs den auf den Staat (bzw. den Beamten) entfallenden Haftungsanteil mittragen müßten (vgl. BGH, NJW 1993, 2612 – *„Baumgefahr"*). 23

Beispiel: Straßenbauarbeiter S der Gemeinde G fährt Kies zu einer Straßenbaustelle. Dabei mißachtet er fahrlässig die Vorfahrt und verursacht einen Verkehrsunfall, bei dem der Dritte D geschädigt wird. Die von D aufgrund Amtshaftung in Anspruch genommene G kann sich der Haftung nicht unter Hinweis auf etwaige Ansprüche gegen die Haftpflichtversicherung des D entziehen, weil die Subsidiaritätsklausel von vornherein nicht anwendbar ist.

> Der Grundsatz einer Gleichbehandlung im Straßenverkehr hat Vorrang gegenüber der Haftungsprivilegierung des Amtshaftungsrechts (vgl. *Ossenbühl,* StHR, S. 66).

Das Verweisungsprivileg **bleibt** aber **anwendbar,** wenn ein Amtswalter bei dienstlicher Teilnahme am Straßenverkehr unter Inanspruchnahme von **Sonderrechten** nach § 35 I StVO Dritte schädigt. Die dem Amtswalter obliegenden Pflichten wurzeln in diesem Fall nicht in allgemein gültigen Sorgfaltspflichten und Verhaltensregeln, die jeder zu beachten hat, der am Verkehr teilnimmt. Seine Rechtsstellung ist vielmehr durch Amtspflichten geprägt, die ausschließlich dem hoheitlichen Pflichtenkreis entlehnt sind. Sie sind durch den hoheitlichen Funktionsbereich geprägt und lassen sich nicht aus ihm ausgliedern. Eine Gleichbehandlung aller Verkehrsteilnehmer scheidet insoweit wegen der Sonderstellung der Verwaltung aus (vgl. *Ossenbühl,* StHR, S. 66). 24

Beispiel: Verkehrsunfall eines Funkstreifenwagens, der einen Geiselnehmer mit Blaulicht und Martinshorn verfolgt.

b) Straßenverkehrssicherungspflicht

25 Die Subsidiaritätsklausel **entfällt** auch bei einer Verletzung öffentlich-rechtlicher (Straßen-) Verkehrssicherungspflichten (vgl. zur rechtlichen Qualifizierung dieser Pflichten § 7 Rn. 50, 72). Die Rspr. hat den Grundsatz der haftungsrechtlichen Gleichbehandlung auch auf diesen Bereich ausgedehnt. Das rechtfertigt sich aus dem engen Zusammenhang zwischen den Pflichten im allgemeinen Straßenverkehr und der Verkehrssicherungspflicht („**Kriterium des Zusammenhangs**"), sowie der inhaltlichen Übereinstimmung der öffentlich-rechtlich ausgestalteten (Straßen-) Verkehrssicherungspflichten mit den allgemeinen privatrechtlichen Verkehrssicherungspflichten („**Kriterium der Gleichbehandlung**"). Letzteres Merkmal entscheidet über den Wegfall der Subsidiaritätsklausel, während das Kriterium des Zusammenhangs nur untergeordnete Bedeutung entfaltet. Tragender Grundgedanke ist daher die **Deckungsgleichheit** der dem Amtswalter als hoheitliche Aufgabe obliegenden öffentlich-rechtlichen Verkehrssicherungspflichten mit allgemeinen privatrechtlichen Verkehrssicherungspflichten, die jedermann treffen, der eine Verkehrs- und Gefahrenquelle eröffnet (vgl. BGH, NJW 1993, 2612 – „*Baumgefahr*"). Diese Pflicht schützt neben Verkehrsteilnehmern auch sonstige Personen, die durch den verkehrswidrigen Zustand der Sache einen Schaden erleiden.

Beispiel: Die Benutzung des städtischen Schwimmbades ist durch Satzung geregelt. In dieser übernimmt die Stadt S die Verkehrssicherungspflicht für Schädigungen der Benutzer als öffentlich-rechtliche Pflicht. Der Schwimmbadbenutzer B verletzt sich beim Sprung vom Ein-Meter-Brett, weil dieses seit Jahren nicht gewartet wurde und daher moosbewachsen und äußerst rutschig ist. Ein Amtshaftungsanspruch des B gegen S scheitert nicht daran, daß S aufgrund privatrechtlichem Versicherungsvertrag ein Ersatzanspruch gegen seine Krankenversicherung zusteht. Denn die Subsidiaritätsklausel ist wegen Inhaltsgleichheit der öffentlich-rechtlichen Verkehrssicherungspflicht und der allgemeinen privatrechtlichen Verkehrssicherungspflicht von vornherein nicht anwendbar.

26 Die Inhaltsgleichheit der Verkehrssicherungspflichten ist **Grund und** zugleich **Grenze** für einen Ausschluß der Subsidiaritätsklausel. Bei der Verletzung hoheitlicher Pflichten, die den Bürger nicht in gleicher Weise treffen, bleibt § 839 I 2 BGB daher anwendbar (vgl. BGH, NJW 1992, 2476 – „*Eisglätte*").

Beispiel: Der Polizeibeamte P stellt bei einer Streifenfahrt fest, daß die Ampeln einer innerstädtischen Kreuzung nicht richtig funktionieren. Er benachrichtigt daraufhin umgehend die Funkleitstelle. Diese unterläßt es aber fahrlässig, die Information an die zuständige Straßenverkehrsbehörde weiterzuleiten. Aufgrund der Fehlfunktion der Ampel kommt es zu einem Unfall, bei dem die Fußgängerin F schwer verletzt wird. F nimmt daraufhin das Land L als Träger der

Polizei aus Amtshaftung in Anspruch. Die Subsidiaritätsklausel bleibt in diesem Fall anwendbar, weil den durch die polizeilichen Aufgaben begründeten hoheitlichen Pflichten keine inhaltsgleichen privatrechtlichen Pflichten des einzelnen gegenüberstehen. Die polizeiliche Verkehrspflicht weist vielmehr alle Merkmale hoheitlichen Handelns auf und läßt sich aus diesem Funktionsbereich nicht ausgliedern. Allerdings sind die im Rahmen des § 839 I 2 BGB zu berücksichtigenden Ersatzmöglichkeiten eingeschränkt (vgl. dazu *§ 8 Rn. 28 ff.*).

IV. Voraussetzungen

Die Tatbestandsmerkmale der Subsidiaritätsklausel ergeben sich aus § 839 I 2 BGB. Danach entfällt ein Amtshaftungsanspruch, wenn der Verletzte auf andere Weise Ersatz zu erlangen vermag. Dabei ist insb. der Normzweck zu beachten, was zu einer restriktiven Normauslegung führt. Dadurch werden Unbilligkeiten verhindert, die sich sonst bei einem Festhalten am Verweisungsprivileg bei gleichzeitiger Haftungsüberleitung auf den Staat ergeben. 27

Beachte: Diese Einschränkungen des Verweisungsprivilegs führen im Gegensatz zu vorgenannten Ausschlußtatbeständen (Straßenverkehr, öffentlich-rechtliche Verkehrssicherungspflichten) nicht zur Unanwendbarkeit des § 839 I 2 BGB, sondern modifizieren nur seinen Tatbestand. Beide Problemkreise sind daher im Prüfungsaufbau an unterschiedlichen Stellen zu berücksichtigen.

1. Bestehen einer anderweitigen Ersatzmöglichkeit

a) Grundsatz

Eine anderweitige Ersatzmöglichkeit besteht, wenn ein Dritter dem Verletzten unmittelbar für den Schadensfall und die daraus herrührenden Folgen einzustehen hat. Der (andere) Ersatzanspruch kann darauf beruhen, daß der Dritte den eingetretenen Schaden mitverursacht hat oder daß die Ersatzpflicht von ihm vertraglich übernommen worden ist oder daß er kraft Gesetzes schadensersatzpflichtig ist (vgl. *MK, § 839 Rn. 259*). 28

Beispiel: Macht der Bauherr gegen die Bauaufsichtsbehörde einen Amtshaftungsanspruch geltend, weil ihm für ein fehlerhaft geplantes Bauvorhaben eine rechtswidrige Baugenehmigung erteilt worden ist, so muß geprüft werden, ob er nicht von dem planenden Architekten anderweitig Ersatz verlangen kann (vgl. BGH, NVwZ 1992, 911 – *„Planungsfehler"*).

b) Beschränkungen

Die Rechtsprechung schränkt die Reichweite der Subsidiaritätsklausel durch eine nach Fallgruppen differenzierende Betrachtungsweise ein. Ein Ersatzanspruch des Verletzten gegen Dritte wird nur dann als anderweitige Ersatzmöglichkeit i. S. von § 839 I 2 BGB anerkannt, wenn dies dem **Zweck der Haftungsprivilegierung** nicht widerspricht. 29

Dies erfordert eine Einzelfallprüfung, die sich an folgenden **Kriterien:** orientiert:

30 ❑ Stellt die Anerkennung des Anspruchs als anderweitige Ersatzmöglichkeit den *Geschädigten* praktisch *rechtlos*?

Beispiel: Nimmt der geschädigte Straßenanlieger A die Stadt S aus Amtshaftung in Anspruch, ist der daneben gegen S gerichtete Ersatzanspruch aufgrund pVV des öffentlich-rechtlichen Benutzungsverhältnisses im Rahmen des § 839 I 2 BGB nicht als anderweitige Ersatzmöglichkeit zu berücksichtigen. Denn der Anspruch wird bei gleichbleibendem Anspruchsgegner nur auf eine andere Anspruchsgrundlage gestützt.

31 ❑ Führt die Subsidiaritätsklausel zu einer *Entlastung der öffentlichen Hand*, wenn der Staat und die daneben in Anspruch genommene juristische Person des öffentlichen Rechts als wirtschaftliche Einheit angesehen werden?

Beispiel: Ansprüche gegen das Land und gegen eine Gemeinde aufgrund desselben schädigenden Ereignisses sind wechselseitig nicht als anderweitige Ersatzmöglichkeit i. S. des Verweisungsprivilegs zu werten.

32 ❑ *Entlastet* die Berücksichtigung des Ersatzanspruchs den Hoheitsträger in *unbilliger* und zweckwidriger Weise, weil der Geschädigte sich den Anspruch unter Aufwendung eigener Mittel selbst verdient hat oder er das Äquivalent eines Opfers ist?

Beispiel: Verletzt der städtische Straßenarbeiter bei hoheitlicher Aufgabenerfüllung einen Arbeitnehmer A, der in der Folgezeit zwei Wochen arbeitsunfähig ist, so stellen die Gehalts- oder Lohnansprüche des A. gem. § 616 BGB bzw. gem. § 1 LFZG keine anderweitige Ersatzmöglichkeit dar (vgl. auch *§ 8 Rn. 33*).

33 ❑ *Verlagert* die anderweitige Ersatzmöglichkeit das *Schadensrisiko* in unzulässiger Weise, weil sie nicht die Aufgabe hat, den Schaden endgültig aufzufangen, sondern nur als eine Art „Zwischenfinanzierung" anzusehen ist?

Beispiel: Ansprüche des Geschädigten (Versicherungsnehmer) gegen den Versicherer aus privatrechtlichem oder öffentlich-rechtlichem Versicherungsverhältnis sind keine anderweitige Ersatzmöglichkeit. Denn der Versicherungsnehmer hat sich den Anspruch unter Aufwendung eigener Mittel verdient. Versicherungsansprüche verfolgen außerdem nicht den Zweck, den Schaden dem Versicherer bei gleichzeitiger Entlastung des Schädigers aufzubürden. Der Versicherer soll nur das Risiko der Durchsetzbarkeit des Regreßanspruches tragen. Er muß daher nur dann endgültig leisten, wenn sich dieses Risiko realisiert. Die Versicherungsleistung bezweckt nur eine im Rahmen des § 839 I 2 BGB nicht zu berücksichtigende „Zwischenfinanzierung."

Klausurhinweis: Die verschiedenen Fallgruppen der Tatbestandsbeschränkung des § 839 I 2 BGB lassen sich nicht trennscharf abgrenzen, sondern überschneiden sich zum Teil. Mehrere Einschränkungsmöglichkeiten sind in der Fallbearbeitung hilfsgutachtlich zu behandeln.

Beachte: Der Direktanspruch des Geschädigten gegen die Kfz-Haftpflichtversicherung des Schädigers nach § 3 I Nr. 3 PflVG ist eine anderweitige Ersatzmöglichkeit i. S. des Verweisungsprivilegs. Denn die Versicherungsleistung wird in diesem Fall vom Schädiger und nicht vom Geschädigten „erkauft". Sie soll außerdem den Schaden im Verhältnis zum Geschädigten endgültig abdecken (vgl. *MK*, § 839 Rn. 264).

2. Durchsetzbarkeit der anderweitigen Ersatzmöglichkeit

§ 839 I 2 BGB stellt nicht darauf ab, ob der Verletzte tatsächlich anderweitigen Ersatz erlangt hat. Es genügt, daß er anderen Ersatz erlangen kann oder hätte erlangen können. Entscheidend ist die **Ersatzmöglichkeit, nicht** aber die **Ersatzeffektivität** (vgl. *Ossenbühl*, StHR, S. 70). Das setzt voraus, daß ein Ersatzanspruch besteht oder zumindest bestanden hat und der Geschädigte die Möglichkeit besitzt oder besessen hat, ihn zu realisieren. Es kommt entscheidend darauf an, welche Anstrengungen dem Verletzten **zuzumuten** sind, um den anderen Ersatzanspruch durchzusetzen. Diese Zumutbarkeitsgrenze läßt sich nicht generell festlegen, sondern hängt von den Umständen des Einzelfalls ab (vgl. *MK*, § 839 Rn. 273). Bei ehemals vorhandenen Ersatzmöglichkeiten ist darauf abzustellen, ob sie schuldhaft versäumt wurden (vgl. BGH, NVwZ 1992, 911 – „*Planungsfehler*"). Auf bestehende Ersatzansprüche braucht sich der Geschädigte nicht verweisen zu lassen, wenn er sie aus rechtlichen oder tatsächlichen Gründen nicht oder jedenfalls nicht in absehbarer und angemessener Zeit realisieren kann (vgl. BGH, NJW 1993, 1647 – „*Flutwelle*").

34

Beispiele:
- Werfen (unbekannte) Schüler vom Schulgebäude aus Kastanien auf ein Fahrzeug und beschädigen dieses, scheitert der Amtshaftungsanspruch gegen die Stadt als Trägerin der Schule wegen Aufsichtspflichtverletzung des Lehrpersonals nicht aufgrund etwaiger Ersatzansprüche gegen die schädigenden Schüler oder ihre Eltern. Denn der Geschädigte kennt den einzelnen Schädiger nicht und kann ihn aller Voraussicht nach auch nicht ermitteln, so daß es aus **tatsächlichen** Gründen an der Möglichkeit fehlt, diese Ersatzforderung zu realisieren (vgl. LG Aachen, NVwZ 1992, 1051 – „*Pausenaufsicht*").
- Ist in Abwandlung obigen Falles der kastanienwerfende minderjährige Schüler dem Geschädigten bekannt, fehlt es gleichwohl an einer anderweitigen Ersatzmöglichkeit i. S. des § 839 I 2 BGB, wenn beide Elternteile Sozialhilfeempfänger sind, da aus **rechtlichen** Gründen nicht mit einer

Befriedigung des Anspruchs zu rechnen ist (vgl. LG Hamburg, NJW 1992, 377 – „*Klettermaxe*").

Beachte: Schadensersatzansprüche gegen die Europäische Union lassen Amtshaftungsansprüche gegen die Bundesrepublik Deutschland i. d. R. nicht entfallen, weil der Europäische Gerichtshof erst dann zu einer Entscheidung bereit ist, wenn der Geschädigte zuvor den innerstaatlichen Rechtsweg erfolglos ausgeschöpft hat (str., vgl. *Ossenbühl*, StHR, S. 70; s. auch BGH, NJW 1994, 858 – „*Irak-Embargo*").

> Die Durchsetzbarkeit der anderweitigen Ersatzmöglichkeit hängt von der Zumutbarkeit der Rechtsverfolgung im Einzelfall ab.

V. Rechtsfolgen

1. Ausschluß einer Amtshaftung des Erstschädigers

35 Bei anderweitiger Ersatzmöglichkeit entfällt der Amtshaftungsanspruch gegen den Staat aufgrund § 839 I 2 BGB. Dies führt nicht zum Wiederaufleben einer Eigenhaftung des Amtswalters, weil die durch Art. 34 Satz 1 GG bewirkte Überleitung der Verantwortlichkeit bestehen bleibt.

Beispiel: Scheitert ein Amtshaftungsanspruch des Geschädigten G gegen die Stadt S wegen eines vom Beamten B bei hoheitlicher Aufgabenerfüllung fahrlässig verursachten Verkehrsunfalls aufgrund des „Direktanspruchs" des G gegen die Haftpflichtversicherung V des B (anderweitige Ersatzmöglichkeit, vgl. *§ 8 Rn. 33*), kann B von G nicht persönlich aufgrund § 839 BGB in Anspruch genommen werden, weil ihm die Subsidiaritätsklausel ebenfalls zugute kommt.

2. Ausschluß von Ausgleichsansprüchen zwischen Mitschädigern

36 Das Verweisungsprivileg läßt auch einen Ausgleichsanspruch der haftenden Mitschädiger gegen den Staat gem. §§ 840 I, 426 BGB entfallen. Das hierfür erforderliche **Gesamtschuldverhältnis** besteht **nicht**, weil der schädigende Amtswalter oder der an seine Stelle getretene Staat nicht aufgrund § 839 I 2 BGB haftet (vgl. *MK*, § 839 Rn. 260). Dies hat zur Folge, daß die im „**Innenverhältnis**" zwischen Geschädigten und Hoheitsträger bestehende gesetzliche Haftungsprivilegierung durch § 839 I 2 BGB sich auf das „**Außenverhältnis**" zwischen dem Hoheitsträger und dem in Anspruch genommenen Dritten zum Nachteil des Letztgenannten auswirkt, was z. T. als unbillige Risikoverlagerung kritisiert wird. Eine „Korrektur" über die Grundsätze des „gestörten Gesamtschuldausgleichs" ist aber abzulehnen, weil dadurch der Zweck des Verweisungsprivilegs durchkreuzt würde. Denn der Hoheitsträger könnte in diesem Fall zwar nicht vom Geschädigten aufgrund Amtshaftung in Anspruch genommen werden, würde aber gegenüber dem Mitschädiger über ein

"fingiertes" Gesamtschuldverhältnis gem. §§ 840 I, 426 BGB anteilsmäßig haften (vgl. *MK*, § 839 Rn. 261).

Beispiel: Im obigen Fall besteht zwischen V und S kein Gesamtschuldverhältnis, so daß V nicht von S anteiligen Ersatz des Schadens verlangen kann, wenn sie den Anspruch des G (vollständig) befriedigt.

> Der Amtshaftungsanspruch ist keine Anspruchsgrundlage für einen Ausgleich zwischen Mitschädigern. Er erfaßt unmittelbare Eigenschäden, nicht aber mittelbare Fremdschäden.

C. Das Richterprivileg, § 839 II BGB

Soweit Richter in ihrer Funktion als Judikativorgan tätig werden, handeln sie ebenfalls „in Ausübung eines öffentlichen Amtes". Pflichtverstöße unterfallen daher grds. dem Amtshaftungsregime. Eine zusätzliche Haftungsprivilegierung ergibt sich aus dem sog. „Richterprivileg" des § 839 II 1 BGB. Der dadurch begründete Haftungsausschluß bleibt auch bei einer Haftungsüberleitung auf den Staat bestehen (BGH, NJW – RR 1992, 919 – *„Konkurs"*). 37

I. Funktion

Das Richterprivileg bezweckt nicht (vorrangig) den Schutz der verfassungsrechtlich garantierten richterlichen Unabhängigkeit, sondern will die **Rechtskraft** richterlicher Entscheidungen **sichern.** Dies soll verhindern, daß ein rechtskräftig entschiedener Streitgegenstand erneut einer richterlichen Überprüfung mit der Begründung zugänglich gemacht wird, der erkennende Richter habe rechtswidrig und damit amtspflichtwidrig gehandelt. 38

Beispiel: Der Angeklagte A ist in einem Strafverfahren vom Amtsrichter wegen der Verwendung von Kennzeichen verfassungswidriger Organisationen gem. § 86 a StGB zu einer Geldstrafe verurteilt worden. Der Richter verdächtigte A im Laufe des Verfahrens zu Unrecht, Mitglied einer verfassungsrechtlichen Vereinigung zu sein, was in der Urteilsbegründung auch zum Ausdruck gekommen ist. Trotz dieser Amtspflichtverletzung kann das Urteil nicht aufgrund §§ 839, 249 ff. BGB i. V. mit Art. 34 Satz 1 GG aufgehoben werden, weil § 839 II BGB entgegensteht.

> § 839 II BGB ist kein Spruchrichterprivileg, sondern ein Richterspruchprivileg (vgl. *MK*, § 839 Rn. 278).

II. Inhalt

1. Spruchrichter

39 Darunter fallen neben Berufsrichtern auch die ehrenamtlichen Richter der verschiedenen Gerichtsbarkeiten.

Beispiele:
- Schöffen.
- Handelsrichter.

2. Urteil in einer Rechtssache

40 Dieses Tatbestandsmerkmal ist aufgrund der Funktion des § 839 II BGB (vgl. *§ 8 Rn. 38*) weit auszulegen. Urteil i. d. S. ist jede Entscheidung, die das Prozeßrechtsverhältnis für die Instanz ganz oder teilweise mit bindender, d. h. rechtskraftfähiger Wirkung beendet. Ob die Rechtskraft tatsächlich eintritt, ist ebensowenig von Bedeutung, wie die prozeßrechtliche Form und Bezeichnung der Entscheidung.

Beispiele:
- Erstinstanzliche Urteile.
- Urteile in der Berufungs- und Revisionsinstanz.

3. Amtspflichtverstoß bei dem Urteil

41 § 839 II 1 BGB setzt nicht voraus, daß das Urteil selbst eine (Amts-) Pflichtverletzung enthält. Es genügt, wenn die Amtspflichtverletzung das zur Entscheidung führende Verfahren betrifft, in dem die Grundlagen für die Sachentscheidung gewonnen werden (vgl. *MK, § 839 Rn. 282*).

Beispiel: Ein Strafrichter verursacht durch unzulässigen Beweisbeschluß einen Vermögensschaden des Angeklagten.

4. Ersatzfähiger Schaden

42 Insoweit gelten die allgemeinen Grundsätze der Amtshaftung (vgl. *§ 7 Rn. 129 ff.*).

Beachte: Das Richterprivileg entfällt unter den in § 839 II 2 BGB genannten Voraussetzungen.

D. Die Rechtsmittelversäumung, § 839 III BGB

43 Der Amtshaftungsanspruch entfällt aufgrund § 839 III BGB, wenn der Geschädigte es vorsätzlich oder fahrlässig unterlassen hat, den Schaden durch Gebrauch eines Rechtsmittels abzuwenden. Dieser Haftungsausschluß betrifft nicht nur die privatrechtliche Eigenhaftung des Beamten (im statusrechtlichen Sinn) gem. § 839 BGB, sondern bleibt auch bei einer Haftungsüberleitung auf den Staat nach Art. 34 Satz 1 GG bestehen.

I. Funktion

§ 839 III BGB sollte nach seiner ursprünglichen Zielsetzung ebenso wie das 44
Verweisungsprivileg (§ 839 I 2 BGB) den Beamten schützen und seine Entschlußkraft stärken (BGH, NJW 1980, 2573). Diese Funktion hat infolge der Haftungsübernahme durch den Staat aus vorher genannten Gründen ihren Sinn verloren. Die Regelung ist mit dieser Zielsetzung rechtspolitisch unhaltbar geworden (vgl. *§ 8 Rn. 17 ff.*). § 839 III BGB ist dadurch jedoch nicht in der Bedeutungslosigkeit versunken, sondern verfolgt nunmehr einen neuen, gewandelten Zweck. Er legt die **Subsidiarität des Sekundärrechtsschutzes** gegenüber dem Primärrechtsschutz fest. Dem Geschädigten steht **kein Wahlrecht** zwischen beiden Rechtsschutzmöglichkeiten zu. Er kann daher nicht von einer Anfechtung der ihn belastenden rechtswidrigen Maßnahme absehen und sich auf einen Schadensersatz aus Amtshaftung beschränken, sondern ist verpflichtet, den Eingriff mit allen zur Verfügung stehenden, zumutbaren Rechtsschutzmitteln abzuwehren. Unterläßt er dies, **entfällt** auch der Sekundärrechtsschutz. § 839 III BGB konkretisiert damit lediglich einen allgemeinen Rechtsgedanken, der auch bei anderen staatshaftungsrechtlichen Ansprüchen auftaucht und beispielsweise beim enteignungsgleichen Eingriff in § 254 BGB verankert ist (vgl. BGH, NJW 1991, 1168 – *„Bindungswirkung"*; zuletzt ausdrücklich BGH, NJW 1944, 1647 – *„Provision"*). § 839 III BGB enthält daher aus Sicht des Anspruchsgegners ein Haftungsprivileg, weil er dem Anspruchssteller Obliegenheiten auferlegt.

Beispiel: A zahlt aufgrund eines erkennbar rechtswidrigen Beitragsbescheides DM 10.000 an die Stadt. Nachdem der Bescheid bestandskräftig geworden ist, rechnet A die Beitragshöhe nach und verlangt, nachdem er den Fehler festgestellt hat, den überzahlten Betrag aufgrund Amtshaftung zurück. Dem steht § 839 III BGB entgegen.

> § 839 III BGB verlangt vom Geschädigten sich gegen den Eingriff zu „wehren", anstatt ihn zu dulden und zu „liquidieren".

II. Abgrenzung gegenüber § 254 BGB

Die schuldhafte Rechtsmittelversäumung gem. § 839 III BGB ist als ein 45
Verschulden des Verletzten gegen sich selbst zu verstehen (vgl. BGH, NJW 1991, 1168 – *„Bindungswirkung"*). Die Haftungsbeschränkung rückt damit thematisch in die Nähe zu § 254 BGB.

1. Kriterien

§ 839 III BGB ist eine spezielle Ausprägung des Mitverschuldensprinzips. Er geht daher der allgemeinen Regelung des § 254 BGB vor. Umstände, die im Rahmen von § 839 III BGB zu beachten sind, können bei 46

§ 254 BGB nicht (zusätzlich) berücksichtigt werden. Andernfalls würde der Zweck dieser speziellen Risikoverteilungsregelung unterlaufen und ausgehöhlt werden. Der **Vorrang des § 839 III BGB** reicht aber nur so weit, wie sein Anwendungsbereich. Mitverschuldensgründe, die von § 839 III BGB nicht erfaßt werden, sind daher im Rahmen des § 254 BGB zu würdigen.

Beispiel: Geht man davon aus, daß die Nichteinlegung formloser Rechtsbehelfe nicht § 839 III BGB unterfällt (vgl. dazu *§ 8 Rn. 50*), ist ein solches Unterlassen beim Mitverschulden nach § 254 BGB zu berücksichtigen.

2. Rechtsfolgen

47 § 839 III BGB und § 254 BGB sind nach Struktur und Rechtswirkung verschieden. § 254 BGB gestattet eine **Abwägung** der Einzelfallumstände und ermöglicht so eine Anspruchsminderung und Schadensteilung. Demgegenüber führt § 839 III BGB bei jeder Form schuldhafter Schadensmitverursachung zum völligen **Anspruchsverlust** (vgl. *MK*, § 839 Rn. 284). Charakteristisch für diese Regelung ist die harte Alternative des „Alles oder Nichts", die eine differenzierte, auf den konkreten Fall abstellende Schadensverteilung ausschließt (vgl. *MK*, § 839 Rn. 284).

Beispiel: Die Rechtswidrigkeit des Beitragsbescheides ist in obigem Fall zwar auf fahrlässiges Verhalten des zuständigen Amtswalters B zurückzuführen. Gleichwohl kommt es im Rahmen des § 839 III BGB nicht zu einer Abwägung der Verschuldensanteile von A und B, sondern zum gänzlichen Ausschluß der Amtshaftung. Das Verschulden des A kann nicht (mehr) im Rahmen des § 254 BGB als bloßes anspruchsverkürzendes Mitverschulden berücksichtigt werden.

III. Voraussetzungen

48 Die gewandelte Funktion des § 839 III BGB (vgl. *§ 8 Rn. 44*) beeinflußt die Auslegung seiner Tatbestandsmerkmale (vgl. *Ossenbühl*, StHR, S. 75 ff.).

1. Rechtsmittel

49 Der Begriff „Rechtsmittel" i. S. von § 839 III BGB ist untechnisch zu verstehen. Er ist nicht auf förmliche Rechtsmittel, die einen Devolutiv- und Suspensiveffekt auslösen können, beschränkt, sondern umfaßt alle förmlichen Rechtsbehelfe, die sich gegen die zur Amtspflichtverletzung führende Handlung oder Unterlassung richten. Erforderlich ist lediglich, daß sie die Schadensabwendung oder -beseitigung zum Ziel haben und hierzu geeignet sind (vgl. BGH, NJW 1982, 2307). Rechtsmittel gem. § 839 III BGB sind daher jedenfalls alle **förmlichen, ordentlichen Rechtsbehelfe**.

§ 8. Haftungsausschluß und -begrenzung

Beispiele:
- Widerspruch gem. §§ 68 ff. VwGO.
- Verwaltungsgerichtliche Klage.
- Anträge im vorläufigen verwaltungsgerichtlichen Rechtsschutzverfahren gem. §§ 80 V, 80 a und 123 VwGO (str., vgl. BGH, NVwZ 1992, 298 – „*Architektenkammer*").

Versteht man § 839 III BGB – wie vorliegend – als Regelung des Verhältnisses von Primär- und Sekundärrechtsschutz, sind **außerordentliche** oder **formlose Rechtsbehelfe** keine Rechtsmittel i. S. dieser Vorschrift. Die vorwerfbar versäumte Nichteinlegung dieser Rechtsbehelfe kann daher nur als Mitverschulden im Rahmen des § 254 BGB schadensmindernd berücksichtigt werden. Andernfalls würde der Anspruch aufgrund § 839 III BGB vollständig entfallen, was mit den schwer einzuschätzenden Erfolgsaussichten dieser Rechtsbehelfe nicht zu vereinbaren ist.

50

Beispiele:
- Formlose Gegenvorstellung.
- Dienstaufsichtsbeschwerde.
- Antrag auf Wiedereinsetzung in den vorigen Stand gem. § 60 VwGO (str.).

Beachte: Ergeben sich Amtspflichtverletzung und Schaden aus einem unterlassenen oder verspäteten Handeln des Amtswalters, stellt sich die Frage, ob der Amtshaftungsanspruch entfällt, wenn der Geschädigte es versäumt hat, gegen diese Amtspflichtverletzung eine **Untätigkeitsklage** gem. § 75 VwGO einzulegen. Es ist zwar allgemein anerkannt, daß diese Klage ein Rechtsmittel i. S. des § 839 III BGB ist (vgl. BayObLG, NVwZ – RR 1992, 534 – „*Bauverzögerung*"); sie muß jedoch nicht immer erhoben werden, sobald sie zulässig ist, sondern ist nur als letztes Mittel zur Vermeidung der Rechtsnachteile des § 839 III BGB anzusehen. Der Geschädigte kann daher grds. auch zunächst versuchen, die Behörde durch Verhandlungen dazu zu bewegen, seinem Antrag stattzugeben (vgl. BGH, NVwZ 1992, 298 – „*Architektenkammer*").

2. Kausalität

Zwischen der Nichteinlegung des Rechtsbehelfs und dem Schadenseintritt muß ein Kausalzusammenhang bestehen. Das setzt voraus, daß der Rechtsbehelf zur Abwendung des **gesamten Schadens** geeignet gewesen ist, was vom Beklagten zu beweisen ist (vgl. *MK*, § 839 Rn. 288). Kann das Rechtsmittel dagegen nur eine Schadensminderung bewirken, ist § 839 III BGB unanwendbar (str., vgl. *MK*, § 839 Rn. 288; a. A. BGH, NJW 1986, 1924). Die Rechtsmittelversäumung ist in diesem Fall im Rahmen des § 254 BGB zu berücksichtigen (vgl. *§ 8 Rn. 45 ff.*). Dies ermöglicht eine angemessene Schadensverteilung durch situationsangepaßte Abwägung (vgl. *Ossenbühl*, StHR, S. 77).

51

Beispiel: Die Nichteinlegung einer Untätigkeitsklage (§ 75 VwGO) führt nicht zum Verlust des Amtshaftungsanspruchs gem. § 839 III BGB, wenn sie nicht geeignet war, den durch die verzögerte Behandlung eines Bauantrags drohenden Schaden vollständig abzuwenden, weil trotz der Klage auch bei sachgemäßer Behandlung mit einer mindestens gleich langen Verzögerung zu rechnen ist (vgl. BayObLG, NVwZ – RR 1992, 534 – *„Bauverzögerung"*).

3. Verschulden

52 Die Nichteinlegung des Rechtsbehelfs durch den Verletzten muß vorsätzlich oder fahrlässig erfolgen, was vom Beklagten zu beweisen ist. Das schuldhafte Unterlassen ist als ein **„Verschulden gegen sich selbst"** zu verstehen (vgl. bereits *§ 8 Rn. 45*). Der für den Vorwurf der Fahrlässigkeit erforderliche Sorgfaltspflichtmaßstab hängt von dem Verkehrskreis ab, dem der Verletzte angehört. Er entfällt nicht bei ungenügender Rechtskenntnis. Der Verletzte muß sich in diesem Fall vielmehr rechtskundigen Rat einholen (vgl. *MK*, § 839 Rn. 289).

Beispiel: Der Geschädigte kann sich im vorgenannten Fall nicht darauf berufen, er sei Bildhauer und habe von einer verwaltungsgerichtlichen Untätigkeitsklage noch nie etwas gehört. Es obliegt ihm vielmehr – jedenfalls nach einer angemessenen Überlegungsfrist – Rechtsrat einzuholen. Sein diesbezügliches Unterlassen begründet ein vorwerfbares Verschulden gegen sich selbst und läßt den Amtshaftungsanspruch aufgrund § 839 III BGB entfallen.

E. Das Mitverschulden, § 254 BGB

I. Anwendbarkeit

53 Ein Mitverschulden des Geschädigten ist (im übrigen) gem. § 254 BGB zu berücksichtigen (vgl. *§ 8 Rn. 46*). Die Anwendbarkeit dieser allgemeinen zivilrechtlichen Vorschrift rechtfertigt sich aus der systematischen Stellung und Konstruktion des Amtshaftungsanspruchs, der durch die deliktische Anspruchsnorm des § 839 BGB geprägt ist (vgl. *§ 6 Rn. 3*).

II. Inhalt

54 § 254 BGB stellt ebenfalls auf ein Verschulden des Anspruchsstellers gegen sich selbst ab. Die Vorschrift ist Ausfluß des Grundsatzes von Treu und Glauben (vgl. *Pal.*, § 254 Rn. 1 ff.). Ihr liegt folgende Differenzierung zugrunde:

1. Mitverschulden des Geschädigten

55 Der Mitverschuldensanteil des Geschädigten hängt davon ab, in welchem Maße er den Schaden **verursacht** oder verschuldet hat. Dies gilt

sowohl für die Schadensentstehung (§ 254 I BGB), als auch für die Abwendung oder Minderung der Schadensfolgen (§ 254 II BGB).

Beachte: Bei einem Verkehrsunfall hat der Geschädigte grds. für die von seinem Fahrzeug ausgehende Betriebsgefahr einzustehen, was als Mitverschulden anspruchsmindernd zu berücksichtigen ist. Dieser *„unbeeinflußbare"* Mitverschuldensanteil entfällt nur, wenn der Unfall für ihn ein unabwendbares Ereignis darstellt (§ 7 II StVG, vgl. LG Hildesheim, NVwZ – RR 1992, 393 – *„Betriebsgefahr")*.

2. Mitverschulden von Hilfspersonen

Die Zurechnung eines Mitverschuldens von Hilfspersonen beurteilt sich nach §§ 254 II 2, 278 BGB. Letztgenannte Vorschrift ist entgegen dem Wortlaut und der systematischen Stellung des § 254 II 2 BGB (Rechtsgrundverweisung, vgl. *Pal.*, § 254 Rn. 60) nicht nur auf die Schadensabwendung (§ 254 II 1 BGB), sondern auch auf die Schadensentstehung (§ 254 I BGB) anwendbar. Die dabei zu beachtenden Anforderungen differieren allerdings (vgl. *Pal.*, § 254 Rn. 60 ff.).

56

Vertiefungshinweise:

❏ Vgl. zur Abgrenzung zwischen Kausalität und Mitverschulden OLG München, NVwZ 1992, 1124 – *„Abwasserkanalisation"*.

❏ Vgl. zur Abgrenzung zwischen dem Schutzzweck der Amtspflicht und einem Mitverschulden bei Vermögensdispositionen des Geschädigten aufgrund unrichtiger behördlicher Auskunft BGH, NJW 1992, 1230 – *„Auskunft"*.

F. Die Verjährung, § 852 BGB

Amtshaftungsansprüche verjähren gem. § 852 I BGB in drei Jahren von dem Zeitpunkt an, in dem der Verletzte von dem Schaden und der Person des Ersatzpflichtigen Kenntnis erlangt hat. Ohne Rücksicht auf diese Kenntnis tritt eine Verjährung spätestens 30 Jahre nach Begehung der Amtspflichtverletzung ein. Die 30-jährige Verjährungsfrist nach § 852 I Hs. 2 BGB stellt allein auf das „Begehen" der unerlaubten Handlung ab. Entscheidend ist der Zeitpunkt, in dem die Schadensursache gesetzt wird, auch wenn der Schaden und (damit) der Ersatzanspruch zu diesem Zeitpunkt noch gar nicht entstanden sind (vgl. BGH, NJW 1992, 1884 – *„Erbschein"*).

57

Beachte: Die Inanspruchnahme von verwaltungsgerichtlichem Primärrechtsschutz gegen die rechtswidrige, belastende, die Amtspflichtverletzung begründende Maßnahme hat auch für den vor den Zivilgerichten zu verfolgenden Amtshaftungsanspruch **verjährungsunterbrechende Wirkung**, weil die öffentliche Hand in diesen Fällen ohnehin damit rechnen muß, daß der Geschädigte nach erfolglosem verwaltungsgerichtlichen Vorgehen Amtshaftungsklage erheben wird. Diese Rechtsfolge ist ebenfalls beim Grundsatz des Vorrangs des Primärrechtsschutzes gegenüber dem Sekundärrechtsschutz anzutreffen (vgl. BGH, NJW 1993, 2303 – *„rechtswidriger Bauvorbescheid"*).

Vertiefungshinweis: vgl. zur Hemmung und Unterbrechung der Verjährung bei Amtshaftungsansprüchen zuletzt OLG Düsseldorf, NVwZ – RR 1994, 245 sowie *Ossenbühl*, StHR, S. 90 und allgemein *Pal.*, § 852 Rn. 4 ff.

G. Wiederholung

I. Zusammenfassung

- Die Amtshaftung kann durch haftungsüberleitungsausschließende und haftungstatbestandsbeschränkende Regelungen begrenzt werden. Während erstere lediglich die Rechtsfolge des Art. 34 Satz 1 GG ausschließen, modifizieren letztgenannte Begrenzungstatbestände einzelne Tatbestandsmerkmale des Amtshaftungsanspruchs.

- Die sog. Subsidiaritätsklausel gem. § 839 I 2 BGB ist als negative Anspruchsvoraussetzung Teil des Tatbestands der Amtshaftung. Sie ist trotz fahrlässiger Schädigung aufgrund des haftungsrechtlichen Gleichbehandlungsgrundsatzes (Art. 3 I GG) bei Teilnahme am allgemeinen Straßenverkehr ohne Inanspruchnahme von Sonderrechten und bei öffentlich-rechtlichen Verkehrssicherungspflichten, soweit sie deckungsgleich mit privatrechtlichen Verkehrssicherungpflichten sind, unanwendbar.

- Anderweitige Ersatzmöglichkeiten i. S. des Verweisungsprivilegs sind grds. alle Ansprüche des Geschädigten gegen Dritte. Allerdings fallen Ansprüche gegen andere Hoheitsträger wegen der Gefahr einer wechselseitigen Verweisung auf § 839 I 2 BGB nicht darunter. Gleiches gilt für Ansprüche, die sich der Geschädigte unter Aufwendung eigener Mittel selbst verdient hat oder die das Äquivalent eines Opfers sind, weil andernfalls der Schädiger in unzulässiger Weise entlastet werden würde.

- Das Spruchrichterprivileg der § 839 II BGB bezweckt die Sicherung der Rechtskraft richterlicher Entscheidungen. Sein Anwendungsbereich erstreckt sich daher auf alle rechtskraftfähigen gerichtlichen Entscheidungen.

- Der Amtshaftungsanspruch entfällt aufgrund § 839 III BGB, wenn der

Geschädigte es vorsätzlich oder fahrlässig unterlassen hat, den Schaden durch Gebrauch eines Rechtsmittels abzuwenden. Diese Regelung konkretisiert den allgemeinen Rechtsgedanken, wonach Sekundärrechtsschutz subsidiär gegenüber Primärrechtsschutz ist. § 839 III BGB geht in seinem Anwendungsbereich als spezielle Regelung § 254 BGB vor.

❏ Im übrigen ist beim Amtshaftungsanspruch ein Mitverschulden gem. § 254 BGB zu berücksichtigen. Ausgehend vom Verursachungs- und Verschuldensanteil des Geschädigten entfällt oder verkürzt sich der Anspruch.

❏ Der Amtshaftungsanspruch verjährt grds. aufgrund § 852 I Hs.1 BGB in drei Jahren.

II. Fragen

1. Was versteht man unter haftungsüberleitungsausschließenden und haftungstatbestandsbeschränkenden Regelungen?
2. Sind diese Haftungsbegrenzungen zulässig?
3. Welche Funktion hat das Verweisungsprivileg (Subsidiaritätsklausel)?
4. Unter welchen Voraussetzungen ist die Subsidiaritätsklausel anwendbar?
5. Nennen Sie die Tatbestandsmerkmale des § 839 I 2 BGB.
6. Welche Funktion hat das sog. Richterprivileg des § 839 II BGB?
7. Welche Funktion hat der Haftungsausschluß gem. § 839 III BGB?
8. Nennen Sie die Voraussetzungen des § 839 III BGB.
9. In welchen Fällen und auf welche Weise ist ein Mitverschulden des Geschädigten aufgrund § 254 BGB zu berücksichtigen?
10. Nach welcher Vorschrift beurteilt sich die Verjährung des Amtshaftungsanspruchs?

III. Lösungen

1. Haftungsüberleitungsausschließende Vorschriften begrenzen allein die in Art. 34 Satz 1 GG vorgesehene Übernahme der Verantwortung durch den Staat, während haftungstatbestandsschränkende Regelungen die Tatbestandsvoraussetzungen des Amtshaftungsanspruchs modifizieren.
2. Die grundsätzliche Zulässigkeit dieser Haftungsbegrenzungen folgt aus dem in Art. 34 Satz 1 GG enthaltenen Gesetzesvorbehalt („grundsätz-

lich"). Allerdings darf die Beschränkung nur durch eine förmliches Gesetzes erfolgen, wenn hierfür sachliche Gründe des öffentlichen Wohls bestehen und der Verhältnismäßigkeitsgrundsatz gewahrt wird.

3. Aufgrund der Haftungsüberleitung auf die öffentliche Gewalt wirkt das Verweisungsprivileg nunmehr als „Schutzvorschrift zugunsten der öffentlichen Hand".

4. Vgl. *§ 8 Rn. 20 ff.*

5. Vgl. *§ 8 Rn. 27 ff.*

6. § 839 II 1 BGB will die Rechtskraft richterlicher Entscheidungen sichern. Die Vorschrift verhindert, daß ein rechtskräftig entschiedener Fall unter Berufung auf den Amtshaftungsanspruch einer erneuten richterlichen Überprüfung zugänglich gemacht wird.

7. § 839 III BGB legt die Subsidiarität des Sekundärrechtsschutzes gegenüber dem Primärrechtsschutz fest.

8. Vgl. *§ 8 Rn. 48 ff.*

9. Vgl. *§ 8 Rn. 53 ff.*

10. Aufgrund der deliktischen Natur des Amtshaftungsanspruchs bestimmt sich seine Verjährung nach § 852 BGB.

§ 9. Rechtsfolgen

A. Passivlegitimation

I. Begriff

1 Die Passivlegitimation regelt, welches **Rechtssubjekt** aufgrund des Amtshaftungsanspruchs haftet. Der verantwortliche Rechtsträger wird teilweise auch als Haftungs- oder Anspruchsgegner bezeichnet.

Beispiel: Schädigt der Gemeindebedienstete A bei Wahrnehmung hoheitlicher Aufgaben einen Dritten, so ist im Rahmen des Amtshaftungsanspruchs die Gemeinde als Körperschaft des öffentlichen Rechts passivlegitimiert.

Klausurhinweis: Richtet sich der (allein) auf eine Amtshaftung gestützte Klageantrag gegen den falschen Beklagten (Anspruchsgegner), so ist die Klage als unbegründet abzuweisen, sofern der Kläger nicht rechtzeitig seinen Klageantrag ändert (§ 263 ZPO) und den richtigen Beklagten in Anspruch nimmt.

II. Rechtsgrundlage

Die Passivlegitimation ist in **Art. 34 Satz 1 GG** rechtlich verankert. Diese Zurechnungsnorm begründet bei Schädigungen im öffentlich-rechtlichen Funktionsbereich eine Haftungsüberleitung und verändert dadurch die Anspruchsrichtung. Anstelle des nach § 839 I BGB ursprünglich ersatzpflichtigen Amtswalters haftet jetzt der Staat oder eine juristische Person des öffentlichen Rechts (vgl. zum Haftungssubjekt *§ 9 Rn. 4 f.*).

Beachte: Der privatrechtliche Handlungsbereich wird nicht von der Amtshaftung erfaßt (vgl. *§ 7 Rn. 3 ff.*). Daher bleibt es insoweit bei einer deliktischen Eigenhaftung des Schädigers nach § 839 BGB oder gem. §§ 823 ff. BGB. Eine (zusätzliche) Haftung der öffentlichen Gewalt ist nur aufgrund §§ 31, 89 BGB oder gem. § 831 BGB möglich (vgl. *§ 7 Rn. 3, 5*). Der Anspruchsgegner beurteilt sich in diesem Fall nicht aufgrund Art. 34 Satz 1 GG, sondern nach den einschlägigen zivilrechtlichen Zurechnungsnormen.

Beim Amtshaftungsanspruch wird die Passivlegitimation durch das **Haftungssubjekt** und den **Haftungszurechnungstatbestand** bestimmt. Diese Zweiteilung spiegelt sich auch im **Wortlaut** des Art. 34 Satz 1 GG wider („... *Staat* oder die *Körperschaft,* in deren *Dienst* er steht").

III. Haftungssubjekt

1. Hoheitsträger

Der Amtshaftungsanspruch kann sich nur gegen den **Staat** oder sonstige **juristische Personen des öffentlichen Rechts** richten. Natürliche Personen und juristische Personen des Privatrechts scheiden aus dem Kreis der durch Art. 34 Satz 1 GG passivlegitimierten Rechtsträger aus (vgl. BGH, DÖV 1990, 1027). Dies wirft insb. bei **Beliehenen** erhebliche Probleme auf. Der Beliehene selbst bleibt trotz seiner funktionellen Einbindung in den Bereich öffentlicher Verwaltung statusmäßig eine Privatperson (vgl. *§ 7 Rn. 25 ff.*). Der Amtshaftungsanspruch kann sich daher nur gegen den beleihenden Hoheitsträger richten, sofern die hierfür erforderlichen Zurechnungsvoraussetzungen erfüllt sind (vgl. *§ 9 Rn. 6 ff.*). Dahinter steht der Gedanke, daß der Schutzzweck der Amtshaftung bei einer Passivlegitimation des Beliehenen gefährdet wäre, weil in diesem Fall nicht sichergestellt ist, daß der Geschädigte einen leistungsfähigen Haftungsgegner erhält (BGHZ 49, 108).

Beispiel: Z ist Zivildienstleistender beim privatrechtlich organisierten Deutschen Roten Kreuz (DRK), das als gem. § 4 ZDG anerkannte Beschäftigungsstelle insoweit ein Beliehener ist. Verursacht Z bei einem Rettungseinsatz schuldhaft einen Verkehrsunfall, haftet die beleihende Bundesrepublik Deutschland und nicht die beliehene Beschäftigungsstelle aufgrund § 839 BGB i. V. mit Art. 34 Satz 1 GG (vgl. BGH, NJW 1992, 2882 – „*Zivildienst*").

2. Dienstherrenfähigkeit

5 Darunter versteht man das Recht, Beamte zu haben (vgl. § 121 BRRG). Die Dienstherrenfähigkeit ist auf Bund, Länder und sonstige juristische Personen des öffentlichen Rechts beschränkt. Bei der Amtshaftung ist die Dienstherreneigenschaft des passivlegitimierten Rechtssubjekts zwar die Regel, aber **nicht zwingend erforderlich** (BGH, NJW 1992, 298 – „*Architektenkammer*"). Dies folgt aus der Erweiterung des Amtswalterbegriffs auf alle öffentlich-rechtlich handelnden Personen (vgl. *§ 7 Rn. 19 ff. – „Amtshaftung als Funktionshaftung"*). Aufgrund der Abkopplung des Haftungstatbestands vom Status des Schädigers verbietet sich ein starres Festhalten an der Dienstherreneigenschaft des Haftungssubjekts als Voraussetzung der Passivlegitimation.

Beispiel: Die Landesarchitektenkammer verweigert rechtswidrig und schuldhaft die Eintragung des Architekten A in die Architektenliste, wodurch A ein erheblicher Schaden entsteht. Sein Amtshaftungsanspruch richtet sich trotz fehlender Dienstherreneigenschaft der Architektenkammer gegen diese selbst und nicht gegen das Land.

> Entscheidend für die Passivlegitimation ist nicht der Status des Haftungssubjektes, sondern der Haftungszurechnungstatbestand.

IV. Haftungszurechnung

6 Die für die Passivlegitimation erforderliche Zurechnung der Verantwortlichkeit knüpft an das Tatbestandsmerkmal „in deren Dienst er steht" i. S. des Art. 34 Satz 1 GG an. Die Unbestimmtheit dieser Formulierung hat in der Vergangenheit zur Bildung unterschiedlicher Theorien geführt, die entweder auf den Hoheitsträger, der den handelnden Amtswalter angestellt hat (sog. „**Anstellungstheorie**", vgl. *Ossenbühl*, StHR, S. 93) oder auf den Rechtsträger, dessen Aufgaben der Amtswalter wahrgenommen hat (sog. „**Funktionstheorie**", vgl. *Ossenbühl*, StHR, S. 93) abstellen. Dieser Theorienstreit ist heute weitgehend bedeutungslos, weil der BGH weder der Anstellungs-, noch der Funktionstheorie gefolgt ist, sondern im Rahmen der sog. „**Anvertrauenstheorie**", in der sich Elemente der vorgenannten Theorien vereinigen, eigene Wege gegangen ist. Danach ist Haftungssubjekt der Staat oder die juristische Person des öffentlichen Rechts, die dem Amtswalter das Amt anvertraut hat, bei dessen Ausübung er amtspflichtwidrig gehandelt hat (vgl. BGH, NVwZ 1992, 298 – „*Architektenkammer*").
Das hat folgende **Konsequenzen:**

§ 9. Rechtsfolgen   141

1. Grundsatz

Die Anvertrauenstheorie führt im Regelfall dazu, daß Antragsgegner 7
diejenige juristische Person des öffentlichen Rechts ist, die den amtspflichtwidrig handelnden Amtsträger angestellt und ihm damit die Möglichkeit zur Amtsausübung eröffnet hat (sog. **„Anstellungskörperschaft"**). Auf den Hoheitsträger, dessen Aufgaben der Amtswalter konkret wahrnimmt, ist insoweit nicht abzustellen. Die Anvertrauenstheorie deckt sich weitgehend mit der Anstellungstheorie (vgl. dazu § 9 Rn. 6). Dies folgt aus dem Wortlaut des Art. 34 Satz 1 GG („in deren Dienst er steht") und dem Umstand, daß allein die Anstellungskörperschaft hinreichende Einflußmöglichkeiten bei Auswahl und Beaufsichtigung des Amtswalters besitzt. Außerdem vermittelt allein der Anstellungsakt dem Geschädigten einen eindeutigen Anhaltspunkt für die Feststellung des haftenden Schuldners (vgl. *M/D*, Art. 34 Rn. 281).

Beispiel: Verursacht der städtische Arbeiter A beim Transport von Kies zu einer Baustelle schuldhaft einen Verkehrsunfall, ist die Stadt S als Anstellungskörperschaft Anspruchsgegner der Amtshaftung.

Beachte: An der Passivlegitimation der Anstellungskörperschaft ist auch dann festzuhalten, wenn Gebietskörperschaften staatliche Auftragsangelegenheiten wahrnehmen oder bei der Erfüllung von Pflichtaufgaben nach Weisung tätig geworden sind. Gleiches gilt für die Länder im Bereich der Bundesauftragsverwaltung (Art. 85 GG), was insb. bei rechtswidrigen bundesaufsichtlichen Weisungen bedeutsam ist.

2. Ausnahmen

Auf die Anstellungskörperschaft kann nicht abgestellt werden, wenn der 8
Amtswalter entweder nicht im Dienste eines Hoheitsträgers steht (vgl. § 9 Rn. 9) oder wenn er aufgrund seiner Doppelfunktion Aufgaben verschiedener Hoheitsträger erfüllt (vgl. § 9 Rn. 10). In diesen Sonderfällen ist unter dem „Dach" der Anvertrauenstheorie auf andere Zurechnungskriterien zurückzugreifen.

a) Amtswalter ohne Anstellungskörperschaft

Steht der Amtswalter nicht im Dienste einer juristischen Person des 9
öffentlichen Rechts oder fehlt dieser die Dienstherreneigenschaft, kann die Passivlegitimation nicht an das Kriterium „Anstellung" geknüpft werden. Abzustellen ist vielmehr auf den Hoheitsträger, der dem Amtswalter die konkrete Aufgabe anvertraut hat, bei deren Erfüllung die Amtspflichtsverletzung erfolgt ist.

Beispiel: Für Amtspflichtverletzungen eines Verwaltungshelfers haftet mangels „Anstellungsverhältnis" der Hoheitsträger, dessen Amtswalter ihn zu dem hoheitlichen Handeln angewiesen hat (vgl. BGH, NJW 1993, 1258 – *„Fahrzeugbergung"*).

b) Amtswalter mit verschiedenen Anstellungskörperschaften

10 Auf die Anstellungskörperschaft kann ebenfalls dann nicht abgestellt werden, wenn der Amtswalter im Dienste verschiedener juristischer Personen des öffentlichen Rechts steht. Dies ist namentlich bei Beamten mit Doppelfunktion der Fall. Passivlegitimiert ist insoweit der Hoheitsträger, dessen Aufgaben der Amtswalter bei der Schädigung konkret wahrgenommen hat. Darin liegt eine „konkludente" Übertragung des jeweiligen Amtes. Die modifizierte Anwendung der Anvertrauenstheorie weist im Ergebnis Parallelen zur früheren Vorgehensweise aufgrund der Funktionstheorie auf.

Beispiel: Der Präsident der Oberfinanzdirektion ist grds. sowohl Bundes- als auch Landesbeamter (vgl. § 9 II 1 FVG). Passivlegitimiert ist der Hoheitsträger, dessen Aufgaben er bei der Amtspflichtverletzung erfüllt hat.

B. Konkurrenzen

11 Grundlage der Lösung möglicher Anspruchskonkurrenzen ist auch in diesem Bereich das Ordnungsmodell „Die Säulen des Staatshaftungsrechts" (vgl. *§ 2 Rn. 5 ff.*). Dabei sind folgende Konkurrenzlagen besonders hervorzuheben:

I. Deliktische Sonderregelungen

12 Soweit spezielle (amts-)haftungsverdrängende Deliktsregelungen bestehen, ist die Anwendbarkeit der § 839 BGB i.V. mit Art. 34 GG von vornherein ausgeschlossen (vgl. *§ 7 Rn. 7*), so daß eine Konkurrenzsituation gar nicht erst entsteht. Anders verhält es sich dagegen bei **Gefährdungshaftungstatbeständen**. Examensrelevant ist dabei insb. das Verhältnis zwischen Amtshaftung und Ansprüchen nach dem StVG. Die Ersatzpflicht des Kraftfahrzeugführers gem. § 18 StVG wird dabei als Verschuldenshaftung durch die Amtshaftung verdrängt, während die Halterhaftung aufgrund § 7 StVG als (reine) Gefährdungshaftung neben Amtshaftungsansprüchen bestehen bleibt (vgl. BGH, NJW 1992, 2882 – *„Zivildienst"*).

Beispiel: Verursacht der Fahrer F der Abschleppfirma S bei der polizeilich angeordneten Bergung eines Fahrzeugs schuldhaft einen Verkehrsunfall, haftet F nicht persönlich aufgrund § 18 StVG, weil diese Verschuldenshaftung durch § 839 BGB i. V. mit Art. 34 GG verdrängt wird. Dagegen bleibt S aufgrund der Halterhaftung nach § 7 StVG weiterhin verantwortlich (vgl. BGH, NJW 1993, 1258 – „Fahrzeugbergung").

II. Folgenbeseitigungs- und Unterlassungsanspruch

Amtshaftungsansprüche und öffentlich-rechtliche Folgenbeseitigungs- und Unterlassungsansprüche schließen sich **nicht** gegenseitig aus. Aufgrund ihres unterschiedlichen Anspruchsinhalt („Geldersatz" – „Naturalrestitution", vgl. § 2 Rn. 12) fehlt es bereits an einer Konkurrenzlage (vgl. auch § 7 Rn. 135; s. aus Sicht der Folgenbeseitigung § 12 Rn. 8 f.). 13

Beispiel: Bezeichnet Bürgermeister B in seiner Funktion als Gemeindeorgan den Unternehmer U (zu Unrecht) als Lügenbold, kann ein Unterlassen solcher Äußerungen nicht aus Amtshaftung, sondern nur aufgrund des öffentlich-rechtlichen Unterlassungsanspruchs verlangt werden (vgl. § 11 Rn. 52 ff.).

III. Aufopferungsentschädigung

Konkurrenzsituationen können insb. mit Ansprüchen aus enteignungsgleichem Eingriff entstehen, weil diese ebenfalls an die Rechtswidrigkeit des Handelns anknüpfen, ohne allerdings zusätzlich ein Verschulden zu fordern. Die Anspruchsgrundlagen beruhen aber auf einer unterschiedlichen Haftungskonstruktion. Die Amtshaftung ist eine mittelbare, deliktische, verschuldensabhängige Staatshaftung, während Aufopferungsrecht eine unmittelbare, verschuldensunabhängige Unrechtshaftung des Staates begründet. Beide Anspruchsinstitute sind daher **nebeneinander anwendbar** (vgl. zu den Folgen dieser „Idealkonkurrenz" § 16 Rn. 36). Dies gilt sowohl für Aufopferungsgewohnheitsrecht (enteignender und enteignungsgleicher Eingriff, vgl. näher § 16), als auch für speziell-gesetzlich geregelte Aufopferungsentschädigungsansprüche (vgl. z. B. § 39 I b NRWOBG; § 2 StrEG). 14

Beispiel: Eine rechtswidrig erteilte Baugenehmigung einer nordrhein-westfälischen Behörde kann sowohl einen Amtshaftungsanspruch als auch einen Ersatzanspruch nach §§ 39 I b, 40 I 2 NRWOBG begründen. Beide Anspruchsgrundlagen sind nebeneinander anwendbar (vgl. OLG Düsseldorf, NVwZ 1992, 1122).

IV. Ansprüche aufgrund §§ 1 ff. StHG der neuen Länder

Eine besondere Konkurrenzsituation besteht im Gebiet der neuen Bundesländer. Sie betrifft das Verhältnis zwischen Amtshaftung und dem bes. staatshaftungsrechtlichen Anspruch nach §§ 1 ff. StHG. 15

1. Konkurrenzlage

Das Staatshaftungsgesetz der DDR vom 12.5.1969 (DDR-StHG) gilt gem. Art. 9 I 1, II i. V. mit Anl. II, Kap. III, Sachgeb. B: Bürgerliches Recht, Abschn. III Nr. 1 Einigungsvertrag (EVertr.) seit dem 3. 10. 1990 mit Maßgaben in den neuen Bundesländern **als Landesrecht (StHG) fort** (vgl. *Ossenbühl*, Das Staatshaftungsrecht in den neuen Bundesländern, NJW 1991, 1201 ff.). Die darin vorgesehene unmittelbare und verschul- 16 densunabhängige Staatshaftung für schädigende Folgen rechtswidrigen hoheitlichen Verhaltens wurde auch aus Sicht der Bundesrepublik Deutschland als rechtspolitisch wünschenswert angesehen und sollte bis zu der angestrebten Reform der Staatshaftung im geeinten Deutschland bewahrt werden (vgl. *BT-Drucks.* 11/ 7818, S. 63). Dem steht die kompetenzrechtliche Sperre des Art. 74 Nr. 1 GG, an der das Staatshaftungsgesetz vom 26. 6. 1981 scheiterte (vgl. BVerfGE 61, 149 – *„Staatshaftung"*), nicht entgegen, da im Rahmen der Wiedervereinigung durch den EVertr. Abweichungen zugelassen wurden (s. auch Art. 143 GG).

Beachte: Das Land Sachsen – Anhalt hat das DDR-StHG an einigen Stellen inhaltlich geändert und als Gesetz zur Regelung von Entschädigungsansprüchen im Land Sachsen – Anhalt vom 24. 8. 1992 neu erlassen (s. dazu bereits § 8 Rn. 3).

2. Konkurrenzlösung

17 Amtshaftungsanspruch gem. § 839 BGB i.V. mit Art. 34 GG und Staatshaftungsanspruch gem. §§ 1 ff. StHG sind nebeneinander anwendbar. Dies folgt aus ihrer **unterschiedlichen Haftungsstruktur** (vgl. *§ 9 Rn. 16*), die sich in divergierenden Tatbestandsvoraussetzungen niederschlägt. Der Staatshaftungsanspruch der StHG ist ein öffentlich-rechtlicher, verschuldensunabhängiger Anspruch, der auf dem Verursacherprinzip beruht und zu einer unmittelbaren Haftung des Staates führt. Demgegenüber ist die Amtshaftung eine aus der persönlichen Haftung des Beamten entwickelte, auf den Staat übergeleitete mittelbare, verschuldensabhängige Haftung (vgl. *§ 6 Rn. 17*; *Ossenbühl*, NJW 1991, 1201).

Vertiefungshinweis: Vgl. zu Geltungsbereich, Voraussetzungen und Rechtsfolgen des Staatshaftungsanspruchs gem. §§ 1 ff. StHG *Ossenbühl*, NJW 1991, 1201 ff.; *Christoph*, NVwZ 1991, 536 ff.

C. Prozessuales

I. Rechtsweg

18 Der Amtshaftungsanspruch leitet sich aus einem öffentlich-rechtlichen Rechtsverhältnis ab, so daß an sich gem. § 40 I VwGO der Verwaltungsrechtsweg eröffnet wäre. Dem steht aber **Art. 34 Satz 3 GG** entgegen, der aus vorrangig entstehungsgeschichtlichen Gründen verlangt, daß für den Amtshaftungsanspruch der ordentliche Rechtsweg nicht ausgeschlossen werden darf. Diese Verfassungsvorschrift enthält selbst keine unmittelbare Rechtswegzuweisung, sondern **„sperrt"** nur die Rechtsfolge der Generalklausel des § 40 I VwGO. Zugleich verlangt sie eine einfach – gesetzliche Regelung,

§ 9. Rechtsfolgen

durch die Amtshaftungsansprüche den ordentlichen Gerichten zugewiesen werden. Dieser Verpflichtung ist der Gesetzgeber in § 40 II 1 VwGO nachgekommen. Die Vorschrift ist zusammen mit Art. 34 Satz 3 GG zu zitieren. § 40 II 1 VwGO weist Schadensersatzansprüche aus der Verletzung öffentlich-rechtlicher Pflichten dem **ordentlichen Rechtsweg** zu. Darunter fallen insb. Amtshaftungsansprüche. Dies kann allerdings bei Primär- und Sekundäransprüchen sowie bei auf verschiedene Anspruchsgrundlagen gestützten Ersatzansprüchen zu einer **Spaltung des Rechtswegs** und der gerichtlichen Prüfungskompetenz führen. Dem hat der Gesetzgeber zwar durch Erlaß des **§ 17 II 1 GVG** (i. V. mit § 173 VwGO) entgegengewirkt. Danach kann das für mindestens einen Anspruch zuständige Gericht den Streitgegenstand unter jedem rechtlichen Gesichtspunkt überprüfen. Dies gilt aber aufgrund der verfassungsrechtlichen Gewährleistung des Art. 34 Satz 3 GG nicht bei Amtshaftungsansprüchen. Dies stellt § 17 II 2 GVG auch ausdrücklich klar. Erhebt der Geschädigte in diesem Fall Klage zu den Verwaltungsgerichten, kommt es zu einer Spaltung des Rechtswegs und der gerichtlichen Prüfungskompetenz.

Beispiel: A erleidet bei Benutzung einer öffentlichen Einrichtung einen Schaden. Die Stadt S hat das Benutzungsverhältnis durch Satzung geregelt. Für Ansprüche aus pVV des öffentlich-rechtlichen Benutzungsverhältnisses ist gem. § 40 I VwGO der Verwaltungsrechtsweg eröffnet, während ein Amtshaftungsanspruch gem. Art. 34 Satz 3 GG i.V. mit § 40 II 1 VwGO vor den Zivilgerichten geltend zu machen ist. Erhebt A Klage zu den ordentlichen Gerichten (Landgericht), können diese gem. § 17 II 1 GVG über beide Anspruchsgrundlagen entscheiden (so zuletzt ausdrücklich OLG Köln, NVwZ 1994, 618). Klagt er dagegen beim (zuständigen) Verwaltungsgericht, kommt es aufgrund § 173 VwGO i. V. mit § 17 II 2 GVG zu einer Spaltung des Rechtswegs.

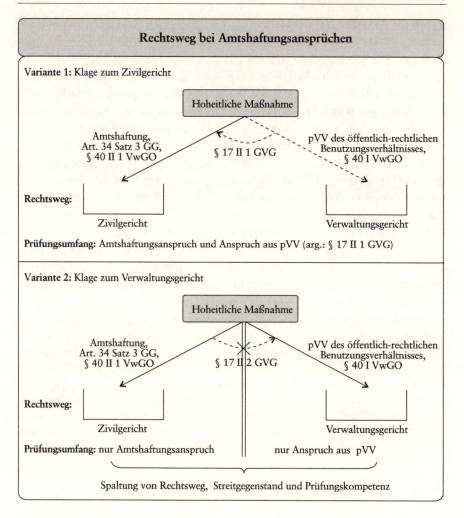

II. Sachlich zuständiges Gericht

19 Aufgrund § 71 II Nr. 2 GVG sind die **Landgerichte** ohne Rücksicht auf den Wert des Streitgegenstandes in erster Instanz ausschließlich sachlich zuständig.

Beispiel: Im oben genannten Fall muß A Klage zum örtlich zuständigen Landgericht erheben, weil er einen Anspruch aus § 839 BGB i.V. mit Art. 34 GG geltend macht.

III. Entgegenstehende Rechtshängigkeit

20 Eine entgegenstehende Rechtshängigkeit führt zur Unzulässigkeit einer weiteren Klage. Sie besteht aber nur bei **Identität des Streitgegenstandes.** Stützt der Geschädigte seinen Anspruch nicht allein auf Amtshaftung, sondern auch auf andere Anspruchsgrundlagen, für die der Verwaltungsrechtsweg

eröffnet ist, kommt es zu einer Spaltung des Rechtswegs, der gerichtlichen Prüfungskompetenz und damit des Streitgegenstandes. Der Geschädigte kann in diesem Fall seinen auf verschiedene Rechtsgrundlagen gestützten Anspruch gleichzeitig vor verschiedenen Gerichten geltend machen, da eine entgegenstehende Rechtshängigkeit mangels Identität des Streitgegenstandes nicht vorliegt.

Beispiel: A kann den Anspruch aus pVV des öffentlich-rechtlichen Benutzungsverhältnisses gem. § 40 I VwGO vor dem Verwaltungsgericht geltend machen und gleichzeitig aus Amtshaftung vor dem zuständigen ordentlichen Gericht klagen.

IV. Allgemeines Rechtschutzbedürfnis

Art. 34 Satz 3 GG hindert den einfachen Gesetzgeber nicht, ein administratives Vorverfahren bei der Geltendmachung des Amtshaftungsanspruches einzuführen. Die Klage ist in diesem Fall erst zulässig, wenn dieses „Vorschaltrechtsverfahren" erfolglos durchgeführt worden ist. 21

Beispiel: Abhilfeverfahren gem. Art. 22 BayAGGVG i. V. mit § 16, 17 BayVertrV.

V. Vorfragenkompetenz und Bindung

Darunter versteht man die Frage, ob das Zivilgericht im anhängigen Amtshaftungsprozeß die Rechtmäßigkeit der die Amtspflichtverletzung begründenden Verwaltungshandlung **eigenständig** umfassend **prüfen** kann. Damit zusammenhängend stellt sich das Problem, ob die Zivilgerichte durch eine vorherige Beurteilung eines Verwaltungsgerichtes oder der Verwaltung gebunden werden und ob die zivilgerichtliche Entscheidung ihrerseits diese Stellen bindet (vgl. bereits § 7 Rn. 62). Dabei ist wie folgt zu differenzieren: 22

1. Zivilgerichte

Sie sind im anhängigen Amtshaftungsprozeß aufgrund ihrer Vorfragenkompetenz **grds.** zur „eigenständigen" und vollumfänglichen Prüfung der Rechtmäßigkeit des die Amtspflichtverletzung begründenden Verwaltungshandelns befugt. Ist die Rechtswidrigkeit des hoheitlichen Handelns allerdings bereits durch ein rechtskräftiges verwaltungsgerichtliches Urteil festgestellt worden, so sind die Zivilgerichte hieran **gebunden.** Dies gilt trotz der nur „inter partes" wirkenden Bindung rechtskräftiger Urteile auch dann, wenn die Parteien des dem Verwaltungsprozesses im nachfolgenden Amtshaftungsprozesses nicht identisch sind (vgl. *Ossenbühl*, StHR, S. 101). Demgegenüber bindet die Wirksamkeit oder Bestandskraft eines Verwaltungsaktes die Zivilgerichte nicht bei der Prüfung einer Amtspflichtverletzung (vgl. § 7 Rn. 62). 23

Beispiel: Steht die Rechtswidrigkeit der Baugenehmigung aufgrund eines rechtskräftigen verwaltungsgerichtlichen Urteils fest, sind die Zivilgerichte im nachfolgenden Amtshaftungsprozeß an diese Feststellung bei der Prüfung einer Amtspflichtverletzung gebunden.

2. Verwaltungsgerichte

24   Das oben angesprochene Problem einer „Vorfragenkompetenz" stellt sich bei Verwaltungsgerichten nicht, weil sie nicht zur Entscheidung über Amtshaftungsansprüche zuständig sind. Hinsichtlich einer Bindungswirkung ist festzustellen, daß die rechtskräftige Entscheidung eines Zivilgerichts über einen Amtshaftungsanspruch zwar auch die Feststellung der Rechtswidrigkeit des öffentlich-rechtlichen Handelns beinhaltet, die aber als bloße „Vorfrage" die Verwaltungsgerichte **nicht bindet**. Denn in Rechtskraft erwächst nur der Tenor, nicht dagegen die Gründe und sonstige präjudiziellen Umstände der gerichtlichen Entscheidung.

Beispiel: Die Verwaltungsgerichte sind nicht an das rechtskräftige Urteil eines Landgerichts über den Amtshaftungsanspruch gebunden, in dem eine Amtspflichtverletzung aufgrund rechtswidriger Baugenehmigung bejaht worden ist.

D. Regreßansprüche

25   Ist der passivlegitimierte Hoheitsträger aufgrund der Haftungsüberleitung nach Art. 34 Satz 1 GG zum Schadensersatz an den Geschädigten verpflichtet, stellt sich die Frage, ob er für den dadurch eintretenden, **mittelbaren (Fremd-)Schaden** Rückgriff beim Amtswalter nehmen darf. Dies ist im Bereich hoheitlicher Aufgabenerfüllung gem. **Art. 34 Satz 2 GG** nur bei vorsätzlichem oder grob fahrlässigem Verhalten des Amtswalters möglich. Der Rückgriffsanspruch selbst ergibt sich aber nicht unmittelbar aus dieser Verfassungsnorm, weil sie dem Gesetzgeber lediglich das Recht einräumt, eine Rückgriffshaftung zu begründen. Rückgriffsansprüche ergeben sich daher allein aufgrund einfachen Gesetzesrechts, wobei entsprechend dem Status des Amtswalters unterschiedliche Anspruchsgrundlagen in Betracht kommen.

Beispiel: § 78 II BBG für Bundesbeamte.

E. Wiederholung

I. Zusammenfassung

- Die Passivlegitimation bei der Amtshaftung beurteilt sich aufgrund Art. 34 Satz 1 GG. Anspruchsgegner ist nach der sog. „Anvertrauenstheorie" der Staat oder die Körperschaft, die dem Amtswalter das Amt anvertraut hat, bei dessen Durchführung er amtspflichtwidrig gehandelt hat.
- Die Fahrzeugführerhaftung nach § 18 StVG wird als Verschuldenshaftung durch die Amtshaftung verdrängt. Demgegenüber bleibt die Halterhaftung gem. § 7 StVG als (reine) Gefährdungshaftung bestehen.
- Amtshaftungsansprüche sind gem. Art. 34 Satz 3 GG, § 40 II 1 VwGO im ordentlichen Rechtsweg geltend zu machen. Die Verwaltungsgerichte sind aufgrund dieser verfassungsrechtlichen Festlegung i. V. mit § 173 VwGO, § 17 II 2 GVG daran gehindert, über Amtshaftungsansprüche zu entscheiden.

II. Fragen

1. Nach welchen Kriterien beurteilt sich die Passivlegitimation bei Amtshaftungsansprüchen?
2. In welchem Verhältnis stehen Amtshaftungsanspruch und öffentlich-rechtlicher Folgenbeseitigungsanspruch?
3. In welchem Rechtsweg ist der Amtshaftungsanspruch geltend zu machen?

III. Lösungen

1. Die Passivlegitimation beurteilt sich nach der sog. „Anvertrauenstheorie". Anspruchsgegner ist i. d. R. die Anstellungskörperschaft. Vgl. zu den Ausnahmen § 9 Rn. 8 ff.
2. Amtshaftungs- und Folgenbeseitigungsansprüche stehen aufgrund ihres divergierenden Anspruchsinhalts in „Idealkonkurrenz".
3. Der Amtshaftungsanspruch ist gem. Art. 34 Satz 3 GG, § 40 II 1 VwGO im ordentlichen Rechtsweg geltend zu machen.

4. Kapitel. Der Folgenbeseitigungsanspruch

§ 10. Grundlagen

Literatur: *Bachof,* Die verwaltungsgerichtliche Klage auf Vornahme einer Amtshandlung, 1951, 2. Aufl. 1968; *Bettermann,* Zur Lehre vom Folgenbeseitigungsanspruch, DÖV 1955, 528; *Rüfner, Erichsen/Martens,* Allgemeines Verwaltungsrecht, 9. Aufl. 1992, § 53 (Zit.: *E/M,* Allg.VerwR) *Maurer,* Allgemeines Verwaltungsrecht, 9. Aufl. 1994, §29 (zit. *Maurer,* Allg. VerwR); *Obermayer,* Zur Rechtsstellung des Nachbarn im Baurecht und zum Folgenbeseitigungsanspruch, JuS 1963, 115; *Ossenbühl,* Staatshaftungsrecht, 4. Aufl. 1991, §§ 34 ff. (zit.: *Ossenbühl,* StHR); *Schwerdtfeger,* Öffentliches Recht in der Fallbearbeitung, 9. Aufl. 1993 (zit.: *Schwerdtfeger*); *Wallerath,* Herstellung und Folgenbeseitigung im Recht der Leistungsverwaltung, DÖV 1987, 505; *Weyreuther,* Gutachten B zum 47. DJT, 1968.

Der **Folgenbeseitigungsanspruch** schließt nach seiner historischen Entwicklung und nach seinem gegenwärtigen Anwendungsbereich Lücken im Staatshaftungsrecht. Es geht darum, eine verschuldensunabhängige Haftung für staatliches Unrecht zu schaffen. Der Folgenbeseitigungsanspruch soll den durch hoheitliche Eingriffe in ihren Rechten Betroffenen die Möglichkeit eröffnen, gegenüber dem Hoheitsträger die Herstellung eines unrechtslastenfreien Zustandes durchzusetzen. Ziel ist nicht, wie bei den Ansprüchen auf Aufopferungsentschädigung oder Amtshaftung, die Entschädigung in Geld, sondern die reale Wiederherstellung des „status quo ante". 1

A. Begriff

Es besteht Übereinstimmung darüber, daß der Einzelne rechtliche Möglichkeiten verfügbar haben muß, um hoheitlich veranlaßte Unrechtslasten abzuwehren und unrechtsbelastete Zustände zu beseitigen. Ist dieses Ziel im Grundsatz unumstritten, so gibt es zur verfassungsrechtlichen Begründung und systematischen Einordnung des Anspruches in Rechtsprechung und Literatur noch keine einheitliche Auffassung (allgemein § 1 Rn. 4 ff.). 2

I. Anwendungsbereich

Wie die nachfolgende Darstellung zeigen wird, ist zwischen dem gegen bevorstehende (erstmalige, oder sich wiederholende) hoheitliche Unrechtslasten gerichteten **öffentlich-rechtlichen Unterlassungsanspruch** einerseits 3 und dem **Folgenbeseitigungsanspruch** als allgemeinem Wiederherstellungsanspruch andererseits zu unterscheiden. All diese Ansprüche haben ihre gemeinsame und einheitliche verfassungsrechtliche Wurzel; ihre Tatbestandsstrukturen entsprechen sich. Deshalb werden diese Ansprüche in der vorliegenden Darstellung als **Ausprägungen eines einheitlichen Anspruchs** verstanden, der darauf gerichtet ist, den Einzelnen vor öffentlichen Unrechtslasten zu bewahren (ähnlich *Ossenbühl,* StHR, S. 246 „grundrechticher Schutzanspruch"; enger wohl *Maurer,* Allg. VerwR, § 29 Rn. 12 f.). Gleichwohl wird das Kapitel mit Folgenbeseitigungsanspruch überschrieben, um der noch gängigen Terminologie Rechnung zu tragen.

1. Ausgangssituation

4 a) Der Anspruch auf Abwehr öffentlicher Unrechtslasten ist auf die Abwehr oder Beseitigung eines unrechtsbelasteten Zustandes gerichtet. In der Regel wird diese Unrechtslast Folge rechtswidrigen Verwaltungshandelns sein (*Obermayer,* JuS 1963, 115). Diese Begrenzung auf die Folgen rechtswidrigen Handelns ist indessen nicht zwingend. Entscheidend ist allein, daß durch hoheitliches Handeln ein rechtswidriger Zustand geschaffen worden ist, mag das hoheitliche Handeln auch ursprünglich rechtmäßig gewesen sein (BVerwG, NJW 1989, 2277).

> **Beispiel:** Der Führerschein wird zurecht beschlagnahmt. Nach Wegfall der Beschlagnahmevoraussetzungen wird die Beschlagnahme widerrufen. Gleichwohl wird der Führerschein nicht herausgegeben. Hier beruht der rechtswidrige Zustand auf rechtmäßigem Verwaltungshandeln.

5 **Merke:** Entscheidend ist, daß durch hoheitliches Handeln ein rechtswidriger Zustand, also eine Unrechtslast, bewirkt worden ist (*Schwerdtfeger,* Rn. 282).

6 b) Die Systematik der Ansprüche zur Abwehr und Beseitigung von hoheitlichen Unrechtslasten wird klarer, wenn man die Herbeiführung einer **Unrechtslast** letztlich als **Ergebnis** eines **prozeduralen Verwaltungshandelns** sieht. Der hoheitliche Eingriff wird zunächst vorbereitet, dann umgesetzt. Schließlich hält der Hoheitsträger an seinen getroffenen Maßnahmen fest bzw. wiederholt sie beliebig, obgleich der herbeigeführte Zustand rechtswidrig ist.

> **Beispiele:**
> ❑ Im zuständigen Bundesministerium wird bekannt, daß in einem Drittstaat eine Tierseuche ausgebrochen ist. Es wird erwogen, Warnungen im Hinblick auf den Fleischimport aus diesem Drittstaat auszusprechen.
> ❑ Ein Fleischimporteur erfährt, daß am Nachmittag eine Rundfunkmeldung verbreitet werden soll, in der die Landesregierung darauf hinweist, daß Schweinefleisch aus einem bestimmten Drittstaat wegen einer dort bestehen-

den Seuche gesundheitsrechtlich bedenklich sei. Der Fleischimporteur will sich dagegen wehren, weil die Seuche in dem Exportland nur in einer bestimmten Region auftrete.
- ❏ Von einer kommunalen Kläranlage gehen nachhaltige Geruchsbelästigungen aus.
- ❏ Ein Obdachloser wird in die Wohnung des Eigentümers E eingewiesen. Nach Aufhebung der Einweisungsverfügung verlangt E die Entfernung des Obdachlosen sowie die Beseitigung der von diesem in der Wohnung angerichteten Schäden.

2. Grundsätze

a) Das gemeinsame Ziel der im **Anspruch auf Abwehr öffentlicher Unrechtslasten** verankerten Ansprüche ist es, den privaten Bereich des Einzelnen vor beeinträchtigenden hoheitlichen Eingriffen zu wahren (*Ossenbühl*, StHR, S. 245). Sämtlichen Ansprüchen geht es darum, einen durch hoheitliches Handeln herbeigeführten rechtswidrigen Zustand so zu verändern, daß sich die Unrechtslast nicht verwirklicht bzw. die Lage wieder hergestellt wird, die vor dem hoheitlichen Eingriff bestand (zu eng *Ossenbühl*, StHR, S. 246, der die Rechtswidrigkeit des hoheitlichen Eingriffs zum gemeinsamen Tatbestandsmerkmal erhebt).

b) Gemeinsames Kennzeichen dieser aus dem öffentlichen Unrechtslastenabwehranspruch fließenden Ansprüche ist das Tatbestandsmerkmal des rechtswidrigen Zustandes (Unrechtslast). Dem Anspruch geht es darum, diesen rechtswidrigen Zustand abzuwehren, entweder da-

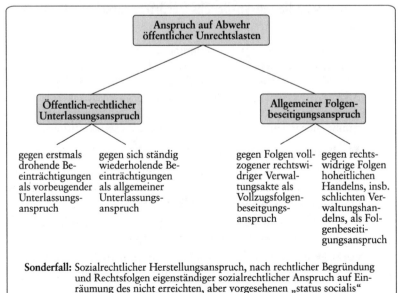

durch, daß dem Hoheitsträger aufgegeben wird, drohende Eingriffe zu unterlassen, oder dadurch, daß er dazu veranlaßt wird, den „status quo ante", der vor dem hoheitlichen Eingriff bestand, wieder herzustellen.

9   c) Zum Teil wird ausgehend vom sozialrechtlichen Herstellungsanspruch (BSGE 49, 78) über den begrenzten Bereich sozialrechtlicher Sonderbeziehungen hinaus die Anerkennung eines allgemeinen Herstellungsanspruchs als verschuldensunabhängigem Wiedergutmachungsanspruch gefordert (*E/M*, Allg. VerwR, § 53 Rn. 30 ff.).

Beispiel: Der Witwe W wird vom zuständigen Versicherungsträger eine falsche Auskunft zum Beitragskonto ihres verstorbenen Ehemannes gegeben. Als Folge dieser falschen Beratung verjährt die Witwenrente. Das BSG versagt in diesen Fällen dem Versicherungsträger die Einrede der Verjährung, so daß der Berechtigte so gestellt wird, als habe er den Antrag rechtzeitig nach ordnungsgemäßer Auskunft gestellt (BSGE 32, 60 – *„Witwenrente"*).

10 Dieser in den Bereich des Schadensausgleichs hineinführende Anspruch weist sowohl im Tatbestand wie auch in der Rechtsfolge eigenständige Strukturen auf. Eine generelle Ausweitung auf die allgemeine Leistungsverwaltung ist nicht zuletzt deshalb problematisch, weil sie schwierige Fragen im Zusammenhang mit dem Rechtsstaatsprinzip (Verhältnis Judikative / Exekutive) aufwirft. Das BVerwG hat bislang eine Ausdehung abgelehnt, (BVerwGE 79, 194; ausführlich *Ossenbühl*, StHR, S. 273,; *Wallerath*, DÖV 1987, 505).

11 d) Schließlich wird die Erweiterung des Anspruchs auf öffentliche Unrechtslastenabwehr auf einen Schadensausgleich im Sinne eines „Folgenentschädigungsanspruchs" erörtert (ablehnend: OVG Münster NVwZ 1994, 755).

Beispiel: Die Klägerin wurde aufgrund des Außenwirtschaftsgesetzes zu einem zinslosen Bardepot in Höhe von DM 20 Mio. verpflichtet. Später wurde festgestellt, daß der Heranziehungsbescheid wegen einer zwischenzeitlich erfolgten Änderung der Rechtsgrundlage unwirksam gewesen ist. Die Forderung der Klägerin auf Erstattung ihrer Zinsaufwendungen, welche ihr durch eine Kreditaufnahme entstanden sind, wurde vom BVerwG abgewiesen (BVerwGE 69, 366).

12 **Merke:** Der **Folgenbeseitigungsanspruch** ist nach **noch** geltender Rspr. allein auf die Beseitigung der rechtswidrigen Folgen eines Tuns oder Unterlassens der vollziehenden Gewalt gerichtet und gewährt nur einen **Ausgleich in natura**. Dies bedeutet regelmäßig, daß (nur) der vor Vornahme der Amtshandlung gegebene Zustand wieder herzustellen ist. In bestimmten Fällen kann diese Restitution durch Geldzahlung vorzunehmen sein. Eine solche Geldrestitution kommt dann in Betracht, wenn gerade die rechtswidrigen Folgen in einem Geldverlust bestehen (zum Amtshaftungsanspruch vgl. *§ 6 Rn. 3*).

§ 10. Grundlagen

Betrachtet man indessen die Aufopferungsentschädigungsansprüche, den von der Rspr. anerkannten nachbarrechtlichen Ausgleichsanspruch sowie den öffentlichen Unrechtslastenabwehranspruch in Gestalt des Folgenbeseitigungsanspruchs, so wird deutlich, daß sämtliche Ansprüche auf die Bewältigung von Unrechtslasten als Folge hoheitlichen Handelns gerichtet sind. Berücksichtigt man noch die Billigkeitsentschädigung nach § 74 II 3 sowie nach § 48 III VwVfG, so wird deutlich, daß diesen Ansprüchen letztlich ein einheitliches Prinzip zugrunde liegt. Zwar unterscheiden sich die Ansprüche im Hinblick auf die geschützten Rechtsgüter, auf der anderen Seite ließen sich die mit den jeweiligen Ansprüchen verbundenen Rechtsfolgen durchaus in eine Struktur der Verhältnismäßigkeitsstufung bringen. Von daher scheint es nicht ausgeschlossen, daß die künftige **Entwicklung** zu einem umfassenderen **Anspruch auf „Bewältigung öffentlicher Unrechtslasten"** geht. In diese Richtung kann die Formulierung des BVerwG in der Entscheidung vom 26.08.1993 (NVwZ 1994, 276) gedeutet werden. Das Gericht führt aus: 13

„Es unterliegt keinen ernsthaften Zweifeln, daß Grundsätze des materiellen Rechtsstaates, zu denen auch die Grundrechte gehören, bei rechtswidrigem Handeln eine Sanktion verlangen, die sich nicht nur in der Zahlung einer Entschädigung erschöpfen kann. Das alles bedarf hier keiner weiteren Vertiefung. Ein Anspruch auf Folgenbeseitigung ist nach insoweit unumstrittenem Stand der Rspr. jedenfalls unter folgenden Voraussetzungen grundsätzlich gegeben: ..."

II. Rechtliche Begründung

Die Diskussion um die rechtliche Verankerung des „Folgenbeseitigungsanspruchs" wurde anfangs der 50er Jahre zu einem Standardfall der Nachkriegszeit geführt. 14

Beispiel: Ein Obdachloser wird in eine Privatwohnung eingewiesen. Nach Aufhebung der Einweisungsverfügung geht es darum, die Räumung der Wohnung durchzusetzen („Obdachloseneinweisung").

Merke: Der diesem Sachverhalt zugrundeliegende **Vollzugsfolgenbeseitigungsanspruch** ist zwischenzeitlich allgemein anerkannt und bedarf in der Fallbearbeitung keiner näheren Begründung. Es geht in diesen Fällen um die Folgen rechtswidriger, aber aufgehobener Verwaltungsakte. Die durch den Verwaltungsakt ausgelösten Folgen sind zu beseitigen. Der Vollzugsfolgenbeseitigungsanspruch ist eine besondere Form des allgemeinen Folgenbeseitigungsanspruchs. 15

Beispiel: Der Wohnungseigentümer kann nach dem Vollzugsfolgenbeseitigungsanspruch die Räumung der Wohnung durchsetzen. Nicht erfaßt sind indessen Schäden, die der Obdachlose während seines Aufenthalts in der Wohnung verursacht hat.

1. Allgemeines

16 Ausgehend vom Vollzugsfolgenbeseitigungsanspruch fand in der Folgezeit eine eingehende Auseinandersetzung um die dogmatische Begründung eines weitergehenden Folgenbeseitigungsanspruchs statt. Trotz der intensiven Auseinandersetzung ist die rechtliche Verankerung des Folgenbeseitigungsanspruchs nach wie vor umstritten.

2. Gesetzmäßigkeitsprinzip

17 *Bachof* entwickelte bereits 1951 einen Folgenbeseitigungsanspruch gerichtet auf die Beseitigung fortdauernder Beeinträchtigungen aus dem Vollzug eines rechtswidrigen Verwaltungsaktes (Vollzugsfolgenbeseitigungsanspruch). Er sah den **Rechtsgrund** des Folgenbeseitigungsanspruchs zum einen im Prinzip der **Gesetzmäßigkeit der Verwaltung** (Art. 20 III GG). Aus dem Gesetzmäßigkeitsprinzip entnahm Bachof die Verpflichtung der Verwaltung, von ihr veranlaßte rechtswidrige Zustände wieder zu beseitigen. Daneben bezog er sich zur Begründung auf eine **Rechtsanalogie** zu den §§ 717 II, 945, 302 IV, 600 II ZPO. Später wurde dann aus dem Gesetzmäßigkeitsprinzip heraus der Akzent zusätzlich auf das Gebot der Freiheit von ungesetzlichem Zwang sowie auf die Effektivität des Rechtsschutzes gelegt.

3. Rückgriff auf das Zivilrecht

18 *Bettermann* kam zur Auffassung, daß der Folgenbeseitigungsanspruch zwar eine Sanktion gegen rechtswidriges Verwaltungshandeln sei und damit gegen die Verletzung des Grundsatzes der Gesetzmäßigkeit der Verwaltung. Daraus ergebe sich indessen nicht, daß der Anspruch mit diesem verfassungsrechtlichen Grundsatz hinreichend begründet werden könne. So sei es z. B. auch der Verwaltung unbenommen, an unanfechtbaren rechtswidrigen Verwaltungsakten festzuhalten. *Bettermann* entnahm aus den **§§ 12, 862 und 1004 BGB** ein allgemeines „Gebot der Gerechtigkeit", das auch im öffentlichen Recht Geltung habe. Dieser negatorische Beseitigungsanspruch bedeutet, daß der Staat nicht weniger als der Bürger an Recht und Gesetz gebunden und daher zu rechtmäßigem Verhalten und zur Unterlassung rechtswidrigen Verhaltens verpflichtet sei.

4. Grundrechte

19 a) *Weyreuther* wies auf die **Grundrechte** als Grundlage des Folgenbeseitigungsanspruchs hin. Es gehe darum den Freiheitsraum der Grundrechtsgewährungsleistungen zu sichern.

b) In der grundlegenden Entscheidung des BVerwG (DÖV 1971, 858) vermeidet es das Gericht, sich auf eine bestimmte Rechtsgrundlage festzulegen. Der Senat neigt wohl dazu, den Folgenbeseitigungsanspruch als Rechtsinstitut mit den **Freiheitsgrundrechten** bzw. – „was insoweit keinen prinzipiellen Unterschied mache" – dem **Vorbehalt des Gesetzes** zusammenzuführen (vgl. aber auch BVerwG 69, 368). [20]

c) Der 3. Senat läßt schließlich in einem Urteil aus dem Jahre 1993 (NVwZ 1994, 276) erkennen, daß er den Folgenbeseitigungsanspruch als **gewohnheitsrechtlich verfestigten Anspruch** sieht. Die ungeschriebenen tatbestandlichen Voraussetzungen des Folgenbeseitigungsanspruchs seien in ihren Strukturen weitgehendst geklärt. [21]

> **§ 113 I 2 VwGO stellt keine materiell Grundlage für einen allgemeinen Folgenbeseitigungsanspruch dar.**

Merke: Diese Bestimmung betrifft die Geltendmachung des Vollzugsfolgenbeseitigungsanspruchs; materiell-rechtlich setzt sie jedoch dessen Existenz voraus. [22]

B. Wiederholung

I. Zusammenfassung

- Der Folgenbeseitigungsanspruch ist kein Schadenersatz- oder Entschädigungsanspruch, sondern ein Anspruch, der auf die Wiederherstellung des „status quo ante" gerichtet ist.

- Der Einzelne hat gegen Hoheitsträger einen Anspruch auf öffentliche Unrechtslastenabwehr. Der Anspruch umfaßt in seinen Ausprägungen den Unterlassungsanspruch gegen drohende Eingriffe und den Folgenbeseitigungsanspruch als Wiederherstellungsanspruch.

- Der Folgenbeseitigungsanspruch wurde zunächst vor dem Hintergrund der Folgen eines sofort vollzogenen, aber rechtswidrigen und später auch aufgehobenen Verwaltungsaktes entwickelt; sog. Vollzugsfolgenbeseitigungsanspruch.

- Zwischenzeitlich ist allgemein anerkannt, daß sich dieser Anspruch nicht nur auf die Vollzugsfolgen eines Verwaltungsaktes, sondern auch auf die rechtswidrigen Folgen sonstigen hoheitlichen Verwaltungshandelns (Realakte) erstreckt. Ein eigenständiger „Folgenersatz-" – oder „Folgenentschädigungsanspruch" wird erörtert, von der h. M. aber noch nicht anerkannt.

II. Fragen

1. Wodurch unterscheiden sich der Folgenbeseitigungsanspruch und der Schadenersatzanspruch aus Amtshaftung?
2. Welches sind die gemeinsamen Strukturmerkmale des Unterlassungsanspruchs und des Folgenbeseitigungsanspruchs?
3. Was ist ein „Vollzugsfolgenbeseitigungsanspruch"?

III. Lösungen

1. Der Anspruch auf Amtshaftung zielt auf den Ausgleich eines hoheitlich verursachten Schadens. Mit dem Folgenbeseitigungsanspruch wird dagegen die Wiederherstellung des „status quo ante" erstrebt. Die im Rahmen des Schadenersatzanspruchs zu erreichende Naturalrestitution (§ 249, 1 BGB) ist auf den Zustand gerichtet, der ohne das rechtswidrige Verhalten bestehen würde. Insoweit sind hypothetische künftige Entwicklungen mitzuberücksichtigen. Schadenersatz ist insbesondere auch auf Zahlung eines Geldbetrages gerichtet. Demgegenüber richtet sich der Folgenbeseitigungsanspruch auf die Wiederherstellung des „früheren oder eines diesem gleichwertigen Zustandes".

2. Den verschiedenen im öffentlichen Unrechtslastenabwehranspruch verankerten Ansprüchen ist gemeinsam, daß sie darauf gerichtet sind, den durch hoheitliches Handeln verursachten rechtswidrigen Zustand so zu beseitigen, daß der „status quo ante" wiederhergestellt wird. Die Ansprüche setzen anders als der Amtshaftungsanspruch kein schuldhaftes Verhalten des Hoheitsträgers voraus. Die Ansprüche sind auf „Unrechtsabwehr" gerichtet.

3. Der sog. Vollzugsfolgenbeseitigungsanspruch betrifft die Beseitigung von tatsächlichen Folgen, die durch den Vollzug eines inzwischen außer Kraft getretenen Verwaltungsaktes entstanden sind.

§ 11. Anspruchsvoraussetzungen

Literatur: *Broß*, Zum Anwendungsbereich des Anspruchs auf Folgenbeseitigung, VerwArch 1985, 223; *Fiedler/Fink*, Der Folgenbeseitigungsanspruch zwischen Trägern der öffentlichen Verwaltung, DÖV 1988, 317; *Gröschner*, Öffentlichkeitsaufklärung als Behördenaufgabe, DVBl. 1990, 690; *Ossenbühl*, Staatshaftungsrecht, 4.Aufl. 1991 (zit.: *Ossenbühl*, StHR); *Schenke*, Der Folgenbeseitigungsanspruch bei Verwaltungsakten mit Drittwirkung, DVBl. 1990, 328; *Sachs*, Unterlassungsansprüche gegen hoheitliche Immissionen aus § 22 BImSchG, NVwZ 1988, 127; *Schwabe,* Urteilsanmerkung, DÖV 1984, 387; *Wolff/Bachof I,* 9. Aufl. 1974 (zit.: *Wolff I*).

A. Öffentlich-rechtlicher Folgenbeseitigungsanspruch

Soweit durch die hoheitliche Maßnahme ein rechtswidriger Zustand herbeigeführt worden ist, kommt der öffentliche Unrechtslastenabwehranspruch in der Ausprägung des allgemeinen Folgenbeseitigungsanspruchs in Betracht. 1

I. Anspruchsstruktur

Der allgemeine Folgenbeseitigungsanspruch umfaßt den sog. Vollzugsfolgenbeseitigungsanspruch sowie im Hinblick auf die Folgen sonstigen rechtswidrigen hoheitlichen Verwaltungshandelns (Realakte) den Folgenbeseitigungsanspruch i. e. S. 2

Beispiel: Aufgrund einer rechtswidrigen Abbruchverfügung läßt die zuständige Baubehörde im Wege der Ersatzvornahme ein Haus abreißen (Vollzugsfolgenbeseitigungsanspruch, z. B. wegen Wiederaufbau).

Beispiel: Veröffentlichung einer Liste glykolhaltiger und damit gesundheitsschädlicher Weine durch das Bundesgesundheitsamt (BVerwGE 87, 37 – Folgenbeseitigungsanspruch, wenn z. B. Einziehung der Liste verlangt wird).

1. Abgrenzung

Der Folgenbeseitigungsanspruch ist auf die Beseitigung eines rechtswidrigen Zustandes gerichtet, der als unmittelbare Folge hoheitlichen Handelns entstanden ist. 3

2. Übersicht

Die Voraussetzungen des Folgenbeseitigungsanspruchs sind weitgehend geklärt, mögen auch in der näheren dogmatischen Ableitung dieses Anspruchs unterschiedliche Auffassungen vertreten werden. Ein Anspruch auf Folgenbeseitigung ist nach dem insoweit unumstrittenen Stand der Rechtsprechung (BVerwG NVwZ 1994, 275) jedenfalls unter folgenden **Voraussetzungen** gegeben: 4

❑ hoheitlicher Eingriff;

❑ Verletzung einer geschützten Rechtsposition des Betroffenen;

❑ durch den Eingriff muß ein rechtswidrige Zustand geschaffen worden sein;

- der rechtswidrige Zustand muß andauern;
- die Wiederherstellung des ursprünglichen Zustandes muß tatsächlich und rechtlich möglich sein;
- die Geltendmachung des Folgenbeseitigungsanspruchs darf keine unzulässige Rechtsausübung darstellen;
- die Wiederherstellung des ursprünglichen Zustandes muß für den verpflichteten Rechtsträger zumutbar sein;
- die Berücksichtigung des Mitverschuldens nach § 254 BGB analog.

II. Anspruchsvoraussetzungen

1. Hoheitlicher Eingriff

5 a) Zunächst ist im Hinblick auf die geltend gemachte Folgenbeseitigung sorgfältig festzustellen, auf welche „verursachende" hoheitliche Maßnahme abzuheben ist.

> **Beispiel:** Die Gemeinde erläßt einen Bebauungsplan, in dem eine Sackstraße zu einer unmittelbaren Verbindungsstraße zwischen zwei Bundesstraßen aufgewertet wird. In der Folge wird die Straße ausgebaut und entsprechend dem Verkehr gewidmet. Das BVerwG (NJW 1994, 276) stellte fest, daß ein verbindlicher Bebauungsplan nur eine „Angebotsplanung" sei, die durch ihre normativ verbindlichen Festsetzungen Inhalt und Schranken des Grundeigentums bestimme. Der hoheitliche Eingriff liege erst im tatsächlichen Schaffen der Verbindungsstraße und den dadurch ermöglichten Auswirkungen auf die tatsächliche Nutzbarkeit des Grundstücks des Betroffenen („Sackstraße").

6 b) Im Zusammenhang mit diesem Merkmal kann fraglich sein, ob auch **hoheitliches Unterlassen** einen Folgenbeseitigungsanspruch begründen kann. Das BVerwG hat in einer Formulierung festgehalten, daß der sog. Folgenbeseitigungsanspruch nicht alle rechtswidrigen Folgen, die durch ein Tun oder ein Unterlassen der öffentlichen Gewalt eingetreten sind, „erfasse" (BVerwGE 69, 366). Daraus wurde zum Teil gefolgert, daß der Folgenbeseitigungsanspruch auch auf rechtswidrige Folgen auszudehnen sei, die durch Unterlassen veranlaßt worden sind (*Wallerath*, DÖV 1987, 513). Auf der anderen Seite bestehen **Bedenken**, einen Folgenbeseitigungsanspruch bei hoheitlichem **Unterlasen generell** anzuerkennen, weil sich dadurch der sachlich beschränkte Restitutionsanspruch zu einem allgemeinen Wiedergutmachungsanspruch für hoheitliches Unrecht ausweiten könnte (*Ossenbühl*, StHR, S. 261).

7 Die Problematik entspannt sich dadurch, wenn zunächst sorgfältig geprüft wird, ob auf die unterlassene Leistung nicht ohnehin ein

Anspruch des Betroffenen aufgrund einer speziellen Rechtsgrundlage besteht.

Beispiel: Die verzögerte Erteilung einer Baugenehmigung kann auf der Grundlage der einschlägigen Bestimmungen der Landesbauordnungen durchgesetzt werden.

Trotz der Bedenken im Hinblick auf die einheitliche Ausweitung des Folgenbeseitigungsanspruchs wird man hoheitliches Unterlassen nicht generell ausnehmen dürfen. Es bleibt jedoch in diesen Fällen immer die Frage, ob der Folgenbeseitigungsanspruch an anderen Anspruchsvoraussetzungen, wie z. B. der fehlenden Zumutbarkeit scheitert (dazu BayVGH DVBl. 1987, 1158). 8

c) Im Zusammenhang mit beeinträchtigenden Folgen von schlichtem Verwaltungshandeln kann es auf die Frage der Abgrenzung privatrechtlicher oder öffentlicher-rechtlicher Rechtsbeziehungen ankommen. 9

Beispiel: In einem verwaltungsinternen Rundschreiben wird dazu aufgefordert, einen bestimmten Lieferanten bei der Vergabe von öffentlichen Aufträgen nicht mehr zu berücksichtigen.

Sind die Rechtsbeziehungen privatrechtlich, kommen nur Beseitigungs- und Unterlassungsansprüche nach den §§ 12, 862, 1004 BGB in Betracht, die vor den Zivilgerichten durchgesetzt werden müssen. 10

Beispiel: Im Rundschreibenfall handelt es sich um eine zivilrechtliche Streitigkeit, auch wenn der Betroffene bei einer Änderung des Rundschreibens ein öffentlich-rechtliches Handeln fordert. Das Rechtsverhältnis aus dem der Anspruch abgeleitet wird, ist im Außenverhältnis zwischen Hoheitsträger und Betroffenem fiskal privatrechtlicher Natur.

2. Eingriff in geschützte Rechtspositionen

Bei der hier vertretenen rechtlichen Verankerung des öffentlichen Unrechtslastenabwehranspruchs in den grundrechtlichen Freiheitsgarantien, erstreckt sich der Schutzbereich des Anspruchs zwangsläufig auf den Schutzbereich der Grundrechte. 11

Beispiel: Ein Regierungsbeamter wechselt in ein Planungsbüro der privaten Wirtschaft. Seine ehemalige Dienststelle hat während der Vertragsverhandlungen dem neuen Arbeitgeber Auskünfte gegeben, die ihn als wenig verantwortlichen Vorgesetzten darstellen. Diese unwahren Auskünfte beeinträchtigen den Betroffenen in seinen subjekitven Rechten aus Art. 12 und 2 I GG.

3. Rechtswidrigkeit des geschaffenen Zustandes

a) Umstritten ist, ob beim allgemeinen Folgenbeseitigungsanspruch neben der Rechtswidrigkeit der Folgen auch die Rechtswidrigkeit des administrativen Handelns gegeben sein muß (*Obermayer*, JuS, 1993, 12

115). Die hM stellt auf die **Rechtswidrigkeit** der durch hoheitliches Handeln verursachten **Folgen** ab (*Wolff I*, § 54 II 2h). Entscheidend für den öffentlichen Unrechtslastenabwehranspruch ist das Erfolgsunrecht. Der Folgenbeseitigungsanspruch greift somit jedenfalls dann ein, wenn der geschaffene Zustand rechtswidrig ist, mag auch der diesen begründende Hoheitsakt rechtmäßig gewesen sein.

13 b) Die besondere Konstellation des **Vollzugsfolgenbeseitigungsanspruchs** setzt voraus, daß der vollzogene **Verwaltungsakt aufgehoben** worden ist oder von vorne herein nichtig war. Dies ist erforderlich, weil der rechtswidrige aber bestandskräftige Verwaltungsakt die Rechtsgrundlage zur Aufrechterhaltung des rechtswidrigen Zustandes abgeben würde, mit der Folge daß Einwendungen ausgeschlossen wären (*Maurer*, Allg. Verw, § 29 Rn. 10).

Bespiel: Bei einem Zeitschriftenhändler werden sämtliche Exemplare der Monatsauflage eines Boulevardblattes beschlagnahmt. Der Widerspruch wurde zurückgewiesen. Der Zeitschriftenhändler versäumt die Klagefrist. Er kann nicht mehr im Wege des Folgenbeseitigungsanspruchs die Herausgabe der beschlagnahmten Zeitschriften durchsetzen. Der bestandskräftige Verwaltungsakt schafft die Rechtsgrundlage.

14 c) Die Rechtswidrigkeit des Zustandes entfällt, wenn er nachträglich legalisiert wird.

Beispiel: Die Widmung der Straße wird nachgeholt.

15 Die bloße Möglichkeit der Legalisierung des Zustandes reicht nicht aus, um die Rechtswidrigkeit entfallen zu lassen. Besteht jedoch eine hinreichend gesicherte Erwartung, daß der Hoheitsträger den rechtmäßigen Zustand kurzfristig herbeiführen wird, kann dem im Rahmen des Einwandes unzulässiger Rechtsausübung Rechnung getragen werden (BVerwGE 80, 178).

16 d) Der hoheitliche veranlaßte Zustand gegen den sich der Folgenbeseitigungsanspruch richtet ist nur dann rechtswidrig, wenn die Beeinträchtigung nicht gerechtfertigt ist. Die Rechtfertigung kann sich aus einer gesetzlichen Ermächtigung aber auch aus anderen Gesichtspunkten, insbesondere einer aus Gesetz, Verwaltungsakt oder Vertrag folgenden Duldungspflicht ergeben.

Beispiel: Ein öffentlicher Bediensteter handelt bei seinen Äußerungen in der Wahrnehmung berechtigter Interessen (§ 194 III StGB).

4. Fortdauer der Beeinträchtigung

17 Der rechtswidrige Zustand muß im Zeitpunkt der Geltendmachung des Beseitigungsanspruch noch andauern. An dieser Voraussetzung fehlt es,

wenn die Rechtswidrikeit des hoheitlich herbeigeführten Zustandes entfällt, weil er nachträglich legalisiert wird.

Beachte: Die straßenrechtliche Widmung ist ungeeignet, den durch eine fehlerhafte Bauplanung rechtswidrig entstandenen Zustand aufzuheben (BVerwG, NVwZ 1994, 278). Die Widmung hat nur straßenrechtliche Bedeutung.

18

5. Möglichkeit der Wiederherstellung

Der **Anspruch** auf Folgenbeseitigung **entfällt**, wenn der verpflichtete Rechtsträger nicht in der Lage ist, den ursprünglichen Zustand wieder herzustellen. Der Folgenbeseitigungsanspurch kann nicht auf eine tatsächlich unmögliche oder rechtlich unzulässige Leistung gerichtet werden.

19

a) Die **tatsächliche Unmöglichkeit** wirft keine rechtlichen, sondern in der Regel praktische Nachweisprobleme auf.

20

Beispiel: Wird die Beschlagnahmeverfügung über die beschlagnahmten Boulevardzeitschriften aufgehoben, so entfällt eine Herausgabe, wenn die Zeitschriften zwischenzeitlich untergegangen sind.

b) Die Beseitigung des rechtswidrigen Zustandes muß rechtlich zulässig sein. Der Folgenbeseitigungsanspruch darf sich nicht auf Maßnahmen richten, die im **Widerspruch zur Rechtsordnung** stehen.

21

c) Die Problematik der rechtlichen Zulässigkeit der angestrebten Beseitigungsmaßnahme spielt in sog. „Drittenbeteiligungsfällen" eine besondere Rolle.

22

Beispiel: Eine Baugenehmigung wurde vom Nachbarn erfolgreich angefochten. Der Bau wurde vom Bauherrn zwischenzeitlich ausgeführt. Der Nachbar verlangt deshalb nunmehr von der Baubehörde Folgenbeseitigung in Form einer Abrißverfügung gegenüber dem Bauherrn (OVG Münster NJW 1984, 883).

Zum Teil wird zu diesen Drittbeteiligungsfällen die Auffassung vertreten, daß der Folgenbeseitigungsanspurch eine ausreichende Rechtsgrundlage für das Vorgehen der Behörde gegenüber dem Dritten abgebe (*Renke,* DVBl. 1990, 328; *Fiedler/Fink,* DÖV 1988, 321). Die aus dem Folgenbeseitigungsanspruch fließende Eingriffsbefugnis der Behörde gegen den Begünstigten ergebe sich aus einem allgemeinen Gerechtigkeitsgedanken. Dazu komme die Erwägung, daß nur durch die Beseitigung des rechtswidrigen Zustandes der Schutz der Freiheitsgrundrechte des Verletzten gewährleistet sei.

23

Die **hM** wendet sich da**gegen**, im Folgenbeseitigungsanspruch eine **eigenständige Handlungsbefugnis** der Behörde gegenüber dem Begünstigten zu sehen. Es wird gefordert, daß die Behörde nur aufgrund eigenständiger Eingriffsermächtigung gegen den störenden Nach-

24

barn vorgehen dürfe (BayVGH BayVBl. 1970, 118; OVG Münster NJW 1984, 883; *Broß*, VerwArch 1985, 223; wohl auch *Ossenbühl*, StHR, S. 268).

25 In der Regel wird die **polizeiliche Generalklausel** als Eingriffsgrundlage zur Verfügung stehen, wobei vielfach das der Ordnungsbehörde zustehende Handlungs**ermessen auf Null** reduziert sein wird. Stehen der Ermessensreduzierung gewichtige Gründe des Gemeinwohls entgegen, verbleibt dem Nachbarn nur ein Anspruch auf Schadenersatz aus Amtshaftung bzw. Entschädigung aus enteignungsgleichem Eingriff.

6. Zumutbarkeit der Wiederherstellung

26 Der Anspruch auf Folgenbeseitigung enfällt ferner, wenn die Wiederherstellung des ursprünglichen Zustandes für den verpflichteten Rechtsträger unzumutbar ist.

27 a) Bei der Zumutbarkeit ist auf der einen Seite der Aufwand zu berücksichtigen, der **vom Hoheitsträger** betrieben werden muß, um den ursprünglichen Zutand wiederherzustellen. Auf der anderen Seite ist der **Vorteil für den Anspruchsinhaber** zu gewichten, der ihm im Falle der Folgenbeseitigung zuwächst. Letztlich handelt es sich bei dem Zumutbarkeitskriterium, um die Konkretisierung des Grundsatzes der Verhältnismäßigkeit (*Ossenbühl*, StHR, S. 270).

Beispiel: In einem Kleingartengrundstück wurde ein Gartenhäuschen eingerissen. Der Wiederaufbau ist dann nicht zumutbar, wenn aufgrund der unmittelbar bevorstehenden baulichen Entwicklung keinerlei Interesse des Anspruchsinhabers am nochmaligen Aufbau erkennbar ist.

28 b) Im Zusammenhang mit der Zumutbarkeit wird erörtert, ob die Folgenbeseitigung unzumutbar sein könnte, weil der Anspruchsinhaber eine ihm mögliche **Unterlassungsklage nicht erhoben** hat.

Beispiel: Eine Straße wird dem Verkehr übergeben, obgleich die zugrunde liegende Bauleitplanung rechtswidrig ist.

29 *Beachte:* Es gibt keine materielle Präklusion des Anspruchs auf Folgenbeseitigung nur durch unterlassene Erhebung einer „vorbeugenden" Klage in Fällen fehlerhafter Bauplanung (vgl. auch BVerwG NVwZ 1989, 453 L; 1994, 279).

7. Mitverschulden

30 Es ist allgemein anerkannt, daß mitwirkendes Verschulden des Betroffenen auch beim Folgenbeseitigungsanspruch im Rahmen des **Rechtsgedankens des § 254 BGB** zu berücksichtigen ist.

31 Die Rechtsprechung vertrat ursprünglich die Auffassung, daß das Mitverschulden den Anspruch insgesamt entfallen lasse, soweit es sich um

eine sog. unteilbare Folgenbeseitigung handelt. Eine teilweise Folgenbeseitigung sollte es nach dieser Rechtsprechung nicht geben (BVerwG DÖV 1971, 857).

Diese Rechtsprechung wurde inzwischen vom BVerwG modifiziert (BVerwGE 82, 249). Ein Mitverschulden führt nunmehr in der Regel auch bei **nicht teilbaren Folgenbeseitigungen** nicht zum Wegfall des Anspruches, sondern zur Umwandlung in einen entsprechend gekürzten Entschädigungsanspruch. Das BVerwG sieht diesen auf Geldersatz gerichteten Anspruch als „Ausgleichsanspruch", der Teil des Anspruchs auf Folgenbeseitigung ist. 32

8. Unzulässige Rechtsausübung

Ein Anspruch auf Folgenbeseitigung kann enfallen, wenn sich seine Durchsetzung als unzulässige Rechtsausübung erweisen würde. Unter diesem Aspekt kann ein Anspruch auf Folgenbeseitigung z. B. entfallen, wenn die Legalisierung des als rechtswidrig erkannten und andauernden Zustandes zeitlich unmittelbar bevorsteht. 33

B. Öffentlich-rechtlicher Unterlassunsanspruch

I. Anspruchsstruktur

Als weitere Ausprägung des öffentlichen Unrechtslastenabwehranspruchs steht der öffentlich-rechtliche Unterlassungsanspruch zur Verfügung. Seine rechtliche Grundlage findet er ebenfalls in der **Abwehrfunktion der Grundrechte.** 34

1. Abgrenzung

Der öffentlich-rechtliche Unterlassungsanspruch ist auf die **Abwehr hoheitlicher Eingriffe** in subjektiv öffentliche Rechte des Betroffenen gerichtet. Der Unterlassungsanspruch kann sich insbesondere auch gegen bereits eingetretene, sich wiederholende Störungen richten (**Wiederholungsgefahr!**). 35

Beispiel: Die Gemeinde betreibt an ihrem Rathaus ein Glockenspiel, das zur Unterhaltung der Touristen im Turnus von 30 Minuten jeweils 2 Minuten spielt. Der Nachbar erstrebt mit der Unterlassungsklage die Einstellung des Betriebs dieser Anlage.

2. Allgemeines

Die **Voraussetzungen** des öffentlich-rechtlichen Unterlassungsanspruchs entsprechen im wesentlichen denen des Folgenbeseitigungsanspruchs. Der Unterlassungsanspruch setzt die drohende Beeinträchtigung einer 36 geschützten Rechtsposition durch bevorstehendes hoheitliches Handeln voraus, für das keine Rechtsgrundlage zur Verfügung steht (BVerwG NJW 1992, 86, 41), zu dessen Duldung der Betroffene somit nicht verpflichtet ist. Da der Unterlassungsanspruch ausschließlich auf die Abwehr rechtswidrigen hoheitlichen Handelns gerichtet ist, können im Grundsatz Probleme der rechtlichen und tatsächlichen Möglichkeit sowie der Zumutbarkeit nicht entstehen.

37 **Beachte:** Lassen sich die Störungsfolgen nur **bei gleichzeitiger Beseitigung der Störungsquelle** erreichen, so handelt es sich um die Geltendmachung eines **allgemeinen Folgenbeseitigungsanspruchs.** Da insoweit weitergehende Rechtsfolgen, die über das bloße Unterlassen der Störungsfolge hinausführen, erstrebt werden, sind die Voraussetzungen des allgemeinen Folgenbeseitigungsanspruchs zu prüfen (ungenau *Schwabe,* DÖV 1984, 388).

II. Anspruchsvoraussetzungen

1. Drohende Beeinträchtigung

38 Da sich der vorbeugende Unterlassungsanspruch auf die Abwehr künftiger Eingriffe richtet, stellt sich die Frage, wie konkret die künftigen Eingriffe zu erwarten sein müssen. Genügt die bloße Wahrscheinlichkeit oder sind engere Voraussetzungen geboten.

39 Rspr. und Lit. fordern, daß die **Beeinträchtigung** der geschützten Rechtsposition **unmittelbar bevorstehen** muß. Es müssen konkrete Anhaltspunkte dafür vorliegen, die die Annahme zulassen, daß eine Gefahr hoheitlichen Eingriffs ernsthaft besteht (*Ossenbühl,* StHR, S. 254). Ohne diese Gefahr kommt der Unterlassungsanspruch bereits materiellrechtlich nicht zum entstehen.

40 Hat eine **Verletzung** bereits **stattgefunden,** so droht ein Eingriff dann, wenn eine **Wiederholungsgefahr** besteht. Im Grundsatz ist davon auszugehen, daß der Hoheitsträger eine ungesetzliche Maßnahme auch in Zukunft aufrecht erhalten wird, da er offensichtlich davon ausgeht, daß er rechtmäßig handelt. Ist dagegen noch keine Verletzung erfolgt, ist die sog. **Erstgefahr** anhand der dargestellten Kriterien festzustellen.

2. Abwehr eines drohenden Verwaltungsaktes

41 Es sind Fallkonstellationen denkbar, in denen der Betroffene den Erlaß eines Verwaltungsakes abwehren will.

Beispiel: Der Wohnungseigentümer will gegen eine bevorstehende Einweisungsverfügung vorgehen.

Bei dieser Konstellation ist zu berücksichtigen, daß gegen Verwaltungs- 42
akte ein umfaßendes repressives Rechtsschutzsystem gegeben ist. Der
Einzelne kann gegen einen „drohenden" Verwaltungsakt nur dann vorgehen, wenn ihm angesichts des Rechtsschutzsystems, insbesondere des
vorläufigen Rechtsschutzes ein Abwarten aufgrund besonderer Umstände nicht zumutbar ist. Für diesen Fall kann ausnahmsweise eine Leistungsklage auf Unterlassung des Verwaltungsaktes in Betracht kommen (*Kopp*, vor § 40 VwGO, Rn. 33).

C. Besondere Fallkonstellationen

I. Immissionsabwehr im öffentlichen Recht

Die Immissionsabwehr gegen hoheitlich veranlaßte Immissionen spielt in 43
der Lit. und Rspr. eine bedeutende Rolle. Dies überrascht nicht, weil insbesondere kommunale Körperschaften im Bereich der Daseinsvorsorge eine
Reihe von Einrichtungen betreiben, die mit belästigenden Immissionen verbunden sind (kommunale Bauhöfe; Feuerwehrhäuser; Schulsportplätze;
Kläranlagen; Mülldeponien).

1. Abgrenzung

Das Bestehen eines Abwehranspruchs gegen hoheitlich veranlaßte Im- 44
missionen ist unbestritten. Neben der **rechtlichen Begründung** bereitet
insbesondere die Herleitung der **Duldungspflicht** des Betroffenen Probleme.

Zum Teil wird in der Lit. von einem eigenständigen Immissionsabwehr- 45
anspruch gesprochen (*Ossenbühl*, StHR, S. 250). Mit der Beschreibung
eines derartigen Anspruchs wird indessen im Ergebnis der Blick darauf
verstellt, daß auch gegenüber hoheitlich veranlaßten Immissionen ganz
unterschiedliche Rechtsbehelfe in Betracht kommen können. Darüber-
hinaus wird bei dem Versuch, einen einheitlichen Immissionsab-
wehranspruch zu formulieren nicht genügend berücksichtigt, daß zwischenzeitlich im Immissionsschutzrecht zahlreiche spezialgesetzliche
Sonderregelungen bestehen, die dem allgemeinen Abwehranspruch
nicht nur vorgehen, sondern diesen z. B. im Rahmen der Rechtswidrig-
keitsprüfung auch inhaltlich beeinflussen.

Die beeinträchtigenden Immissionen können, sofern nicht ohnehin spe- 46
zialgesetzliche Regelungen eingreifen, im Rahmen der Anspruchsvarian-
ten des öffentlichen Unrechtslastenabwehranspruchs verhindert bzw.
deren Folgen beseitigt werden.

2. Duldungspflicht

47 a) Die Rspr. zog ursprünglich für die Feststellung der Duldungspflicht von Immissionen vor allem die Maßstäbe des § 906 BGB heran. Zwischenzeitlich wird auf immissionsschutzrechtliche öffentlich-rechtliche Vorschriften zurückgegangen. Insbesondere im **Immissionsschutzrecht** stehen eine Reihe von Vorschriften zur Verfügung, die entweder selbst **Duldungspflichten** begründen oder aber für die Beurteilung der Frage herangezogen werden können, welches Maß z. B. an Lärmbelästigung zumutbar ist.

48 b) Das BVerwG (NJW 1988, 2396) hat zu § 22 BImSchG festgestellt, daß für die Festlegung des Umfangs der Duldungspflicht § 22 BImSchG heranzuziehen sei. Aus dieser Vorschrift ergebe sich die Grenze, welche die zu duldenden von den nicht mehr hinnehmbaren Immissionen abgrenze. In diesem Sinne können nunmehr z. B. auch die Verkehrslärmschutzverordnung (16. BImSchV) sowie die Sportanlagenlärmschutzverordnung (18. BImSchV) zur Konkretisierung der vom Betroffenen hinzunehmenden Immissionen herangezogen werden.

49 c) Soweit eine ausdrückliche Duldungsvorschrift des öffentlichen Rechts nicht vorliegt, wendet die Rechtsprechung nach wie vor **§ 906 BGB analog** an (BVerwG NJW 1988, 2396). Der Eigentümer kann nach dieser Vorschrift Immissionen nicht verbieten, sofern die Benutzung des Grundstücks nicht oder nur unwesentlich beeinträchtigt wird. Liegt eine wesentliche Beeinträchtigung durch eine ortsübliche Nutzung vor, die ihrerseits nicht durch wirtschaftlich zumutbare Maßnahmen zu verhindern ist, besteht ebenfalls eine Duldungspflicht.

3. Rechtsfolge

50 Liegt eine Duldungspflicht vor, die dem Betroffenen die Hinnahme von Immissionen über die im BImSchG festgelegten Werte hinaus auferlegt, so ist ihm das Vorgehen im Wege eines öffentlichen Unrechtslastenabwehranspruchs versagt.

Beispiel: Eine Feueralarmsirene wird in unmittelbarer Nähe eines Wohnhauses auf dem Nachbardach installiert. Eine Standortalternative besteht nicht. Für diesen Fall mußte der Betroffene die Geräuschimmissionen, zumal da sie vergleichsweise selten entstehen, aus übergeordneten Allgemeinwohlgründen nach dem Gefahrenabwehrrecht hinnehmen. In solchen Fällen, billigt das BVerwG dem Betroffenen einen zweckgebundenen Geldausgleich für Maßnahmen des **passiven Immissionsschutzes** (z. B. Schallschutzfenster) zu (BVerwGE 79, 262).

51 **Beachte:** Damit ist der Belästigte nicht schutzlos gestellt. Er kann vielmehr in derartigen Fällen vom Betreiber der belästigenden Anlage einen

Geldausgleich für Maßnahmen des passiven Lärmschutzes, nämlich für den Einbau von Schallschutzfenstern verlangen. Dieser Anspruch ergibt sich aus einem **allgemeinen Rechtssatz**, der das **Nachbarschaftsverhältnis** zwischen störender und gestörter Nutzung im Fall unangemessen hohen Aufwandes für Maßnahmen der Vermeidung und Verminderung der Immissionen auf ein zumutbares Maß beherrscht (BVerwGE 79, 262).

II. Ehrenschutz im öffentlichen Recht

Der Ehrenschutz im öffentlichen Recht spielt vor allem im Zusammenhang mit herabsetzenden Äußerungen von Beschäftigten eines Hoheitsträgers eine Rolle. 52

1. Abgenzung

Abwehransprüche gegen ehrverletzende Äußerungen im hoheitlichen Bereich ergeben sich mit der Zielrichtung, ein **Unterlassen** entsprechender Äußerungen für die Zukunft durchzusetzen bzw. im Hinblick auf bereits getätigte ehrverletzende Äußerungen einen **Widerruf** durchzusetzen. 53

Im Hinblick auf die rechtliche Begründung ist in der Rspr. **kein einheitliches Bild** festzustellen. So hat der BW VGH (NVwZ 1986, 63) den Widerrufsanspruch unmittelbar in den Grundrechten verankert. Das OVG NW (DÖV 1985, 285) greift dagegen für den Widerruf auf § 1004 BGB zurück. 54

In der vorliegenden Darstellung werden auch diese Anspruchsziele durch den öffentlichen Unrechtslastenabwehranspruch erfaßt. Beim Unterlassungsanspruch liegt dies ohnedies auf der Hand; der Widerrufsanspruch läßt sich seinerseits materiell als Folgenbeseitigungsanspruch verstehen. Auch hier gilt, daß die Rechtsprechung letztlich ihre Begründungszusammenhänge aus der Abwehrfunktion der Grundrechte herleitet. 55

Von der rechtlichen Begründung dieser Ansprüche zu trennen ist die Frage, nach der konkreten Ausgestaltung der einzelnen Ansprüche. Insofern sind die Besonderheiten des Ehrenschutzes bei den Anspruchsvoraussetzungen und den Rechtsfolgen zu berücksichtigen. 56

2. Widerruf ehrverletzender Äußerungen

a) Zunächst ist zu beachten, daß **nur** für **Tatsachenbehauptungen** ein Widerruf erreicht werden kann. Besteht somit die Rechtsverletzung in einer ehrverletzenden wertenden Äußerung, so kann ein Widerruf nicht durchgesetzt werden. Es handelt sich dann um eine Meinungsäußerung, die einem Widerruf nicht zugänglich ist. 57

Beispiel: Der Bürgermeister gab in der Gemeinderatssitzung im Hinblick auf eine ansiedlungswillige Geflügelschlachterei folgende Erklärung ab: „Zu den Arbeitsplätzen in einer Geflügelschlachterei kann sich jeder seine eigene Meinung bilden. Ich würde weder meinen Freunden noch meinen Gegnern einen Dauerarbeitsplatz dort zumuten. Was ich meinen Freunden und Gegnern nicht zumute, mute ich auch nicht den Bürgern unserer Einheitsgemeinde zu."

58 Der in dem Rechtsstreit geltend gemachte Widerrufsanspruch wurde vom Bay VGH (NVwZ 1986, 327) abgewiesen, da es sich bei der angegriffenen Äußerung nicht um eine Tatsachenbehauptung, sondern um ein Werturteil gehandelt habe. **Werturteilen** kann lediglich mit der **Unterlassungsklage** begegnet werden.

59 b) Die **Abgrenzung,** ob im Einzelfall eine Wertung oder Tatsachenbehauptung vorliegt, kann schwierig zu treffen sein. Dies gilt insbesondere dann, wenn Tatsachenbehauptungen und Meinungsäußerungen untrennbar verbunden werden oder wenn Werturteile sich als Zusammenfassung von Tatsachenbehauptungen darstellen. Abgrenzungsrichtlinie ist in diesen Fällen der **Schwerpunkt der Äußerung.** Überwiegt die subjektive Wertung gegenüber dem Tatsächlichen, so liegt insgesamt ein Werturteil vor, das einem Widerruf nicht zugänglich ist.

3. Unterlassungsanspruch

60 a) Unterlassungsansprüche kommen auch gegen Werturteile in Betracht. Ehrbeeinträchtigende Äußerungen müssen nur hingenommen werden, wenn eine **besondere Duldungspflicht** besteht. Bei Werturteilen allgemein ist dies nur der Fall, wenn

- die Äußerung innerhalb der Zuständigkeit der Behörde gelegen hat,
- die Äußerung entweder in den generell erlaubten Öffentlichkeitsarbeitsbereich der Behörde oder in den Bereich besonders zugewiesener Informationsaufgaben fällt.
- kein sonstiger Verstoß gegen Vorschriften des Strafrechts, des Datenschutzrechtes oder des allgemeinen Persönlichkeitsrechts gegeben ist.

61 b) Bei dieser Abgrenzung ist zu beachten, daß **ehrverletzende Äußerungen** grundsätzlich Grundrechtseingriffe darstellen. Entsprechend den Überlegungen zu hoheitlichen Warnungen wird deshalb **grundsätzlich** über die allgemeine Zuständigkeit zur Öffentlichkeitsarbeit hinaus, eine **gesetzliche Eingriffsermächtigung** gefordert werden müssen (BVerwG NJW 1989, 2272 f.). Sofern die Behörde sich auf die Wahrnehmung berechtigter Interessen (§ 193 StGB) berufen will, dürfte dies nicht statthaft sein. Der Behörde steht schon das Grundrecht der

freien Meinungsäußerung nicht zu. Auf der anderen Seite wird ihre Äußerungsbefugnis durch die ihr obliegende Aufgabenwahrnehmung und das damit verbundene Sachlichkeitsgebot der Verwaltung zusätzlich begrenzt (BW VGH, NJW 1986, 340 „keine Schmähkritik").

D. Rechtsfolgen

Ging es bislang um die rechtliche Begründung des öffentlichen Unrechtslastenabwehranspruchs sowie um die Darstellung der Anspruchsvoraussetzungen, soll nun im Rahmen der Rechtsfolgenbewertung der Anspruchsinhalt näher ausgeführt werden. 62

I. Unterlassungsanspruch

Der Unterlassungsanspruch ist gerichtet auf die Abwehr drohender, also noch bevorstehender Beeinträchtigungen oder auf die Unterlassung andauernder, bereits eingetretener aber wiederkehrender Störungen. Besonderheiten bestehen für die Abwehr von hoheitlich veranlaßten Immissionen (§ 11 Rn. 43) sowie für ehrverletzende hoheitliche Äußerungen (§ 11 Rn. 52). 63

II. Folgenbeseitigungsanspruch

Der Folgenbeseitigungsanspruch richtet sich auf die Wiederherstellung des ursprünglichen Zustandes durch Beseitigung der rechtswidrigen Folgen hoheitlichen Handelns. 64

1. Inhalt

a) Nach seinem Inhalt und Umfang ist der Folgenbeseitigungsanspruch auf die Wiederherstellung des Zustandes gerichtet, der zum Zeitpunkt des Eingriffs bestand. Mehr kann über den Folgenbeseitigungsanspruch nach h. M. nicht erreicht werden. Der Folgenbeseitigungsanspruch ist weder ein allgemeiner Wiedergutmachungsanspruch (BVerwG DVBl. 1979, 854 f.) noch ist er ein Entschädigungs- oder Schadenersatzanspruch. 65

Der Folgenbeseitigungsanspruch ist auf **Naturalrestitution** gerichtet. Dabei muß man sich allerdings darüber im klaren sein, daß es sich dabei um die Wiederherstellung des „**status quo ante**" handelt. Künftige, hypothetische Entwicklungen im Bereich der Eingriffsfolgen werden dagegen nicht berücksichtigt. Deshalb ist der Folgenbeseitigungsanspruch gegenüber § 249, 1 BGB gewissermaßen ein verkürzter Anspruch auf Naturalrestitution. Er richtet sich auf die Wieder- 66 herstellung des **früheren** oder eines **gleichwertigen** Zustandes (BVerwGE 38, 345 f.). Dabei geht es dem Folgenbeseitigungsanspruch nicht um die Wiederherstellung eines identischen sondern lediglich eines gleichwertigen Zustandes (unzutreffend BW VGH, VWBl BW 1990, 102 mit abl. Anm., S. 223).

67 b) Wo die Naturalrestitution **nicht möglich** ist, hat das BVerwG früher den Folgenbeseitigungsanspruch insgesamt versagt (dazu *§ 11 Rn. 31*). Seit BVerwGE 82, 24 wird bei einer zu berücksichtigenden Mitverantwortung des Betroffenen in entsprechender Anwendung des § 251 I BGB bei unteilbaren Wiederherstellungsmaßnahmen ein Anspruch auf Zahlung eines Ausgleichsbetrags in Geld anerkannt.

Beispiel: Der Grundstückseigentümer verfolgt die Straßenbaumaßnahmen der Gemeinde. Er erkennt, daß durch die Art und Weise der Bauvornahme Grundstücksteile ins Rutschen kommen werden. Dies stellt sich nachträglich tatsächlich auch so ein.

2. Begrenzung auf die unmittelbaren Folgen

68 Der Folgenbeseitigungsanspruch ist auf die Wiederherstellung des früheren bzw. eines gleichwertigen Zustandes gerichtet. Der Beseitigungsanspruch bezieht sich immer nur auf die **unmittelbaren** Folgen des hoheitlichen Handelns. Auch in diesem Zusammenhang hat die „Unmittelbarkeit" somit eine **haftungsbegrenzende** Funktion; sie läßt insbesondere eine Abgrenzung nach Risikosphären zu.

Beispiele:
- Das BVerwG (E69, 366) hat die Unmittelbarkeit verneint bei Zinsschäden aufgrund einer rechtswidrig angeordneten Bardepot-Pflicht (*§ 10 Rn. 11*).
- In dem bereits erwähnten Obdachloseneinweisungsfall (*§ 10 Rn. 6*) kann nur die Exmittierung des Obdachlosen aus der Wohnung verlangt werden, nicht dagegen die Beseitigung der durch den Obdachlosen während der Wohnzeit verursachten Schäden.
- Der Folgenbeseitigungsanspruch erfaßt nicht den Ersatz von Anwaltskosten nach erfolgreichem Widerspruchsverfahren (BVerwG NJW 1973, 261). Nicht ersatzfähig sind z. B. auch Taxikosten des von einer Abschlepp- und Verwahrmaßnahme Betroffenen (BayVGH BayVBl 1984, 559).

69 **Beachte:** Für nicht erfaßte Nachteile können Ansprüche allerdings nach anderen Anspruchsgrundlagen gegeben sein (BayVGH BayVBl 1984, 559).

3. Störungsbeseitigung

70 Der Folgenbeseitigungsanspruch kann nur auf solche Folgen gerichtet werden, die den Anspruchssteller in seiner Rechtsposition stören. Mehr kann er nicht verlangen.

Beispiel: Keine Einziehung der gesamten Straße, sondern Beschränkung auf Absperrmaßnahmen (Hbg OVG NJW 1978, 659).

Das Problem der Beschränkung auf die störenden Folgen stellt sich insbesondere, wenn der rechtswidrige Zustand im Zusammenhang mit der Errichtung von Infrastruktureinrichtungen geschaffen worden ist. Der Betroffene, kann in diesem Fall nicht die Beseitigung der Einrichtung insgesamt verlangen, sondern nur der ihn umittelbar störenden Folgen.

71

E. Wiederholung

I. Zusammenfassung

❑ Der Anspruch auf Unterlassung drohender Beeinträchtigungen sowie der allgemeine Folgenbeseitigungsanspruch wurzeln in einem allgemeinen öffentlichen Unrechtslastenabwehranspruch. Die rechtliche Begründung dieses Anspruchs ist in Rspr. und Lit. noch nicht vollständig geklärt. Das BVerwG tendiert dahin, diesen Anspruch in der freiheitssichernden Funktion der Grundrechte verankert zu sehen.

❑ Ein Anspruch auf Folgenbeseitigung ist nach dem Stand der Rechtsprechung unter folgenden Voraussetzungen grundsätzlich gegeben: es muß ein hoheitlicher Eingriff vorliegen, der ein subjektives Recht des Betroffenen verletzt. Für den Betroffenen muß dadurch ein rechtswidriger Zustand entstanden sein, der andauert.

❑ Während sich der allgemeine Folgenbeseitigungsanspruch auf die Beseitigung bereits eingetretener Beeinträchtigungen bezieht, richtet sich der öffentlich-rechtliche Unterlassungsanspruch auf die Abwehr drohender, also noch bevorstehender Beeinträchtigungen.

❑ Der Folgenbeseitigungsanspruch ist von einem Schadenersatzanspruch und Entschädigungsanspruch strikt zu unterscheiden. Es kann lediglich die Beseitigung der unmittelbaren Folgen des hoheitlichen Handelns, nicht dagegen auch der mittelbaren Folgen verlangt werden. Im übrigen ist der Folgenbeseitigungsanspruch auf die Wiederherstellung des Zustandes gerichtet, der vor dem hoheitlichen Eingriff bestand. Hypothetische Entwicklungen wie beim Schadenersatzanspruch werden nicht berücksichtigt.

II. Fragen

1. Umfaßt der allgemeine Folgenbeseitigungsanspruch auch schlichtes Verwaltungshandeln?
2. Welche Rolle spielt die Legalisierung des Eingriffs?
3. Ist der Folgenbeseitigungsanspruch ein allgemeiner Wiedergutmachungsanspruch?
4. Was kann der Betroffene verlangen, wenn er ehrverletzenden Tatsachenbehauptungen bzw. ehrverletzenden Werturteilen ausgesetzt ist?

III. Lösungen

1. Das BVerwG hat sich in seiner grundlegenden Entscheidung aus dem Jahre 1971 (DÖV 1971, 857) mit dieser Frage auseinandergesetzt. Es hält fest, daß eine Beschränkung des Folgenbeseitigungsanspruchs auf solche Fälle, in denen ein rechtswidriger Verwaltungsakt vorzeitig vollzogen wurde, dem geltenden Recht widerspricht. Maßgeblich ist allein, daß in Freiheitsrechte eingegriffen wird und dies zu einem über den Eingriff hinausgehenden fortdauernden rechtswidrigen Zustand führt. Schlichtes Verwaltungshandeln kann daher ebenfalls einen Folgenbeseitigungsanspruch begründen.

2. Die Legalisierung betrifft das Erfordernis, daß der rechtswidrige Zustand fortdauern muß. Wird z. B. ein fehlender oder rechtswidriger Verwaltungsakt ordnungsgemäß nachgeholt, führt dies zur Legalisierung mit der Folge, daß die Rechtswidrigkeit und damit auch der Folgenbeseitigungsanspruch entfällt.

3. Der Folgenbeseitigungsanspruch ist lediglich auf die Beseitigung der unmittelbaren Folgen beschränkt. Er ist kein allgemeiner Wiedergutmachungsanspruch, der auch die mittelbaren Folgen ausgleichen könnte (BVerwG DVBl. 1984, 1178). Über den Folgenbeseitigungsanspruch kann deshalb z. B. weder die Erstattung von Zinsen noch der Ausgleich von Aufwendungen anläßlich einer rechtlichen Auseinandersetzung um die Durchsetzung des Folgenbeseitigungsanspruchs verlangt werden.

4. Zur Abwehr rufschädigender Behauptungen kann ein Widerruf nur im Hinblick auf Tatsachenbehauptungen erreicht werden. Enthalten die rufschädigenden Äußerungen Werturteile, insbesondere auch Beleidigungen, so kann dem lediglich mit Unterlassungsansprüchen begegnet werden. Ggf. kommen Schadenersatzansprüche aus Amtshaftung in Betracht.

§ 12. Konkurrenzen und Prozessuales

Literatur: *Bachof*, Die verwaltungsgerichtliche Klage auf Vornahme einer Amtshandlung, 1951, 2. Aufl. 1968 (zit.: *Bachof*); *Rüfner, Erichsen/Martens,* Allgemeines Verwaltungsrecht, 9. Aufl. 1992, § 53 (zit.: *E/M,* Allg. VerwR); *Papier, Maunz-Dürig-Herzog,* GG, Art. 14 (zit.: *MD, GG*); *Kopp,* VwGO, 9. Aufl. 1992 (zit.: *Kopp*); *Obermayer,* Zur Rechtsstellung des Nachbarn im Baurecht und zum Folgenbeseitigungsanspruch, JuS 1963, 114; *Ossenbühl,* Staatshaftungsrecht, 4. Aufl. 1991 (zit.: *Ossenbühl,* StHR); *Ramsauer,* Die Assesorprüfung im öffentlichen Recht, 2. Aufl. 1993 (zit.: *Ramsauer*); *Redeker/v.Oertzen,* VwGO, 9. Aufl. 1988 (zit.: *R/v.O*).

A. Konkurrenzen

Der Anspruch auf öffentliche Unrechtslastenabwehr, der in der Ausprägung als Unterlassungsanspruch auf die Abwehr drohender Beeinträchtigungen, als allgemeiner Folgenbeseitigungsanspruch auf die Wiederherstellung des „status quo ante" gerichtet ist, ist im Hinblick auf diese Rechtsfolgenanordnung mit dem allgemeinen Erstattungsanspruch, dem Amtshaftungsanspruch wie auch mit den Ansprüchen auf Aufopferungsentschädigung abzugleichen. 1

I. Erstattungsanspruch

Der öffentlich-rechtliche Erstattungsanspruch richtet sich auf die **Rückgewährung rechtsgrundlos** erlangter **Leistungen.** Ziel ist also die Rückgängigmachung einer ohne Rechtsgrund erfolgten Vermögensverschiebung. Da auch der Folgenbeseitigungsanspruch auf die Folgenbewältigung hoheitlichen Handelns gerichtet ist, bedarf es der Abstimmung beider Ansprüche. 2

1. Abgrenzung

Der öffentlich-rechtliche Erstattungsanspruch ist ein eigenständiges öffentlich-rechtliches Rechtsinstitut (dazu ausführlich § 17 Rn. 1 ff.). In der Lit. bestehen unterschiedliche Auffassungen darüber, in welchem Verhältnis der Erstattungsanspruch zum allgemeinen Folgenbeseitigungsanspruch steht. Zum Teil wird er als Unterfall des allgemeinen Folgenbeseitigungsanspruchs angesehen, so daß eine parallele Anwendung beider Ansprüche von vornherein ausgeschlossen ist (*Bachof,* S. 98). Wird er jedoch als eigenständiges öffentlich-rechtliches Rechtsinsti- 3 tut gewertet, so sind weiterführende Überlegungen im Hinblick auf die Lösung der Konkurrenz der Ansprüche geboten.

Beispiel: Die Ordnungsbehörde hat ein Kraftfahrzeug aufgrund rechtswidrigen Verwaltungsakts beschlagnahmt. Nach Aufhebung des Verwaltungsaktes verlangt der Kraftfahrzeugeigentümer sein Fahrzeug von der Behörde heraus.

4   Der öffentlich-rechtliche Erstattungsanspruch ist nach h. M. (*Obermayer*, JuS 1963, 114; *Ossenbühl*, StHR, S. 279) als eigenständiges öffentlich-rechtliches Rechtsinstitut letztlich auf die im Grundsatz der Gesetzmäßigkeit verankerten Rechtsgedanken zurückzuführen, wonach im Widerspruch zur Rechtsordnung stehende Vermögensverschiebungen rückgängig zu machen sind (*§ 17 Rn. 4*). Anders als beim allgemeinen Folgenbeseitigungsanspruch setzt der öffentlich-rechtliche Erstattungsanspruch aber keinen hoheitlichen Eingriff voraus, der die Vermögensverschiebung veranlaßt hätte. Der öffentlich-rechtliche Erstattungsanspruch greift auch dann ein, wenn der Bürger irrtümlich Leistungen an einen Hoheitsträger erbracht hat oder wenn eine Vermögensverschiebung durch nachträgliche Gesetzesänderung ihres Rechtsgrundes beraubt wird.

5   Die Rechtsfolge des Folgenbeseitigungsanspruchs ist auf die Wiederherstellung des „status quo ante" gerichtet. Demgegenüber erstreckt sich der Erstattungsanspruch darüber hinaus auch z. B. auf die Herausgabe von Nutzungen ebenso wie auf eine Verzinsung des rechtsgrundlos erlangten Vermögensvorteils (dazu auch *E/M*, Allg. VerwR, S. 404).

2. Konkurrenzen

6   Nach der hier vertretenen Auffassung ist der Folgenbeseitigungsanspruch als eigenständiger Anspruch vom Erstattungsanspruch zu unterscheiden. In bestimmten Fallkonstellationen werden beide Ansprüche allerdings zum selben Ziel führen (vgl. zur Durchsetzung *§ Rn. 1 ff.*).

Beispiel: Im oben dargestellten Beschlagnahmefall läßt sich nach Aufhebung des Verwaltungsaktes die Herausgabe des Kraftfahrzeuges sowohl als Wiederherstellung des ursprünglichen Zustandes begreifen (Folgenbeseitigungsanspruch) als auch als Rückgängigmachung einer ungerechtfertigten Vermögensverschiebung (öffentlich-rechtlicher Erstattungsanspruch).

7   Beide **Ansprüche** bestehen **nebeneinander**; dies gilt insbesondere im Hinblick auf die unterschiedlichen Rechtsfolgen und Anspruchsvoraussetzungen.

II. Amtshaftungsanspruch

Der Anspruch auf Abwehr öffentlich-rechtlicher Unrechtslasten ist ein Institut der unmittelbaren und verschuldensunabhängigen Staatsunrechtshaftung. Er knüpft allerdings, ebenfalls wie der Amtshaftungsanspruch an hoheitlich veranlaßte Unrechtsfolgen an.   8

Vor diesem Hintergrund bestehen beide Ansprüche grundsätzlich nebeneinander (*§ 9 Rn. 13*). Allerdings kann im Rahmen eines im Wege des Amtshaftungsanspruches geltend gemachten Schadenersatzes zu berücksichtigen sein, ob der Betroffene die im öffentlichen-rechtlichen Unrechtslastenabwehranspruch begründeten Möglichkeiten ergriffen hat.   9

III. Aufopferungsentschädigung

Die Ansprüche auf Aufopferungsentschädigung sind ebenso wie die im Anspruch auf Abwehr öffentlicher Unrechtslasten verankerten Ansprüche Institute der verschuldensunabhängigen Staatsunrechtshaftung. Beide Ansprüche müssen deshalb in eine sinnvolle Abstimmung gebracht werden (*M/D,* Art. 14 Rn. 639).   10

1. Abgrenzung

Beide Ansprüche unterscheiden sich sowohl nach den Voraussetzungen, als auch nach den Rechtsfolgen.   11

Während die Aufopferungsansprüche an der Verletzung einer durch Art. 14 GG geschützten Rechtsposition anknüpfen, setzt der Anspruch auf Abwehr öffentlicher Unrechtslasten einen Eingriff in ein subjektives Recht voraus. Der dadurch verursachte rechtswidrige Zustand ist im Rahmen des Folgenbeseitigungsanspruchs auszugleichen.   12

In der Rechtsfolge unterscheiden sich beide Ansprüche dadurch, daß die Aufopferungsansprüche auf Entschädigung in Geld gerichtet sind, während der Folgenbeseitigungsanspruch auf Wiederherstellung des „status quo ante" gerichtet ist.   13

2. Konkurrenzen

Grundsätzlich bestehen beide Ansprüche nebeneinander. Sofern bei ein und demselben „Schadensfall" der allgemeine Folgenbeseitigungsanspruch neben einem Kompensationsanspruch aus enteignungsgleichem Eingriff in Betracht kommt, hat der Betroffene ein Wahlrecht, zwischen Wiederherstellung und Entschädigung (*Ossenbühl,* StHR, S. 280).   14

Unterhalb dieses generellen Grundsatzes bedarf die Abstimmung beider Anspruchsgruppen indessen einer sachverhaltsabhängigen sorgfältigen Abgrenzung im Einzelfall.   15

16 a) So ist eine Sachverhaltskonstellation denkbar, bei der der Betroffene auf der einen Seite ein Interesse daran hat, den rechtswidrigen Zustand als solchen in den „status quo ante" zurückzuwandeln. Gleichzeitig wird dadurch der durch das hoheitliche Handeln ausgelöste Nachteil möglicherweise nicht vollständig ausgeglichen.

Beispiel: Neben dem Wohnhaus wird eine geruchsbelästigende öffentliche Einrichtung errichtet. Der Betroffene kann im Rahmen des allgemeinen Unterlassungsanspruchs verlangen, daß die Geruchsbelästigungen unter bestimmte Werte abgesenkt werden. Der gleichwohl bestehende Wertverlust seines Grundstücks ist ggf. im Rahmen eines Anspruchs aus enteignendem Eingriff geltend zu machen.

17 b) Die Notwendigkeit der Abstimmung beider Ansprüche stellt sich, auch wenn ein Verwaltungsakt bestandskräftig geworden ist, so daß seine Aufhebung selbst nicht mehr verlangt und seine Vollzugsfolgen über einen Folgenbeseitigungsanspruch nicht mehr rückgängig gemacht werden können (*M/D*, Art. 14 Rn. 639).

18 Das Verhältnis zwischen beiden Ansprüchen ist nicht von einer generellen Wahlfreiheit gekennzeichnet (so aber *Ossenbühl*, StHR, S. 280). Es ist zu berücksichtigen, daß der Betroffene gegen bestimmte Störungen bereits im Wege der vorbeugenden Unterlassungsklage vorgehen kann. Eine sachgerechte Abstimmung ergibt sich auch bei dieser Fallkonstellation im Rahmen des in **§ 254 BGB verankerten** allgemeinen **Rechtsgedankens** der Mitverantwortung. Gleichzeitig wird damit eine Harmonisierung der Grundsätze der Rechtsprechung im Verhältnis zwischen Primärrechtsschutz und Sekundärrechtsschutz erreicht.

B. Prozessuales

I. Rechtsweg

19 Die im Anspruch auf Abwehr öffentlicher Unrechtslasten verankerten öffentlich-rechtlichen Ansprüche auf Unterlassung und Folgenbeseitigung sind vor den **Verwaltungsgerichten** geltend zu machen (§ 40 II 1 VwGO). Im Einzelfall kann die Feststellung der öffentlich-rechtlichen Natur des Anspruches Schwierigkeiten bereiten. Im Hinblick auf den Vollzugsfolgenbeseitigungsanspruch, besteht an der öffentlich-rechtlichen Natur kein Zweifel. Dies ergibt sich schon aus § 113 I, 2 VwGO, der für die Geltendmachung dieses Anspruchs eine Sonderregelung vorsieht.

II. Klageart

1. Leistungsklage

Prozessual ist der Folgenbeseitigungsanspruch wie auch der Unterlassungsanspruch mit der **allgemeinen Leistungsklage** geltend zu machen, wenn die Folgenbeseitigung durch **schlicht hoheitliches Handeln** zu erfolgen hat, bzw. wenn bevorstehende oder bereits eingetretene Beeinträchtigungen zu unterlassen sind (*Ramsauer*, Rn. 25.03). 20

Sofern die Rückgängigmachung des beeinträchtigenden Zustandes den Erlaß eines **Verwaltungsaktes** voraussetzt, ist eine **Verpflichtungsklage** zu erheben (*Ossenbühl*, StHR, S. 282). 21

2. § 113 I 2, 3 VwGO

a) Wie bereits ausgeführt, enthält § **113 I, 2 VwGO keine materielle Rechtsgrundlage** für den Folgenbeseitigungsanspruch. Er erleichtert jedoch für den Vollzugsfolgenbeseitigungsanspruch dessen prozessuale Geltendmachung. 22

Der Betroffe kann unter den Voraussetzungen des § 113 I, 2, 3 VwGO den Antrag auf Folgenbeseitigung mit dem der Aufhebung des Verwaltungsaktes verbinden, ohne daß die Rechtskraft der Aufhebung abgewartet werden muß, (*Kopp*, § 113 Rn. 40). Diese Vorschrift ist Ausdruck der Prozeßökonomie. 23

b) Die Folgenbeseitigung nach § 113 I, 2, 3 VwGO kann das Gericht aussprechen, wenn und soweit es den Verwaltungsakt aufhebt und dieser bereits vollzogen war. Der Kläger kann **neben der Aufhebung des Verwaltungsaktes** dann beantragen, daß das Gericht die Behörde anweist, die **Vollziehung rückgängig** zu machen. Das Gericht kann dazu die Behörde nicht nur verpflichten, einen bestimmten Verwaltungsakt zur Beseitigung der Vollziehung zu erlassen, es kann ihr vielmehr auch ein bestimmtes Tun oder Unterlassen aufgeben (*R/v.O* § 113 Rn. 5; einschränkend offenbar *Kopp*, § 113 Rn. 39, 42, wonach ein gegenüber Dritten gerichteter Verwaltungsakt nicht erfaßt werden soll. Dies ist indessen eine Frage des materiellen Rechts, nicht dagegen der im Rahmen des § 113 I, 2, 3 VwGO geregelten prozessualen Geltendmachung). 24

Im einzelnen setzt ein Vorgehen nach § **113 I, 2, 3 VwGO** voraus: 25

- ❏ Anfechtung eines belastenden Verwaltungsaktes und Antrag auf Beseitigung der Folgen seines Vollzuges
- ❏ Vorliegen eines materiell-rechtlichen Folgenbeseitigungsanspruchs
- ❏ Möglichkeit der Behörde zur Folgenbeseitigung

- Spruchreife.

26 Dies bedeutet, daß zur gerichtlichen Entscheidung **keine zusätzliche Sachaufklärung mehr erforderlich** sein darf. Auch insoweit zeigt sich der prozeßökonomische Grund dieser Regelung. Durch das Erfordernis der Spruchreife soll nämlich verhindert werden, daß die Entscheidung über die Anfechtungsklage durch weitergehende Erhebungen über die beantragte Vollzugsfolgenbeseitigung verzögert wird.

C. Wiederholung

I. Zusammenfassung

- Öffentlich-rechtlicher Erstattungsanspruch und allgemeiner Folgenbeseitigungsanspruch sind eigenständige Ansprüche, die sich nach rechtlicher Begründung, Anspruchsvoraussetzungen und Rechtsfolgen unterscheiden. Sie schließen sich nicht gegenseitig aus, sondern können grundsätzlich nebeneinander geltend gemacht werden.

- Der Anspruch zur Abwehr öffentlicher Unrechtslasten steht grundsätzlich neben den Ansprüchen auf Aufopferungsentschädigung. Beide Ansprüche unterscheiden sich nach den Anspruchsvoraussetzungen und den Rechtsfolgen. Im Einzelfall kann die nicht rechtzeitige Geltendmachung des Anspruchs auf Abwehr öffentlicher Unrechtslasten im Rahmen des aus § 254 BGB fließenden Rechtsgedankens beim Aufopferungsentschädigungsanspruch zu berücksichtigen sein.

- Die gegen beeinträchtigendes hoheitliches Handeln gerichteten Unterlassungsansprüche sind ebenso wie der allgemeine Folgenbeseitigungsanspruch im Verwaltungsrechtsweg geltend zu machen.

II. Fragen

1. Wodurch unterscheidet sich der allgemeine Folgenbeseitigungsanspruch vom öffentlich-rechtlichen Erstattungsanspruch?
2. Unterscheiden sich allgemeiner Folgenbeseitigungsanspruch und die Ansprüche auf Aufopferungsentschädigung in ihren Rechtsfolgen?
3. Welche Klagearten kommen bei selbständiger Geltendmachung des Folgenbeseitigungsanspruchs in Betracht?

III. Lösungen

1. Der allgemeine Folgenbeseitigungsanspruch ist in der freiheitssichernden Funktion der Grundrechte verankert; der öffentlich-rechtliche Erstattungsanspruch ist ein eigenständiges Institut des öffentlichen Rechts, das im Rechtsgedanken wurzelt, daß unrechtmäßige Vermögensverschiebungen rückgängig zu machen sind (Gesetzmäßigkeitsgrundsatz). Während beim Folgenbeseitigungsanspruch der rechtswidrige Zustand durch hoheitliches Handels herbeigeführt worden sein muß, kann im Rahmen des öffentlich-rechtlichen Erstattungsanspruchs auch eine irrtümliche Leistung des Bürgers erfaßt sein.

   Der öffentlich-rechtliche Erstattungsanspruch erstreckt sich auch auf die Herausgabe von Nutzungen, einschließlich einer Verzinsung, während der Folgenbeseitigungsanspruch ausschließlich auf die Wiederherstellung des „status quo ante" gerichtet ist.

2. Die Ansprüche auf Aufopferungsentschädigung sind auf Geldersatz gerichtet. Im Rahmen des Folgenbeseitigungsanspruchs kommt ein Geldausgleich nur ausnahmsweise in Betracht.

3. § 113 I, 2 VwGO bedeutet keinen Zwang, daß der Betroffene den Folgenbeseitigungsanspruch mit der Anfechtung des Grundverwaltungsaktes verbindet. Diese Vorschrift ist lediglich der Prozeßökonomie verpflichtet. Darüber hinaus beschränkt sich der Folgenbeseitigungsanspruch nicht nur auf Vollzugsfolgen rechtswidriger belastender Verwaltungsakte.

   Der Folgenbeseitigungsanspruch kann selbstständig geltend gemacht werden. Bei der Auswahl der Klageart kommt es darauf an, sorgfältig abzugrenzen, worauf die Folgenbeseitigung gerichtet ist. Abhängig davon kommt eine Verpflichtungsklage oder eine allgemeine Leistungsklage in Betracht.

# 5. Kapitel. Die Entschädigung für Eigentumseingriffe

Literatur: *Böhmer,* Grundfragen der verfassungsrechtlichen Gewährleistung des Eigentums in der Rechtsprechung des Bundesverfassungsgerichts, NJW 1988, 2561; *Kimminich,* Bonner Kommentar, Art. 14 (zit.: *BoKo*); *Detterbeck,* Salvatorische Entschädigungsklauseln vor dem Hintergrund der Eigentumsdogmatik des Bundesverfassungsgerichts, DÖV 1994, 273; *Dürig,* Zurück zum klassischen Enteignungsbegriff!, JZ 1954, 4; *Rüfner, Erichsen/Martens,* Allgemeines Verwaltungsrecht, 9. Aufl. 1992, § 52 (zit.: *E/M,* Allg. VerwR); *Hesse,* Grundzüge des Verfassungsrechts der Bundesrepublik Deutschland, 19. Aufl. 1993, §§ 10, 12 (zit.: *Hesse*); *Jarass,* in: *Jarass/Pieroth,* Grundgesetz, 2. Aufl. 1992 (zit.: *J/P,* GG); *Krohn,* Enteignung, Entschädigung, Staatshaftung, 1993; *Maurer,* Allgemeines Verwaltungsrecht, 9. Aufl. 1994, § 26 (zit.: *Maurer,* Allg. VerwR); *Ossenbühl,* Staatshaftungsrecht, 4. Aufl. 1991, §§ 12, 17 f. (zit.: *Ossenbühl,* StHR); *Papier,* Maunz-Dürig-Herzog, Grundgesetz, Art. 14 (zit.: *MD,* GG); ders., Besteuerung und Eigentum, DVBl 1980, 787; *ders.,* Grundfälle zu Eigentum, Enteignung und enteignungsgleichem Eingriff, JuS 1989, 630; *Pietzcker,* Die salvatorische Entschädigungsklausel, JuS 1991, 369; *Schack,* Aufopferungsanspruch bei Versagung der Abwehrklage aus § 1004 BGB, JuS 1963, 263; *Schwerdtfeger,* Öffentliches Recht in der Fallbearbeitung, 9. Aufl. 1993 (zit.: *Schwerdtfeger*).

§ 13. Grundlagen

A. Allgemeines

Die Unsicherheit, die die Systematik des Staatshaftungsrechts insgesamt kennzeichnet (*§ 1 Rn. 1 ff.*) findet sich auch im Bereich der Enteignungsentschädigung wieder. Das hat nicht nur den Grund in den Auswirkungen des Naßauskiesungsbeschlusses des BVerfG (E 58,300 = NJW 1982, 745), sondern auch in der dynamischen gesetzgeberischen Entwicklung, z. B. im Umweltschutzrecht, die ihrerseits Anspruchsgrundlagen beeinflußt oder eigenständig regelt. 1

I. Abgrenzung

Die **Enteignung** nach Art. 14 III GG ist der **rechtmäßige Eingriff** des Staates in das Eigentum der Privaten. 2

Beispiel: Um einen Truppenübungsplatz zu erweitern, enteignet die zuständige Behörde nach § 1 Landbeschaffungsgesetz die im Privateigentum des X stehenden Grundstücke.

Nach Maßgabe der § 17 ff. Landbeschaffungsgesetz wird den Grundstückseigentümern eine Entschädigung für den Rechtsverlust zugesprochen.

II. Eigentumsgarantie, Art. 14 I 1 GG

1. Art. 14 GG als subjektives Abwehrrecht

3   Die Eigentumsgarantie des Art. 14 GG ist ein „elementares Grundrecht" (BVerfGE 21, 155). Es sichert das private Eigentum gegen hoheitliche Zugriffe und gewährleistet den Bürgern die Grundlage für eine eigenverantwortliche Gestaltung ihres Lebens (BVerfGE 24, 389). Die **Eigentumsgarantie** als Grundlage **privater Existenzsicherung** steht in untrennbarem Zusammenhang mit der grundrechtlich verbürgten Gewährleistung der allgemeinen Handlungsfreiheit (Art. 2 I GG) und der Menschenwürde (Art. 1 I GG). Ohne die Gewährleistung des Eigentums in der Hand Privater wäre auch der Grundsatz der Chancengleichheit, der in Art. 3 I GG verankert ist, nicht abgesichert.

4   Die Gewährleistung des Eigentums in der Hand Privater bewirkt, daß sich durch private Initiative und Verantwortung die „**Privatnützigkeit**" des Eigentums gleichzeitig in den Dienst des **gesamtgellschaftlichen Nutzens** stellt. Nichts verdeutlicht diese gesamtgesellschaftliche Wirkung auf individualrechtlicher Zuordnungsgrundlage besser, als ein Vergleich mit dem Zustand des Grundvermögens im Gebiet der ehemaligen DDR. Die Auflösung individueller Verantwortung für das Grundeigentum in der ehemaligen DDR durch weitestgehende Überführung in von Rechtsträgern verwaltetes „Volkseigentum", war ein wesentlicher Grund für den kontinuierlichen Verfall der Liegenschaften.

2. Art. 14 GG als Institutsgarantie

5   Vor diesem Hintergrund gewinnt die ebenfalls in Art. 14 GG verankerte Institutsgarantie des Privateigentums eine besondere Bedeutung. Die Institutsgarantie gewährleistet, daß Sachbereiche, die zum **elementaren Bestand** grundrechtlich geschützter Betätigung im vermögensrechtlichen Bereich gehören der Privatrechtsordnung nicht entzogen werden dürfen (BVerfGE 24, 389).

Beispiel: Der Gesetzgeber beabsichtigt eine Regelung, wonach die Verfügung über Grundstückseigentum generell einer staatlichen Genehmigung unterworfen wird.

III. Eigentumsbindung

Das Eigentum wird durch Art. 14 GG indessen nicht schrankenlos gewährleistet. 6

1. Ausgestaltung des Eigentums, Art. 14 I 2, II GG

Art. 14 I 2; II GG enthalten **Inhalts- und Schrankenbestimmungen**, die es 7 dem Gesetzgeber ermöglichen und aufgeben, im Rahmen der Verhältnismäßigkeit die Sozialpflichtigkeit des Eigentums zu konkretisieren. Wenn der Gesetzgeber in diesem Sinne von dem Regelungsauftrag Gebrauch macht, so liegt darin **keine Einschränkung des Eigentumsgrundrechts** (BVerfG NJW 1974, 1500). Die in der Lit. zum Teil vertretene Differenzierung zwischen „Inhalt" und „Schranken" des Eigentums (*BoKo*, Art. 14 Rn. 133) hat keine praktische Bedeutung (*Nüßgens,* Rn. 63) und wird auch vom BVerfG in seinen zahlreichen Entscheidungen nicht nachvollzogen. Es bleibt festzuhalten, daß sich die Reichweite der Eigentumsgarantie erst aus der vom Gesetzgeber vorgenommenen Inhalts- und Schrankenkonkretisierung ergibt (BVerfG JZ 1982, 191).

Beachte: Im Rahmen der Sozialpflichtigkeit kann der Gesetzgeber dem Eigentümer Gebrauchs-, Nutzungs- oder Verfügungsbeschränkungen auferlegen. Ebenfalls sind der Sozialbindung Duldungspflichten zum Zwecke der Gefahrenabwehr zuzurechnen, wie z. B. gesundheitsrechtliche Untersuchungen von Lebensmitteln.

2. Inhaltsbestimmung

Das BVerfG (E 53, 292) sieht die Befugnis des Gesetzgebers zur Inhalts- 8 und Schrankenbestimmung „um so weiter, je mehr das Eigentumsobjekt in einem sozialen Bezug und in einer sozialen Funktion steht". Die verfassungsrechtlichen Grenzen der **Eigentumsbindung** ergeben sich dabei insbesondere aus der Anwendung des **Verhältnismäßigkeitsgrundsatzes**. In der Rechtsprechung haben sich zwei zu unterscheidende Fallgruppen herausgebildet (dazu ausführlich *§ 15 Rn. 1 ff.*):

- **Entschädigungsfreie Inhaltsbestimmung:** Die Eigentumsbindung durch generelle und abstrakte Festlegung von Rechten und Pflichten stellt sich als bloße Konkretisierung der eigentumsimmanenten Risikolage dar. Besondere Belastungen für den Betroffenen, die eines Ausgleichs bedürften, entstehen nicht.

- **Entschädigungspflichtige Inhaltsbestimmung:** Die Eigentumsbindung kann jedoch für den Betroffenen im Einzelfall „enteignend" wirken, weil sie ihm eine besondere Belastung auferlegt, die das zumutbare Maß überschreitet. Der Grundsatz der Verhältnismäßigkeit gebietet es in diesem Fall, die besondere Belastung durch einen Ausgleich (nicht zwangsläufig in Geld!) zu kompensieren und sie damit wieder mit der Eigentumsgarantie des Art. 14 I 1 GG in Einklang zu bringen.

3. Enteignung, Art. 14 III GG

9 Die entschädigungspflichtige **Inhaltsbestimmung** hat mit der Enteignungsentschädigung nach **Art. 14 III GG nichts zu tun**. Es geht bei der entschädigungspflichtigen Inhaltsbestimmung ausschließlich darum, auf der Ebene des Art. 14 I 1 GG eine Konkordanz zwischen den Allgemeininteressen und dem individuellen Garantiebereich des Eigentums herbeizuführen (allgemein dazu *Hesse*, Rn. 317 ff.).

Beispiel: Zur Durchführung der Sanierung wird ein Baulückengrundstück zugunsten eines Sanierungsträgers nach den §§ 85 ff. BauGB enteignet. Die Schließung der Baulücke ist zur Beseitigung städtebaulicher Mißstände unaufschiebbar geboten.

10 Beachte: Die Enteignung zielt nicht auf die situationsbedingte Umgestaltung des Eigentums, sondern ist auf dessen Überwindung gerichtet.

B. Eigentumsbegriff des Art. 14 GG

I. Verfassungsrechtlicher Eigentumsbegriff

1. Grundlagen

11 Ausgangspunkt für die Frage, ob hoheitliche Maßnahmen wegen Verletzung des verfassungsrechtlich geschützten Eigentums verhindert bzw. etwaige Ausgleichsleistungen gefordert werden können ist der Eingriff in eine geschützte Rechtsposition. Nur wenn eine enteignungsfähige Position tangiert ist, entfaltet die Eigentumsgarantie des Art. 14 GG naturgemäß ihre Schutzfunktion (BVerfGE 29, 360).

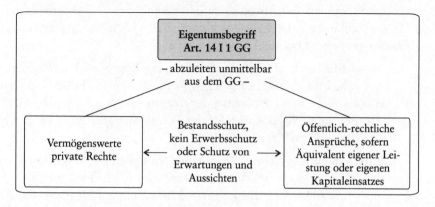

Hervorzuheben ist, daß der Eigentumsbegriff des GG nicht mit dem 12
Eigentum des BGB identisch ist. Es ist vielmehr von einem eigenständigen Eigentumsbegriff im verfassungsrechtlichen Sinne auszugehen, der grundsätzlich weit gefaßt ist.

Es gibt **keinen „absoluten" Begriff des Eigentums**. Der Umfang des von der 13
Verfassung gewährleisteten Eigentums muß aus der Verfassung selbst insbesondere aus der Abwehrfunktion der Eigentumsgarantie gewonnen werden. Aus Normen des einfachen Rechts, die im Range unter der Verfassung stehen, kann weder der Begriff des Eigentums im verfassungsrechtlichen Sinn abgeleitet noch kann aus der privatrechtlichen Rechtsstellung der Umfang der Gewährleistung des konkreten Eigentums bestimmt werden (BVerfGE 20, 355 f.; 68, 335).

2. „Offener Eigentumsbegriff"

Die Verfassung kennt also keinen starren inhaltlich fixierten Eigentumsbegriff. Es ist vielmehr Sache des **Gesetzgebers, Inhalt und Schranken des** 14
Eigentums zu bestimmen (Art. 14 I 2 GG). Er hat sich dabei an den gesellschaftlichen Anschauungen seiner Zeit zu orientieren (BVerfGE 20, 355).

3. Eingriffsobjekt und Eingriffsschutz

Eigentumspositionen sind nur in ihrem **konkreten Bestand** schutzfähig. 15
Eigentumsschutz ist Bestandsschutz, nicht jedoch Erwerbsschutz. Geschützt wird der vorhandene konkrete Bestand an Gütern in der Hand des Eigentümers.

Beispiel: Ein Gastwirt errichtet ein Restaurant in einem Baugebiet, in dem zahlreiche Freizeit- und Erholungseinrichtungen vorgesehen sind. Nachdem er sein Restaurant eingerichtet hat, ändert die Gemeinde den Bebauungsplan um die Grundstücke für eine Gewerbeansiedlung zu nutzen. Die Gewinnchancen des Gastwirts sind vom Eigentumsschutz nicht erfaßt; es handelt sich um nicht konkretisierte Erwerbschancen.

Nicht zum „vorhandenen Bestand" gehören bloße **Gewinnchancen**, Zu- 16
kunftshoffnungen, **Erwartungen,** Aussichten oder Verdienstmöglichkeiten, die sich aus dem Fortbestand einer günstigen Gesetzeslage ergeben (J/P, GG, Art. 14 Rn. 14).

Als Eigentum schutzfähig ist im übrigen grundsätzlich **jedes** vom Gesetz- 17
geber gewährte **vermögenswerte Recht** (BVerfGE 24, 396).

II. Schutzfähige Rechtspositionen

1. Private Rechte

18   Zu den schutzfähigen Rechtspositionen des Art. 14 GG gehören alle **vermögenswerten Rechte**, die das bürgerliche Recht einem privaten Rechtsträger als Eigentum zuordnet (BVerfGE 70, 199).

19   Erfaßt werden die dinglichen Rechte, aber auch bloße Ansprüche und Forderungen des Privatrechts (BVerfGE 28, 141). Erfaßt werden des weiteren das Urheberrecht (vermögenswerter Aspekt), das Recht am Warenzeichen, private Fischereirechte und das Jagdausübungsrecht usw. (*J/P*, GG, Art. 14 Rn. 7; BGH NVwZ-RR 1994,1).

2. Recht am eingerichteten und ausgeübten Gewerbebetrieb

20   a) Zum eigentumsrechtlichen Schutz des eingerichteten und ausgeübten Gewerbebetriebs sind zwei Fragen auseinanderzuhalten: zum einen geht es darum, ob das Recht am eingerichteten und ausgeübten Gewerbebetrieb „Eigentum" im Sinne des Art. 14 GG ist. Zum anderen ist zu klären, in welchem Umfang dieses Recht ggf. durch Art. 14 GG geschützt wird.

21   b) Eigentum im Sinne des **Art. 14 GG** ist nach h. M. auch das Recht am eingerichteten und ausgeübten Gewerbebetrieb. Als richterrechtlich (BGHZ 23, 157) entwickeltes privates Vermögensrecht unterliegt es nicht anders als die sonstigen privaten Vermögensrechte der Eigentumsgarantie des Art. 14 GG (wohl auch BVerfGE 77, 84).

22   c) Die weitere Schwierigkeit besteht darin, den **konkreten Umfang** der im Einzelfall geschützten Rechtsposition zu bestimmen. Weitgehende Übereinstimmung besteht darüber, daß der eigentliche Bestand des Unternehmens (Betriebsmittel, Maschinen usw.), also die **wirtschaftlichen Grundlagen** des Gewerbebetriebs, erfaßt sind.

> Von der verfassungsrechtlichen Eigentumsgarantie wird nicht die Vereitelung bloßer Gewinnchancen, von Zukunftshoffnungen oder sonstigen Erwartungen und Aussichten erfaßt.

23   Beispiel: Der Kontakt nach außen als Zugang zum öffentlichen Verkehrsnetz gehört zu dem durch Art. 14 GG geschützten Bestand des Gewerbebetriebs (*MD*, Art. 14 Rn. 96 f.). Für diesen Fall können zwei selbständige Eingriffsobjekte und damit auch zwei selbständige Entschädigungsansprüche wegen eines Eingriffs in das Grundeigentum und zum anderen in den Gewerbebetrieb in Betracht kommen (BGH NJW 1972, 1666). Es ist das Verbot der Doppelentschädigung zu beachten (BVerwG DVBl. 1994, 345).

§ 13. Grundlagen

3. Subjektiv – öffentliche Rechte

Umstritten ist, ob und inwieweit auch subjektiv – öffentliche Rechte Eigentum im Sinne des Art. 14 GG sein können.

a) Ursprünglich hatte der BGH die Auffassung vertreten, subjektiv – öffentliche Rechte seien ausnahmslos in den Eigentumsschutz einzubeziehen (BGHZ 6, 270).

b) Demgegenüber hatte das BVerfG zunächst audrücklich festgestellt, daß subjektiv – öffentliche Rechte nicht zum verfassungsrechtlich geschützten Eigentum gehören (BVerfGE 1, 264).

Zwischenzeitlich erkennt das BVerfG subjektiv – öffentlichen Rechten dann **Eigentumsschutz** nach Art. 14 GG zu, wenn der „Sachverhalt dem einzelnen eine **Rechtsposition** verschafft, **die derjenigen eines Eigentümers** entspricht und die so stark ist, daß ihre ersatzlose Entziehung dem rechtsstaatlichen Gehalt des Grundgesetzes widersprechen würde" (BVerfGE 4, 219).

Beispiel: Vom Eigentumsschutz werden erfaßt z. B. sozialversicherungsrechtliche Ansprüche und Anwartschaften (BVerfGE 69, 300 ff.) oder der Anspruch auf Arbeitslosengeld (BVerfGE 72, 18 ff.).

Für die Abgrenzung greift das BVerfG in zahlreichen Entscheidungen darauf zurück, ob der Bürger durch **eigene Arbeit oder Einsatz von Kapital** die öffentlich-rechtliche Rechtsposition erworben hat, die sich vor diesem Hintergrund gewissermaßen als Äquivalent eigener Leistung darstellt.

4. Vermögen

Art. 14 GG schützt nach h. M. **nicht das Vermögen als solches** (BVerfGE 4, 7). Das BVerfG vertritt in st.Rspr. die Auffassung, daß ein Verstoß gegen Art. 14 GG bei der Auferlegung von Geldleistungspflichten **nur** dann in Erwägung gezogen werden könne, wenn diese „**erdrosselnde Wirkung**" ausübten (BVerfGE 70, 230).

C. Enteignungsbegriff

I. Inhalt

Ging es zunächst darum, das Eigentum im verfassungsrechtlichen Sinne zu erfassen, wird mit der Enteignung der Blickwinkel gewechselt. Die Enteignung als Überwindung des Eigentums läßt sich in ihrem verfassungsrechtlichen Gehalt nur aus der Eigentumsgarantie des Art. 14 I 1 GG entwickeln.

Während Art. 14 III GG die Voraussetzungen und Folgen der Enteignung regelt, enthält das **GG selbst keine Definition**, was als **Enteignung** im Sinne des Art. 14 III GG anzusehen ist (*BoKo*, Art. 14 Rn. 178). Durch den Naßauskiesungsbeschluß des BVerfG ist auf der einen Seite eine Verunsicherung im Hinblick auf die „Enteignungsrechtsprechung" des BGH und des BVerwG entstanden (*Detterbeck*, DÖV 1994, S. 273 spricht rückblickend von der prätorischen Kraft der Rechtsprechung des BGH), auf der anderen Seite wurden der verfassungsrechtlichen Enteignung wieder klarere Konturen verliehen und zwar im Sinne einer Rückführung der Enteignung in die Richtung des klassischen Enteignungsbegriffs.

1. Der sog. „klassische Enteignungsbegriff"

32 a) Das Institut der Enteignung ist nach seiner historischen Entwicklung ein **Sonderfall** der allgemeinen Aufopferung (*Maurer*, Allg. VerwR, § 26 Rn. 3).

33 Der Aufopferungsgedanke als Konfliktlösung zwischen Gemeinwohl und Individualrecht ist rechtsgeschichtlich mit der Entstehung des modernen Staates verbunden. Er meint allgemein gefaßt, daß der „Untertan" für den aus besonderen Gründen des Gemeinwohls vom Landesherrn vorgenommenen Eingriff in wohl erworbene Rechte Entschädigung verlangen kann (*Ossenbühl*, StHR, S. 102 ff., *E/M*, Allg. VerwR, § 52 Rn. 1 ff.)

34 Dieser Aufopferungsgedanke findet sich in einer gesetzlichen Ausprägung bereits in den §§ 74, 75 Einl. ALR von 1794:

„§ 74. Einzelne Rechte und Vorteile der Mitglieder des Staats müssen den Rechten und Pflichten zur Beförderung des gemeinschaftlichen Wohls, wenn zwischen beiden ein wirklicher Widerspruch (Kollision) eintritt, nachstehen."

„§ 75. Dagegen ist der Staat denjenigen, welcher seine besonderen Rechte und Vorteile dem Wohle des gemeinen Wesens aufzuopfern genötigt wird, zu entschädigen, gehalten."

35 Diese Grundsätze haben die Rechtssetzung und die Entwicklung der Rechtsprechung zur Enteignungsentschädigung bis zum heutigen Tage nachhaltig geprägt. So führt der BGH neuerdings den sog. enteignungsgleichen Eingriff auch auf diese Bestimmungen zurück.

36 b) Um den im 19. Jahrhundert verstärkt auftretenden Bedarf des Staates an Grund und Boden zur Erfüllung seiner Aufgaben (z. B. Straßenbau; Eisenbahnbau etc.) decken zu können, wurden eine Reihe von **Enteignungsgesetzen** erlassen. Auf ihrer Grundlage konnte durch Verwaltungsakt auf Grundeigentum zugegriffen werden. Die Enteignung war stets auch Übereignung des enteigneten Grundstücks.

37 Der diesen Gesetzen zugrunde liegende Enteignungsbegriff wird heute als der **sog. klassische Enteignungsbegriff** bezeichnet. Es ist wichtig,

sich die Voraussetzungen des klassischen Enteignungsbegriffs klarzumachen, da seine Kenntnis für das Verständnis der Entwicklung des „Enteignungsrechts" unerläßlich ist. Der klassische Enteignungsbegriff ist durch **folgende Merkmale** gekennzeichnet:

- Enteignungsobjekt sind ausschließlich Grundstücke oder sonstige dingliche Rechte
- die Enteignung führt zu einem Wechsel der Rechtsinhaberschaft (Güterbeschaffung durch Rechtsübertragung!)
- die Enteignung erfolgt durch Verwaltungsakt im Interesse des Gemeinwohls
- die Enteignung ist mit einer Entschädigungspflicht verbunden.

2. Erweiterung des Enteignungsbegriffs

a) Aus dem klassischen Enteignungsbegriff entwickelte sich in der Folge der sog. erweiterte Enteignungsbegriff. Maßgeblich wurde diese Entwicklung durch die Rechtsprechung des RG unter der Geltung des **Art. 153 WRV** bestimmt. Art. 153 WRV lautet: 38

„Das Eigentum wird von der Verfassung gewährleistet. Sein Inhalt und seine Schranken ergeben sich aus den Gesetzen.

Eine Enteignung kann nur zum Wohle der Allgemeinheit und auf gesetzlicher Grundlage vorgenommen werden. Sie erfolgt gegen angemessene Entschädigung, soweit nicht ein Reichsgesetz etwas anderes bestimmt. Wegen der Höhe der Entschädigung ist im Streitfall der Rechtsweg bei den ordentlichen Gerichten offenzuhalten, soweit Reichsgesetze nichts anderes bestimmen ..." 39

Das **RG erweiterte den klassischen Enteignungsbegriff** zunächst dadurch, daß es alle vermögenswerten Privatrechte in die Eigentumsgarantie einbezog (RGZ 139, 186). Es kann dies als „Geburtsstunde" des verfassungsrechtlichen Eigentumsbegriffs bezeichnet werden. 40

Das Merkmal der **Güterbeschaffung** wurde **als Enteignungsmerkmal aufgegeben**. Sämtliche Beeinträchtigungen des Privateigentums wurden als enteignungsrelevante Vorgänge anerkannt. Eine Übertragung des enteigneten Objekts auf einen Begünstigten wurde nicht mehr verlangt. 41

Beispiel: Nutzungsverbot eines in die Denkmalschutzliste eingetragenen Grundstücks (RGZ 116, 268 – „*Hamburger Denkmalfall*").

Schließlich wurde der klassische Enteignungsbegriff dadurch modifiziert, daß neben der prinzipiellen Enteignung durch Einzelakt auch die Enteignung durch Gesetz anerkannt wurde (RGZ 109, 318). 42

3. Enteignungsbegriff des BGH

43 a) **Der BGH knüpfte unmittelbar,** trotz neuer verfassungsrechtlicher Rahmenbedingungen nach Inkrafttreten des GG, **an** diese Rechtsprechung des **RG an** (BGHZ 6, 270; kritisch dazu schon früh *Dürig*, JZ 1954, 4 ff. lesenswert!). Eine Rückkehr zum klassischen Enteignungsbegriff oder zu einzelnen seiner Elemente hat der BGH in dieser Entscheidung ausdrücklich abgelehnt. Er sollte durch das BVerfG widerlegt werden.

44 Der BGH sieht in der Enteignung den unmittelbaren hoheitlichen Eingriff in eine als „Eigentum" durch Art. 14 I 1 GG geschützte Rechtsposition, der die Grenzen zulässiger Inhaltsbestimmung des Eigentums (Art. 14 I 2 GG) oder der Sozialbindung (Art. 14 II GG) überschreitet. In den Enteignungsbegriff werden jetzt auch rechtswidrige Eingriffe in das Eigentum mit dem Ziel einbezogen, unmittelbar eine Entschädigungspflicht begründen zu können. Das Argument entnimmt der BGH (BGHZ 6, 270) einem ersten **„erst-recht-Schluß"**:

45 In einem **zweiten „erst-recht-Schluß"** wurde dann Entschädigung für **rechtswidrig schuldhafte Eingriffe** – neben der Amtshaftung – gewährt (BGHZ 7, 296):

46 „Haben aber schon die schuldlos durch einen solchen Eingriff Geschädigten einen Anspruch auf Entschädigung nach Enteignungsgrundsätzen, so muß dies erst recht dann gelten, wenn der Eingriff nicht nur rechtswidrig, sondern auch schuldhaft war."

47 b) Der BGH hat unbesehen der Änderung der Eigentumsgarantie in Art. 14 GG gegenüber Art. 153 WRV im Kern die Rechtsprechung des RG nahtlos fortgeführt, diese aber unmittelbar in Art. 14 GG verankert. Art. 14 GG schrieb jedoch auf der Ebene der Verfassung fest, daß eine Enteignung nur durch Gesetz oder aufgrund eines Gesetzes zulässig ist, das Art und Ausmaß der Entschädigung selbst regelt. Die Junktimklausel soll den Gesetzgeber zwingen, im Enteignungsgesetz selbst die Entschädigungsregelung vorzusehen (zur Kritik: *Böhmer*, NJW 1988, 2561).

48 Das **BVerfG** hatte **früh** darauf **hingewiesen,** daß jede Enteignung aufgrund eines Gesetzes, das die Anforderungen der **Junktimklausel** nicht erfüllt, rechtswidrig sei (BVerfGE 4, 230 ff.). Auf die Junktimklausel nahm der BGH indessen bei seinem Enteignungsbegriff und seiner darauf aufbauenden Enteignungsrechtsprechung **keine Rücksicht.** Lagen die Kriterien einer Enteignung vor, so erkannte er grundsätzlich eine Entschädigung zu, unabhängig davon, ob die enteignende Maßnahme rechtmäßig war oder nicht und unabhängig davon, ob die Entschädigung in einem Enteignungsgesetz vorgesehen war oder nicht.

c) Die weitere Schwierigkeit der Enteignungsrechtsprechung des BGH bestand darin, die Enteignung von den entschädigungslos hinzunehmenden Beschränkungen des Eigentums abzugrenzen. Die Enteignung konnte nämlich nach Auffassung des BGH nicht nur in der Überwindung, sondern auch in der Beschränkung des Eigentums bestehen (*Maurer,* Allg. VerwR, § 26 Rn. 16).

Der BGH hat hierzu die **Einzelaktstheorie** des **RG** (RGZ 128, 171), die die Enteignung mit dem Einzeleingriff verknüpfte (generelle Beschränkungen waren entschädigungslose Inhaltsbestimmungen), zur sog. **Sonderopfertheorie** fortentwickelt. Entscheidend für die Enteignungswirkung ist nach dieser Theorie des **BGH** das Sonderopfer, das sich aus einem Verstoß gegen den Gleichheitssatz ergibt (BGHZ 6, 279).

Beachte: Bei der Enteignung handelte es sich nach der Rspr. des BGH um einen zwangsweisen staatlichen Eingriff in das Eigentum, sei es in der Gestalt der Entziehung oder der Belastung. Er mußte die betroffenen Einzelnen oder Gruppen im Vergleich zu den anderen ungleich treffen und sie zu einem besonderen, den übrigen nicht zugemuteten Opfer für die Allgemeinheit zwingen, und zwar zu einem Opfer, das gerade nicht den Inhalt und die Grenzen der betroffenen Rechtsgattung allgemein und einheitlich festlegt, sondern das aus dem Kreis der Rechtsträger Einzelne oder Gruppen von ihnen unter Verletzung des Gleichheitssatzes besonders trifft. Der Verstoß gegen den Gleichheitssatz kennzeichnete die Enteignung.

Die Sonderopfertheorie führte vor allem zu Abgrenzungsproblemen, wo es darum ging, die **Enteignungswirkung von Gruppenbelastungen** festzustellen. Gerade wenn eine Vielzahl von Eigentümern von der hoheitlichen Maßnahme betroffen ist, erweist sich nämlich das Kriterium des gleichheitswidrigen Sonderopfers als wenig tauglich. Der BGH hat deshalb das Kriterium der **Situationsgebundenheit** eingeführt. Die Situationsgebundenheit soll eine generelle Pflichtigkeit des Eigentums umschreiben. Wird durch die hoheitliche Maßnahme nur die bereits ohnehin bestehende Pflichtigkeit des Eigentums aktualisiert, fehlt es an einer enteignenden Wirkung (insgesamt zur Entwicklung *Krohn,* S. 1).

Beispiel: Ein mit einem Hinterhaus versehenes Gebäude des vorigen Jahrhunderts wurde im Krieg zerstört. Ende der 50er Jahre wollten die Eigentümer das Hinterhaus wieder errichten. Dies wurde von der Bauordnungsbehörde abgelehnt. Der BGH (BGHZ 48, 193) lehnte einen Entschädigungsanspruch wegen „Enteignung" ab, da nach der objektiv zu beurteilenden Situationsgebundenheit des Grundstücks ein vernünftiger Eigentümer bei wirtschaftlicher Betrachtungsweise die angestrebte Nutzungsart nicht mehr verwirklicht hätte.

4. Enteignungsbegriff des BVerwG

53 a) Im Gegensatz zum BGH hat das BVerwG von Anfang an dem materiellen Abgrenzungskriterium der Eingriffstiefe angeknüpft. Nach dem BVerwG ist die Schwere und Tragweite des Eingriffs für die enteignende Wirkung entscheidend (BVerwGE 5, 145). Die **sog. Schweretheorie**, die auf eine materielle Abwägung der im Einzelfall aufzulösenden widerstreitenden Interessen des Einzelnen und der Allgemeinheit verweist, ist in starkem Maße auf Wertungen angewiesen.

54 b) Die **Sonderopfertheorie** und die **Schweretheorie** sollten **nicht als Gegensatz** verstanden werden. Der BGH hat in Modifikation der Sonderopfertheorie selbst materielle Gesichtspunkte eingeführt und immer stärker die Zumutbarkeit des Eingriffs berücksichtigt (BGH NJW 1967, 1855; dazu *Papier*, JuS 1989, 633).

55 Zurecht wird deshalb darauf hingewiesen (*BoKo,* Art. 14 Rn. 199) daß eine Theorienkonvergenz zwischen BGH und BVerwG stattfand. So hat auch das BVerwG bei der Anwendung der von ihm entwickelten **Zumutbarkeitstheorie** erklärt, die Ungleichheit in der Belastung sei ein wichtiges Indiz für die Schwere des Eingriffs (BVerwGE 15, 1).

5. Enteignungsbegriff des BVerfG

56 a) Das BVerfG hat den Begriff der Enteignung erheblich eingeschränkt und formalisiert. Es hat ihn gleichzeitig gegenüber der Bestimmung von Inhalt und Grenzen des Eigentums deutlicher abgegrenzt. Nach den Darlegungen des BVerfG im Naßauskiesungsbeschluß kann der **Gesetzgeber** im Rahmen des Art. 14 GG in dreifacher Weise eigentumsrechtlich relevante Vorschriften erlassen:

- Inhaltsbestimmungen nach Art. 14 I 2 GG
- Legalenteignungen
- Administrativenteignungen.

57 Dabei sieht das BVerfG in der Inhaltsbestimmung, Legalenteignung und Administrativenteignung jeweils **eigenständige Rechtsinstitute**, die das Grundgesetz deutlich voneinander absetzt (BVerfGE 58, 331).

58 b) **Enteignung** im Sinne des Art. 14 III GG ist danach

- ein gezielt konkret-individueller Zugriff auf das Eigentum
- mittels eines Rechtsaktes (Norm- oder Verwaltungsakt)
- der zur vollständigen oder teilweisen Entziehung konkreter subjektiver Eigentumspositionen führt.

§ 13. Grundlagen

> Der Enteignungsbegriff des BVerfG ist dadurch gekennzeichnet, daß der Eingriff unmittelbar durch Gesetz oder aufgrund eines Gesetzes durch Rechtsakt erfolgt.

Der Eingriff ist darauf gerichtet, Eigentumspositionen vollständig oder teilweise zu entziehen. Weder reicht also ein Realakt oder eine lediglich mittelbare Folge eines Rechtsaktes dafür aus, noch fallen Eigentumsbeschränkungen ohne Überwindung des Individualeigentums durch (Teil-) Entzug unter den Enteignungsbegriff (*E/M*, Allg. VerwR, § 52 Rn. 15 ff.). **59**

c) Während der Enteignungsbegriff des BGH auch Eigentumsbeschränkungen miterfaßte, sofern sie entsprechend der Sonderopfertheorie eine bestimmte „Eingriffstiefe" überschritten hatten, hat das BVerfG – trotz zahlreicher offener Fragen – den **Enteignungsbegriff** wieder in Richtung der **klassischen Enteignung** zurückgedreht. **60**

Hintergrund dieser Rechtsprechung des BVerfG ist es, den Gesetzgeber selbst dazu anzuhalten, entsprechend Art. 14 III 1 GG die Voraussetzungen der Enteignung sowie Art und Ausmaß der Entschädigung zu regeln. Damit ist ein wesentlicher **Aspekt der Gewaltenteilung** angesprochen. Die Bestimmung des verfassungsrechtlichen Eigentumsbegriffs und der Enteignungsvoraussetzungen sollen ausschließlich dem Gesetzgeber vorbehalten sein. Er darf sich dieser Regelungspflicht nicht dadurch entziehen, daß er die Ausfüllung der Entschädigung der Rechtsprechung überläßt. Die Enteignungsgesetze und der Enteignungsakt unterliegen im übrigen bei diesem Verständnis ausschließlich der Kontrolle durch das BVerfG. **61**

Merke: Die Eigentumsgarantie schützt den konkreten Bestand in der Hand des einzelnen Eigentümers. Dieser braucht eine Entziehung seiner verfassungsrechtlich geschützten Rechtsstellung nur hinzunehmen, wenn der Eingriff in jeder Hinsicht den in Art. 14 III GG normierten Voraussetzungen entspricht. In einem solchen Fall tritt an die Stelle der Bestandsgarantie eine Wertgarantie, die sich auf Gewährung einer vom Gesetzgeber dem Grunde nach zu bestimmenden Entschädigung richtet. Dagegen ist die vom Grundgesetz vorgesehene **Folge** einer **verfassungswidrigen „Enteignung"** die Aufhebung des Eingriffsaktes (BVerfGE 58, 323). **62**

Für die **Entscheidungskompetenz der ordentlichen Gerichte** im Verfahren nach Art. 14 III 4 GG ergeben sich aus dieser Rechtslage folgende Konsequenzen: sieht der Bürger in der gegen ihn gerichteten Maßnahme eine Enteignung, so kann er eine Entschädigung nur einklagen, wenn hierfür eine gesetzliche Anspruchsgrundlage vorhanden ist. **63**

Fehlt sie, so muß er sich bei den Verwaltungsgerichten um die Aufhebung des Eingriffsaktes bemühen. Er kann aber nicht unter Verzicht auf die Anfechtung eine ihm vom Gesetz nicht zugebilligte Entschädigung beanspruchen; mangels gesetzlicher Grundlage können die Gerichte auch keine Entschädigung zusprechen (BVerfGE 58, 324).

6. Folgerungen des BGH

64 Der BGH hat zwischenzeitlich seine Enteignungsrechtsprechung an die Entscheidung des BVerfG angepaßt.

65 a) Der BGH sieht **keinen Anlaß**, die Rechtsinstitute des enteignungsgleichen und enteignenden Eingriffs **aufzugeben**. Die Entscheidung des BVerfG zur Naßauskiesung betreffe nur die Enteignung i. e. S., die eine gesetzliche Grundlage erfordere, welche den Anforderungen des Art. 14 III GG entsprechen müsse.

66 b) Davon unterscheidet der BGH seine jetzt im **Aufopferungsgedanken** verankerten **richterrechtlichen Grundsätze** für die Entschädigung wegen enteignungsgleicher und enteignender Eingriffe (BGH DVBl. 1984, 391). Diese Grundsätze seien auch ohne ausdrückliche Bestimmung im gesetzten Recht verfassungsrechtlich zulässig und von der Sache her geboten. Sie entsprächen im übrigen allgemeinen Gerechtigkeitsvorstellungen und könnten nicht als unzulässiger Übergriff in das der Gesetzgebung vorbehaltene Gebiet angesehen werden.

Der BGH greift also im Hinblick auf die **haftungsrechtlichen Enteignungstatbestände** auf den Aufopferungsgedanken zurück, den bereits das RG zur Anwendung gebracht hatte (*E/M*, Allg. VerwR, § 52 Rn. 17). Die Konsequenz aus dieser Rechtsprechung ist es, daß zwischen einem **verfassungsrechtlichen** (BVerfG) und einem **haftungsrechtlichen Enteignungsbegriff** (BGH) zu unterscheiden ist.

II. Enteignung und Eigentumsbindung

1. Enteignung, Art. 14 III GG

67 Aus der Rechtsprechung des BVerfG zum Enteignungsbegriff ergeben sich folgende Grundsätze:

68 Die **Rechtmäßigkeit einer Enteignung** bemißt sich ausschließlich an den Voraussetzungen des Art. 14 III GG.

69 Liegt eine Enteignung im Sinne des Art. 14 III GG vor (Legal-/Administrativenteignung), so muß die gesetzliche Grundlage den verfassungsrechtlichen Anforderungen genügen. Fehlt in dem Enteignungsgesetz z. B. die Junktimklausel, so führt dies zwingend zur Verfassungswidrigkeit des Gesetzes. Der Enteignete hat sich gegen das Gesetz (Legalenteig-

nung) bzw. gegen den aufgrund des verfassungswidrigen Gesetzes ergangenen Rechtsakt (Administrativenteignung) zu wenden. Art. 14 III GG ist in den Fällen der verfassungsrechtlichen Enteignung keine unmittelbare Entschädigungsgrundlage.

2. Inhaltsbestimmung des Eigentums, Art. 14 I, 2; II GG

Von der Enteignung nach Art. 14 III GG ist die durch **abstrakt-generelle Regelungen** erfolgende **Inhalts- und Schrankenbestimmung** des Eigentums zu unterscheiden. Handelt es sich um eine Beeinträchtigung des Eigentums aber nicht um den (Teil-) Entzug einer eigentumsfähigen Position, so ist die Verfassungsmäßigkeit des Gesetzes an Art. 14 I 1; II GG zu messen. In Betracht kommt eine 70

❑ entschädigungslos hinzunehmende Inhaltsbestimmung
❑ entschädigungspflichtige Inhaltsbestimmung.

III. Enteignung und Aufopferung

1. Öffentlich-rechtlicher Aufopferungsanspruch

a) Enteignung und Aufopferung haben eine gemeinsame Entwicklungsgrundlage im allgemeinen Aufopferungsgedanken, der in den §§ 74, 75 EinlALR seine positive Ausprägung erfahren hat und der heute im gesamten Gebiet der Bundesrepublik Deutschland geltender Gewohnheitsrechtssatz ist (*MD*, Art. 14 Rn. 587). 71

Der allgemeine Rechtsgrundsatz besagt, daß demjenigen von der Gemeinschaft eine billige Entschädigung zu gewähren ist, dem durch hoheitlichen Zwang ein Sonderopfer abverlangt worden ist (BGH, NJW 1957, 1924). Ausgehend vom Verständnis des Aufopferungsgrundsatzes als **Prinzip der Lastengleichheit** (*Ossenbühl*, StHR, S. 108) kann seine verfassungsrechtliche Verbürgung neben den Freiheitsgrundrechten insbesondere auch in Art. 3 GG gesehen werden. Davon zu trennen ist jedoch, daß sich die Ausgestaltung des Aufopferungsanspruchs im einzelnen auf der Ebene des einfachen Rechts vollziehen muß. 72

b) Der öffentlich-rechtliche Aufopferungsanspruch betrifft Vermögensschäden aus Eingriffen in **nichtvermögenswerte Rechtsgüter**, wie Leben, Gesundheit und Freiheit. Spezialgesetzliche Regelungen gehen dem Aufopferungsanspruch vor. 73

Bei der Entwicklung des Aufopferungsanspruchs machten sog. Impfschadensfälle einen wesentlichen Anwendungsbereich aus (BGHZ 24, 45). Zwischenzeitlich sind die Impfschäden in den Spezialregelungen der §§ 51 ff. BSeuchenG geregelt.

Beispiel: Der BGH (BGHZ 46, 327) verweigerte einen Aufopferungsanspruch für Vermögensfolgeschäden einer Verletzung, die ein Schulkind beim Turnunterricht erlitten hatte. Der BGH war der Auffassung, daß sich im Schulturnen nur das allgemeine Lebensrisiko konkretisiere.

74 c) Der BGH führt nunmehr Entschädigungsansprüche aus **enteignendem** und **enteignungsgleichem Eingriff** ebenfalls auf den allgemeinen gewohnheitsrechtlichen **Aufopferungsgedanken** zurück. Diese rechtliche Verankerung darf jedoch nicht dazu führen, den eigenständigen Charakter des enteignenden und enteignungsgleichen Eingriffs zu verkennen.

2. Privatrechtliche Aufopferung

75 Die **privatrechtliche Aufopferung** setzt keinen hoheitlichen Eingriff voraus. Sie ist ein privat-rechtliches Institut. Sie gewährt einen Ausgleich dafür, daß sich der Eigentümer aus besonderen Rechtsgründen nicht auf die Abwehrklage aus § 1004 BGB berufen kann (*Schack*, JuS 1963, 264).

Beispiel: Der Nachbar hat hinzunehmen, daß bei Sprengungen in einem benachbarten Kalksteinbruch Steinbrocken auf sein Grundstück geschleudert werden. Mit Blick auf die Existenzsicherung des Steinbruchbetriebes obliegt dem Nachbarn eine Duldungspflicht aus besonderen Gründen, die aus dem nachbarlichen Gemeinschaftsverhältnis fließen. Ihm steht jedoch ein Ausgleichsanspruch wegen entstandener Schäden nach der privatrechtlichen Aufopferung zu (dazu BGHZ 28, 225).

> Ein privatrechtlicher Aufopferungsanspruch kommt nur in Betracht, wo Einwirkungen als Folge der privatrechtlichen Benutzung von Grundstücken entstehen.

76 Dabei ist darauf hinzuweisen, daß nicht-hoheitliches Handeln der öffentlichen Hand einen privatrechtlichen Aufopferungsanspruch des Grundstücksnachbarn auslösen kann.

D. Wiederholung

I. Zusammenfassung

- Art. 14 GG liegt ein offener Eigentumsbegriff zugrunde. Der sog. verfassungsrechtliche Eigentumsbegriff unterscheidet sich vom Eigentumsbegriff des BGB. Er ist aus der Verfassung selbst und aus der Schutzrichtung des Art. 14 GG zu entwickeln.

- Das BVerfG läßt im Rahmen des Art. 14 GG drei eigentumsbezogene Regelungen durch den Gesetzgeber zu:

§ 13. Grundlagen

Inhaltsbestimmung;
Legalenteignung;
Administrativenteignung.

- Mit der sog. Naßauskiesungsentscheidung hat das BVerfG eine für die Enteignungsdogmatik wesentliche Entscheidung getroffen. Das BVerfG hält fest, daß eine Enteignung im verfassungsrechtlichen Sinne den Voraussetzungen des Art. 14 III GG entsprechen muß. Die gesetzliche Grundlage muß insbesondere die Anforderungen der Junktimklausel erfüllen. Der Gesetzgeber ist gehalten, Voraussetzungen und Folgen der Enteignung selbst zu bestimmen.

- Die Naßauskiesungsentscheidung führt zur Unterscheidung eines verfassungsrechtlichen und eines haftungsrechtlichen Enteignungsbegriffs.

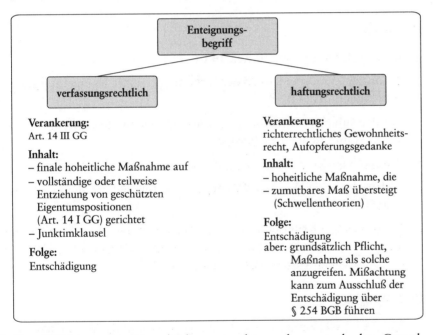

- Der BGH hat seine Entschädigungsrechtsprechung nach den Grundsätzen des enteignungsgleichen Eingriffs und des enteignenden Eingriffs auch nach der Entscheidung des BVerfG fortgeführt. Er sieht die richterrechtlich entwickelten Grundsätze im Aufopferungsgedanken gewohnheitsrechtlich anerkannt. Mit Blick auf diese Rechtsprechung kann von einem haftungsrechtlichen Enteignungsbegriff gesprochen werden.

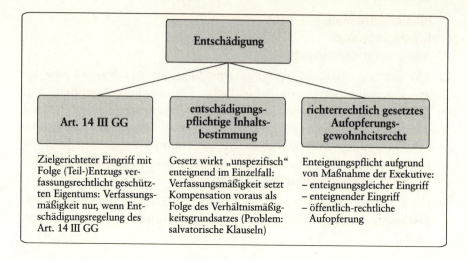

II. Fragen

1. Welche Garantien enthält Art. 14 I 1 GG?
2. Wodurch unterscheidet sich der verfassungsrechtliche Eigentumsbegriff vom Eigentum des BGB?
3. Werden subjektiv-öffentliche Rechte vom Eigentumsbegriff des Art. 14 I 1 GG erfaßt? Nennen Sie Beispiele.
4. Wodurch ist der „klassische Enteignungsbegriff" gekennzeichnet?
5. Welche Entscheidung des BVerfG hat die Enteignungsdogmatik nachhaltig beeinflußt?
6. Nach welchen Kriterien haben der BGH und das BVerwG die Enteignung von der Inhaltsbestimmung des Eigentums abgegrenzt? Haben die sog. Schwellentheorien noch Bedeutung?

III. Lösungen

1. Art. 14 I 1 GG enthält ein Individualgrundrecht, das das Eigentum des Einzelnen vor Zugriffen des Staates schützt. Außerdem enthält diese Grundrechtsnorm eine Institutsgarantie für das Eigentum in der Hand Privater. Es ist dem Gesetzgeber untersagt, das Privateigentum als Institut abzuschaffen oder in seinem Wesensgehalt auszuhöhlen.

2. Der verfassungsrechtliche Eigentumsbegriff ist weiter als der des BGB. Grundsätzlich werden alle vermögenswerten Rechte erfaßt, die dem Berechtigten von der Rechtsordnung in der Weise zugeordnet sind, daß er die damit verbundenen Befugnisse nach eigenverantwortlicher Entscheidung zu seinem privaten Nutzen ausüben kann.

3. Öffentlich-rechtliche Rechtspositionen werden von Art. 14 I 1 GG geschützt, wenn sie dem privaten Nutzen dienen, der privaten Verfügungsbefugnis unterliegen und durch eigene Leistung oder Kapital erworben worden sind. Als Beispiele sind zu nennen Rentenansprüche; Anspruch auf Arbeitslosengeld.

4. Der klassische Enteignungsbegriff ist dadurch gekennzeichnet, daß er sich ausschließlich auf Grundstücke oder dingliche Rechte bezieht. Die Enteignung erfolgt durch Verwaltungsakt und ist zwingend mit dem Wechsel der Rechtsträgerschaft verbunden. Die Enteignung ist mit einer Entschädigungspflicht gekoppelt.

5. Mit dem Naßauskiesungsbeschluß im 58. Band hat das BVerfG den verfassungsrechtlichen Enteignungsbegriff neu bestimmt. Danach setzt die Enteignung einen zielgerichteten Eingriff voraus, der die Rechtsposition des von der Enteignung Betroffenen überwindet. Diese Enteignung ist nur rechtmäßig und somit Enteignung im verfassungsrechtlichen Sinne, wenn sie den Anforderungen des Art. 14 III GG entspricht.

6. Während der BGH das maßgebliche Abgrenzungskriterium im Sonderopfer als gleichheitswidriger Sonderbelastung sieht, geht das BVerwG von einer materiellen Betrachtung aus. Maßgeblich dafür, ob im Einzelfall eine Enteignung vorliegt, ist die Schwere und Tragweite des Eingriffs.

Die sog. Schwellentheorien können nach wie vor zur Abgrenzung der entschädigungsfreien Inhaltsbindung von hoheitlichen Maßnahmen mit enteignender Wirkung herangezogen werden (Art. 14 I 1 GG). Sie haben des weiteren Bedeutung für die Beurteilung der Entschädigungspflicht bei einem enteignenden Eingriffs.

§ 14. Die Enteignung, Art. 14 III GG

Literatur: *Baur,* Die „Naßauskiesung" – oder wohin treibt der Eigentumsschutz?", NJW 1982, 1734; *Kimminich,* Bonner Kommentar, Art. 14 (zit.: *BoKo) Jarass/Pieroth,* Grundgesetz, 2. Aufl. 1992 (zit.: *J/P,* GG); *Maurer,* Allgemeines Verwaltungsrecht, 9. Aufl. 1994, § 26 (zit.: *Maurer,* Allg. VerwR); *Papier,* Maunz-Dürig-Herzog, GG, Art. 14 (zit.: *MD,* GG); *Nüßgens/Boujong,* Eigentum, Sozialbindung, Enteignung, 1986 (zit.: *Nüßgens); Krohn,* Enteignung, Entschädigung, Staatshaftung, 1993; *Ossenbühl,* Staatshaftungsrecht, 4. Aufl. 1991, §§ 12, 17 f. (zit.: *Ossenbühl,* StHR); Puhr-Westerheide, Bayerisches Gesetz über die entschädigungspflichtige Enteignung, 3. Aufl. 1990; *Schmidt = Aßmann,* Formen der Enteignung (Art. 14 III GG), JuS 1986, 833; *Scholz,* Identitätsprobleme der verfassungsrechtlichen Eigentumsgarantie, NVwZ 1982, 337; *Schwerdtfeger,* Öffentliches Recht in der Fallbearbeitung, 9. Aufl. 1993 (zit.: *Schwerdtfeger*).

A. Allgemeines

1 Das verfassungsrechtlich geschützte Eigentum (§ 13 Rn. 11) ist dem Zugriff des Staates grundsätzlich entzogen.

I. Abgrenzung

2 Die Enteignung als Überwindung des individuellen Eigentumsrechts ist eine besonders schwere Eigentumsbeeinträchtigung. Sie ist nur unter den strengen Voraussetzungen des Art. 14 III GG zulässig. Die Enteignung ist ein Zwangsinstrument, das es Hoheitsträgern ermöglicht, zur Verwirklichung öffentlicher Zwecke auf das private Eigentum des einzelnen zuzugreifen (näher zur Schutzfunktion des Art. 14 III GG: § 13 Rn. 3).

1. Enteignungsbegriff

3 Die verfassungsrechtlichen Anforderungen an die Enteignung sind in Art. 14 III GG geregelt. Ausgehend von dieser Verfassungsnorm hat das BVerfG die der Enteignung stark formalisiert. Sie ist durch folgende Merkmale gekennzeichnet:

- ❏ Verfassungsrechtlich geschütztes Eigentum als Eingriffsobjekt;
- ❏ gezielter hoheitlicher Rechtsakt;
- ❏ der gerichtet ist auf den vollständigen oder teilweisen Entzug des Eigentums;
- ❏ zweckgerichtet auf die Erfüllung öffentlicher Aufgaben.

2. Rechtmäßigkeitserfordernis

Die Enteignung nach Art. 14 III GG ist der rechtmäßige Eingriff eines 4
Hoheitsträgers (str. *MD* Art. 14 Rn. 467; a. A. *BoKo*, Art. 14 Rn. 120).
Wird auf einer Rechtsgrundlage enteignet, ohne daß die Voraussetzungen des Art. 14 III GG gegeben sind oder wird die Ermächtigungsgrundlage nicht gewahrt oder ist der Eingriff aus anderen Gründen rechtswidrig, wird die Eigentumsgarantie des Art. 14 I 1 GG verletzt. Unter Berufung auf Art. 14 I 1 GG kann der von der Enteignung Betroffene den hoheitlichen Eingriff abwehren und die Herstellung des verfassungsmäßigen Zustandes verlangen.

Beispiel: Zur Anlage eines Prüfgeländes für Kraftfahrzeuge wird eine Unternehmensflurbereinigung durchgeführt. Die benötigten landwirtschaftlichen Grundstücke sollen auf diesem Wege dem künftigen Betreiber des Prüfgeländes übertragen werden. Das BVerfG hielt die Enteignung für unzulässig, weil die denkbaren Ermächtigungsgrundlagen den Enteignungszweck nicht hinreichend konkretisiert hätten (BVerfGE 74, 296 – „Boxberg").

Die Rechtmäßigkeit der Enteignung ist integrativer Bestandteil des Enteignungsbegriffs. Die **Enteignung** nach Art. 14 III GG setzt daher **zusätzlich** voraus: 5

❏ Ermächtigungsgrundlage in einem förmlichen Gesetz;

❏ Regelung von Art und Ausmaß der Entschädigung;

❏ Gemeinwohlerfordernis.

II. Anspruchssituation

Im Zusammenhang mit enteignungsrechtlichen Fragestellungen treten vor 6
allem zwei Sachverhaltskonstellationen auf:

1. Abwehr der Enteignung

Der von der Enteignung Betroffene wendet sich gegen die enteignende 7
Maßnahme. Der hoheitliche Eingriff soll zu Fall gebracht werden. In dieser Sachverhaltsvariante geht es um die Rechtmäßigkeitskontrolle der hoheitlichen Maßnahme.

Beispiel: Im Zusammenhang mit der Privatisierung sog. Treuhandunternehmen im Gebiet der früheren DDR wurden Liquidatoren eingesetzt, die ihre Leistungen auf der Grundlage der BRAGO abrechneten. Angesichts knapper Kassen soll 1995 ein Treuhandliquidationsgesetz erlassen werden, in dem die Gegenstandswerte der privatisierten Unternehmen pauschal auf DM 150.000,— bzw., sofern diese unterhalb dieser Grenze liegen, auf den realen Wert festgesetzt werden. Das Gesetz gilt rückwirkend zum 01.01.1992; eine Entschädigungsregelung ist nicht vorgesehen. Rechtsanwältin R hält das Gesetz für verfassungswidrig.

2. Anspruch auf Entschädigung

8 In dieser Sachverhaltskonstellation geht der Streit um die Höhe der zu beanspruchenden Entschädigung. Es handelt sich um den typischen Entschädigungsstreit, der zwar in der Praxis, nicht dagegen in der Klausurbearbeitung eine bedeutende Rolle spielt.

Beispiel: Zum Zwecke des Straßenbaus soll ein Grundstück enteignet werden. Das Grundstück liegt in einem nicht beplanten Bereich, grenzt aber unmittelbar an ein allgemeines Wohngebiet an. Nach dem einschlägigen Landesenteignungsgesetz (vrgl. Art. 10 BayEG) ist bei der Bewertung des zu enteignenden Grundstücks grundsätzlich vom Verkehrswert auszugehen. Die Enteignungsbehörde ist der Auffassung, daß es sich trotz der räumlichen Nähe und der abzusehenden baulichen Entwicklung bei den Enteignungsflächen um landwirtschaftliche Grundstücke handle, die mit DM 40,-/Quadratmeter anzusetzen seien. Dem gegenüber weist der Grundstückseigentümer darauf hin, daß es sich nicht mehr um landwirtschaftliche Grundstücke handle, sondern daß die städtische Umgebungsbebauung unmittelbar wertsteigernd auf die Enteignungsgrundstücke einwirke (sog. Zwischenstufenland). Deshalb sei ein Quadratmeterpreis von DM 140,- zu grunde zu legen (dazu BGHZ 31, 241; 39, 202).

III. Rechtsformen der Enteignung

9 Art. 14 III 2 GG sieht zwei Formen der Enteignung vor: die Legalenteignung (= Legislativenteignung) und die Administrativenteignung

1. Legalenteignung „durch Gesetz"

10 Die Legalenteignung ist dadurch gekennzeichnet, daß der Enteignungsakt durch förmliches Gesetz ergeht.

Beispiel: Der Umweltminister des Landes X ist der Auffassung, daß das Sportangeln aus tierschützerischen und landschaftsschützerischen Gründen untersagt werden soll. Dem Landesparlament wird ein Gesetzentwurf der Regierung zugeleitet, in dem den Fischereivereinen sämtliche Fischereirechte aberkannt werden.

11 Die Legalenteignung setzt ein förmliches Gesetz (Parlamentsgesetz) voraus. Das Gesetz muß selbst und unmittelbar mit seinem Inkrafttreten ohne weiteren Vollzugsakt bewirken, daß einem bestimmten oder bestimmbaren Personenkreis konkrete Eigentumsrechte entzogen werden. Bei der Legalenteignung stellt das förmliche Gesetz deshalb immer auch den Vollzugsakt dar (*BoKo*, Art. 14 Rn. 353).

Beispiel: Nach der Flutkatastrophe im Jahre 1962 bestand die dringende Notwendigkeit, das Deichsystem auszubauen. Durch das Hamburger Deichgesetz wurden Deichgrundstücke in öffentliches Eigentum überführt. Das öffentliche Eigentum bedeutet, daß die Grundstücke dem Rechtsverkehr entzogen werden und die Vorschriften des bürgerlichen Rechts (Besitz, Eigentum) keine Anwendung mehr finden (BVerfG NJW 1969, 309, – „Hamburger Deichfall").

Angesichts der beschränkten Rechtsschutzmöglichkeiten gegen förmliche Gesetze hat der Gesetzgeber keine freie Wahlmöglichkeit zwischen der Administrativ- und der Legalenteignung. Die Legalenteignung ist nur ausnahmsweise zulässig, wenn der Gemeinwohlzweck sich mit Mitteln der Administrativenteignung nicht in ausreichender Weise erreichen läßt (BVerfGE 24, 367).

2. Administrativenteignung „aufgrund eines Gesetzes"

Die Administrativenteignung als **Enteignung durch die Exekutive** stellt den Regelfall der Enteignung dar.

a) Eine gewisse Unsicherheit besteht über die Einordnung von Enteignungen durch untergesetzliche Rechtssätze (Rechtsverordnungen, Satzungen). Die hierzu vertretene Auffassung, aus der Formel „durch Gesetz oder aufgrund Gesetzes" sei zu entnehmen, daß der Enteignungseingriff exklusiv entweder unmittelbar durch ein Parlamentsgesetz oder aufgrund eines solchen durch Verwaltungsakt zu erfolgen habe, ist abzulehnen. Aus der Rechtsprechung des RG zu Art. 153 WRV sowie aus dem Wortlaut des Art. 14 III 2 GG folgt nur, daß jede Enteignung auf ein förmliches Gesetz zurückführbar sein muß. Die Enteignungsanordnung selbst kann aber auf verschiedene Weise, auch durch untergesetzliche Rechtsnormen erfolgen (*MD*, Art. 14 Rn. 473).

b) Die Administrativenteignung umfaßt sämtliche Enteignungsanordnungen der Exekutive. Als enteignende Rechtsakte kommen zwar in erster Linie Verwaltungsakte in Betracht; die Enteignung kann aber auch durch untergesetzliche Rechtsnormen erfolgen (*Maurer*, Allg. VerwR, § 26 Rn. 51). Die Administrativenteignung ist also nicht mit einer Enteignung durch Verwaltungsakt gleichzusetzen (unscharf *BoKo*, Art. 14 Rn. 360; aber Rn. 361). Eine andere Frage ist es, in welchem Umfang die Grundsätze zur Legalenteignung bei Enteignungen durch untergesetzliche Rechtsnormen berücksichtigt werden müssen (*MD*, Art. 14 Rn. 480).

Beispiel: In einem Bebauungsplan werden Flächen, die früher zur Wohnbebauung zugelassen waren als Gemeinbedarfsflächen ausgewiesen.

B. Zulässigkeitsvoraussetzungen der Administrativenteignung

Wie jeder Eingriff in die Grundrechte bedarf der Eigentumseingriff einer gesetzlichen Grundlage. Sie muß die besonderen Zulässigkeitsvoraussetzungen des Art. 14 III GG beachten.

I. Überblick

17 Die Prüfungsfolge läßt sich wie folgt im Überblick zusammenfassen:

I. Ermächtigungsgrundlage in formellem Gesetz

1. **Enteignungseingriff**
   a) Eigentum als Eingriffsobjekt
   b) Zielgerichteter hoheitlicher Eingriff
   c) Vollständiger oder teilweiser Entzug des Eigentums

2. **Besondere Rechtmäßigkeitsvoraussetzungen, Art. 14 III GG**
   a) Gemeinwohlklausel, Art. 14 III 1 GG
   b) Junktimklausel, Art. 14 III 2 GG

II. Rechtmäßigkeit des Enteignungsaktes

1. **Formelle Enteignungsvoraussetzungen** (z. B. Zuständigkeit, Verfahren, Form)

2. **Materielle Enteignungsvoraussetzungen**
   a) Beachtung des Ermächtigungsrahmens
   b) Grundsatz der Verhältnismäßigkeit
   c) Gemeinwohlerfordernis im konkreten Fall

II. Enteignungsvoraussetzungen

18 Im folgenden wird auf die Enteignungsvoraussetzungen näher eingegangen, die bislang noch keine nähere Darstellung erfahren haben.

1. Ermächtigungsgrundlage

19 a) Nach Art. 14 III 2 GG bedarf der Enteignungseingriff der Ermächtigung in einem formellen Gesetz. In diesem Gesetz muß insbesondere auch die Entschädigung geregelt sein (BVerfG NJW 1977, 1961).

   Beispiel: Grundstückseigentümer B besitzt ein kleineres unbebautes Grundstück in einem Ortsteil, für den kein Bebauungsplan besteht. Die Gemeinde will das Grundstück enteignen, um im Rahmen einer Entwicklungsmaßnahme die örtlichen Baumöglichkeiten umfaßend auszunutzen. B beruft sich auf sein Eigentumsrecht aus Art. 14 I 1 GG. Niemand könne ihm sein Grundstück wegnehmen. Die Gemeinde verweist auf § 85 I Nr. 2 BauGB. Auf dieser Grundlage sei sie berechtigt, B ggf. zu enteignen und ihn auf eine Entschädigung nach §§ 93 ff. BauGB zu verweisen. Das BauGB entspreche den Anforderungen des Art. 14 III 2 GG.

b) Das ermächtigende Gesetz beschränkt zugleich die Befugnis der Exekutive zum Eigentumszugriff auf die normierten Enteignungszwecke. 20

> **Beispiel:** Die Stadt S hat von Grundstückseigentümer G ein „Lückengrundstück" gepachtet, auf dem sie Geräte des Bauhofs lagert. Im Zuge von Sparmaßnahmen entschließt sich S, das Grundstück zu enteignen, da es ohnehin geplant sei, die in diesem Ortsteil bestehenden Baulücken auf Sicht zu schließen. G wendet ein, daß diese Enteignung den Voraussetzungen des § 85 I Nr. 2 BauGB nicht entspreche, da die Enteignung lediglich aus fiskalischen Gründen erfolge. Überdies sei das Gemeinwohlerfordernis nach § 87 I BauGB nicht gewahrt (BGH NJW 1976, 1226 – „Fiskalenteignung").

c) Ermächtigungsgrundlagen liegen in zahlreichen **Fachgesetzen** vor. Eine „vollständige" Enteignungsregelung enthalten z. B. die §§ 85 ff. BauGB für baurechtlich motivierte Grundstücksenteignungen. 21

Häufig verweisen Bundesgesetze wegen Art und Ausmaß der Entschädigung aber auch zum Verfahren auf die Enteignungsgesetze der Länder. 22

> **Beispiel:** Enteignung zum Bau von Straßenbahnanlagen nach § 30 PBefG, von Bundesfernstraßen nach §§ 19 f. FStrG oder von Bundeswasserstraßen nach § 44 WaStrG.

In diesen Verweisungsfällen bildet die bundesgesetzliche Enteignungsvorschrift und das entsprechende Landesenteignungsgesetz eine sachlichrechtliche Einheit, die den Anforderungen des Art. 14 III 2 GG entspricht (BVerfG NJW 1984, 1873). 23

> **Beispiel:** Für die Errichtung einer Hochspannungsfreileitung wird die Enteignung zugunsten eines privatrechtlich organisierten Energieversorgungsunternehmens angeordnet. Der von der Enteignung betroffene Grundstückseigentümer macht geltend, daß § 11 I Energiewirtschaftsgesetz (EnWG), auf das die Enteignung gestützt wurde, mit dem GG nicht vereinbar sei, weil nicht Art und Ausmaß der Entschädigung geregelt werde. Das BVerfG wies darauf hin, daß § 11 EnWG selbst keine Eingriffsermächtigung enthalte, sondern die Enteignung für Zwecke der öffentlichen Energieversorgung grundsätzlich für zulässig erkläre. Für konkrete Enteignungsmaßnahmen ergebe sich die gesetzliche Grundlage in den materiell-rechtlich als Einheit anzusehenden Vorschriften des § 11 I, II 1 EnWG und des jeweiligen Landesenteignungsrechts (BVerfG NJW 1984, 1873 – „Hochspannung").

Die allgemeinen Landesenteignungsgesetze sind neben ihrer „Verweisungsfunktion" auch eigenständige Ermächtigungsgrundlagen für die Durchführung von Enteignungen (wegen der teilweise generalklauselartigen Weite bestehen zu einzelnen Gesetzen verfassungsrechtliche Bedenken wegen Art. 14 III 1 GG).

2. Rechtmäßigkeit des Enteignungsgesetzes

24 a) Das ermächtigende Gesetz muß zunächst formell rechtmäßig sein. Das heißt, es müssen die Verbandskompetenz des Gesetzgebers, die Beachtung der für das Gesetzgebungsverfahren maßgebenden verfahrensrechtlichen Anforderungen sowie das Zitiergebot nach Art. 19 Abs. 1 GG beachtet sein.

> **Beispiel:** Um eine Gondelbahn vom Wurstmarktgelände in der Stadt Bad Dürkheim auf den sog. Teufelstein errichten zu können, beantragte die Dürkheimer Gondelbahn GmbH die Enteignung benötigter Grundstücke, da ein Ankauf nicht zum Erfolg geführt hatte. Nachdem die Enteignung auf der Grundlage der allgemeinen Enteignungsgesetze abgelehnt worden war, wurde ein Bebauungsplan erlassen, in dem die Trasse der Seilbahn ausgewiesen war. Die Enteignung wurden dann zur Verwirklichung des im Bebauungsplan festgesetzten Vorhabens angeordnet. Das BVerfG wies darauf hin, daß die einschlägigen Bestimmungen des BauGB kein allgemeines Enteignungsrecht gewähren. Das BauGB ermögliche die Enteignung ausschließlich zur Durchführung fest umrissener städtebaulicher Sachverhalte. Aus Art. 74 Nr. 23 GG ergebe sich überdies, daß die Gesetzgebungszuständigkeit für Bergbahnen den Ländern vorbehalten sei. Diese Zuständigkeit umfasse auch die Planung von Bergbahnen. Demgemäß stehe auch nur den Ländern die Befugnis zur Regelung der zwangsweisen Durchsetzung des Baus von Bergbahnen zu (BVerfG NJW 1981, 1258 – *„Dürkheimer Gondelbahn"*).

25 b) Die materielle Rechtmäßigkeit der Ermächtigungsgrundlage setzt voraus, daß die besonderen Voraussetzungen des Art. 14 III GG und die sonstigen verfassungsrechtlichen Anforderungen (insbesondere Beachtung anderer Grundrechte; Verhältnismäßigkeitsgrundsatz) beachtet sind.

3. Enteignungsbegriff

26 Die Enteignung ist die vollständige oder teilweise Entziehung vermögenswerter Rechtspositionen, die nach Art. 14 I 1 GG geschützt werden, und zwar durch einen gezielten Rechtsakt zur Erfüllung bestimmter öffentlicher Aufgaben (BVerfGE 70, 199 f.; BVerwGE 81, 340; BGHZ 120, 42).

27 a) Eine Enteignung setzt zunächst voraus, daß eine enteignungsfähige Rechtsposition nach Art. 14 I GG betroffen ist (*§ 13 Rn. 18 ff.*).

> **Beispiel:** Der Anliegergebrauch (gesteigerter Gemeingebrauch) wird grundsätzlich von Art. 14 I GG erfaßt. Er reicht jedoch nur soweit, wie der Anlieger zur angemessenen Nutzung seines Grundsücks auf die Benutzung der Straße angewiesen ist (BVerwG NJW 1977, 1789). Danach wird vor allem der Zugang zur Straße und die Zugänglichkeit des Grundstücks von der Straße her gewährleistet.

28 b) Die Enteignung setzt einen gezielten hoheitlichen Eingriff voraus. Bei der Administrativenteignung ist der eingreifende hoheitliche Rechtsakt (nicht ausreichend ist ein Realakt!) nicht das ermächtigende Gesetz, sondern der auf der Grundlage des Gesetzes ergehende Rechtsakt als einseitig verbindliche, Rechtsfolgen begründende Ordnung eines Lebenssachverhaltes.

aa) Erforderlich ist, daß hoheitliches Handeln vorliegt. Die Ausübung vertraglicher Kündigungsrechte oder die Erfüllung schlicht-hoheitlicher Aufgaben in den Formen des Privatrechts scheiden deshalb von vorne herein als enteignende Maßnahmen aus. 29

Beispiel: Die Gemeinde G hat das Eigentum an einem vermieteten Grundstück durch Enteignung erworben. Sie übt nun das im Mietvertrag vereinbarte Kündigungsrecht gegenüber dem Mieter aus (BGH MDR 1977, 821).

bb) Das BVerfG fordert (E 38, 181), daß der Eingriff mit dem erklärten Ziel erfolgen muß, das Objekt für eine konkrete, dem Wohl der Allgemeinheit dienende Aufgabe bereitzustellen (BVerfGE 38, 181). Daraus ist zu entnehmen, daß konstitutives Element eines Enteignungseingriffs der finale, gegen das Eigentum gerichtete Rechtsakt ist (*Krohn,* Rn. 3). 30

Finalität kann allerdings nicht bedeuten, daß dem Hoheitsträger die Enteignungswirkung in allen Konsequenzen bekannt und Gegenstand der Willensentschließung sein müßte. Es reicht aus, ist aber auch erforderlich, daß es dem Hoheitsträger darauf ankam, durch die hoheitliche Maßnahme den in der Ermächtigungsnorm angelegten Zweck zu verwirklichen. Diese subjektiv-objektive Auslegung trägt der Junktimklausel Rechnung, die in der Ermächtigungsgrundlage eine ausdrückliche Festlegung und Eingrenzung der in Betracht kommenden Enteignungszwecke fordert. Diese Auffassung stellt außerdem sicher, daß die öffentliche Hand nur mit Entschädigungspflichten belastet wird, die vorhersehbar und kalkulierbar sind (dazu: *Maurer,* Allg. VerwR, § 26 Rn. 50; *MD,* Art. 14 Rn. 456). 31

cc) Ein Eingriff setzt grundsätzlich ein positives Handeln der öffentlichen Hand voraus. Schlichtes Unterlassen, reines Vorenthalten begehrter Rechtspositionen kommen als Eingriff nicht in Betracht (BGH DVBl. 1968, 214). Eine Ausnahme wird jedoch für den Fall des **sog. qualifizierten Unterlassens** gemacht. Ein solches liegt vor, wenn das Unterlassen einem in den Rechtskreis des Betroffenen eingreifenden positiven Tun gleich gestellt werden kann (*MD,* Art. 14 Rn. 461). 32

Beispiel: Ablehnung einer beantragten Baugenehmigung. Hier wird die eigentumsrechtlich gewährleistete Baufreiheit verletzt (BVerfGE 35, 276). Demgegenüber betrifft die Versagung einer Gewerbeerlaubnis nur künftige Erwerbsmöglichkeiten (*Nüßgens,* Rn. 421).

33 c) Der hoheitliche Zugriff muß auf die vollständige oder teilweise Entziehung konkreter subjektiver Rechtspositionen gerichtet sein. Die Konkretisierung dieser Entzugswirkung bereitet nicht unbeträchtliche Schwierigkeiten.

34 **Das BVerfG geht vom Grundsatz aus, wonach die Enteignung im verfassungsrechtlichen Sinn auf die vollständige oder teilweise Entziehung konkreter subjektiver Eigentumspositionen im Sinne des Art. 14 I 1 GG zur Erfüllung bestimmter öffentlicher Aufgaben gerichtet sein muß.**

35 Unproblematisch ist diese Voraussetzung im Fall der sog. „klassischen Enteignung" gegeben, bei welcher der Hoheitsträger konkrete Vermögensobjekte vollständig in Anspruch nimmt, um diese für einen öffentlichen Zweck zu verwenden (*Schwerdtfeger*, Rn. 549).

Beispiel: Enteignung eines Flurstücks zwecks Straßenbau.

36 Schwierigkeiten bereitet demgegenüber die Bestimmung des Inhalts der **teilweisen** Entziehung. Soweit ein sachlich abtrennbarer Teil eines Eigentumsobjekts (Grundstücksteil) betroffen ist, liegt eine teilweise Entziehung ebenso vor, wie wenn aus einem Vollrecht rechtlich selbständige oder nach objektivem Recht verselbständigungsfähige Teile herausgelöst werden.

Beispiel: Das Grundstück des X wird mit einer Dienstbarkeit belastet, um ein Leitungslegungsrecht sicherzustellen (BVerfGE 56, 260; 45, 339).

37 Der eigentliche Problemkreis liegt im Bereich der hoheitlich angeordneten „Gebrauchsbeschränkung". Hoheitliche Eingriffe in den Gebrauch des Eigentums sind in aller Regel als Ausdruck der Inhalts- und Schrankenbestimmung nach Art. 14 I 2, II GG anzusehen. Führen die hoheitlichen Nutzungsbeschränkungen indessen dazu, daß das konkrete Eigentum der Privatnützigkeit schlechthin verlustig geht, liegt eine dem Rechtsentzug nach Eingriffstiefe und -schwere vergleichbare enteignende Wirkung vor (*MD*, Art. 14 Rn. 450). Die Gebrauchsbeschränkung führt faktisch trotz fortbestehenden Eigentumsrechts zur Überwindung der mit dem Eigentum typischerweise verbundenen Gebrauchsfunktion (*Maurer*, Allg. VerwR, § 26 Rn. 48). Dieser Sachverhalt dürfte dem „Rechtsentzug" gleichzustellen sein (str.!).

Beispiel: Der Planfeststellungsbeschluß für den Bau einer Bundesfernstraße führt dazu, daß die von L betriebene kleine Erdbeerplantage in einem Zufahrtsbereich von allen Seiten mit stark verkehrsbelasteten Zu- und Abfahrtstraßen umschlossen sein wird. Der Anbau und die sonstige landwirtschaftliche Nutzung des Grundstücks ist angesichts der Immissionsbelastungen ausgeschlossen. Angesichts der Größe des Grundstücks kommt auch eine anderweitige Nutzung nicht mehr in Betracht.

4. Besondere Rechtmäßigkeitsvoraussetzungen der Art. 14 III GG

Soll ein enteignende Eingriffe legitimierendes Gesetz rechtmäßig sein, müssen die besonderen Zulässigkeitsvoraussetzungen des Art. 14 III beachtet sein. 38

a) Gemeinwohlprinzip; Art. 14 III 1 GG

Nach Art. 14 III 1 GG ist eine Enteignung nur zum Wohle der Allgemeinheit zulässig. Mit der Aussage, daß eine Enteignung nur „zum Wohle" der Allgemeinheit zulässig ist, hat das Grundgesetz deutlich zum Ausdruck gebracht, daß die Enteignung nicht schon dann vorgenommen werden darf, wenn das Unternehmen dem Gemeinwohl „dient"; sie kann auch nicht „aus Gründen des öffentlichen Interesses", und auch nicht zu jedem von der öffentlichen Hand verfolgten Zweck vorgenommen werden. Es genügt auch nicht, daß die Enteignung „geeignet" ist, das beabsichtigte Vorhaben zu verwirklichen. Die Verfassung verlangt vielmehr, daß die **Enteignung zum Zwecke der Verwirklichung eines vom Gemeinwohl geforderten Vorhabens** notwendig ist, mit dem eine staatliche Aufgabe erledigt werden soll (BVerfGE 56, 278). 39

Letztlich bringt das Gemeinwohlprinzip die Bestandsschutzfunktion des Art. 14 I 1 GG zum Ausdruck. Das Eigentum soll gerade nicht nur als Wert garantiert werden, vielmehr soll der einzelne nur bei Vorliegen besonders nachhaltiger Gemeinwohlgründe verpflichtet sein, einen enteignenden Eingriff gegen Entschädigung hinzunehmen. 40

Sofern das Allgemeinwohl eine **Enteignung zugunsten Privater** erfordert, ist auch diese **zulässig**. Wesentlicher Enteignungsgrund ist nicht die Person des Begünstigten, sondern der mit der Enteignung verfolgte Zweck. Bei Enteignungen zugunsten Privater muß die Realisierung des Enteignungszweckes jedoch in besonderer Wiese gewährleistet sein. 41

Beispiel: Um die Energieversorgung zu sichern, werden zugunsten eines privaten Energieversorgungsunternehmens Liegenschaften zur Gewinnung von Braunkohle enteignet (BVerwGE 87, 241; vrgl. auch BVerfGE 74, 284 – „Boxberg").

b) Verhältnismäßigkeitsgrundsatz

Das Gemeinwohlprinzip nach Art. 14 III 1 GG wird durch den allgemeinen verfassungsrechtlichen Verhältnismäßigkeitsgrundsatz ergänzt. Er gilt sowohl für das Enteignungsgesetz als auch für den konkreten Enteignungsakt. Bedeutung hat es jedoch vor allem für letzteren (*MD*, Art. 14 Rn. 507). Der konkrete Enteignungseingriff 42 muß **geeignet** sein, nach seinem Inhalt das angestrebte Vorhaben zu fördern. Nach dem **Grundsatz der Erforderlichkeit** darf es kein weniger belastendes Mittel geben, um den angestrebten Zweck zu verwirklichen.

Beispiel: Die Gemeinde benötigt Grundstücke, um eine Entschädigung in Land durchzuführen. Ihr steht zwar nach § 85 I Nr. 3 BauGB zu diesem Zweck die Enteignungsbefugnis grundsätzlich zu. Die Enteignung setzt jedoch voraus, daß sich der Antragsteller zunächst ernsthaft um den freihändigen Erwerb des zu enteignenden Grundstücks zu angemessenen Bedingungen bemüht hat (§ 87 II BauGB). Vergleichbare Regelungen sind in den Enteignungsgesetzen der Länder enthalten.

43 Schließlich muß der Eingriff auch verhältnismäßig im engeren Sinne sein (zum Verhältnismäßigkeitsgrundsatz: *Schwerdtfeger*, Rn. 96, 533). Dies bedeutet, daß die Maßnahme in der Abwägung zwischen dem zu erwartenden Eingriffsschaden auf Seiten des Betroffenen und dem durch die Maßnahme zu bewirkenden Erfolg nicht außer Verhältnis stehen darf (Übermaßverbot).

Beispiel: Die Gemeinde hat sich um den freihändigen Ankauf eines landwirtschaftlichen Grundstücks bemüht. Dieses Grundstück ist die Existenzgrundlage für den Spargelbauer S. Andere Grundstücke in der näheren Umgebung seines landwirtschaftlichen Anwesens stehen für ihn zum Ankauf nicht zur Verfügung. Enteignet die zuständige Behörde das Grundstück ausschließlich zum Zwecke der Ersatzlandbeschaffung, steht dies im Widerspruch zum Übermaßverbot.

c) **Junktimklausel, Art. 14 III 2 GG**

44 aa) Im förmlichen Enteignungsgesetz muß der Gesetzgeber gleichzeitig „Art und Ausmaß der Entschädigung" regeln. Auch diese Bestimmung ist Ausdruck des Bestandsschutzes. Durch die **„Junktimklausel"** soll der Gesetzgeber gewarnt werden, den nachhaltigen Eingriff in die grundrechtlich geschützte Sphäre des einzelnen ernst zu nehmen. Auf der anderen Seite soll er verpflichtet werden, die Entschädigungsfrage durch das „wie" der Regelung dem Bürger gegenüber nachvollziehbar zu entscheiden. Damit soll auch die Haushaltsprärogative des Parlaments gesichert werden. Selbständige Entschädigungsleistungen durch die Exekutive, die „Haushaltswirkung" hätten, würden der demokratischen Kompetenzverteilung widersprechen. Enteignungsgesetze, die nach dem Inkrafttreten des Grundgesetzes erlassen worden sind, aber entsprechende Regelungen nicht enthalten, sind nichtig (BVerfGE 4, 219).

45 Im Zusammenhang mit der Junktimklausel ist die Frage nach der verfassungsrechtlichen Zulässigkeit sog. „salvatorischer Klauseln" noch nicht abschließend geklärt. Solche Klauseln sehen allgemein

Entschädigungsleistungen vor, wenn „eine Maßnahme aufgrund dieses Gesetzes eine Enteignung darstellen sollte."

Beispiel: § 33 des nordrhein-westfälischen Denkmalschutzgesetzes vom 11.03.1980 lautet:
„Soweit der Vollzug dieses Gesetzes enteignende Wirkung hat, ist eine angemessene Entschädigung in Geld zu gewähren. Das Landesenteignungs- und -entschädigungsgesetz ist anzuwenden."

Angesichts der Formalisierung des Enteignungsbegriffs durch das BVerfG sind salvatorische Klauseln in **Enteignungsgesetzen unzulässig**; sie führen zur Verfassungswidrigkeit des Gesetzes. Der Verfassungsgeber wollte in Art. 14 III 1, 2 GG den Gesetzgeber dazu zwingen, die Eigentumswirkungen seines Gesetzes sorgfältig zu prüfen und Art und Ausmaß der Entschädigung im Falle von Enteignungen unmittelbar im Gesetz festzulegen (vgl. aber *§ 15 Rn. 12*). 46

C. Legalenteignung

I. Allgemeines

Die Legalenteignung ist dadurch gekennzeichnet, daß das Gesetz selbst und unmittelbar mit seinem Inkrafttreten ohne weiteren Vollzugsakt individuelle Rechte entzieht, die einem bestimmbaren Kreis von Personen oder Personengruppen nach dem bis dahin geltenden Recht zustehen (BVerfG NJW 1980, 987). Das BVerfG sieht die Enteignung vorrangig als Handlungsform der Exekutive (Administrativenteignung; BVerfG NJW 1977, 2351). Trotz der auf den ersten Blick nach dem Wortlaut des Art. 14 III GG bestehenden Gleichrangigkeit zwischen Legalenteignung und Administrativenteignung hat nach der Rechtsprechung des BVerfG der Gesetzgeber keine freie Wahl zwischen diesen Enteignungsformen (*BoKo*, Art. 14 Rn. 357). 47

II. Rechtschutzproblem

Das BVerfG sieht, ausgehend von der Bestandsschutzfunktion des Art. 14 GG, im Rechtsschutz des Betroffenen gegen enteignende Maßnahmen ein wesentliches Kriterium für die Bewertung der Zulässigkeit von Enteignungsmaßnahmen. Effektiver Rechtsschutz ist ein wesentliches Element der Eigentumsgarantie des Art. 14 I 1 GG (BVerfG NJW 1977, 2350; zur Legalenteignung *Schmidt = Aßmann*, JuS, 1986, 835). 48

Angesichts der beschränkten Rechtsschutzmöglichkeiten gegen förmliche Gesetze soll eine Legalenteignung deshalb nur ausnahmsweise, in eng begrenzen Fällen zulässig sein (kritisch dazu: *MD,* Art. 14 Rn. 482 f.). Die 49

Verankerung der Legalenteignung im Grundgesetz darf nicht als Erweiterung des staatlichen Enteignungsrechts, sondern muß im Gegenteil als eine Begrenzung der Gesetzgebung angesehen werden. Das Grundgesetz hat die Erweiterung der Enteignung, die das RG durch Einbeziehung von Rechtsentziehungen durch den Gesetzgeber gebracht hat, zwar anerkannt, gleichzeitig die Enteignung durch Gesetz jedoch unter die besonderen Voraussetzungen des Art. 14 III GG gestellt (BVerfG NJW 1977, 2352).

Beispiel: Nach der Flutkatastrophe des Jahres 1962 mußten die staatlichen Stellen im Hamburg unverzüglich handeln und das Deichsystem sichern und wirksam gegen weitere Flutkatastrophen ausbauen. Es wurde deshalb im Rahmen des Hamburgischen Deichordnungsgesetzes vom 29.04.1964 die Legalenteignung der hierfür erforderlichen Grundstücke durch Überführung in öffentliches Eigentum angeordnet (BVerfG NJW 1969, 312 – *„Hamburger Deichfall"*; zum Problem der gesetzgeberischen Neuordnung eines Rechtsgebietes: *Maurer*, Allg. Verw.R, § 26 Rn. 52).

III. Einheitlicher Enteignungsbegriff

50 Trotz der unterschiedlichen Zulässigkeitsvoraussetzungen der Administrativ- und Legalenteignung gibt es nur einen Enteignungsbegriff.

> **Bei beiden Enteignungsformen setzt die Enteignung einen hoheitlichen Regelungsakt voraus, der im Gemeinwohlinteresse zielgerichtet zur Überwindung der privatrechtlichen Eigentumspositionen eingesetzt wird.**

D. Entschädigung

51 Nach Art. 14 III 2 GG ist für die Enteignung eine Entschädigung zu gewähren.

I. Allgemeines

52 Der Gesetzgeber ist nach Art. 14 III 2 GG gehalten, im Enteignungsgesetz Art und Ausmaß der Entschädigung selbst und unmittelbar zu regeln. Dabei muß nach Art. 14 III 3 GG die Entschädigung unter gerechter Abwägung der Interessen der Allgemeinheit und der Beteiligten bestimmt werden.

53 Dieses Abwägungsgebot wendet sich an den Enteignungsgesetzgeber, der Art und Ausmaß der Entschädigung zu regeln hat. Die enteignenden Behörden haben auf der Grundlage der gesetzlichen Vorgaben im Einzelfall die Entschädigung im Enteignungsverfahren festzusetzen. Ein praktisch bedeutsamer Problemkreis der Enteignung ist der Streit um die zutreffende Festsetzung der Entschädigungssumme.

II. Abgrenzung

Die Enteigungsentschädigung ist kein Schadenersatz. Es handelt sich um einen angemessenen, der erlittenen Einbuße entsprechenden Wertausgleich, der im Ergebnis den Betroffenen in die Lage versetzen soll, sich eine gleichwertige Sache zu beschaffen (BGHZ 39, 189). Demgegenüber ist der Schadenersatz darauf gerichtet, das schädigende Ereignis ungeschehen zu machen. Es soll der Zustand hergestellt werden, der bestehen würde, wenn der zum Ersatz verpflichtende Umstand nicht eingetreten wäre. Dabei sind auch die künftigen Entwicklungen zu berücksichtigen. Demgegenüber richtet sich die Enteigungsentschädigung am Genommenen aus und nicht an einer gedachten Vermögenslage (BGHZ 91, 257). 54

III. Art der Entschädigung

Die Entschädigung ist regelmäßig eine Entschädigung in Geld, die in einem einmaligen Betrag geleistet wird (§ 99 I 1 BauGB, § 21 Landbeschaffungsgesetz; dazu auch *Ossenbühl*, StHR, S. 168). Im Rahmen des Abwägungsgebotes kommt jedoch grundsätzlich auch eine andere Art der Entschädigung in Betracht, nämlich als Ersatzlandbeschaffung oder als Einräumung von besonderen Rechten. Das BauGB knüpft diese Formen der Entschädigungsleistung grundsätzlich an einen Antrag des Entschädigungsberechtigten. 55

IV. Ausmaß der Entschädigung

aa) Die Entschädigung wegen Enteignung umfaßt grundsätzlich den **Ausgleich** für den Substanzverlust. In der Regel wird in den Enteignungsgesetzen der Wertausgleich für das entzogene Objekt auf der Grundlage des **Verkehrswertes** errechnet. Der Verkehrswert wird durch den Preis bestimmt, der im gewöhnlichen Geschäftsverkehr für den entzogenen Gegenstand zu erzielen gewesen wäre (*Ossenbühl*, StHR, S. 169 f.). 56

> Art. 14 III 2 und 3 GG verpflichten den Gesetzgeber nur dazu, die Entschädigung unter gerechter Abwägung der beteiligten Interessen zu bestimmen.

Damit wird eine starre, am Marktwert orientierte Entschädigung nicht zwingend vorgegeben, sofern die gesetzliche Entschädigungsregelung als solche den Gleichheitssatz beachtet (*MD*, Art. 14 Rn. 513). 57

bb) Neben der Substanzentschädigung sehen vor allem neuere gesetzliche Entschädigungsregelungen einen Ausgleich für sog. Folgeschäden wie z. B. Umzugskosten oder Maklergebühren vor, die der Betroffene durch die Enteignung erleidet. 58

E. Prozessuales und Konkurrenzen

I. Verhältnis zwischen ordentlicher und Verwaltungsgerichtsbarkeit

59 Der Naßauskiesungsbeschluß des BVerfG (§ 13 Rn. 31) hat der Abgrenzung zwischen den Funktionen der Verwaltungsgerichte und der ordentlichen Gerichte schärfere Konturen verliehen. Die in der Lit. zum Teil vertretene Auffassung, wonach aus diesem Beschluß die grundsätzliche Subsidiarität des vor den Zivilgerichten geltend zu machenden Entschädigungsanspruchs gegenüber dem verwaltungsgerichtlichen Primärrechtsschutz gegen die enteignende Maßnahme selbst hervorgehe (*Baur*, NJW 1982, 1736) trifft den Aussagegehalt des BVerfG ebensowenig, wie die vorschnelle Feststellung, die auf die Entschädigungsansprüche gestützten Institute des enteignungsgleichen und enteignenden Eingriffs seien obsolet geworden (*Scholz*, NVwZ 1982, 347).

II. Verhätnis von Primär- und Sekundärrechtsschutz

1. Grundsatz

60 Für die Entscheidungskompetenz der ordentlichen Gerichte in Verfahren nach Art. 14 III 4 GG ergeben sich aus dieser Rechtslage folgende Konsequenzen:

Sieht der Einzelne in der gegen ihn gerichteten Maßnahme eine Enteignung, so kann er eine Entschädigung nur einklagen, wenn hierfür eine gesetzliche Anspruchsgrundlage vorhanden ist. Fehlt sie, so muß er sich bei den Verwaltungsgerichten um die Aufhebung des Eingriffsaktes bemühen. Er kann aber nicht unter Verzicht auf die Anfechtung eine ihm vom Gesetz nicht zugebilligte Entschädigung beanspruchen; mangels gesetzlicher Grundlage können die Gerichte keine Entschädigung zusprechen.

61 Der Betroffene hat also grundsätzlich kein Wahlrecht, ob er sich gegen eine wegen Fehlens der gesetzlichen Entschädigungsregelung rechtswidrige „Enteignung" zur Wehr setzen oder unmittelbar eine Entschädigung verlangen will. Läßt er den Eingriffsakt unanfechtbar werden, so verfällt seine Entschädigungsklage der Abweisung. Wer von den ihm durch das Grundgesetz eingeräumten Möglichkeiten, sein Recht auf Herstellung des verfassungsmäßigen Zustandes zu wahren, keinen Gebrauch macht, kann wegen eines etwaigen, von ihm selbst herbeigeführten Rechtsverlustes nicht anschließend von der öffentlichen Hand Geldersatz verlangen.

62 **Beachte:** Die Verweisung auf die Anfechtung des Enteignungsaktes stellt für den Betroffenen keine unzumutbare Belastung dar. Die Entschei-

dung, diesen Rechtsschutz in Anspruch zu nehmen, ist nicht schwieriger zu treffen als die, eine Entschädigung einzuklagen. Sie setzt lediglich die Feststellung voraus, ob das Gesetz eine Entschädigung vorsieht.

2. Folgerung

a) Die Ansicht, die aus den Feststellungen des BVerfG eine Subsidiarität des zivilgerichtlichen Entschädigungsrechtsschutzes entnimmt ist zunächst insoweit unzutreffend, als ein auch nur subsidiärer Rechtsweg vor die ordentliche Gerichtsbarkeit **in keinem Fall eröffnet** ist, in dem das Enteignungsgesetz eine gesetzliche Entschädigungsregelung nicht enthält. Hier ist ausschließlich der gegen die hoheitliche Enteignungsmaßnahme zur Verfügung stehende Rechtsschutz zu ergreifen. Dies ist, sofern eine besondere Rechtswegzuweisung nicht besteht, der Verwaltungsgerichtsweg (*MD*, Art. 14 Rn. 568.) 63

In den Fällen der sog. Aufopferungsentschädigung ist das Verhältnis zwischen dem gegen die enteignende Maßnahme gerichteten Primärrechtsschutz und dem Sekundärrechtsschutz auf Entschädigung dagegen sachgerecht über die entsprechende Anwendung des § 254 BGB zu lösen.

b) Nach Art. 14 III 4 GG steht wegen der Höhe der Entschädigung im Streitfalle der Rechtsweg vor den ordentlichen Gerichten offen. Ordentliche Gerichte sind die Zivilgerichte. 64

Da es sich dem sachlichen Gehalt nach bei den Enteignungsentschädigungen um öffentlich-rechtliche Streitigkeiten handelt, die im Zusammenhang mit der enteignenden hoheitlichen Maßnahme stehen, ist Art. 14 III 4 GG eine besondere Rechtswegzuweisung im Sinne des § 40 I 1 VwGO. Es handelt sich um eine ausschließliche Zuständigkeit der ordentlichen Gerichte kraft Verfassungsrechts (BVerwG NJW 1990, 1929). 65

III. Entschädigungsregelung und Rechtswidrigkeit

Es sind Sachverhaltskonstellationen vorstellbar, in denen der enteignende Eingriff auf einer rechtmäßigen gesetzlichen Grundlage ergeht, die eine Entschädigungsregelung nach Art. 14 III GG enthält. Erweist sich der Eingriff als rechtswidrig, stellt sich die Frage, ob und nach welchen Rechtsgrundsätzen eine Entschädigung gewährt werden kann, und welche Gerichte zur Entscheidung berufen sind. 66

Papier (*MD*, Art. 14 Rn. 569) will die Fälle, in denen die Voraussetzungen der Enteignung gegeben sind, es aber an der Rechtmäßigkeit des Eingriffs fehlt, im Rahmen eines „erst recht Schlusses" unter Anwendung der gesetzlich vorgesehenen Entschädigungsregelungen entschädigen. Nach Papier 67 handelt es sich in diesem Fall um einen „gesetzlich geregelten" enteignungsgleichen Eingriff. Zuständig seien die ordentlichen Gerichte.

F. Wiederholung

I. Zusammenfassung

❏ Das BVerfG hat den Begriff der Enteignung nach Art. 14 III GG formalisiert. Die Enteignung im verfassungsrechtlichen Sinn ist der gezielte Eingriff, der darauf gerichtet ist, konkrete subjektive Rechtspositionen vollständig oder jedenfalls teilweise zur Erfüllung einer öffentlichen Aufgabe zu entziehen.

Enteignungseingriff

1. **Hoheitliche Maßnahme**
   „Durch Gesetz" (Legalenteignung) oder „aufgrund eines Gesetzes" (Administrativenteignung)
   Abgrenzung: Ausübung privatrechtlicher Gestaltungsrechte;
   Handeln in Formen des Privatrechts (Daseinsvorsorge) u.ä.

2. **Enteignungsfähige Rechtspositionen**
   Nach Art. 14 I 1 GG
   Abgrenzung: Erwerbschancen u.ä.

3. **Zielgerichtetheit des Eingriffs**
   Abgrenzung: Untypische Nebenfolgen mit Enteignungswirkung,
   Folgen staatlichen Unrechts ohne Enteignungsfinalität,
   Problemkreis Drittbeeinträchtigungen

4. **Enteignungswirkung**
   Abgrenzung: Überwindung der Eigentumsposition durch (Teil-)Entzug statt Inhaltsbestimmung des Eigentums

5. **Erfüllung öffentlicher Aufgabe**
   Abgrenzung: Staatliche Vermögensmehrung

❏ Art. 14 III 2 GG sieht zwei Formen der Enteignung vor: die Legalenteignung und die Administrativenteignung. Beide Enteignungsformen schließen sich gegenseitig aus. Sie unterliegen unterschiedlichen Zulässigkeitsvoraussetzungen.

❏ Der Eingriff im Rahmen der Enteignung muß mit dem erklärten Ziel erfolgen, das Objekt für eine konkrete, dem Wohl der Allgemeinheit dienende Aufgabe bereitzustellen. Konstitutives Element des Enteignungseingriffs ist der finale, gegen das Eigentum gerichtete Rechtsakt.

§ 14. Die Enteignung, Art. 14 III GG

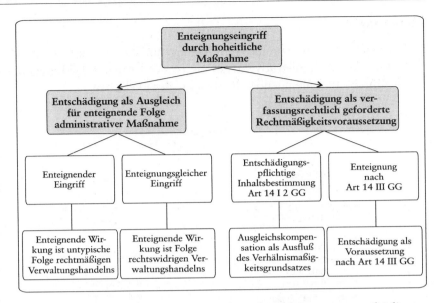

- Die nach Art. 14 III 3 GG zu gewährende Enteignungsentschädigung unterscheidet sich vom Schadenersatzanspruch dadurch, daß sie einen angemessenen Ausgleich für den Substanzverlust vorzusehen hat, nicht dagegen das enteignende Ereignis ungeschehen machen muß.
- Für den Rechtsweg ist zu unterscheiden der auf den Bestand der enteignenden Maßnahme zielende Eingriff (Verwaltungsgerichte) und die Auseinandersetzung um die Entschädigungsleistung (Zivilgerichte).

II. Fragen

1. Wodurch unterscheiden sich Legalenteignung und Administrativenteignung?
2. Woraus ergibt sich die Kompetenz zum Erlaß eines Gesetzes über die Regelung von Enteignungen?
3. Gibt es Enteignungen durch Unterlassen hoheitlicher Maßnahmen?
4. Wie ist das Gemeinwohlprinzip nach Art. 14 III 1 GG als Voraussetzung einer rechtmäßige Enteignung auszufüllen?
5. Was bedeutet die Junktimklausel?
6. Vor welchem Gericht hat der Betroffene einen Ausgleichsanspruch für den Entzug seines Grundeigentums einzuklagen?

III. Lösungen

1. Die Legalenteignung umfaßt Enteignungsmaßnahmen durch förmliches Gesetz. Die Administrativenteignung ist der Regelfall der Enteignung. Sie umfaßt alle enteignenden Rechtsakte der Exekutive.

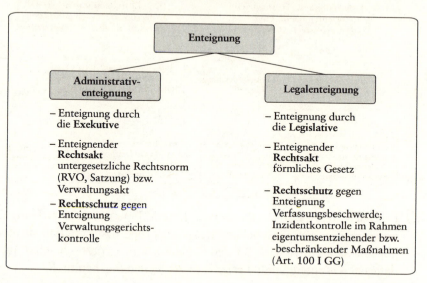

2. Das Grundgesetz kennt keine allgemeine Gesetzgebungskompetenz zur Regelung des Rechts der Enteignung. Es ist deshalb in jedem Einzelfall zu prüfen, ob der materielle Regelungsbereich, auf den die Enteignungsgrundlage zugeordnet ist, in die Gesetzgebungskompetenz des entsprechenden Gesetzgebers fällt.

3. Die Enteignung setzt grundsätzlich positives Handeln des Hoheitsträgers voraus. Schlichtes Unterlassen erfüllt die Eingriffsvoraussetzungen nicht. Kann das Unterlassen jedoch einem in den Rechtskreis des Betroffenen eingreifenden Handeln gleichgestellt werden, kommt ein Enteignungseingriff in Betracht (qualifiziertes Unterlassen).

4. Nach Art. 14 III 1 GG ist die Enteignung nur zulässig, wenn sie dem Wohle der Allgemeinheit dient. Das Gemeinwohlprinzip ist nur gewahrt, wenn die Enteignung zum Zwecke der Verwirklichung eines vom Gemeinwohl geforderten Vorhabens der staatlichen Aufgabenerfüllung notwendig ist.

5. Die Junktimklausel des Art. 14 III 2 GG verpflichtet den Gesetzgeber im förmlichen Enteignungsgesetz gleichzeitig „Art und Ausmaß der Entschädigung" zu regeln. Die Junktimklausel ist Ausdruck der Bestandsschutzgarantie.

6. Die Höhe der Entschädigung ist vor den ordentlichen Gerichten geltend zu machen. Im Entschädigungsrechtsstreit erstreckt sich die Prüfungszuständigkeit der Zivilgerichte auch auf die Frage, ob der Entschädigungsanspruch dem Grunde nach besteht. Fehlt der Ermächtigungsgrundlage die Junktimklausel, ist die Entschädigungsklage ohne weitere Prüfung abzuweisen.

§ 15. Die inhaltsbestimmende Regelung, Art. 14 I 2 GG

Literatur: *Leisner,* Entschädigung falls Enteignung, DVBl 1981, 76; *Maurer,* Allgemeines Verwaltungsrecht, 9. Aufl. 1994, § 26 (zit.: *Maurer,* Allg. VerwR); *Papier,* in: Maunz-Dürig, Grundgesetz, Art. 14 (zit.: *MD*); *Nüßgens/Boujong,* Eigentum, Sozialbindung, Enteignung, 1986 (zit.: *Nüßgens*); *Ossenbühl,* Staatshaftungsrecht, 4. Aufl. 1991, §§ 12, 17 f. (zit.: *Ossenbühl,* StHR); *Schink,* Umweltschutz – Eigentum – Enteignung – salvatorische Klauseln, DVBl 1990, 1375; *Schwabe,* Die Enteignung in der neueren Rechtsprechung des Bundesverfassungsgerichts, JZ 1983, 273; *Schwerdtfeger,* Eigentumsgarantie, Inhaltsbestimmung und Enteignung, JuS 1983, 104.

Das BVerfG hat im Naßauskiesungsbeschluß festgehalten, daß der Gesetzgeber neben der Enteignung nach Art. 14 III 2 GG auch durch **gesetzliche Inhaltsbestimmungen nach Art. 14 I 2 GG** eigentumsbezogen regelnd tätig werden kann (dazu § 13 Rn. 8). Es kommt darauf an, diese Rechtsinstitute nach ihren Voraussetzungen und Rechtsfolgen sorgfältig auseinanderzuhalten, um trotz der zahlreichen Zweifelsfragen eine sinnvolle Zuordnung zu erreichen. Nur auf dieser Grundlage lassen sich Lösungen für einschlägige Rechtsfälle erarbeiten. 1

A. Inhalt

Das Eigentum bedarf der **normativen Ausgestaltung.** Einen absoluten Begriff des Eigentums gibt es nicht (§ 13 Rn. 11). Die Ausgestaltung ist nach **Art. 14 I 2 GG** dem Gesetzgeber zugewiesen. Der Gesetzgeber ist nach dieser Vorschrift berufen, Inhalt und Schranken des Eigentums durch abstrakt generelle Regelungen zu treffen. Das solchermaßen ausgestaltete Eigentum ist **Gegenstand der Eigentumsgarantie** und genießt verfassungsrechtlichen Schutz (*Nüßgens,* Rn. 127). 2

I. Begriff

1. Grundsatz

3   Unter gesetzlicher Inhaltsbestimmung im Sinne Art. 14 I 2 GG wird die **generelle und abstrakte Festlegung von Rechten und Pflichten** durch den Gesetzgeber zur Ausgestaltung des Eigentums verstanden. Die Inhaltsbestimmung ist auf die Normierung objektiv-rechtlicher Vorschriften gerichtet, die den „Inhalt" des Eigentumsrechts vom Inkrafttreten des Gesetzes an für die Zukunft bestimmen (BVerfG 52, 27).

Beispiel: Nach § 1 a III WHG gehört Grundwasser nicht zum Grundeigentum, sondern unterliegt einer besonderen öffentlich-rechtlichen Benutzungsordnung. Einschränkungen der grundwasserbezogenen Grundstücksnutzung werden von der Eigentumsgarantie des § 14 I 1 GG nicht erfaßt, weil der Gesetzgeber eine entsprechende Ausgestaltung des Eigentums vorgenommen hat (BVerfGE 58, 328 – *„Naßauskiesung"*).

2. Inhaltsbestimmung und Enteignung

4   Mißachtet der Gesetzgeber die verfassungsrechtlichen Vorgaben, insbesondere den Verhältnismäßigkeitsgrundsatz, führt dies zu einer fehlerhaften und damit verfassungswidrigen Inhaltsbestimmung. Die Verfassungswidrigkeit des Gesetzes bedeutet aber nicht, daß nunmehr eine entschädigungspflichtige Enteignung vorläge.

Beispiel: Im Hessischen Gesetz über Freiheit und Recht der Presse werden Verleger zur Ablieferung von Belegstücken (Pflichtexemplare) an staatliche Bibliotheken verpflichtet. Verleger V verlegt bibliophile Bücher in geringen Auflagen sowie Original-Grafiken. Er macht geltend, daß die Ablieferungspflicht ohne jede Entschädigung sein Eigentumsrecht nach Art. 14 GG verletzt. Das BVerfG gab V mit dem Hinweis recht, daß inhaltsbestimmende Regelungen stets verhältnismäßig sein und den Gleichheitssatz beachten müßten. Dies sei nicht gewahrt (BVerfGE 58, 137 – *„Pflichtexemplar"*).

5   **Merke:** Eine inhaltsbestimmende Vorschrift behält auch bei Verfassungswidrigkeit ihren Rechtscharakter als Regelung im Sinne des Art. 14 I 2 GG. Sie wandelt sich nicht in eine den Anforderungen des Art. 14 III GG unterliegende Enteignungsnorm.

II. Ausgleichspflichtige Inhaltsbestimmung

6   Der Ausgangspunkt der Diskussion um die ausgleichspflichtige Inhaltsbestimmung liegt bei der **Pflichtexemplar**-Entscheidung (BVerfGE 58, 137). In dieser Entscheidung hat das BVerfG erstmals die ausgleichspflichtige Inhaltsbestimmung konkretisiert (*Schwabe*, JZ 1983, 276).

1. Grundsatz

Die ausgleichspflichtige Inhaltsbestimmung ist in Art. 14 I 1 GG verankert. Das BVerfG hat immer wieder darauf hingewiesen, daß der Gesetzgeber bei Regelungen im Sinne des Art. 14 I 2 GG sowohl der grundgesetzlichen Anerkennung des Privateigentums durch Art. 14 I 1 GG als auch dem Sozialgebot des Art. 14 II GG in gleicher Weise Rechnung tragen muß. Er hat dabei die schutzwürdigen Interessen der Beteiligten in einen gerechten Ausgleich und in ein ausgewogenes Verhältnis zu bringen. Dem entspricht es, daß Eigentumsbindungen nach Art. 14 I 2 GG stets verhältnismäßig sein müssen. Die Abwägung zwischen der Intensität der Belastung des einzelnen und dem Gewicht der zu ihrer Rechtfertigung anzuführenden Gründe des Allgemeinwohls kann dazu führen, daß die Grenzen verhältnismäßiger und noch zumutbarer inhaltlicher Festlegung des Eigentums nur dann gewahrt sind, wenn gleichzeitig ein kompensatorischer Ausgleich gewährt wird (BVerfGE 58, 150 – „*Pflichtexemplar*").

Zur Feststellung wann nach dem Grundsatz der Verhältnismäßigkeit eine Ausgleichsleistung in Betracht zu ziehen ist, kann auf die **sog. Schwellentheorien** zurückgegriffen werden. Diese Theorien dienen im vorliegenden Zusammenhang dazu, die dem Einzelnen nicht mehr ohne Entschädigung zumutbare Eingriffstiefe festzustellen *(Maurer,* Allg. VerwR, § 26 Rn. 81).

2. Bedeutung

a) Die ausgleichspflichtige Inhaltsbestimmung hat vor allem im Natur-, Landschafts- und Denkmalschutz Bedeutung.

> **Beispiel:** Im Außenbereich der Stadt S erwarb G zwei Grundstücke, die er einer Freizeitnutzung als Zeltplatz zuführen wollte. Die zuständige Landesbehörde erlies u. a. auch für diese Grundstücke eine „Verordnung über das Naturschutzgebiet Römereck". G ist der unzutreffenden Auffassung, das mit der Naturschutzunterstellung verbundene Verbot, einen Zeltplatz zu betreiben, sei eine entschädigungspflichtige Eigentumsbeeinträchtigung (BVerwG DVBl 1993, 1141 – „Naturschutzgebiet Römereck").

b) Nach nunmehr übereinstimmender Rspr. des BVerwG und des BGH sind nutzungsbeschränkende Regelungen keine Enteignungen nach Art. 14 III GG, sondern Inhalts- und Schrankenbestimmungen nach Art. 14 I 2 GG.

Das BVerwG hatte es zunächst offen gelassen, ob Nutzungsbeschränkungen, die in bestandsgeschützte Rechtspositionen eingreifen, als Enteignungen nach Art. 14 III 1 GG einzuordnen sein könnten (BVerwGE 84, 370). In einer Entscheidung aus dem Jahre 1993 dem der Sachverhalt des o. a. Beispiels „zugrunde lag", hat das BVerwG ausdrücklich klargestellt, daß derartige Nutzungsbeschränkungen den Inhalts- und Schrankenbestimmungen des Art. 14 I 2 GG zuzuordnen seien. Denn auch in Fällen dieser Art seien mit dem Entzug konkreter Rechtspositionen verbundene Nutzungsbeschränkungen nach ihrem objektiven Sinn und Zweck auf eine **situationsbedingte Umgestaltung der Eigentumsordnung**, nicht hingegen darauf gerichtet, diese Ordnung ausnahmsweise im Wege der Enteignung zu überwinden. Zwischen Maßnahmen nach Art. 14 I 2 und solchen nach Art. 14 III GG bestehe verfassungssystematisch ein grundlegender Unterschied (BVerwG DVBl 1993, 1141).

3. Salvatorische Entschädigungsregeln

12 a) Zahlreiche Gesetze enthalten Klauseln, die ohne nähere Konkretisierung der Enteignungszwecke sowie der Art und des Umfangs der Entschädigung eine Entschädigung in Geld für den Fall vorsehen, daß eine auf der Grundlage des Gesetzes erlassene Maßnahme eine „Enteignung" darstellt (vgl. *§ 14 Rn. 45*).

13 b) Zum Teil wird in der Lit. die Wirksamkeit dieser salvatorischen Klauseln in Abrede gestellt (*Leisner*, DVBl 1981, 76; *Schink*, DVBl 1990, 1385). Es wird darauf hingewiesen, daß der Gesetzgeber bei Eingriffen in das Eigentum gehalten sei, jedenfalls grundsätzlich die Tatbestände zu regeln, bei deren Vorliegen eine Entschädigung in Betracht komme. Diese Entscheidung dürfe nicht der ausführenden Verwaltung überlassen werden. Es scheint indessen eine differenzierende Betrachtung erforderlich.

14 ❑ Liegt eine **Enteignung nach Art. 14 III GG** vor, ist der Gesetzgeber gehalten, die Anspruchsvoraussetzungen der Entschädigung genau zu bestimmen. Die „**salvatorischen Entschädigungsklauseln**" genügen mit ihren pauschalen Festlegungen **nicht** (*MD*, Art. 14 Rn. 489).

15 ❑ Davon zu unterscheiden ist die Kompensation von Eingriffen im Rahmen von **Inhalts- und Schrankenbestimmungen** nach Art. 14 I 2 GG. Für diesen Fall können **pauschale Entschädigungsklauseln** schon deshalb **zugelassen** werden, weil die enteignenden Folgen dem Gesetzgeber vollumfänglich gar nicht bekannt sind. Die salvatorische Entschädigungsklausel ist eine angemessene Möglichkeit, den generellen gesetzgeberischen Willen, im Einzelfall am Verhältnismäßigkeitsgrundsatz orientiert Entschädigungen zu gewähren, deutlich zu machen (BGH DVBl 1993, 1086, 1093; BVerwG DVBl 1993, 1144).

> **Beispiel:** Von der zuständigen Kreisverwaltung wurde das im Eigentum des G stehende Barockgebäude, in dem sich ein Blücher-Museum befand, als Kulturdenkmal nach dem einschlägigen Denmalschutz- und Pflegegesetz des Landes unter Denkmalschutz gestellt mit der Maßgabe, daß das Blücher-Museum in den jetzigen Räumen belassen werden müsse. Auf der Grundlage einer salvatorischen Entschädigungsklausel des einschlägigen Landesgesetzes wurde dem Eigentümer eine geringfügige Entschädigung zuerkannt (BGHZ 99, 24 – „Blücher-Museum").

B. Prozessuales

Da die salvatorischen Entschädigungsklauseln auf der Ebene der Inhalts- und Schrankenbestimmung nach Art. 14 I 2 GG angesiedelt und letztlich Ausdruck des verfassungsrechtlichen Verhältnismäßigkeitsgrundsatzes sind, ist für den Entschädigungsanspruch der Verwaltungsrechtsweg eröffnet (BVerwG DVBl 1993, 1143). 16

C. Wiederholung

I. Zusammenfassung

- ❏ Inhaltsbestimmende Normen legen generell und abstrakt die Rechte und Pflichten des Eigentümers fest.
- ❏ Überschreitet der Gesetzgeber beim Erlaß inhalts- und schrankenbestimmender Vorschriften (Art. 14 I 2 GG) die durch die Verfassung gezogenen Grenzen, so ist die gesetzliche Regelung verfassungswidrig. Sie schlägt nicht in eine Enteignung nach Art. 14 III GG um.
- ❏ Sieht der Gesetzgeber im Rahmen des 14 I 2 GG keinen Ausgleichsanspruch vor, obgleich dieser verfassungsrechtlich geboten wäre, ist es nicht zulässig, die verfassungswidrige Inhalts- und Schrankenbestimmung als enteignungsgleichen oder enteignenden Eingriff zu qualifizieren und entsprechend zu entschädigen.
- ❏ Sog. „salvatorische Entschädigungsklauseln" sind im Zusammenhang mit Inhalts- und Schrankenbestimmungen nach Art. 14 I 2 GG verfassungsrechtlich nicht zu beanstanden. Sie sind als Entschädigungsregelungen auch hinreichend bestimmt (str.).

II. Fragen

1. Unter welchen Voraussetzungen kommt ein Ausgleichsanspruch auf der Grundlage einer salvatorischen Entschädigungsklausel in Betracht?

2. In welchem Rechtsweg sind Entschädigungsansprüche aus inhaltsbestimmenden Regelungen geltend zu machen?

III. Lösungen

1. Ein Ausgleichsanspruch aufgrund salvatorischer Klauseln, kommt in Betracht, wenn sich die den Eigentümer belastende Maßnahme im Rahmen einer zulässigen Inhaltsbestimmung hält und die Entschädigung in der Klausel vorgesehen ist.

2. Da es sich um eine sondergesetzlich geregelte Entschädigung handelt, die letztlich dem Grundsatz der Verhältnismäßigkeit Rechnung trägt, ist der Verwaltungsrechtsweg gegeben.

§ 16. Die Aufopferungsentschädigung

Literatur: *Bender,* Zur gegenwärtigen Situation des Staatshaftungsrechts, BauR 1993, 1; *ders.,* Staatshaftungsrecht, 2. Aufl. 1994; *Kimminich,* Bonner Kommentar, Art. 14 (zit.: *BoKo*); *Erichsen/Martens,* Allgemeines Verwaltungsrecht, 9. Aufl. 1992, § 52 (zit.: *E/M,* Allg. VerwR); *Götz,* Urteilsanmerkung, DVBl 1984, 391; *Wimmer,* Entschädigungsanspruch aus dem Irak-Embargo gegen die Bundesrepublik Deutschland, BB 1990, 1986; *Kauch,* Bodenschutz: Die Steuerung des Land- und Freiflächenverbrauchs im geltenden Recht, DVBl 1993, 1033; *Leisner,* Sozialbindung des Eigentums nach privatem und öffentlichem Recht, NJW 1975, 233; *Maurer,* Allgemeines Verwaltungsrecht, 9. Aufl. 1994, § 26 (zit.: *Maurer,* Allg. VerwR); *Ossenbühl,* Staatshaftungsrecht, 4. Aufl. 1991, §§ 12, 17 f. (zit.: *Ossenbühl,* StHR); *ders.,* Enteignungsgleicher Eingriff im Wandel, JuS 1988, 193; *ders.,* Urteilsanmerkung, JZ 1987, 1027; *Papier,* in: *Maunz-Dürig* Art. 14 (zit.: *MD*); *ders.,* Enteignungsgleiche und enteignende Eingriffe nach der Naßauskiesung-Entscheidung, JuS 1985, 184; *ders.,* Münchener Kommentar, § 839 BGB (zit.: *MK*); *Nüßgens/Boujong,* Eigentum, Sozialbindung, Enteignung, 1986 (zit.: *Nüßgens*); *Scherzberg,* Die Subsidiarität des „enteignungsgleichen Eingriffs"; DVBl 1991, 84; *Staudinger,* Kommentar zum BGB, § 906 BGB (zit.: *Staudinger*); *Schulte,* Informales Verwaltungshandeln als Mittel staatlicher Umwelt- und Gesundheitspflege; DVBl 1988, 512; *Schwerdtfeger,* Öffentliches Recht in der Fallbearbeitung, 9. Aufl. 1993 (zit.: *Schwerdtfeger*); *ders.,* Eigentumsgarantie, Inhaltsbestimmung und Enteignung, JuS 1993, 104; *Papier,* Grundfälle zu Eigentum, Enteignung und enteignungsgleichem Eingriff, JuS 1989, 630; *Wolff/Bachof I,* 9. Aufl. 1974 (zit.: *Wolff I*).

1 Als Folge des Naßauskiesungsbeschlusses hat der BGH die Haftungsinstitute des enteignenden und enteignungsgleichen Eingriffs von der Enteignung

nach Art. 14 III GG „abgekoppelt". Diese werden nunmehr auf den „**Aufopferungsgedanken**" zurückgeführt; dogmatisch handelt es sich um Haftungsinstitute, die nach Tatbestandsvoraussetzungen und Rechtsfolgen auf der Ebene des einfachen Rechts anzusiedeln sind (BGHZ 76, 384).

A. Überblick

I. Begriff

1. Allgemeines

Die Aufopferung als allgemeiner Rechtsgrundsatz billigt dem Einzelnen bei Eingriffen in bestimmte rechtlich geschützte Positionen grundsätzlich eine Entschädigung zu, wenn der hoheitliche Eingriff zu einem Sonderopfer geführt hat *(§ 13 Rn. 32)*. 2

2. Systematik

Der so verstandenen Aufoperungsentschädigung werden folgende Haftungsinstitute zugeordnet: 3

a) Der **enteignungsgleiche Eingriff**: er kommt in Betracht, wenn in eine durch Art. 14 GG geschützte eigentumsrechtliche Position durch eine rechtswidrige hoheitliche Maßnahme unmittelbar eingegriffen wird und daraus dem Betroffenen ein besonderes, anderen nicht zugemutetes Opfer für die Allgemeinheit auferlegt wird (*Nüßgens*, Rn. 411). 4

Beispiel: K betrieb einen ambulanten Handel mit Damen- und Herrenoberbekleidung. Seine Verkaufsveranstaltungen kündigte er jeweils durch Zeitungsanzeige in der örtlichen Presse an. Die Ordnungsbehörde untersagte die Verkaufsveranstaltung in der Stadt X mit dem Hinweis, es fehle die Genehmigung als Sonderveranstaltung. K beugte sich dieser Anordnung und stellte seine Verkaufsveranstaltung ein. Im Verwaltungsrechtsweg erreichte er die Feststellung, daß die Verkaufsveranstaltung keine genehmigungsbedürftige Sonderveranstaltung gewesen sei und deshalb nicht habe untersagt werden dürfen. Nunmehr verlangt K Ersatz oder Entschädigung für die durch die Schließung der Verkaufsveranstaltung entstandenen Schäden. Der BGH ließ offen, ob schuldhaftes Verhalten der Behörde vorlag und deshalb ein Amtshaftungsanspruch bestand. Er stützte den Entschädigungsanspruch auf den enteignungsgleichen Eingriff, da die Entschädigung im gg. Falle nicht hinter dem Schadenersatz zurückblieb (BGH NJW 1960, 1149 – „Verkaufsveranstaltung").

b) Der **enteignende Eingriff**: er erfaßt rechtmäßige hoheitliche Maßnahmen, die sich in ihren Nebenfolgen unmittelbar beeinträchtigend auf verfassungsrechtlich geschützte Eigentumsposition auswirken (BGH NJW 1986, 2424; *Maurer,* Allg. VerwR, § 26 Rn. 107). 5

Beispiel: Die Gemeinde G saniert die Abwasserkanalisation. Die Sanierungsarbeiten sind ordnungsgemäß geplant und auch überwacht. Gleichwohl kommt es aufgrund nicht vorhersehbarer Bodenstrukturen dazu, daß im Fundament des Hauses des E, das schon 250 Jahre alt ist, Risse entstehen.

6   c) Die **öffentlich-rechtliche Aufopferung**: Sie ist gegeben, wenn durch hoheitliche Maßnahmen in immaterielle Rechtsgüter des einzelnen eingegriffen wird, und daraus ein Sonderopfer zum Wohl der Allgemeinheit entsteht. Nach h. M werden nur die nm Art. 2 II GG genannten Rechtsgüter (Leben, Gesundheit, Freiheit) nicht aber z. B. das Persönlichkeitsrecht erfaßt (dazu: *Ossenbühl,* StHR, S. 110).

Beispiel: Im Rahmen eines Bergwandertages der Schulklasse, der A angehört, stürzt dieser einen steilen Abhang hinab. Der begleitende Lehrer war seiner Aufsichtspflicht nachgekommen. A erlitt einen doppelten Schienbeinbruch.

7   Im Grundsatz läßt sich auch bei der öffentlich-rechtlichen Aufopferung nach der Rechtmäßigkeit bzw. Rechtswidrigkeit des hoheitlichen Handelns als Aufopferung und aufopferungsgleicher Eingriff unterscheiden (*Ossenbühl,* StHR, S. 111). Da sich bei der öffentlich-rechtlichen Aufopferung die verfassungsrechtliche Problematik des Art. 14 III GG nicht stellt, auf der anderen Seite vor allem der Ausgleich der Eingriffsfolge maßgebend ist, wird von der letztlich keine besonderen Rechtsfolgen nach sich ziehenden Unterscheidung zwischen Aufopferung und aufopferungsgleichem Eingriff abgesehen und die Entschädigung wegen hoheitlichen Eingriffs in immaterielle Rechtsgüter insgesamt als öffentlich-rechtliche Aufopferung behandelt (so auch der BGH in st.Rspr.: BGHZ 20, 61; BGH NJW 1966, 1026 ff.). Angesichts zahlreicher spezialgesetzlicher Regelungen ist die **praktische Bedeutung** dieses Haftungsinstituts **gering**. Bis auf die geschützten Rechtsgüter entsprechen die Anspruchsvoraussetzungen denen des enteignungsgleichen Eingriffs.

II. Abgrenzung

8   Die Abgrenzung zwischen der Aufopferungsentschädigung auf der Grundlage des enteignenden bzw. enteignungsgleichen Eingriffs einerseits und der öffentlich-rechtlichen Aufopferung andererseits erfolgt durch das **verletzte Rechtsgut**.

9   Schadensfolgen aus Eingriffen in verfassungsrechtlich geschützte Eigentumspositionen werden von den Haftungsinstituten des enteignenden bzw. enteignungsgleichen Eingriffs erfaßt.

10   Führen dagegen hoheitliche Eingriffe in **immaterielle Rechtsgüter** (Leben, Gesundheit, Freiheit) zu Vermögensnachteilen, können diese im Wege der öffentlich-rechtlichen Aufopferung liquidiert werden.

Unterscheiden sich die Ansprüche somit nach dem Eingriffsobjekt, ist ihnen 11
auf der anderen Seite gemeinsam, daß lediglich Ersatz der entstandenen
Vermögensschäden, nicht dagegen des immateriellen Schadens geltend gemacht werden kann (*Ossenbühl*, StHR, S. 109). Es handelt sich aber nicht
um eine Billigkeitsentschädigung, vielmehr muß grundsätzlich voller Ausgleich geleistet werden. Hierzu gelten die allgemeinen Grundsätze.

B. Enteignungsgleicher Eingriff

I. Anwendungsbereich

a) Der enteignungsgleiche Eingriff ist ein Haftungsinstitut, das durch 12
Richterrecht entwickelt worden ist. Hintergrund war die Erkenntnis,
daß bei rechtswidrigen staatlichen Eingriffen in verfassungsrechtlich
geschützte Eigentumspositionen ein Haftungsdefizit bestand.

Der auf rechtswidrig-schuldhafte Amtshandlungen aufbauende 13
Amtshaftungsanspruch konnte bei rechtswidrig-schuldlosen Eingriffen keinen Ausgleichsanspruch begründen. Diese „Lücke" im Haftungssystem (*Ossenbühl*, StHR, S. 174) wurde durch den Entschädigungsanspruch für enteignungsgleiche Eingriffe geschlossen.

b) Da es bei **legislativem** Unrecht (förmliche Gesetze) und **normativem** 14
Unrecht (Rechtsverordnungen, Satzungen und Verwaltungsvorschriften) in aller Regel an einer drittbezogenen Amtspflicht fehlt
(dazu *§ 7 Rn. 107*), stellt sich praktisch die Frage der Entschädigung
auf der Grundlage eines enteignungsgleichen Eingriffs (*Ossenbühl*,
StHR, S. 193; *Maurer*, Allg. VerwR, § 26 Rn. 91).

> **Beispiel:** E ist Eigentümer eines Wirtschaftswaldes. Er trägt vor, daß ihm infolge
> der Luftverunreinigungen und des damit zusammenhängenden Waldsterbens,
> erhebliche forstwirtschaftliche Schäden zugefügt worden seien, die seine
> Existenzgrundlage bedrohen. Das Immissionsschutzgesetz ermögliche es, daß
> Luftverunreinigungen stattfänden. Der Gesetzgeber habe mit dem Immissionsschutzgesetz ein Immissionsermöglichungsgesetz erlassen. Die Entscheidungsansprüche gegen die BRD aus enteignungsgleichem Eingriff sind unbegründet
> (BGHZ 102, 350 – „Waldsterben").

Der **BGH lehnt die Anwendung des enteignungsgleichen Eingriffs auf** 15
legislatives Unrecht grundsätzlich ab (BGHZ 100, 145; *Ossenbühl*,
JZ 1987, 1024). Eine Erstreckung des enteignungsgleichen Eingriffs
auf förmliche Gesetze würde die verfassungsrechtliche Funktion und
Aufgabenteilung zwischen gesetzgebender und rechtsprechender Gewalt mißachten. Außerdem entstünden möglicherweise weitreichende Folgen für die Staatsfinanzen; die Haushaltsprärogative des Parla-

ments werde unterlaufen. Die Auffassung des BGH wird in der Lit. im Grundsatz akzeptiert. Zum Teil wird allerdings für Individual- und Maßnahmegesetze wegen der besonderen Funktion dieser Regelungen eine Ausnahme gefordert (*Ossenbühl* StHR, S. 193; *Maurer*, Allg. Verw, § 26 Rn. 91).

Die **Haftung für normatives Unrecht** ist ist demgegenüber grundsätzlich anerkannt.

II. Überblick

16 Der **enteignungsgleiche Eingriff** ist durch folgende Tatbestandsmerkmale gekennzeichnet:

- ❏ Eigentum nach Art. 14 GG als Eingriffsobjekt
- ❏ Hoheitliche Maßnahme als Eingriffshandlung
- ❏ Unmittelbarkeit des Eingriffs
- ❏ Enteignungswirkung
- ❏ Gemeinwohlbezogenheit des Eingriffs
- ❏ Primärrechtsschutz – § 254 BGB analog.

III. Anspruchsvoraussetzungen

1. Eingriffsobjekt

17 Der enteignungsgleiche Eingriff setzt zunächst voraus, daß eine unter den Schutz des Art. 14 I GG fallende Rechtsposition beeinträchtigt wird *(§ 13 Rn. 11)*.

Beispiel: Einem Gastwirt wird die nach § 2 Gaststättengesetz erforderliche Erlaubnis zum Betrieb einer Gaststätte versagt, weil er angeblich dem Trunke ergeben sei (§ 4 I Nr. 1 Gaststättengesetz). Erst nach Durchführung der verwaltungsgerichtlichen Verpflichtungsklage stellt sich heraus, daß die Behörde ein unzutreffendes Gutachten zugrunde gelegt hat.

18 Der Betrieb einer Gaststätte ist unter dem Gesichtspunkt des eingerichteten und ausgeübten Gewerbebetriebes zu bewerten. Die rechtswidrige Versagung der Erlaubnis zur Aufnahme oder Erweiterung des Gewerbebetriebes betrifft jedoch nicht den Bestand des Betriebes sondern nur künftige Erwerbsmöglichkeiten, die nicht durch Art. 14 I GG geschützt sind. Deshalb ist jedenfalls ein Anspruch aus enteignungsgleichem Eingriff zu verneinen (*Nüßgens*, Rn. 421). In Betracht kommen, sofern die weiteren Voraussetzungen vorliegen, Ansprüche aus Amtshaftung.

2. Hoheitliche Maßnahme als Verletzungshandlung

Der enteignungsgleiche Eingriff ist nicht auf hoheitliche Rechtsakte beschränkt. Als Verletzungshandlung kommen auch **hoheitliche Realakte** in Betracht. Letztere spielen sogar eine besondere Rolle.

Beispiel: Infolge von Schießübungen der Bundeswehr, bei denen die internen Dienstanordnungen mißachtet werden, wird ein Wald in Brand gesetzt (BGH NJW 1962, 1439). Infolge rechtswidrig verzögerter U-Bahnbauarbeiten erleidet E, der einen Einzelhandel führt, erhebliche Umsatzeinbußen (BGH NJW 1965, 1907). Bei Straßenbauarbeiten wird infolge unsachgemäßer Bauleistung der Prüfschacht verstopft. Durch den Rückstau der Hausabwässer erleidet der K, der in seinem Keller Lebensmittel aufbewahrt, erhebliche Schäden (BGH WM 1973, 390).

Der rechtswidrige Eingriff setzt grundsätzlich positives Handeln voraus (str. dazu *Ossenbühl*, StHR, 212). Rechtswidriges Unterlassen, wie z. B. die Nichterteilung einer beantragten Konzession reicht nach Auffassung des BGH grundsätzlich nicht aus, weil nicht ein bereits vorhandener konkreter Wert genommen, sondern etwas nicht gewährtes nicht gegeben wird.

Beispiel: Die Gemeinde B erläßt keinen Bebauungsplan für einen bestimmten Flurbereich. Dadurch wird die bauliche Grundstücksnutzung, die sich B zur Sicherung seiner Altersversorgung auf seinem Grundstück vorgenommen hat, unmöglich gemacht. In der Vorenthaltung einer baulichen Grundstücksnutzung ist kein Eingriff zu sehen (BGHZ 92, 34).

Eine Ausnahme macht der BGH für das sog. qualifizierte Unterlassen. Ein qualifiziertes Unterlassen kommt vor allem im Zusammenhang mit der Eigentumsgarantie von Grund und Boden vor. Wird eine Bauerlaubnis entgegen dem geltenden Recht abgelehnt, bewegt sich diese Maßnahme nicht nur auf der Ebene eines Nichtgewährens nichtvorhandener Rechtspositionen, sondern steht im Widerspruch zu dem in Art. 14 I GG verankerten Grundeigentum, das die Baufreiheit mit umfaßt (*MD*, Art. 14 Rn. 610 f.).

Beispiel: Die Gemeinde G verweigert rechtswidrig das gemeindliche Einvernehmen nach § 36 BauGB mit der Folge, daß die Baugenehmigung von der zuständigen Baugenehmigungsbehörde abgelehnt wird.

3. Unmittelbarkeit des Eingriffs

Entsprechend der klassischen Enteignungslehre forderte der BGH ursprünglich die Finalität des Eingriffs, also ein bewußtes und gezieltes hoheitliches Vorgehen (BGHZ 23, 240; *Aust*, S. 85). In seiner neueren Rspr. hat der BGH dieses Erfordernis aufgegeben und das Kriterium der „**Unmittelbarkeit des Eingriffs**" eingeführt. Anlaß für diese Änderung der Rspr. war es, auch Zufallsschäden aus hoheitlichen Maßnahmen oder Handlungen erfassen zu können (*E/M*, Allg. VerwR, S. 642 f.). Der BGH hebt im Einzelfall auf eine wertende Zurechnung ab. Maßgebender Gesichtspunkt ist dabei, ob sich eine in der hoheitlichen Maßnahme enthaltene typische Gefahr in Form des Eingriffs verwirklicht. Es muß eine natürliche Einheit von Maßnahme und Folge vorliegen (BayObLG, 1978, 77; *Nüßgens*, Rn. 426).

Beispiele:
- Ein Schützenpanzer durchbrach eine Gebäudewand und richtete Schäden an Einrichtungsgegenständen und am Warenlager des Kaufmanns X an. Der BGH stellte fest, daß es auf die Zielgerichtetheit des Eingriffs nicht ankomme, vielmehr genüge es, wenn von der Eigenart einer hoheitlichen Maßnahme unmittelbar Auswirkungen auf das Eigentum ausgingen (BGH NJW 1964, 104 – *„Schützenpanzer"*).
- Absenkung des Grundwasserspiegels beim Ausbau eines Kanals mit der Folge, daß ein benachbartes Grundstück austrocknet und Schäden an einem Haus entstehen (BGH MDR 1980, 127 – *„Kanalbau"*).
- Infolge einer Fehlschaltung einer Verkehrsampel kommt es zu einem Verkehrsunfall, bei dem der Pkw des X erheblich beschädigt wird. Im ersten Ampelurteil hatte der BGH die Unmittelbarkeit noch verneint (BGHZ 54, 332). Der BGH hat diese Rspr. zwischenzeitlich aufgegeben. Zu § 39 I b des nordrhein-westfälischen Ordnungsbehördengesetzes stellt der BGH fest, daß der Verkehrsbehörde derartige Eingriffe zuzurechnen seien, da sie die Ampelanlage „für sich arbeiten" lasse (BGH NJW 1987, 1945 – *„Ampelurteil"*; *Ossenbühl*, JuS 1988, 193).

> **Das Unmittelbarkeitskriterium hat die Funktion, eine Haftungsbegrenzung zu ermöglichen.**

23 Ohne wertende Haftungseingrenzung würde über den enteignungsgleichen Eingriff, da die eingreifende Maßnahme nicht mehr zielgerichtet zu sein braucht, eine **öffentlich-rechtliche Gefährungshaftung** verwirklicht (*Nüßgens*, Rn. 425). Diese wurde vom BGH jedoch immer abgelehnt (BGH NJW 1971, 607).

Beispiel: Eine Gemeinde betreibt schlicht hoheitlich eine Mülldeponie. Der dort abgelagerte Hausmüll zieht ständig Scharen von Krähen und Möven an. Die Vögel richten insbesondere in den benachbarten Saatfeldern erhebliche Schäden an, die sich in Ernteausfällen niederschlagen. Der BGH hat in diesem Fall die Unmittelbarkeit des Eingriffs bejaht (BGH NJW 1980, 770 – *„Hausmüll"*).

24 In der Begründung zeigt sich deutlich, daß es sich beim Unmittelbarkeitskriterium letztendlich um ein wertendes Zurechnungskriterium handelt. In Folge der milden Witterung im Winter 1974/75 habe sich, so der BGH, lediglich eine von der Deponie stets ausgehende typische Gefahr für die junge Saat in stärkerem Ausmaß verwirklicht, als das bei ausgeprägtem Winterwetter der Fall gewesen wäre. Bei dieser Sachlage könne keine Rede davon sein, daß erst ein ganz außerhalb der hoheitlichen

§ 16. Die Aufopferungsentschädigung

Maßnahme liegendes, selbständiges Ereignis den Schaden ausgelöst habe.

4. Enteignungswirkung

Der enteignungsgleiche Eingriff setzt ein die Grenzen der Sozialbindung überschreitendes Sonderopfer voraus. Allein die Rechtswidrigkeit des Eingriffs begründet, sofern die weiteren Anspruchsvoraussetzungen vorliegen, das zu entschädigende Sonderopfer. 25

5. Gemeinwohlbezogenheit

Die historische Verankerung des enteignungsgleichen Eingriffs in Art. 14 GG kommt auch darin zum Ausdruck, daß der BGH nach wie vor verlangt, daß die hoheitliche Maßnahme dazu bestimmt ist, dem **Gemeinwohl zu dienen**. Dieses Merkmal ist indessen praktisch funktionslos (BGHZ 76, 387 – „*Fluglotsenstreik*"; dazu auch § 7 Rn. 56)). 26

6. Primärrechtsschutz – § 254 BGB analog

Bei der den enteignungsgleichen Eingriff auslösenden hoheitlichen Maßnahme, steht dem Betroffenen grundsätzlich auch die Möglichkeit offen, die hoheitliche Maßnahme als solche anzugreifen und damit dem Entstehen eines ausgleichspflichtigen Schadens entgegenzuwirken. 27

Der BGH greift zur Berücksichtigung der Möglichkeit des Primärrechtsschutzes auf den Rechtsgedanken des § 254 BGB zurück. Der von einem rechtswidrigen Eingriff Betroffene hat danach nicht die freie Wahl, ob er den Eingriff mit dem dafür vorgesehenen Rechtsmittel abwehren oder ihn hinnehmen und statt dessen eine Entschädigung verlangen will. Vielmehr ist § 254 BGB entsprechend anzuwenden. Beim enteignungsgleichen Eingriff ist ein mitwirkendes Verschulden im Sinne des § 254 BGB nicht nur im Rahmen der Eingriffsfolgen, sondern auch bei der Verwirklichung des Schädigungstatbestandes selbst zu berücksichtigen. Aus dem Rechtsgedanken des § 254 BGB ergibt sich eine Verpflichtung des Geschädigten, zur Schadensabwendung zumutbare rechtliche Maßnahmen zu ergreifen (BGH 79, 33). Mit diesem Ansatz lassen sich im Einzelfall sachgerechte, die Zumutbarkeit für den Betroffenen berücksichtigende Lösungen erzielen (*Maurer*, Allg. VerwR, § 26 Rn. 99). Folgende Grundsätze können zugrunde gelegt werden: 28

❑ Der Adressat eines Verwaltungsaktes hat **grundsätzlich die Pflicht** zu prüfen, ob das Vorgehen der Behörde rechtmäßig ist oder nicht. Ergeben sich begründete Zweifel an der Rechtmäßigkeit des Eingriffs oder hätte die Prüfung zu diesem Ergebnis geführt, so ist der Betroffene gehalten, die **zumutbaren Rechsbehelfe gegen** die Maßnahme zu ergreifen. Unterläßt der Betroffene dies, so steht ihm ein Entschädi- 29 gungsanspruch aus „enteignungsgleichem Eingriff" regelmäßig für solche Nachteile nicht zu, die er durch den Rechtsbehelf hätte vermeiden können (BGHZ 19, 32).

30 ❑ Im übrigen hat der BGH bislang noch nicht abschließend entschieden, nach welchen Kriterien und Maßstäben sich die Zumutbarkeit der Anfechtung und des Verschuldens bei unterlassener Prüfung und Anfechtung des Eingriffsaktes richten (*Nüßgens*, Rn. 439). Die Darlegungs- und Beweislast für die tatsächlichen Voraussetzungen einer Mitverantwortung des Betroffenen trifft jedoch grundsätzlich die in Anspruch genommene öffentliche Körperschaft.

III. Entschädigung

1. Inhalt des Anspruchs

31 Auch bei den Rechtsfolgen des enteignungsgleichen Eingriffs spiegelt sich seine historische Ausrichtung an Art. 14 GG wider. Die Rechtsfolgen werden nicht nach schadenersatzrechtlichen (vgl. dazu *§ 7 Rn. 129 ff.*), sondern nach enteignungsentschädigungsrechtlichen Kriterien bestimmt (*MD*, Art. 14 Rn. 625). Es gelten die allgemeinen Grundsätze über die Enteignungsentschädigung (*§ 13 Rn. 9*).

2. Anspruchsgegner

32 Die Feststellung des entschädigungspflichtigen Verwaltungsträgers bereitet beim enteignungsgleichen Eingriff zusätzliche Schwierigkeiten. Die Rspr. stellt auf den **begünstigten Verwaltungsträger** als dem prinzipiellen Anspruchsgegner ab. Sofern keine Begünstigung vorliegt, soll der Verwaltungsträger in Anspruch genommen werden, dessen Aufgaben wahrgenommen worden sind (BGHZ 76, 397).

IV. Prozessuales und Konkurrenzen

1. Rechtsweg

33 Für Entschädigungsansprüche aus enteignungsgleichem Eingriff sind **die Zivilgerichte zuständig** (§ 40 II 1 1 VwGO). Zu beachten ist jedoch, daß nach § 17 II GVG diese Ansprüche dann in die Sachkompetenz anderer Gerichte fallen können, wenn zu diesen der Rechtsweg aus anderen Klagegründen eröffnet ist (*Ossenbühl*, StHR, S. 225). Das nach den Zuständigkeitsvorschriften zulässigerweise angerufene Gericht muß den ihm unterbreiteten Rechtsstreit nach § 17 II GVG „unter allen in Betracht kommenden rechtlichen Gesichtspunkten" entscheiden. Es muß deshalb auch Anspruchsgrundlagen prüfen, die grundsätzlich zu einem

anderen Rechtsweg gehören (Ausnahme Amtshaftung nach Art. 34 S. 3 GG! wegen verfassungsrechtlicher Zuweisung).

2. Konkurrenzen

Die Lösung der Konkurrenzfragen ist insbesondere vor dem Hintergrund der Funktion des enteignungsgleichen Eingriffs zu sehen, nämlich Haftungslücken auszugleichen. Folgende Grundsätze sind maßgebend: 34

a) Vorrang spezialgesetzlicher Anspruchsgrundlagen

In zahlreichen Sondergesetzen gibt es spezialgesetzliche Grundlagen, die den Anwendungsbereich des enteignungsgleichen Eingriffs abdecken. Insbesondere die Polizei- und Ordnungsgesetze der meisten Bundesländer enthalten eine legislativ geregelte Rechtswidrigkeitshaftung. Entschädigungsansprüche entstehen in diesen Fällen meist schon dann, wenn eine rechtswidrige Maßnahme einer Polizei- oder Ordnungsbehörde einen Schaden verursacht hat. Der Begriff der Maßnahme wird dabei weit ausgelegt. Es kommt deshalb darauf an, sorgfältig zu prüfen, ob der geltend gemachte Schaden auf eine entsprechende Rechtsgrundlage gestützt werden kann (*Maurer*, Allg. VerwR, § 26 Rn. 102). 35

Beispiel: Art. 70 BayPolizeiaufgabenG räumt dem zu Unrecht in Anspruch genommenen Nichtstörer einen Entschädigungsanspruch ein, soweit der Schaden durch die polizeiliche Maßnahme entstanden ist und der Geschädigte nicht von anderen Ersatz zu verlangen vermag.

b) Amtshaftungsanspruch

Der Anspruch aus enteignungsgleichem Eingriff und der Amtshaftungsanspruch **bestehen nebeneinander** (BGHZ 13, 93; dazu auch § 9 Rn. 14). Dies hat vor allem Bedeutung, weil der enteignungsgleiche Eingriff erst in 30 Jahren, der Amtshaftungsanspruch dagegen in 3 Jahren verjährt (*Maurer,* Allg. VerwR, § 26 Rn. 105). 36

Beispiel: E ist Eigentümer eines Gebäudes, das ziemlich heruntergekommen aber wieder aufbaufähig ist. Die zuständige Ordnungsbehörde ließ das Gebäude abreisen. E verlangt Ersatz, weil die Abrißanordnung rechtswidrig gewesen sei und der handelnde Beamte schuldhaft gehandelt habe. Der BGH bejahte in diesem Fall einen Anspruch aus enteignungsgleichem Eingriff neben einem Schadenersatzanspruch nach Amtshaftungsgrundsätzen (BGHZ 13, 88 – „Abrißanordnung").

c) Primärrechtsschutz

Im Rahmen der Grundsätze, die den Betroffenen nach dem Rechtsgedanken des § 254 BGB verpflichten, den Primärrechtsschutz zu ergreifen, geht dieser dem Anspruch aus enteignungsgleichem Eingriff vor. Der Betroffene hat damit insbesondere Anfechtungsmaßnahmen 37 oder sonstige Abwehransprüche zu ergreifen. Die unterschiedlichen Rechtswege (*Götz*, DVBl 1984, 397) sind zu beachten.

C. Enteignender Eingriff

38 Der Entschädigungsanspruch aus enteignendem Eingriff kommt in Betracht, wenn **rechtmäßige hoheitliche Maßnahmen** bei einem Betroffenen zu Nachteilen führen, die er aus rechtlichen oder tatsächlichen Gründen hinnehmen muß, die aber die Schwelle des eigentumsrechtlich zumutbaren überschreiten (BGH NJW 1992, 3232). Abgrenzungskriterium zum enteignungsgleichen Eingriff ist also die Rechtmäßigkeit der eingreifenden hoheitlichen „Maßnahme". Ob dem enteignenden Eingriff angesichts zahlreicher spezialgesetzlicher „Entschädigungsgrundlagen" überhaupt noch eine Zukunft beschieden sein wird, ist zweifelhaft.

I. Anwendungsbereich

39 Als Haftungsinstitut kommt der enteignende Eingriff in Betracht, wenn eine an sich rechtmäßige hoheitliche Maßnahme unmittelbare Folgen zeitigt, die dem Betroffenen ein Sonderopfer auferlegen.

Beispiel: Der Bau einer ordnungsgemäß geplanten Straße verzögert sich wegen nicht vorhersehbarer Schwierigkeiten im Baugrund. Das Ausmaß der Verzögerungen wirkt sich existenzgefährdend für den Anliegerbetrieb des A aus (BGHZ 57, 365 f.).

40 Der enteignende Eingriff als Haftungsinstitut wurde im Zusammenhang mit hoheitlich veranlaßten Straßenbau- und U-Bahn-Baumaßnahmen entwickelt. Im Urteil „*Buschkrugbrücke*" (NJW 1965, 1908) führt der BGH aus:

„Die Verkehrsbeschränkungen und Behinderungen bleiben nur dann in den entschädigungslos hinzunehmenden Grenzen, wenn sie nach Art und Dauer nicht über das hinausgehen, was bei ordnungsmäßiger Durchführung der Arbeiten mit möglichen und zumutbaren Mitteln sachlicher und persönlicher Art notwendig ist. Bei einer nicht unerheblichen Überschreitung dieser Grenzen besteht ein Anspruch auf Entschädigung wegen enteignungsgleichen (rechtswidrigen) Eingriffs. Trotz Einhaltung dieser Grenzen muß die Behörde unter Umständen eine Entschädigung wegen (rechtmäßigen) enteignenden Eingriffs leisten, wenn ihr Vorgehen den Wesenskern eines geschützten Rechtsgutes angetastet hat."

II. Anspruchsvoraussetzungen

41 Die Anspruchsstruktur des enteignenden Eingriffs entspricht im Grundsatz derjenigen des enteignungsgleichen Eingriffs, so daß auf die dazu gemachten Ausführungen verwiesen werden kann. Im folgenden wird auf zwei An-

§ 16. Die Aufopferungsentschädigung

spruchsvoraussetzungen näher eingegangen, die wegen der Eigenart des enteignenden Eingriffs besondere Konturen haben:

1. Eingriff durch hoheitliche Maßnahme

Die **Hauptbedeutung** des enteignenden Eingriffs liegt bei den hoheitlichen **Realakten**, die zu eigentumsbeeinträchtigenden Wirkungen führen. Jedoch sind auch seltene Fälle denkbar, in denen Beeinträchtigungen durch Rechtsakte nach den Grundsätzen des enteignenden Eingriffs liquidiert werden können (zur Amtshaftung vgl. *§ 7 Rn. 32 ff.*). 42

Beispiel: Der Bürgermeister einer Gemeinde zieht einen Gemeindebürger im Rahmen der gemeindlichen Hand- und Spanndienste mit seinem Traktor zur Abfuhr von Steinen aus einem Steinbruch heran. Die Gemeindearbeiter legen bei einer erheblichen Steigung den Hemmschuh falsch unter die Räder, so daß sich der Traktor überschlägt und erhebliche Sachschäden am Fahrzeug entstehen. Der BGH sah darin eine aus der Eigenart der hoheitlich durch Verwaltungsakt geforderten Leistung folgende, den Traktoreigentümer ungleich treffende Schadenslage (BGHZ 28, 313 – „*Hand- und Spanndienst*").

Die Hauptbedeutung des enteignenden Eingriffs liegt bei Maßnahmen der Daseinsvorsorge (zur Amtshaftung vgl. auch *§ 7 Rn. 45 ff.*). Angesichts der gesetzlichen Regelungen scheint sich seine Bedeutung vor allem auf Baumaßnahmen zu begrenzen. 43

Beispiele:
- Öffentliche Bauarbeiten z. B. U-Bahnbau, führen bei Straßenanliegern zu ungewöhnlich gravierenden und diese in ihrer Existenz gefährdenden Auswirkungen. Solche Belastungen gehen über die von der Schicksalsgemeinschaft der Anlieger generell mit der Anliegersituation hinzunehmenden städtebaulichen und verkehrspolitischen Beeinträchtigungen hinaus (BGHZ 57, 365 – „*U-Bahnbau*").
- Durch Absperrung eines Entwässerungsgrabens zum Schutze der Allgemeinheit werden Überschwemmungsschäden auf landwirtschaftlichen Grundstücken verursacht (BGH NJW 1992, 1329 – „*Überschwemmungsschäden*").

2. Enteignungswirkung

Der Eingriff muß enteignende Wirkung haben. Um die Enteignungsqualität festzustellen, kann zunächst auf die sog. Schwellentheorien zurückgegangen werden (dazu § 13 Rn. 50). Allerdings vermitteln diese Theorien nur allgemeine Kriterien, die anhand der Umstände des Einzelfalls konkretisiert werden müssen. 44

Merke: Bei der Ermittlung der Opfergrenze werden die „Situationsgebundenheit" und die „Zumutbarkeit" der Belastung als das Sonderopfer konkretisierende Kriterien herangezogen (BGH NJW 1992, 3233). 45

Die Situationsgebundenheit bedeutet, daß der Eigentümer bei der Ausübung seiner Eigentumsbefugnisse z. B. am Grundeigentum die generelle 46

Beschränkung seiner Rechte hinzunehmen hat, die sich aus der allgemeinen situationsbedingten Einbindung des Grundstücks ableiten.

Beispiele:
- Die Lage eines Grundstücks in der Nähe zu einem Gewässer kann zu Schranken der Nutzungs- und Verfügungsmacht führen, etwa weil Hochwasserschutzmaßnahmen im Gemeininteresse erforderlich sind. Die Hochwassergefährdung ist eine immanente, dem Grundstück selbst anhaftende „Beschränkung" (BGH NJW 1992, 3233 – „*Hochwasserschutz*").
- Die Einführung eines Anschluß- und Benutzungszwangs an die öffentliche Wasserversorgung oder zur Benutzung kommunaler Schlachthöfe stellt sich regelmäßig als Inhaltsbestimmung des Eigentums dar. Durch den Anschluß- und Benutzungszwang soll gewährleistet werden, daß die Versorgung als solche generell sichergestellt bleibt; meist soll auch Gesundheitsgefahren entgegengewirkt werden (BVerwG DÖV 1973, 529 – „*Anschluß- und Benutzungszwang*").

47 Eine besondere praktische Bedeutung haben die Konfliktsituationen, in denen der Grundstückseigentümer hoheitlich veranlaßten Immissionen ausgesetzt ist. Mit der zunehmenden spezialgesetzlichen Regelungsdichte verliert der enteignende Eingriff indessen als anspruchsbegründender Tatbestand in diesem Bereich an Gewicht.

48 Für die Immissionsfälle hat der BGH in st.Rspr. **zunächst** die Maßstäbe des **§ 906 Abs. 2 BGB** herangezogen, um die Enteignungswirkung festzustellen. War die Benutzung des störenden Grundstücks nicht ortsüblich oder wurde die Zumutbarkeitsgrenze von § 906 II 2 BGB bei ortsüblicher Nutzung überschritten, führte dies nach BGH zu einem entschädigungspflichtigen Sonderopfer. Der Entschädigungsanspruch aus enteignendem Eingriff ist als öffentlich rechtliches Gegenstück zum zivilrechtlichen Ausgleichsanspruch unter Nachbarn nach § 906 II 2 BGB entwickelt worden.

3. Entschädigung bei hoheitlich veranlaßten Immissionen

49 a) Der BGH ging zu Immissionsbeeinträchtigungen von folgender Systematik aus (*Weber*, JuS 1984, 714 Nr. 1):

- Bei geringfügigen Immissionen besteht eine Duldungspflicht des Betroffenen ohne Geldausgleich.
- Bei wesentlichen Immissionen, die sich im Rahmen der Duldungsgrenze des § 906 II BGB halten, besteht eine Duldungspflicht bei gleichzeitigem Anspruch auf Geldausgleich aus enteignendem Eingriff.
- Wird die Opfergrenze des § 906 II BGB überschritten, sind die Immissionen jedoch aus übergeordneten Gemeinwohlinteressen

zu dulden, besteht ein Anspruch auf Geldausgleich aus enteignendem Eingriff.

- Besteht keine Duldungspflicht, sind die Grundstücksimmissionen rechtswidrig. Sie lösen dann bei Vorliegen der entsprechenden Anspruchsvoraussetzungen einen Entschädigungsanspruch aus enteignungsleichem Eingriff aus; in Betracht kommt überdies ein Folgenbeseitigungsanspruch.

b) Gegen die Heranziehung des § 906 BGB im „öffentlichen Nachbarrecht" werden in der Lit. **kritische Einwände** erhoben. Es wird darauf hingewiesen, daß die privatrechtlichen Beziehungen zwischen Zivilpersonen nicht mit Beeinträchtigungen vergleichbar seien, die im Zusammenhang mit der Erfüllung öffentlicher Aufgaben entstehen (*Leisner*, NJW 1975, 233; *Schwerdtfeger*, (Rn. 293). 50

c) Im Hinblick auf Immissionen ist zunächst eine zunehmende gesetzliche Regelungsdichte festzustellen, die sich sowohl mit den Grenzen hinzunehmender Immissionsbelastungen als auch mit möglichen Entschädigungen für nachhaltige Beeinträchtigungen befaßt. 51

So enthalten die §§ 5, 22 BImSchG auf Vermeidung und Beschränkung von Immissionen gerichtete Regelungen. § 42 BImSchG iVm 16. BImSchV verpflichtet unter bestimmten Voraussetzungen zur Entschädigung durch Schallschutzmaßnahmen; die VerkehrslärmschutzV legt die nach § 42 I BImSchG geforderten Immissionsgrenzwerte fest. 52

§§ 14 BImSchG, 7 AtomG, 11 LuftVG schließen es aus, aufgrund privatrechtlicher Ansprüche zur Abwehr benachteiligender Einwirkungen die Einstellung des Betriebs einer Anlage zu verlangen, sofern deren Genehmigung verwaltungsrechtlich unanfechtbar geworden ist. Gefordert werden können Schutzvorkehrungen; sofern deren Realisierung aus bestimmten Gründen nicht in Betracht kommt bleibt ein Anspruch auf Entschädigung. 53

Nach § 74 II 2 VwVfG muß der Planfeststellungsbeschluß Vorkehrungen über die Errichtung und Erhaltung von Anlagen auferlegen, die zum Wohle der Allgemeinheit oder zur Vermeidung nachteiliger Wirkungen (nicht nur Immissionen) auf Rechte anderer erforderlich sind. Sind solche Vorkehrungen oder Anlagen untunlich oder mit dem Vorhaben nicht vereinbar, so hat der Betroffene Anspruch auf angemessene Entschädigung in Geld (§ 74 II 3 VwVfG). Vergleichbare Vorschriften finden sich im **§ 36 BBahnG; 10 I, VII LuftVG** oder **§ 41 III, V FlurBG**. 54

55 d) Diese zunehmende rechtliche Ausprägung eines Abwehr- und Sanktionensystems gegen Immissionsbeeinträchtigungen, das noch durch technische Richtlinien (z. B. VDI-Richtlinie 2058) oder durch allgemeine Verwaltungsvorschriften (z. B. TALärm) ergänzt wird, muß bei der rechtlichen Lösung von Immissionskonflikten berücksichtigt werden.

56 e) Die immissionsschutzbezogenen Regelungen wirken sich auf den enteignenden Eingriff auf verschiedene Weise aus:

57 aa) Einige Vorschriften enthalten eigenständige Anspruchsgrundlagen auf angemessene Entschädigung für die Duldung nachteiliger Einwirkungen (z. B. § 74 II 3 VwVfG; § 42 II 1 BImSchG).

58 In diesen Fällen stellt sich die Frage nach dem Verhältnis zwischen diesen spezialgesetzlichen Anspruchsgrundlagen und einer Entschädigung auf der Grundlage des enteignenden Eingriffs (*Ossenbühl*, StHR, S. 236 ff.). Grundsätzlich geht die spezialgesetzliche Anspruchsgrundlage vor. Sieht die spezialgesetzliche Anspruchsgrundlage nur einen begrenzten Schadensausgleich vor, wie dies z. B. bei § 42 BImSchG für Schallschutzmaßnahmen der Fall ist, bleiben weitergehende Ansprüche aus enteignendem Eingriff oder anderen Rechtsgründen grundsätzlich möglich. Dies gilt allerdings dort nicht, wo die gesetzliche Sonderregelung eine abschließende Regelung enthält.

59 bb) Die spezialgesetzlichen Regelungen sind bei der **Konkretisierung der Duldungspflichten** zu berücksichtigen. Insoweit läßt die Rspr. des BVerwG einen Wandel dahingehend erkennen, daß die Zumutbarkeit hoheitlich veranlaßter Immissionen an diesen Sonderregelungen und nicht mehr an § 906 BGB gemessen wird (BVerwG E 79, 254 – *„Alarmsirene"*; BVerwGE 81, 200 – *„Sportplatzlärm"*).

60 cc) Schließlich wird der zu beschreitende Rechtsweg maßgeblich von der jeweiligen Anspruchsgrundlage bestimmt. Während Ansprüche aus Aufopferungsentschädigung nach § 40 II VwGO grundsätzlich vor den ordentlichen Gerichten geltend zu machen sind, gilt für die „Sonderentschädigungsregelungen" in aller Regel der verwaltungsgerichtliche Rechtsweg.

61 f) Faßt man den gegenwärtigen Stand der Rechtsprechung des BVerwG zum Entschädigungsausgleich bei Immissionsbeeinträchtigungen zusammen, so lassen sich folgende Grundsätze festhalten:

62 ❑ Grundsätzlich gewährt das **öffentlich-rechtliche Nachbarschaftsverhältnis** auf der Grundlage der vorzunehmenden Interessenabwägung nur einen **Anspruch auf Realisierung von Schutzmaßnahmen** gegen Immissionen (BVerwGE 79, 262). Dieser Anspruch

§ 16. Die Aufopferungsentschädigung

kann auf Geldentschädigung gehen, um solche Schutzmaßnahmen selbst treffen zu können.
- ❏ Sondergesetzliche Anspruchsgrundlagen enthalten vielfach über diesen Anspruch auf Realisierung von Schutzmaßnahmen hinausreichende Billigkeitsentschädigungen in Geld. Diese gehen vor. 63
- ❏ Fehlen sondergesetzliche Anspruchsgrundlagen, und lassen sich die Immissionsbeeinträchtigungen durch Schutzmaßnahmen nicht beseitigen, kann unter dem Gesichtspunkt des enteignenden Eingriffs ein weitergehender Entschädigungsanspruch in Betracht kommen. Dies setzt indessen voraus, daß nach der sondergesetzlichen Regelung für diesen Anspruch Raum bleibt. 64

III. Rechtsfolgen

Für die Höhe der Entschädigung bei enteignendem Eingriff gelten die allgemeinen Entschädigungsgrundsätze. 65

IV. Rechtsweg

Der Anspruch aus enteignendem Eingriff ist nach § **40 II 1 VwGO** im Zivilrechtsweg geltend zu machen (BGHZ 90, 28; a. A. *Schwerdtfeger*, JuS 1983, 110). Angesichts konkurrierender öffentlich-rechtlicher Abwehr- und Entschädigungsansprüche ist jedoch § 17 II 1 GVG zu beachten. 66

V. Konkurrenzen

Im Hinblick auf Verkehrsimmissionen ergeben sich schwierige Konkurrenzfragen, weil spezialgesetzliche Anspruchsgrundlagen vorliegen, deren Verhältnis letztendlich auch untereinander nicht verbindlich geklärt ist (§§ 74 II 3 VwVfG; 42 BImSchG). 67

Im übrigen ist vom Grundsatz auszugehen, daß die **spezialgesetzlichen Grundlagen** daraufhin zu überprüfen sind, **ob** sie eine **abschließende Regelung** in dem Sinne enthalten, daß weitergehende Ansprüche ausgeschlossen sein sollen. Für § 74 II 3 VwVfG gilt, daß die Entschädigung wegen enteignendem Eingriff mit erfaßt wird (näher *Ossenbühl*, StHR, S. 236). 68

D. Öffentlich-rechtliche Aufopferung

I. Anwendungsbereich

69 Die öffentlich-rechtliche Aufopferung bildet in ihrem heutigen Anwendungsbereich die Entschädigungsgrundlage für hoheitliche Eingriffe in immaterielle Rechtsgüter, wie Leben, Gesundheit und Bewegungsfreiheit (BGHZ 66, 118). Sowohl nach ihrer rechtlichen Begründung als auch nach ihrer Anspruchsstruktur ist die öffentlich-rechtliche Aufopferung dem enteignenden und enteignungsgleichen Eingriff vergleichbar. Die Ansprüche unterscheiden sich aber nach dem geschützten Rechtsgut (vgl. dazu § 16 Rn. 6).

II. Entschädigung

70 Der Betroffene kann für den im Zusammenhang mit der hoheitlichen Maßnahme erlittenen Schaden eine angemessene Entschädigung in Geld verlangen (BGHZ 45, 77). Auch die öffentlich-rechtliche Aufopferung vermittelt lediglich den Anspruch auf eine angemessene Entschädigung, nicht dagegen auf einen vollen Schadensausgleich (BGHZ 22, 50).

71 Die Entschädigung umfaßt deshalb insbesondere kein Schmerzensgeld (BGHZ 45, 77). Der Bundesgerichtshof hat trotz nachhaltiger Kritik (*Bender*, StHR, Rn. 754) an dieser Eingrenzung des Entschädigungsumfangs festgehalten und dabei insbesondere auf die rechtliche Verankerung im allgemeinen Aufopferungsgedanken des einfachen Gesetzesrechts verwiesen (BGHZ 20, 61; kritisch: *Ossenbühl*, StHR, S. 117).

III. Prozessuales

73 Der öffentlich-rechtliche Aufopferungsanspruch ist im **Zivilrechtsweg** geltend zu machen (**§ 40 Abs. 2 VwGO**).

73 Entschädigungspflichtig ist der Hoheitsträger, der durch das Sonderopfer „begünstigt" ist (BGHZ 26, 12). Die Begünstigung entscheidet sich danach, welchem Hoheitsträger die Vorteile der Maßnahme zugeflossen sind (dazu auch *Rn. 32*; es gelten dieselben Grundsätze).

E. Wiederholung

I. Zusammenfassung

❑ Der BGH hat in seiner Grundsatzentscheidung vom 26.01.1984 (NJW 1984, 1169) festgehalten, daß auch nach dem Naßauskiesungsbe-

§ 16. Die Aufopferungsentschädigung

schluß für rechtswidrig hoheitliche Eingriffe in das Eigentum nach den von der Rechtsprechung für den enteignungsgleichen Eingriff entwickelten Grundsätzen Entschädigung zu leisten sei.

❏ In seiner Grundsatzentscheidung vom 29.03.1984 (JZ 1984, 741) hat der BGH auch am enteignenden Eingriff festgehalten. Der enteignende Eingriff kompensiert als Haftungsinstitut meist atypische und unvorhergesehene Nebenfolgen rechtmäßiger hoheitlicher Maßnahmen der Daseinsvorsorge.

❏ Während die verfassungsrechtliche Enteignung einen gezielten staatlichen Eingriff in verfassungsrechtlich geschützte Eigentumspositionen voraussetzt, kommt es nach dem BGH bei den Haftungsinstituten des enteignungsgleichen und enteignenden Eingriffs darauf an, daß die Maßnahme nach ihrer Eigenart unmittelbare Auswirkungen auf das Eigentum im Sinne des Enteignungsrechts hat.

❏ Voraussetzung für eine Entschädigung nach den Haftungsinstituten des enteignungsgleichen und des enteignenden Eingriffs ist das Vorliegen eines Sonderopfers. Während beim enteignungsgleichen Eingriff bereits die Rechtswidrigkeit der hoheitlichen Maßnahme das Sonderopfer begründet, ist beim enteignenden Eingriff die Enteignungswirkung positiv festzustellen. Insoweit kann auf die sog. Schwellentheorien zurückgegriffen werden.

II. Fragen

1. Welche Elemente gehören zum Tatbestand des enteignungsgleichen Eingriffs?
2. Kann ein Entschädigungsanspruch aus enteignungsgleichem Eingriff auch dann gewährt werden, wenn sich die Rechtswidrigkeit der hoheitlichen Maßnahme daraus ergibt, daß sie auf der Grundlage eines Enteigungsgesetzes ergangen ist, dem jedoch eine Entschädigungsregelung entsprechend der Junktimklausel nicht beigegeben ist?
3. Wie ist das Verhältnis des Primärrechtsschutzes gegen die hoheitliche Maßnahme und die Geltendmachung eines Entschädigungsanspruchs im Rahmen der Aufopferungsentschädigung zu beschreiben?
4. Welche Schäden werden im Ramen der Enteignungsentschädigung ersetzt?

III. Lösungen

1. Zum Tatbestand des enteignungsgleichen Eingriffs gehören folgende Elemente:

Anspruchsstruktur der sog. Aufopferungsentschädigung

– Bsp.: enteignungsgleicher Eingriff –

1. **Eingriffsobjekt**
   ⇨ verfassungsrechtlich geschützte Eigentumsposition (Art 14 III GG)
2. **Hoheitliche Maßnahme**
   ⇨ positives Tun, qualifiziertes Unterlassen
3. **Unmittelbarkeit des Eingriffs**
   ⇨ Einschränkung der Kausalität
4. **Sonderopfer als Enteignungswirkung**
   ⇨ idR durch Rechtswidrigkeit der hoheitlichen Maßnahme
   (positiv zu begründen bei enteignungsgleichem Eingriff)
5. **Gemeinwohlbezogenheit**
   Beschreibung des Primärrechtsschutzes nach **Rechtsgedanken des § 254 BGB**
   ⇨ negatives Tatbestandsmerkmal

---

2. Eine Folge des Naßauskiesungsbeschlusses des BVerfG ist es, daß das früher vom BGH vertretene Wahlrecht über das Ergreifen des Primärrechtsschutzes gegen die enteignende Maßnahme oder das Liquidieren eines Entschädigungsansprchs auf der Grundlage der Aufopferungsentschädigung nicht mehr besteht. Ergibt sich die Verfassungswidrigkeit des Enteignungsgesetzes aus der fehlenden Entschädigungsregelung nach Art. 14 III GG, muß der Betroffene den auf dieser Rechtsgrundlage ergangenen Hoheitsakt als solchen angreifen; er darf sich nicht mit dem Hoheitsakt abfinden und unmittelbar seinen Entschädigungsanspruch geltend machen.

3. Vielfach wird das Verhältnis von Primärrechtsschutz und Sekundärrechtsschutz nach dem Naßauskiesungsbeschluß des BVerfG mit „Subsidiarität" des Sekundärrechtsschutzes beschrieben. Dies ist indessen eine unscharfe Bezeichnung. Soweit die Rechtswidrigkeit der hoheitlichen Maßnahme darauf beruht, daß die Junktimklausel des Art. 14 III GG im Enteignungsgesetz nicht beachtet ist, besteht Exklusivität des gegen die hoheitliche Maßnahme gerichteten Rechtsschutzes. Im übrigen berücksichtigt der BGH im Rahmen der Aufopferungsentschädigung das Verhältnis von Primärrechtsschutz und Sekundärrechtsschutz durch analoge Anwendung des § 254 BGB.

4. Die Aufopferungsentschädigung ist darauf gerichtet, den eingetretenen Vermögensschaden angemessen auszugleichen. Die Enteignungsentschädigung ist strikt vom Schadenersatz zu unterscheiden. Während der Schadenersatz den Ausgleich aller Vermögenseinbußen in Gegenwart und Zukunft im Sinne eines Ungeschehenmachens des Schadensereignisses erfaßt, ist die Aufopferungsentschädigung „unter gerechter Abwägung der Interessen der Allgemeinheit und der Beteiligten zu bestimmen".

6. Kapitel. Der öffentlich-rechtliche Erstattungsanspruch

Literatur: *Erichsen*, in: *Erichsen/Martens*, Allgemeines Verwaltungsrecht, 9. Aufl. 1992, § 30 (zit.: *E/M*, Allg. VerwR.); *Maurer*, Allgemeines Verwaltungsrecht, 9. Aufl. 1994, § 28 (zit.: *Maurer*, Allg. VerwR.); *Ossenbühl*, Staatshaftungsrecht, 4. Aufl. 1991, §§ 53 ff. (zit. *Ossenbühl*, StHR); *ders.*, Der öffentlich-rechtliche Erstattungsanspruch, NVwZ 1991, 513 ff.; *Palandt*, 53. Aufl. 1994, § 812 (zit.: *Pal.*); *Sachs*, in: *Stelkens/Bonk/Sachs*, Verwaltungsverfahrensgesetz, 4. Aufl. 1993, § 48 (zit.: *Sachs*, in: *S/B/S*, VwVfG); *Stelkens*, in: *Stelkens/Bonk/Sachs*, Verwaltungsverfahrensgesetz, 4. Aufl. 1993, § 35 (zit.: *Stelkens*, in: *S/B/S*, VwVfG); *Weber*, Der öffentlich-rechtliche Erstattungsanspruch, JuS 1986, 29 ff.

§ 17. Grundlagen

A. Allgemeines

I. Begriff

Der allgemeine öffentlich-rechtliche Erstattungsanspruch ist ein von der Rechtsprechung und Lehre entwickeltes Rechtsinstitut zur Rückabwicklung rechtsgrundloser Vermögensverschiebungen. Zu seiner Charakterisierung wird häufig die Formulierung verwendet, daß der Erstattungsanspruch nur die Kehrseite des Leistungsanspruchs darstellt und das Erstattungsverhältnis nur das Spiegelbild des Leistungsverhältnisses ist (sog. **„Kehrseitentheorie"**, vgl. BVerwG, NJW 1993, 215 – „*Sozialhilfe*"). Dieser Satz ist zwar einprägsam und kennzeichnet den Hauptanwendungsbereich des öffentlich-rechtlichen Erstattungsanspruchs. Sein Anspruchsinhalt ist damit aber nur unvollständig wiedergegeben. Denn der öffentlich-rechtliche Erstattungsanspruch ist nicht auf die Rückgängigmachung von Vermögensverschiebungen durch Leistung beschränkt, sondern erfaßt auch auf sonstige Weise eingetretene, rechtsgrundlose Vermögensverschiebungen. Der letztgenannte Fall ist vor allem in einigen älteren gerichtlichen Entscheidungen aufgetaucht (vgl. BGH, NJW 1984, 1878; *Ossenbühl*, NVwZ 1991, 513 [519] m. w. N.) und hat für erhebliche Diskussionen in der Rechtswissenschaft gesorgt (vgl. *Ossenbühl*, aaO, S. 513 ff.; *Weber*, JuS 1986, 29 ff.). 1

II. Inhalt

2 Teilweise wird der öffentlich – rechtliche Erstattungsanspruch unter Hinweis auf die Kehrseitentheorie auf Vermögensverschiebungen **durch Leistung** beschränkt. Das hätte zur Konsequenz, daß rechtsgrundlose öffentlich-rechtliche Vermögensverschiebungen, die auf sonstige Weise eingetreten sind, nach zivilrechtlichen Grundsätzen, d. h. insb. gem. §§ 812 ff. BGB rückabgewickelt werden müßten, weil das öffentliche Recht für diese Fälle kein adäquates Rechtsinstitut zur Verfügung stellt. Zivilrechtliche Bereicherungsvorschriften sind aber auf einen bürgerlich-rechtlichen Interessenausgleich zugeschnitten. Sie werden den spezifischen Wertungen des öffentlichen Rechts nicht gerecht. Außerdem ist auch kein Grund dafür ersichtlich, Vermögensverschiebungen, die **auf sonstige Weise** ohne Rechtsgrund innerhalb öffentlich-rechtlicher Rechtsbeziehungen eingetreten sind, aus dem Anwendungsbereich des öffentlich-rechtlichen Erstattungsanspruchs auszugrenzen. Denn dieses Rechtsinstitut dient allgemein der Rückabwicklung rechtsgrundloser Vermögensverschiebungen im öffentlichen Recht, ohne daß nach Art und Weise der Vermögensverschiebung („durch Leistung" – „in sonstiger Weise") differenziert wird. Der öffentlich-rechtliche Erstattungsanspruch umfaßt daher alle Vermögensverschiebungen, die durch Leistung oder auf sonstige Weise erfolgt sind.

Beispiele:
- Übereignung eines Grundstücks durch eine Privatperson an einen Hoheitsträger aufgrund eines nichtigen öffentlich-rechtlichen Vertrages („Vermögensverschiebung durch Leistung", vgl. BVerwG, NJW 1980, 2538 – „*Rathaus*").
- Einbau von Zwischenwänden in den Marktstand einer städtischen Großmarkthalle durch den Inhaber des Verkaufsstandes, wobei das Benutzungsverhältnis öffentlich-rechtlich geregelt ist („Vermögensverschiebung auf sonstige Weise", vgl. *Weber*, JuS 1986, 29 ff.).

3 Die praktische Bedeutung des Erstattungsanspruchs ist aber bei Vermögensverschiebung auf sonstige Weise gering geblieben, was nicht zuletzt auf die fortbestehenden Unklarheiten zurückzuführen ist. Die nachfolgenden Ausführungen beziehen sich daher vorrangig auf Vermögensverschiebungen, denen eine öffentlich-rechtliche Leistung zugrunde liegt (sog. *„Leistungsfälle"*). Auf die Rückerstattung von auf sonstige Weise eingetretenen Vermögensverschiebungen (sog. *„Nichtleistungsfälle"*) wird nur eingegangen, soweit für sie abweichende Regeln gelten und die Abweichung klausurrelevant ist.

Beachte: Wenn nachfolgend vom öffentlich-rechtlichen Erstattungsanspruch die Rede ist, ist damit der allgemeine, gesetzlich nicht geregelte Erstattungsanspruch gemeint.

III. Funktion

Der öffentlich-rechtliche Erstattungsanspruch konkretisiert für den Bereich 4
des öffentlichen Rechts den allgemeinen **Rechtsgedanken**, daß eine mit dem materiellen Recht nicht übereinstimmende Vermögenslage auszugleichen ist. Kennzeichnend ist nicht ein hoheitlicher Eingriff oder eine Schädigung von hoher Hand, sondern schlicht ein Vermögenszustand, der ohne rechtfertigenden Grund eingetreten ist und durch die Erstattung wieder rückgängig gemacht werden soll (*Ossenbühl*, StHR, S. 334). Beim öffentlich-rechtlichen Erstattungsanspruch geht es daher nicht um Unrechtshaftung mit nachfolgenden Schadensersatzpflichten. Denn dieser Anspruch beruht nicht auf dem Gedanken einer Verantwortung für (persönliches) Fehlverhalten, sondern auf dem Grundsatz der **Gesetzmäßigkeit der Verwaltung**. Der öffentlich-rechtliche Erstattungsanspruch ist somit ein von Fragen des Verschuldens und des wie auch immer zu bestimmenden Schadensbegriffs unabhängiges Rechtsinstitut des allgemeinen Verwaltungsrechts (vgl. BayVGH, NVwZ 1993, 794 – „*Kriegsopfer*").

Seine **Bedeutung** ist zwar durch die fortschreitende Normierung der Erstat- 5
tungsansprüche in weiten Bereichen des öffentlichen Rechts **geschrumpft**; trotzdem bleibt der öffentlich-rechtliche Erstattungsanpruch in den Fällen relevant, in denen eine gesetzliche Regelung fehlt (*Weber*, JuS 1986, 29 ff.).

Beispiel: Zahlt das Land B Subventionen aufgrund einer Subventionsrichtlinie an das Unternehmen U, weil es irrigerweise annimmt, daß U die einschlägigen Anforderungen erfüllt, kann es die rechtsgrundlos geleisteten Zuwendungen aufgrund öffentlich-rechtlichen Erstattungsanspruches zurückfordern (vgl. BVerwG, NJW 1992, 705 – „*Beihilfe*").

IV. Abgrenzung

Schwierigkeiten bereitet insb. die Abgrenzung gegenüber zivilrechtlichen 6
Bereicherungsansprüchen gem. §§ 812 ff. BGB. Eine trennscharfe Unterscheidung ist aufgrund der divergierenden Tatbestandsvoraussetzungen und Durchsetzungsmöglichkeiten unentbehrlich.

Beispiel: Zivilrechtliche Bereicherungsansprüche i. S. von §§ 812 ff. BGB sind gem. § 13 GVG im ordentlichen Rechtsweg geltend zu machen, während für die Durchsetzung des öffentlich-rechtlichen Erstattungsanspruchs gem. § 40 I VwGO der Verwaltungsrechtsweg eröffnet ist (vgl. *§ 20 Rn. 3, 18*).

1. Bei Vermögensverschiebung durch Leistung

Zur Abgrenzung gegenüber zivilrechtlichen Leistungskondiktionsan- 7
sprüchen ist auf die Rechtsnatur des **Rechtsgrundes** der Vermögensverschiebung abzustellen (vgl. VGH Mannheim, NJW 1993, 1812 – „*Rundfunkgebühren*").

8   a) Bei einem **späteren Wegfall** des Rechtsgrundes ist entscheidend, ob der (ursprüngliche) Rechtsgrund der Leistung dem öffentlichen Recht zuzuordnen ist.

Beispiel: Fällt ein vorläufiger Subventionsbewilligungsbescheid nachträglich (rückwirkend) weg, kann die gewährte Subvention aufgrund des öffentlich-rechtlichen Erstattungsanspruchs zurückgefordert werden, weil die Zuwendung auf der Grundlage eines öffentlich-rechtlichen Hoheitsaktes erging und mit ihr ein öffentlich-rechtlicher Zweck verfolgt werden sollte (vgl. BVerwG, NJW 1992, 705 – *„Beihilfe"*).

9   b) **Fehlt** der Rechtsgrund **von Anfang** an, ist auf die Rechtsnatur der hypothetischen „causa" abzustellen, die sich aus der Zwecksetzung der Zuwendung ergibt.

Beispiel: Bei Zuwendungen aufgrund eines von Anfang an nichtigen Vertrages hängt die Anwendbarkeit des öffentlich-rechtlichen Erstattungsanspruches von der Rechtsnatur der angestrebten Rechtsbeziehung ab (*„öffentlich-rechtlich"* – *„privatrechtlich"*), die ihrerseits durch den Vertragsgegenstand und -zweck bestimmt wird.

2. Bei Vermögensverschiebung auf sonstige Weise

10   Entscheidend ist die Rechtsnatur der **Rechtsbeziehung** zwischen dem Entreicherten und dem Bereicherten, in deren Rahmen die Vermögensverschiebung stattfindet (*Weber*, JuS 1986, 29 ff.). Auf den Zweck der Zuwendung (Gehaltszahlung, Steuerzahlung usw.) kann dagegen i. d. R. nicht abgestellt werden, weil dieser fehlt oder jedenfalls nicht eindeutig erkennbar und zuordnungsfähig ist. Die Zielsetzung entfaltet daher bei der Qualifizierung der Rechtsbeziehung grds. nur indizielle Bedeutung.

Beispiel: Der Inhaber (I) eines Verkaufsstandes in der Großmarkthalle einer Gemeinde (G), deren Benutzungsverhältnis öffentlich-rechtlich geregelt ist, baut in seinen Marktstand Zwischenwände und einen Kühlraum ein. Nach Beendigung des Benutzungsverhältnisses verlangt I von G Wertersatz für die Einbauten. Diese erfolgten im Rahmen eines öffentlich-rechtlichen Rechtsverhältnisses. Daher handelt es sich bei dem geltend gemachten Anspruch nicht um einen zivilrechtlichen Bereicherungsanspruch, sondern um einen öffentlich-rechtlichen Erstattungsanspruch.

V. Rechtsgrundlage

11   Der öffentlich-rechtliche Erstattungsanspruch ist zwar allgemein anerkannt und mittlerweile **gewohnheitsrechtlich** verfestigt, aber nicht ausdrücklich geregelt. Seine rechtliche Grundlage ist daher umstritten. Die Frage kann nicht offen gelassen werden, weil sie den Inhalt der Tatbestandsvoraussetzungen des Erstattungsanspruches beeinflußt.

Beispiel: Ob und ggf. unter welchen Voraussetzungen der Anspruchsgegner sich auf einen Wegfall der Bereicherung berufen kann, hängt maßgeblich von der rechtlichen Grundlage des öffentlich-rechtlichen Erstattungsanspruchs ab (vgl. insb. *§ 19 Rn. 14 ff.*).

Nach der überwiegenden Rechtsauffassung in Rechtsprechung und Literatur ist der öffentlich-rechtliche Erstattungsanspruch ein **eigenständiges Institut** des öffentlichen Rechts. Eine analoge Herleitung aus zivilrechtlichen Bereicherungsvorschriften ist weder zulässig noch erforderlich (vgl. BVerwG, NJW 1985, 2436 = E 71, 85 – „*Bella Italia*"; OVG Münster, NJW 1992, 2245 – „*Postbank*"; *Ossenbühl*, StHR, S. 342). Der **Erstattungsgrundsatz**, nach dem rechtsgrundlose Vermögensverschiebungen durch Umkehrung der Vermögensbewegung auszugleichen sind, beherrscht als allgemeiner Rechtsgedanke das öffentliche Recht und das Zivilrecht gleichermaßen. Er hat in den §§ 812 ff. BGB lediglich eine besondere, auf das private Recht zugeschnittene Ausprägung erfahren. Im öffentlichen Recht ist das Erstattungsprinzip im Verfassungsgrundsatz der **Gesetzmäßigkeit der Verwaltung** verankert, aus dem sich der öffentlich-rechtliche Erstattungsanspruch unmittelbar ableitet. Eine analoge Anwendung der zivilrechtlichen Bereicherungsvorschriften würde dagegen zu unbilligen Ergebnissen führen, weil die Regelung des Bereicherungswegfalls in §§ 818 III, 819 I BGB mit der dem öffentlich-rechtlichen Erstattungsanspruch zugrundeliegenden Interessenlage unvereinbar ist (vgl. *§ 19 Rn. 14 ff.*).

Beispiel: Bei einer (analogen) Anwendung von § 818 III BGB könnte sich der Staat als Anspruchsschuldner auf einen Wegfall der Bereicherung berufen. Dies widerspricht dem Grundsatz der Gesetzesbindung der Verwaltung (Art. 20 III GG, vgl. näher § 19 Rn. 17).

Beachte: Der öffentlich-rechtliche Erstattungsanspruch ist ein eigenständiges Rechtsinstitut und kein (bloßer) Unterfall des öffentlich-rechtlichen Folgenbeseitigungsanspruches (vgl. ausführlich zu den Konsequenzen *§ 12 Rn. 2 ff.*).

B. Anspruchssituation

Entscheidendes Merkmal des öffentlich-rechtlichen Erstattungsanspruchs ist eine rechtsgrundlose Vermögenslage, unabhängig davon, auf welche Weise sie eingetreten ist. Die Vermögensverschiebungen können sich in verschiedene Richtungen bewegen und Erstattungsverhältnisse zwischen unterschiedlichen Beteiligten begründen. Dies öffnet ein weites Feld verschiedener Anspruchssituationen, die sich insb. auf

- *Anwendungsbereich*,
- *Tatbestandsmerkmale* – und –
- rechtliche *Durchsetzungsmöglichkeiten* des öffentlich-rechtlichen Erstattungsanspruchs auswirken.

Auszugehen ist dabei von den **Personen**, zwischen denen die Vermögensverschiebung stattfindet. Das führt zu folgenden Fallkonstellationen (vgl. auch *Ossenbühl*, StHR, S. 336 f.):

I. Hoheitsträger gegen Private

14 Öffentlich-rechtliche Erstattungsansprüche entstehen regelmäßig bei rechtsgrundlosen öffentlich-rechtlichen Zuwendungen von Hoheitsträgern an Private. Ungeachtet der fortschreitenden Normierung des Erstattungsgedankens ist dies der hauptsächliche Anwendungsbereich des (allgemeinen) öffentlich-rechtlichen Erstattungsanspruchs, weil Hoheitsträger mit ihrer Leistung grds. einen öffentlich-rechtlichen Zweck verfolgen.

Beispiel: Subvention zur Förderung des Getreideanbaus aufgrund eines zu Unrecht erlassenen, vorläufigen Bewilligungsbescheides (vgl. BVerwG, NJW 1992, 328 – „*Magermilch*").

Beachte: Im Bereich des Subventionswesens vermischen sich häufig verwaltungsrechtliche und europarechtliche Fragestellungen, da ein Großteil der Subventionen auf der Grundlage von Gemeinschaftsrecht gewährt wird.

II. Private gegen Hoheitsträger

15 Maßgeblich ist nicht der Status des „Leistenden", sondern die Rechtsnatur des Rechtsgrundes der Vermögensverschiebung. Daher sind auch öffentlich-rechtliche Erstattungsansprüche von Privaten gegen Hoheitsträger zulässig. Für sie gelten allerdings besondere Regeln hinsichtlich der Möglichkeit eines Bereicherungswegfalls (vgl. dazu *§ 19 Rn. 17*).

Beispiel: Überhöhte Gebührenzahlung eines Rundfunkteilnehmers an die Rundfunkanstalt für sein Rundfunkgerät aufgrund irrtümlich fehlerhafter Überweisung (vgl. VGH Mannheim, NJW 1993, 1812 – „*Rundfunkgebühren*").

III. Hoheitsträger gegen Hoheitsträger

16 Auch im Verhältnis von Hoheitsträgern untereinander sind öffentlich-rechtliche Erstattungsansprüche denkbar. Ihr Anwendungsspielraum ist allerdings aufgrund einer Vielzahl vorrangiger spezieller gesetzlicher Erstattungsregelungen (z.B. §§ 103 ff. BSHG) eingeschränkt.

Beispiel: Erstattungsanspruch des Bundes gegen eine kommunale Körperschaft auf Rückzahlung von unrechtmäßig zu seinen Lasten angeordneten Zahlungen für als Kriegsopferfürsorge bezeichnete Aufgaben. Art. 104 a V GG steht nicht entgegen, weil der öffentlich-rechtliche Erstattungsanspruch keine Haftung im rechtlichen Sinn begründet (vgl. bereits *§ 17 Rn. 4* sowie BayVGH, NVwZ 1993, 794 – „*Kriegsopfer*"; dazu auch *Kirchhof*, Die Verwaltungshaftung zwischen Bund und Ländern, NVwZ 1994, 105 ff.).

§ 17. Grundlagen

Eine besondere Rolle spielt in diesem Zusammenhang der vom Bundesso- 17
zialgericht ohne ausdrückliche gesetzliche Grundlage für den Bereich des
Sozialrechts entwickelte **Abwälzungsanspruch**, der sich inhaltlich als Sonderform einer öffentlich-rechtlichen Rückgriffskondiktion darstellt (vgl.
BSG, DVBl. 1971, 922). Er ist auf die Fälle zugeschnitten, in denen ein
unzuständiger Verwaltungsträger anstelle des Verpflichteten an eine berechtigte Privatperson eine Leistung gewährt hat. Anstatt die Leistung vom
Privaten zurückzufordern, der sich dann wieder an den verpflichteten Leistungsträger wenden müßte, kann der nichtverpflichtete Leistungsträger
direkt vom verpflichteten (zuständigen) Leistungsträger Erstattung verlangen. Der sozialrechtliche Abwälzungsanspruch hat allerdings nach Inkrafttreten der §§ 102–114 SGB X seine Bedeutung verloren. Ob dieses Rechtsinstitut allgemein auf alle öffentlichen Leistungsträger übertragen und
damit auf das gesamte Verwaltungsrecht erstreckt werden kann, hat das
BVerwG bisher offengelassen (vgl. BVerwGE 60, 236).

C. Spezielle Erstattungsansprüche

Der Erstattungsgrundsatz hat in zahlreichen gesetzlichen Vorschriften eine 18
rechtliche Ausformung gefunden. Der Prüfungsaufbau dieser speziellen Erstattungsansprüche lehnt sich eng an die Tatbestandsstruktur des allgemeinen öffentlich-rechtlichen Erstattungsanspruchs an, soweit sich aus dem
Inhalt der gesetzlichen Regelung nichts anderes ergibt. Die Voraussetzungen dieser besonderen Erstattungsansprüche werden in den jeweiligen
Rechtsgebieten eingehend behandelt. Die nachfolgenden Ausführungen begnügen sich mit einem kurzen Überblick.

I. Allgemeines Verwaltungsrecht

Die Verwaltungsverfahrensgesetze des Bundes und der Länder beschränken 19
sich in **§ 48 II 5-8 VwVfG** auf die Normierung eines Erstattungsanspruchs
von Hoheitsträgern gegenüber Privaten bei Rücknahme eines rechtswidrigen, begünstigenden Verwaltungsakts. In diesem Fall sind bereits gewährte
Leistungen zu erstatten (§ 48 II 5 VwVfG). Für den Umfang der Erstattung
wird auf die Vorschriften über die Herausgabe einer ungerechtfertigten
Bereicherung verwiesen (§ 48 II 6 VwVfG). Allerdings enthält § 48 II 7
VwVfG eine Verschärfung der Anforderungen an die Gutgläubigkeit des
Anspruchsgegners gegenüber §§ 818 III, 819 I BGB. Die Erstattungsfolgen
werden dadurch mit den Voraussetzungen einer Rücknahme rechtswidrig
begünstigender Verwaltungsakte nach § 48 II 3 VwVfG harmonisiert (vgl.
dazu BVerwG, NJW 1992, 328 – „*Magermilch*"). Der Verweis in § 48 II 6

VwVfG auf die Regeln des BGB ist dagegen überflüssig, weil ein entsprechender Vertrauensschutz des Erstattungspflichtigen schon bei der Rücknahme des Verwaltungsakts gewährleistet ist. Es wäre systemwidrig, wenn die Voraussetzungen für eine Rücknahme des Verwaltungsakts einerseits mangels entgegenstehendem Vertrauensschutz bejaht werden, andererseits aber der Anspruchsgegner sich gleichzeitig gegenüber der Rückforderung der gewährten Leistung auf den Wegfall der Bereicherung berufen kann (vgl. § 19 Rn. 12 ff.).

II. Subventionsrecht

20 Zahlreiche spezielle Erstattungsvorschriften bestehen im Subventionsrecht. Dabei kommt § 44 a II BHO bei haushaltsrechtlichen Zuwendungen besondere Bedeutung zu, weil er die Regelungen des § 48 II 5 – 8 VwVfG verdrängt. Eine Zuwendung ist gem. § 44 a II BHO zu erstatten, wenn ein Subventionsbescheid aufgrund § 44 a I BHO widerrufen oder nach sonstigen Vorschriften zurückgenommen, widerrufen oder infolge einer Bedingung unwirksam wird. Die Erstattungspflicht entfällt aber, wenn der Zuwendungsempfänger die Umstände, die zu Rücknahme, Widerruf oder Unwirksamkeit des Zuwendungsbescheides geführt haben, nicht zu vertreten hat. § 44 a II 2 BHO verweist für diesen Fall auf die Vorschriften über die Herausgabe einer ungerechtfertigten Bereicherung. Der Entreicherungseinwand ist allerdings ausgeschlossen, wenn der Zuwendungsempfänger das Fehlen des rechtlichen Grundes kennt oder infolge grober Fahrlässigkeit nicht kennt.

Beachte: Die Landeshaushaltsordnungen enthalten inhaltsgleiche Regelungen, die ebenfalls obigen Grundsätzen folgen.

D. Anwendungsbereich des allgemeinen Erstattungsanspruchs

21 Bevor mit der Tatbestandsprüfung begonnen werden kann ist festzustellen, ob der (allgemeine) öffentlich-rechtliche Erstattungsanspruch anwendbar ist. Die Prüfung erfolgt in zwei Schritten:

I. Festlegung der Anspruchssituation

22 Die Frage, ob und ggf. in welchem Umfang der allgemeine Erstattungsanspruch von Sonderregelungen verdrängt wird, läßt sich nur anhand der konkreten Anspruchssituation beantworten. Diese wird durch die **Beteiligten** des Erstattungsverhältnisses und die Richtung der Vermögensverschiebung bestimmt (vgl. dazu § 17 Rn. 13 ff.).

§ 17. Grundlagen

II. Klärung der Konkurrenzverhältnisse

Bezogen auf die konkrete Anspruchssituation ist festzustellen, ob diese durch speziellgesetzliche Erstattungsvorschriften geregelt ist. Wird dies bejaht, gilt der Grundsatz, daß die speziellen Erstattungsansprüche den (allgemeinen) öffentlich-rechtlichen Erstattungsanspruch verdrängen. Der Vorrang beruht auf der allgemeinen **Rangordnungsregel**, nach der das spezielle Gesetz dem allgemeinen Gesetz vorgeht (vgl. *Ossenbühl*, StHR, S. 343). Diese **Verdrängungswirkung** tritt aber nur insoweit ein, wie der Regelungsbereich der speziellen Vorschrift reicht. Sein Umfang hängt davon ab, welche Vermögensbewegungen innerhalb welcher Anspruchsbeziehungen durch den speziellen Erstattungsanspruch erfaßt werden. Im übrigen kann auf den allgemeinen öffentlich-rechtlichen Erstattungsanspruch zurückgegriffen werden.

Beispiel: §§ 87 II BBG, 12 II 2 BBesG regeln im Beamtenrecht die Rückforderung zuviel gezahlter Bezüge durch den Dienstherrn. Ein Rückgriff auf den öffentlich-rechtlichen Erstattungsanspruch ist dadurch ausgeschlossen. Die zitierten Bestimmungen erfassen aber nicht den umgekehrten Fall von Rückgewähransprüchen des Beamten gegen seinen Dienstherrn. Insoweit kann ungeachtet der beamtenrechtlichen Regelungen auf den allgemeinen öffentlich-rechtlichen Erstattungsanspruch abgestellt werden.

Im Anwendungsbereich der speziellen Erstattungsgrundlage greift die Ausschlußwirkung auch dann ein, wenn ihre Tatbestandsvoraussetzungen nicht erfüllt sind. Ein **Rückgriff** auf den öffentlich-rechtlichen Erstattungsanspruch als „Auffangnorm" scheidet aus, weil dadurch die abschließend festgelegten Tatbestandsmerkmale des speziellen Erstattungsanspruchs unterlaufen würden.

Beispiel: Liegen die Voraussetzungen des speziellen Erstattungsanspruchs nach § 48 II 5-8 VwVfG nicht vor, weil der Leistungsbescheid zwar rechtswidrig, aber wirksam ist und damit einen ausreichenden Rechtsgrund für die Vermögensverschiebung bildet, kann nicht zusätzlich auf den allgemeinen öffentlich-rechtlichen Erstattungsanspruch abgestellt werden. Dies würde im übrigen die Rechtsstellung des Anspruchsstellers auch nicht erweitern.

E. Wiederholung

I. Zusammenfassung

❑ Der öffentlich-rechtliche Erstattungsanspruch wird nicht in Analogie zu den zivilrechtlichen Bereicherungsvorschriften der §§ 812 ff. BGB gebildet, sondern ist ein eigenständiges Rechtsinstitut des öffentlichen Rechts. Er beruht auf dem im öffentlichen und privaten Recht geltenden Erstattungsgrundsatz, wonach rechtsgrundlos erfolgte Vermögensverschiebungen auszugleichen sind.

❏ Der öffentlich-rechtliche Erstattungsanspruch umfaßt Vermögensverschiebungen, die durch Leistung oder auf sonstige Weise eingetreten sind.

❏ Zur Abgrenzung gegenüber zivilrechtlichen Bereicherungsansprüchen ist bei Vermögensverschiebungen durch Leistung auf die Rechtsnatur des Rechtsgrunds der Leistung abzustellen, weil der Erstattungsanspruch nur die Kehrseite dieses Leistungsanspruchs ist. Bei Vermögensverschiebungen auf sonstige Weise entscheidet die Rechtsnatur des zwischen Anspruchsteller und Anspruchgegner bestehenden Rechtsverhältnisses.

II. Fragen

1. Was versteht man unter einem öffentlich-rechtlichen Erstattungsanspruch?
2. Auf welcher rechtlichen Grundlage beruht dieses Anspruchsinstitut?
3. Auf welche Arten rechtsgrundloser Vermögensverschiebungen ist der öffentlich-rechtliche Erstattungsanspruch anwendbar?
4. Grenzen Sie den öffentlich-rechtlichen Erstattungsanspruch von den zivilrechtlichen Bereicherungsvorschriften der §§ 812 ff. BGB ab.
5. Nennen Sie einige spezielle Erstattungsvorschriften.
6. Wie kann der Anwendungsbereich des allgemeinen öffentlich-rechtlichen Erstattungsanspruchs ermittelt werden?

III. Lösungen

1. Der öffentlich-rechtliche Erstattungsanspruch ist ein Rechtsinstitut zur Rückabwicklung rechtsgrundloser Vermögensverschiebungen.
2. Der öffentlich-rechtliche Erstattungsanspruch ist ein originäres Institut des öffentlichen Rechts. Es konkretisiert den aus dem Prinzip der Gesetzmäßigkeit der Verwaltung abgeleiteten Erstattungsgrundsatz und ist mittlerweile gewohnheitsrechtlich verfestigt.
3. Der öffentlich-rechtliche Erstattungsanspruch erfaßt Vermögensverschiebungen, die durch Leistung oder auf sonstige Weise eingetreten sind.
4. Bei Vermögensverschiebungen durch Leistung entscheidet die Rechtsnatur des Rechtsgrundes der Leistung. Bei Vermögensverschiebungen auf sonstige Weise ist darauf abzustellen, ob die Rechtsbeziehung, innerhalb derer die Vermögensveränderung stattgefunden hat, öffentlich-rechtlicher Natur ist.

5. Vgl. *§ 17 Rn. 18 ff.*
6. Vgl. *§ 17 Rn. 21 ff.*

§ 18. Anspruchsvoraussetzungen

Die Tatbestandsmerkmale des (allgemeinen) öffentlich-rechtlichen Erstattungsanspruchs sind gesetzlich nicht festgelegt, sondern von der Rechtsprechung anhand von Einzelfallentscheidungen entwickelt worden. Dabei ist trotz der eigenständigen öffentlich-rechtlichen Verankerung dieses Anspruchsinstituts (vgl. *§ 17 Rn. 12*) eine gewisse Ähnlichkeit zum Prüfungsaufbau bei zivilrechtlichen Bereicherungsansprüchen verkennbar.

A. Vermögensverschiebung durch Leistung oder auf sonstige Weise

Dieses Merkmal setzt sich aus folgenden, gesondert zu prüfenden „Bausteinen" zusammen:

I. Vermögensvorteil

Der Anspruchsgegner muß einen Vermögensvorteil erlangt haben. Darunter versteht man jede **Verbesserung der Vermögenslage**. Vermögensvorteile ergeben sich insb. aus dem Erwerb von Rechten oder der Befreiung von Verbindlichkeiten. Inhalt und Umfang des Tatbestandskriteriums decken sich mit dem bereicherungsrechtlichen Merkmal „etwas erlangt" i. S. von § 812 I BGB.

Beispiele:
- Eigentum.
- Vermögenswerte Forderungen.
- Besitz.

Beachte: Bei Vermögensverschiebungen auf sonstige Weise besteht der Vermögensvorteil regelmäßig in ersparten Aufwendungen. Dabei genügt an dieser Stelle die Feststellung, daß der Anspruchsgegner *objektiv* eine vermögenswerte Aufwendung erspart hat. Ob und in welcher Höhe die (ersparte) Aufwendung für ihn einen realisierbaren Vermögenswert oder eine sog. *„aufgedrängte Bereicherung"* darstellt, ist erst beim Umfang des Erstattungsanspruchs zu erörtern (vgl. hierzu auch *§ 5 Rn. 40.*).

II. Durch Leistung oder auf sonstige Weise

4   Der Vermögensvorteil des Anspruchsgegners muß durch öffentlich-rechtliche Leistung des Anspruchsstellers (sog. „Leistungsfälle") oder auf sonstige Weise (sog. „Nichtleistungsfälle") eingetreten sein.

1. Öffentlich-rechtliche Leistung

5   Unter einer Leistung versteht man jede bewußte und zweckgerichtete Vermehrung fremden Vermögens. Erstattungsrechtlicher und bereicherungsrechtlicher Leistungsbegriff unterscheiden sich nur durch die **Rechtsnatur** der Leistung. Eine vom Erstattungsanspruch vorausgesetzte öffentlich-rechtliche Leistung liegt vor, wenn mit der Zuwendung ein öffentlich-rechtlicher Zweck verfolgt wird.

Beispiele:
- Zahlung von Rundfunkgebühren aufgrund eines nichtigen Gebührenbescheides.
- Übereignung eines Grundstücks durch einen Privaten an eine Gemeinde aufgrund eines nichtigen öffentlich-rechtlichen Vertrages zur Herstellung von im Bebauungsplan vorgesehenen Erschließungsanlagen.

2. Vermögensverschiebung auf sonstige Weise

6   Darunter fallen alle rechtsgrundlosen Vermögensvermehrungen, die nicht durch öffentlich-rechtliche Leistung eingetreten sind. In Anlehnung an die Systematik der zivilrechtlichen Nichtleistungskondiktion kann auch bei öffentlich-rechtlichen Nichtleistungsfällen nach der Art der Vermögensverschiebung zwischen „öffentlich-rechtlicher Eingriffskondiktion" und „öffentlich-rechtlicher Verwendungskondiktion" unterschieden werden (vgl. *Ossenbühl*, StHR, S. 348).

Beispiele:
- Ein Hoheitsträger entnimmt ohne rechtliche Grundlage Kies von einem Privatgrundstück, um ihn im öffentlichen Straßenbau zu verwenden (*„öffentlich-rechtliche Eingriffskondiktion"*, vgl. BGH, NJW 1984, 1878 – „Kies").
- Ein Bürger läßt, nach mehrmaligen erfolglosen Anträgen an die Verwaltung, am Straßenrand stehende Bäume, die auf sein Haus zu stürzen drohen, durch ein Gartenbauunternehmen fällen. Später verlangt er vom zuständigen Verwaltungsträger Erstattung seiner Aufwendungen (*„öffentlich-rechtliche Verwendungskondiktion"*).

Beachte: Bei zivilrechtlichen Nichtleistungskondiktionen wird z.T. gefordert, daß ein und derselbe Vorgang beim Anspruchsgegner einen Vermögenszuwachs und (zugleich) beim Anspruchssteller eine Vermögensminderung eintreten läßt (sog. *„Unmittelbarkeit der Vermögensverschiebung"*, vgl. Pal., § 812 Rn. 35). Ob dieses im Zivilrecht umstritten gebliebene Tatbestandsmerkmal auch auf öffentlich-rechtliche Vermögensverschiebungen, die auf sonstige Weise eingetreten sind, anzuwenden ist, muß offen bleiben. Die Rechtsprechung hat dieses Kriterium jedenfalls bisher nicht problematisiert, so daß eine gesonderte Prüfung in der Fallbearbeitung entbehrlich ist.

III. Öffentlich-rechtliche Rechtsbeziehung

Das Rechtsverhältnis, innerhalb dessen der Erstattungspflichtige etwas erlangt hat, muß öffentlich-rechtlicher Natur sein. Vermögensverschiebungen im Rahmen zivilrechtlicher Rechtsverhältnisse sind nach den bürgerlich-rechtlichen Regelungen einer ungerechtfertigten Bereicherung (§§ 812 ff. BGB) auszugleichen. Dieses Kriterium dient vor allem der Abgrenzung zum Zivilrecht (vgl. dazu bereits *§ 17 Rn. 6 ff.*). Entscheidend ist der **tatsächliche Charakter** der Rechtsbeziehung. Ein vermeintlich öffentlich – rechtliches Rechtsverhältnis, bei dem lediglich der Zuwendende subjektiv von seiner öffentlich – rechtlichen Natur ausgeht, genügt dagegen aus Gründen der Rechtssicherheit nicht. Die Rückabwicklung dieser Fälle erfolgt nach §§ 812 ff. BGB.

7

Beispiel: Weiterzahlung einer Altersrente an den Erben des Versicherten durch den gesetzlichen Rentenversicherungsträger. Zwischen diesem und dem Leistungsempfänger besteht objektiv kein öffentlich-rechtliches Versicherungsverhältnis. Ein solches Rechtsverhältnis entsteht auch nicht durch die Zuwendung. Ob „*subjektiv*" ein öffentlich-rechtliches Leistungsverhältnis vorliegt, ist zweifelhaft, weil nicht erkennbar ist, daß der Versicherungsträger einen eigenen, öffentlich-rechtlichen Leistungszweck gegenüber dem Erben verfolgte. Eine vermeintlich öffentlich-rechtliche Rechtsbeziehung würde zur Begründung eines öffentlich-rechtlichen Erstattungsanspruchs auch nicht ausreichen (str., vgl. OLG Karlsruhe, NJW 1988, 1920 m. w. N.). Die Rückerstattung beurteilt sich daher nach §§ 812 ff. BGB.

1. Leistungsfälle

Die rechtliche Einordnung der Rechtsbeziehungen folgt der **Rechtsnatur der Leistung** (vgl. *§ 17 Rn. 7 ff.*). Diese ist öffentlich-rechtlich, wenn der Leistende mit der Zuwendung einen öffentlich-rechtlichen Zweck verfolgte (vgl. näher unter *§ 18 Rn. 5*).

8

Beispiel: Das Landwirtschaftsministerium zahlt einem bedürftigen Landwirt Förderungsmittel zum Kauf von Saatgut.

Strittig ist allerdings, wie die Rückforderung **fehlgeleiteter Leistungen** zu beurteilen ist.

9

Beispiel: Der Dienstherr D überweist Dienstbezüge irrtümlich auf das Konto der Ehefrau E des anspruchsberechtigten Beamten B. Dadurch entsteht eine ähnliche Situation, wie bei **Drei – Personen – Verhältnissen** im Bereicherungsrecht. Teile der Rechtsprechung sehen den Anspruch auf Erstattung fehlgeleiteter Leistungen nicht als öffentlich-rechtliche Forderung, sondern als einen nach §§ 812 ff. BGB zu beurteilenden zivilrechtlichen Kondiktionsanspruch an, weil die Rechtsbeziehung des Anspruchsstellers zu dem anspruchsverpflichteten Dritten in diesen Fällen privatrechtlicher Natur sei (vgl. BSG, NVwZ 1988, 95). Genau entgegengesetzt entscheiden die Finanzgerichte (vgl. BFH, NVwZ 1989, 799). Zur Lösung dieses Problems ist auf die Rechtsnatur des Rechtsverhältnisses, in dem die Vermögensverschiebung eingetreten ist, abzustellen. Sie richtet sich nach dem Zuwendungszweck und dem zugrundeliegenden materiellen Recht. Im vorliegenden Fall besteht zwar zwischen D und B ein öffentlich-rechtliches Rechtsverhältnis. Die Vermögensverschiebung erfolgte aber zwischen D und E, so daß für die Rückforderung die Rechtsnatur dieser Rechtsbeziehung maßgeblich ist. Da D gegenüber E keinen öffentlich-rechtlichen Zweck verfolgt, scheidet ein öffentlich-rechtlicher Erstattungsanspruch aus. Die Rückabwicklung der Leistung beurteilt sich daher nach §§ 812 ff. BGB.

2. Nichtleistungsfälle

10 Abzustellen ist auf die Rechtsnatur der Rechtsbeziehung, in der die Vermögensverschiebung stattgefunden hat. Dabei ist primär auf die rechtliche **Ausgestaltung** des Rechtsverhältnisses abzustellen.

Beispiel: Baut der Inhaber eines Verkaufsstandes in einer städtischen Großmarkthalle (rechtsgrundlos) Zwischenwände ein, kann er Wertersatz aufgrund des öffentlich – rechtlichen Erstattungsanspruchs verlangen, wenn das Benutzungsverhältnis durch Satzung öffentlich – rechtlich geregelt ist.

11 Fehlt eine eindeutige normative Festlegung der Rechtsnatur des Rechtsverhältnisses, ist auf den **Charakter der Aufgabe**, bei der es zu der Vermögensverschiebung gekommen ist und auf das zugrundeliegende materielle Recht abzustellen.

Beispiel: Eine Privatperson repariert anstelle des zuständigen Hoheitsträgers einen stark beschädigten Uferdamm, weil dieser sein Grundstück nicht mehr ausreichend schützt und die Verwaltung trotz wiederholtem Ersuchen untätig geblieben ist. Soweit kein Anspruch aus berechtigter Geschäftsführung ohne Auftrag gegeben ist (vgl. dazu § 5 Rn. 42), kann der Private Erstattung seiner Aufwendungen aufgrund des öffentlich-rechtlichen Erstattungsanspruchs verlangen. Die öffentlich-rechtliche Natur der Rechtsbeziehung ergibt sich aus dem öffentlich-rechtlichen Charakter der Aufgabe, aufgrund derer die Vermögensverschiebung erfolgt ist.

B. Ohne rechtlichen Grund

12 Der öffentlich-rechtliche Erstattungsanspruch setzt voraus, daß ein Rechtsgrund für die Vermögensverschiebung nicht besteht. Dies beurteilt sich bei zivilrechtlichen Bereicherungsansprüchen allein aufgrund der materiellen Rechtslage. Beim öffentlich-rechtlichen Erstattungsanspruch ist dagegen eine differenzierte Betrachtungsweise erforderlich, weil Existenz und Wirksamkeit eines öffentlich-rechtlichen Rechtsgrundes – entsprechend seiner Rechtsnatur – unterschiedlichen Anforderungen unterliegen.

I. Verwaltungsakt

Vermögensverschiebungen aufgrund eines Verwaltungsaktes sind in der Verwaltungspraxis und im Examen die Regel. Sie werfen besondere, durch die Rechtswirkung dieser verwaltungsrechtlichen Handlungsform bedingte Fragen auf, die auf der Grundlage einer strikten Trennung zwischen Wirksamkeit und Rechtmäßigkeit des Verwaltungsakts zu beantworten sind.

1. Wirksamkeit

Ein Verwaltungsakt bildet für die Dauer seiner Wirksamkeit den Rechtsgrund für eine Vermögensverschiebung. Dies gilt auch dann, wenn der Verwaltungsakt rechtswidrig ist. Rechtswidrigkeit und Rechtswirksamkeit des Hoheitsaktes sind in diesem Fall **disparate Begriffe** (*Ossenbühl*, StHR, S. 345). Ein Verwaltungsakt, dessen Inhalt mit dem (materiellen) Recht nicht in Einklang steht, ist zwar rechtswidrig, bleibt aber gleichwohl wirksam, sofern er die Voraussetzungen des § 43 VwVfG erfüllt. Die in ihm getroffene Anordnung ist dann rechtsverbindlich und **verbietet** für die Dauer der Wirksamkeit des Verwaltungsakts **einen Rückgriff** auf die zugrundeliegende materielle **Rechtslage**.

Ein öffentlich-rechtlicher Erstattungsanspruch kommt in diesem Fall nur in Betracht, wenn der Verwaltungsakt durch Rücknahme, Widerruf oder Zweitbescheid aufgehoben oder auf andere Weise wie z. B. durch den Eintritt einer auflösenden Bedingung unwirksam geworden ist (vgl. *Weber*, JuS 1986, 29 ff.).

Beispiel: Eine aufgrund eines Subventionsbescheids gewährte Zuwendung kann erst und nur dann durch öffentlich – rechtlichen Erstattungsanspruch zurückgefordert werden, wenn die Bewilligung wirksam aufgehoben worden oder auf andere Weise entfallen ist.

> Der öffentlich-rechtliche Erstattungsanspruch korrigiert nicht rechtswidrige, sondern rechtsgrundlose Vermögensverschiebungen (*Ossenbühl*, StHR, S. 345).

2. Rechtmäßigkeit

Unabhängig von der Wirksamkeit des Verwaltungsakts bleibt seine Rechtswidrigkeit aber (mittelbar) bedeutsam, weil sie die **Beseitigung** der die Vermögensverschiebung legitimierenden Anordnung durch **richterliches Gestaltungsurteil** oder durch **behördliche Aufhebung** ermöglicht. Der öffentlich-rechtliche Erstattungsanspruch entsteht dann (erst) mit Wirksamwerden der Beseitigung des Rechtsgrunds.

Die praktische Bedeutung dieser „*Entstehungsschwelle*" ist allerdings gering, weil die Geltendmachung eines öffentlich-rechtlichen Erstattungsanspruchs durch die Verwaltung in der Regel zugleich die **konkludente Aufhebung** des der Vermögensverschiebung zugrundeliegenden Verwaltungsaktes beinhaltet (BVerwG, NVwZ 1984, 518 – „*Weichweizen*").

Beispiel: Die zuständige Behörde B gewährt dem Privatunternehmer P durch wirksamen Bewilligungsbescheid einen verlorenen Zuschuß. 6 Monate später stellt sie fest, daß P die Subventionsvoraussetzungen zu keinem Zeitpunkt erfüllt hat und fordert die Zuwendung durch Leistungsbescheid zurück. Darin liegt zugleich die konkludente (wirksame) Aufhebung des Bewilligungsbescheides, wodurch ein öffentlich-rechtlicher Erstattungsanspruch begründet wird.

Beachte: Die materielle Abhängigkeit zwischen Erstattungs- und Aufhebungsbescheid ist einseitig. Sie besteht allein auf der Seite des Erstattungsbescheides; nur er setzt die Wirksamkeit des Aufhebungsbescheides voraus, während der Aufhebungsbescheid auch ohne Wirksamkeit eines gleichzeitig ergehenden Erstattungsbescheides rechtlich sinnvoll und existenzfähig ist (vgl. BVerwG, NVwZ 1993, 481 – „*BAföG*").

3. Sonderfälle

16 Besondere Probleme wirft der Rechtsgrund der Vermögensverschiebung bei feststellenden Verwaltungsakten und zweckwidriger Verwendung einer Zuwendung auf.

a) Feststellende Verwaltungsakte

17 Bei ihnen stellt sich die Frage, ob Rechtsgrund der Vermögensverschiebung der Verwaltungsakt selbst oder die ihm zugrundeliegende, durch die Einzelfallregelung konkretisierte Norm ist.

Beispielsfall „Subventionen"

18 Das Unternehmen U hat aufgrund eines Subventionsgesetzes einen Anspruch auf Subventionierung. Die für die Subventionsvergabe zuständige Verwaltungsbehörde stellt in einem Bescheid fest, daß U die Subventionsvoraussetzungen erfüllt und zahlt einen bestimmten Subventionsbetrag aus. Später stellt sich heraus, daß der Feststellungsbescheid von Anfang an unwirksam war.

Kann die Verwaltungsbehörde die Subvention aufgrund des allgemeinen öffentlich-rechtlichen Erstattungsanspruchs von U zurückfordern?

19 Den Ausgangspunkt der Überlegungen bildet die Frage, ob das **Subventionsgesetz oder der feststellende Verwaltungsakt Rechtsgrund** der Leistung ist. Dies kann nicht offen bleiben, weil beide Hoheitsakte unterschiedlichen Wirksamkeitsvoraussetzungen unterliegen. Der materiell-rechtliche Anspruch auf Subventionierung ergibt sich zwar unmittelbar aus dem Subventionsgesetz; gleichwohl bildet der Ver-

waltungsakt den **Rechtsgrund** der Vermögensverschiebung, weil er die normativ vorgegebenen Subventionsvoraussetzungen auf eine bestimmte Person konkretisiert und dadurch ein individuelles Leistungsverhältnis begründet. Da der Feststellungsbescheid nichtig ist, kann die Behörde trotz des fortbestehenden Subventionsgesetzes die Zuwendung aufgrund des öffentlich-rechtlichen Erstattungsanspruchs zurückverlangen.

b) **Zweckwidrige Mittelverwendung**
Schwierigkeiten ergeben sich auch bei zweckwidriger Verwendung von durch einen Verwaltungsakt gewährten Zuwendungen. Diese Situation ist insb. im Subventionsrecht häufig anzutreffen.

Beispielsfall „Kaffeefahrt"
Der private Busunternehmer B erhält durch Leistungsbescheid einen verlorenen Zuschuß bewilligt mit der Auflage, die Zuwendung für die Anschaffung von Reisebussen zur kostengünstigen Beförderung von Schulkindern zu verwenden. B hat diesen Subventionszweck vorher schriftlich anerkannt. Trotzdem verwendet er die Busse ausschließlich für Kaffeefahrten nach Südtirol, was er schon von vornherein geplant hatte.

Fraglich ist, ob der Rechtsgrund der Vermögensverschiebung allein **wegen der Zweckverfehlung** ohne zusätzlichen Aufhebungsakt entfällt. Dies würde im Ergebnis zur Anerkennung eines weiteren, selbständigen, § 812 I 2 Alt. 2 BGB nachgebildeten Erstattungstatbestands bei Nichteintritt des mit einer Leistung bezweckten Erfolgs (*„conditio causa data causa non secuta"*) führen (vgl. hierzu *Ossenbühl*, StHR, S. 348).

Dafür besteht beim öffentlich-rechtlichen Erstattungsanspruch aber **kein Bedürfnis**. Denn bei zweckwidriger Verwendung von Zuwendungsmitteln kann die Verwaltung bereits aufgrund haushaltsrechtlicher Vorschriften (§ 44 a I BHO) den Bewilligungsbescheid rückwirkend aufheben und dadurch die Voraussetzungen für einen öffentlich-rechtlichen Erstattungsanspruch schaffen (vgl. § 44 a II BHO). Ein Wegfall des Rechtsgrundes „Verwaltungsakt" bei bloßer Zweckverfehlung würde außerdem den Grundsatz der Trennung von Rechtmäßigkeits- und Wirksamkeitsvoraussetzungen ohne sachliche Notwendigkeit durchbrechen.

> Ein selbständiger Erstattungstatbestand wegen Zweckverfehlung ist beim öffentlich-rechtlichen Erstattungsanspruch ausgeschlossen.

II. Öffentlich-rechtlicher Vertrag

23 Vermögensverschiebungen können auch aufgrund öffentlich-rechtlicher Verträge erfolgen.

Beispiel: Der Stahlkonzern S erhält aufgrund eines öffentlich-rechtlichen Vertrages vom Bundeswirtschaftsministerium Förderungsmittel, um seine Stahlwerke mit Rauchgasentschwefelungsanlagen auszurüsten.

Die Wirksamkeit des Vertrages als Rechtsgrund der Vermögensverschiebung hängt von seiner Rechtmäßigkeit ab, die sich nach den Verwaltungsverfahrensgesetzen des Bundes oder des jeweiligen Landes (vgl. §§ 54 ff. VwVfG) i.V. mit dem einschlägigen materiellen Recht beurteilt. Nach Auszahlung der Fördermittel kommt daher ein öffentlich-rechtlicher Erstattungsanspruch der Verwaltung in Betracht, wenn der Vertrag von Anfang an nichtig war (z. B. wegen Verstoß gegen das Schriftformerfordernis gem. §§ 57, 59 I VwVfG i. V. mit § 125 BGB) oder nachträglich entfallen ist (z. B. durch rückwirkende Aufhebung).

III. Realakt

24 Ist die Vermögensverschiebung ohne Verwaltungsakt oder öffentlich-rechtlichen Vertrag durch schlichtes Verwaltungshandeln (Realakt) erfolgt – was insb. bei auf sonstige Weise eingetretenen Vermögensverschiebungen die Regel ist – beurteilt sich das Vorliegen eines rechtlichen Grundes für die Vermögensverschiebung ausschließlich aufgrund des einschlägigen **materiellen Rechts** (vgl. *Ossenbühl,* StHR, S. 347). Ein Rechtsgrund besteht, wenn die Vermögensverschiebung von der Rechtsordnung gedeckt und somit rechtmäßig ist.

Beispiele:
- Bei Sach- und Barleistungen (Realakte) der Krankenversicherungen kommt es darauf an, ob nach den Versicherungsvorschriften ein Anspruch auf die Leistung gegeben ist.
- Entnimmt ein Hoheitsträger zum Zwecke des Straßenbaus Kies von einem Privatgrundstück in der irrigen Annahme, er sei hierzu ohne besondere Gestattung wegen der überragenden Bedeutung der Aufgabe für das öffentliche Wohl berechtigt, kommt ein Anspruch des Grundstückseigentümers aus enteignungsgleichem Eingriff oder ein öffentlich-rechtlicher Erstattungsanspruch (Eingriffskondiktion) in Betracht, weil die Vermögensverschiebung (Eingriff) nicht von der Rechtsordnung gedeckt ist (vgl. BGH, NJW 1984, 1878 – „Kies").

C. Wiederholung

I. Zusammenfassung

❏ Der öffentlich-rechtliche Erstattungsanspruch erfordert eine rechtsgrundlose Vermögensverschiebung, die infolge öffentlich-rechtlicher Leistung oder auf sonstige Weise eingetreten ist.

❏ Der Begriff „Vermögensverschiebung" setzt einen Vermögensvorteil des Anspruchsgegners voraus, der sich nach Maßgabe des bereicherungsrechtlichen Kriterium „etwas erlangt" beurteilt.

❏ Unter einer öffentlich – rechtlichen Leistung versteht man jede bewußte Vermehrung fremden Vermögens, mit der ein öffentlicher Zweck verfolgt wird.

❏ Die Anforderungen an die Wirksamkeit des Rechtsgrundes bestimmen sich nach seiner Rechtsnatur. Bei Verwaltungsakten ist (allein) auf § 43 VwVfG abzustellen; im übrigen entscheidet die materielle Rechtslage (Rechtmäßigkeit).

II. Fragen

1. Nennen Sie die Tatbestandsmerkmale eines (allgemeinen) öffentlich – rechtlichen Erstattungsanspruchs.
2. Was versteht man unter einem sog. Vermögensvorteil?
3. Wann liegt eine öffentlich-rechtliche Leistung vor?

III. Lösungen

1. Ein öffentlich-rechtlicher Erstattungsanspruch erfordert eine rechtsgrundlose Vermögensverschiebung durch öffentlich-rechtliche Leistung oder auf sonstige Weise.
2. Vgl. *§ 18 Rn. 3.*
3. Unter einer Leistung versteht man jede bewußte und zweckgerichtete Vermehrung fremden Vermögens. Sie ist öffentlich-rechtlich, wenn der Rechtsgrund der Leistung dem öffentlichen Recht zuzuordnen ist.

§ 19. Rechtsfolgen

A. Erstattungspflichtiger

1 Erstattungspflichtig und damit Anspruchsgegner des Erstattungsanspruchs ist der Bereicherte, d. h. derjenige, dessen Vermögen durch die Vermögensverschiebung vermehrt worden ist. Dies ist nach Art der Vermögensverschiebung aufgrund folgender Kriterien zu ermitteln:

I. Bei Vermögensverschiebung durch Leistung

2 In den „Leistungsfällen" ist der **tatsächliche Empfänger** der Zuwendung erstattungspflichtig. Begünstigter und Erstattungspflichtiger sind i. d. R. identisch. Ein Auseinanderfallen beider Personen kommt aber ausnahmsweise bei Abtretung einer gegen die Verwaltung gerichteten Forderung in Betracht. Leistet die Verwaltung in diesem Fall an den Abtretungsempfänger, so richtet sich der Erstattungsanspruch gegen ihn, weil er der Empfänger der Leistung ist. Daran ändert auch eine möglicherweise fortbestehende Begünstigung des Abtretenden nichts (vgl. hierzu BFH, NJW 1993, 2263 – *„Ausfuhrerstattung"*).

Beispiel: Die Verwaltung (V) bewilligt einer Firma (F) durch Leistungsbescheid die beantragte Subvention für die Ausfuhr von lebenden Rindern und zahlt sie nach Vorlage der Abtretungserklärung zwischen F und einer Bank (B) direkt an B aus. Nach Rücknahme des Bewilligungsbescheides gegenüber F wegen Fälschung von Zollunterlagen kann V die Subvention direkt von B als tatsächlichen Empfänger der Leistung zurückfordern (vgl. BFH, NJW 1993, 2263).

Beachte: Eine mittelbare Begünstigung, wie sie z. B. im Sozialhilferecht wegen ersparter Unterhaltsleistungen des Unterhaltspflichtigen häufig anzutreffen ist, begründet keinen eigenständigen Erstattungsanspruch der Sozialhilfeträger gegen diesen Personenkreis. Anspruchsgegner bleibt der Hilfesuchende als tatsächlicher Empfänger der Leistung (vgl. BVerwG, NJW 1993, 2884 – *„Lebensunterhalt"*).

> Erstattungspflichtig ist in den „Leistungsfällen" der tatsächliche Empfänger der Zuwendung.

II. Bei Vermögensverschiebung auf sonstige Weise

3 Erstattungspflichtig ist der **Begünstigte**. Dies ist bei einer Vermögensverschiebung auf sonstige Weise derjenige, der eine vorteilhafte Rechtsposition

erlangt *("öffentlich-rechtliche Eingriffskondiktion")* oder Aufwendungen erspart hat *("öffentlich-rechtliche Verwendungskondiktion")*.

Beispiel: Bei unberechtigter Entnahme und Verwertung von Kies für Straßenarbeiten durch den zuständigen Träger der Straßenbaulast ist dieser dem geschädigten Eigentümer zum Wertersatz aufgrund öffentlich – rechtlichen Erstattungsanspruchs verpflichtet.

> Erstattungspflichtig ist bei Nichtleistungsfällen der Begünstigte.

B. Erstattungsumfang

Der Umfang der Erstattung richtet sich, mit Ausnahme der Frage eines Bereicherungswegfalls, nach den zu § 818 I, II BGB entwickelten Regeln. Dies erklärt sich aus der vergleichbaren Interessenlage, die insoweit im öffentlichen und privaten Recht besteht.

Der Erstattungsumfang ist dabei in folgenden **Prüfungsschritten** zu ermitteln:

- *Was* hat der Erstattungspflichtige *erlangt*?
- Ist das Erlangte noch *vorhanden*?
- Ist ein nicht mehr vorhandener Vermögenswert *als vorhanden zu behandeln* (Wertersatz, Surrogate)?
- Kann sich der Erstattungspflichtige auf einen *Bereicherungswegfall* berufen?

I. Herausgabe des Erlangten

Ausgangspunkt ist zunächst die Rückgabe des rechtsgrundlos erlangten Vermögensvorteils. Inhalt und Umfang der Rückerstattung hängen von den Modalitäten der Vermögensverschiebung ab, was zu folgenden Differenzierungen führt:

1. Rückgabe

Der Leistungsempfänger hat das Erlangte grds. in der gleichen Art und demselben Umfang wieder herauszugeben.

Beispiel: Wurde dem Erstattungspflichtigen in Erfüllung eines unwirksamen öffentlich-rechtlichen Vertrages ein Grundstück übereignet, muß er dieses aufgrund des öffentlich-rechtlichen Erstattungsanspruchs zurückübereignen.

Beachte: Hat der Erstattungspflichtige in Vollzug eines nichtigen Leistungsbescheides Geld erlangt, muß er nicht die gleichen Geldscheine, sondern nur die gleiche Geldsumme zurückzahlen.

2. Wertersatz

7 Ist die Herausgabe der empfangenen Leistung wegen ihrer Beschaffenheit nicht möglich, muß der Erstattungspflichtige aufgrund des in § 818 II BGB enthaltenen Rechtsgedanken Wertersatz leisten (BVerwG, DVBl. 1980, 686).

Beispiel: Der Bürger B übereignet aufgrund eines öffentlich-rechtlichen Vertrags ein Grundstück an die Gemeinde G. Nachdem G das Grundstück mit einem Rathaus bebaut hat, stellt sich heraus, daß der Vertrag von Anfang an unwirksam war. Ein auf den öffentlich-rechtlichen Erstattungsanspruch gestütztes Herausgabeverlangen scheitert an der Bebauung des Grundstücks. B kann daher nur Ersatz des Grundstückswertes verlangen.

Beachte: Bei Vermögensverschiebung auf sonstige Weise bestimmt sich der Erstattungsumfang in den Fällen einer *Verwendungskondiktion* (vgl. *§ 18 Rn. 6*) nach den Aufwendungen, die der Erstattungspflichtige (tatsächlich) erspart hat. Entscheidend ist, ob er Vermögenswerte in diesem Umfang hätte aufwenden müssen, wenn er die Aufgabe selbst zeit- und sachgemäß wahrgenommen hätte. Ist die Aufwendung für den Erstattungspflichtigen ohne subjektives Interesse, weil sie keinen für ihn realisierbaren Vermögenswert besitzt (sog. *„aufgedrängte Bereicherung"*, vgl. *§ 18 Rn. 3*), scheidet ein öffentlich-rechtlicher Erstattungsanspruch mangels Bereicherung aus (vgl. *Ossenbühl*, StHR, S. 350). Ob eine solche „aufgedrängte Bereicherung" vorliegt, beurteilt sich nach den von der zivilrechtlichen Judikatur hierzu entwickelten Grundsätzen (vgl. *Pal.*, § 951 Rn. 19).

II. Ersatz von Nutzungen

8 Der Erstattungsanspruch umfaßt in entsprechender Anwendung von § 818 I BGB auch die **gezogenen Nutzungen** (vgl. *Schön,* Die Bereicherungszinsen der öffentlichen Hand, NJW 1993, 3289). Hierunter versteht man die vom Erstattungspflichtigen tatsächlich erlangten Sach- und Rechtsfrüchte. Zu letzteren zählen insb. **Zinsgewinne.** Im übrigen besteht aber im öffentlichen Recht kein allgemeiner Grundsatz, wonach Geldschulden zu verzinsen sind (vgl. BVerwGE 78, 48). Dies gilt auch bei Erstattungsansprüchen gegen den Staat, der für das ihm rechtsgrundlos zur Verfügung gestellte Kapital nur die tatsächlich erlangten Zinsen entsprechend § 818 I BGB herausgeben muß, soweit keine anderweitige Regelung besteht (vgl. z. B. § 233 a AO). Diese restriktive Auslegung wird damit begründet, daß die öffentliche Hand öffentliche Einnahmen in aller Regel nicht gewinnbringend anlegen soll, da sie über diese Mittel allein im Interesse der Allgemeinheit verfügt (vgl. BVerwG, NJW 1973, 1854 und kritisch dazu *Schön,* aaO, S. 3291 f.). Für **nicht gezogene Zinsen** ist daher nur Ersatz zu leisten, wenn ein spezialge-

setzlicher Erstattungsanspruch entweder die Verzinsungspflicht selbst ausdrücklich vorsieht oder ein Zinsanspruch aufgrund eines Verweises auf die Vorschriften über die ungerechtfertigte Bereicherung jedenfalls ab Bösgläubigkeit des Leistungsempfängers besteht (§§ 819 I, 818 IV, 292, 990, 887 BGB). Ab Rechtshängigkeit des Erstattungsanspruchs können zudem **Prozeßzinsen** gem. §§ 291, 288 BGB analog verlangt werden (vgl. *Schön*, aaO, S. 3289 ff.).

Beispiel: Zahlt ein Rundfunkempfänger rechtsgrundlos zu hohe Rundfunkgebühren an eine Rundfunkanstalt, kann er den überzahlten Betrag bis zur Rechtshängigkeit einer Klage aufgrund des öffentlich-rechtlichen Erstattungsanspruchs nur unverzinst zurückverlangen, da die Anstalt nicht (gesetzlich) zur Verzinsung des Kapitals verpflichtet ist.

III. Ersatz von Surrogaten

Surrogate, die an die Stelle der ursprünglich erlangten Zuwendung getreten sind, müssen ebenfalls entsprechend § **818 I letzter Hs. BGB** erstattet werden. Herauszugeben ist das, was der Empfänger aufgrund des erlangten Rechts oder als Ersatz für die Zerstörung, Beschädigung oder Entziehung des erlangten Gegenstands erworben hat. Darunter fallen allerdings **nicht** sog. „rechtsgeschäftliche" Surrogate, also das, was der Bereicherte durch Rechtsgeschäft anstelle des ursprünglichen Gegenstandes erlangt hat. Gleiches gilt auch für Sekundäransprüche wegen Leistungsstörung (vgl. BVerwG, NVwZ 1992, 328 – „*Magermilch*"). 9

Beispiel: Hat der Empfänger E einer rechtsgrundlos gewährten Subvention diese zur Erfüllung eines Kaufvertrages an einen Dritten D gezahlt, kann die Verwaltung V von E nicht aufgrund öffentlich – rechtlichen Erstattungsanspruchs i. V. mit § 818 I BGB analog Abtretung der Schadensersatzforderung des E gegen D wegen nicht ordnungsgemäßer Erfüllung des Kaufvertrages verlangen. Denn dieser Sekundäranspruch tritt an die Stelle des Primäranspruchs von E gegen D und ist daher im Verhältnis zwischen V und E ein nicht erstattungsfähiges, rechtsgeschäftliches Surrogat.

C. Wegfall der Bereicherung

Kann sich der Anspruchsgegner auf einen Bereicherungswegfall berufen, so **entfällt** der öffentlich-rechtliche Erstattungsanspruch. Das wirft folgende, aufeinander aufbauende, aber getrennt zu untersuchende Rechtsfragen auf: 10

- ❑ Ist ein *Bereicherungswegfall* beim (allgemeinen) öffentlich – rechtlichen Erstattungsanspruch *grds. möglich*?
- ❑ Auf welche *rechtliche Grundlage* kann er gestützt werden?
- ❑ Unter welchen *Voraussetzungen* kann ein Bereicherungswegfall eintreten?

I. Rechtliche Grundlage

11 Zulässigkeit und rechtliche Grundlage eines Bereicherungswegfalls sind beim öffentlich-rechtlichen Erstattungsanspruchs untrennbar miteinander „verwoben", weil die Anforderungen an die Zulässigkeit dieses Ausschlußtatbestandes durch seine rechtliche Verankerung vorgegeben sind.

1. Bei speziellen Erstattungsansprüchen

12 Besonders geregelte öffentlich-rechtliche Erstattungsansprüche berücksichtigen grds. einen Bereicherungswegfall durch Verweis auf die zivilrechtlichen Bereicherungsregeln, insb. auf § 818 III BGB. Sie modifizieren aber in der Regel zugleich die Anforderungen an die Gutgläubigkeit des Erstattungspflichtigen.

Beispiel: § 48 II 6 VwVfG verweist für den Umfang der Erstattung auf §§ 818 ff. BGB und erkennt damit einen Bereicherungswegfall i. S. von § 818 III BGB als anspruchsvernichtendes Tatbestandsmerkmal ausdrücklich an. Die Voraussetzungen, unter denen sich der Erstattungspflichtige auf einen Bereicherungswegfall berufen kann, sind aber in § 48 II 7 VwVfG abweichend von § 819 I BGB geregelt.

2. Beim allgemeinen Erstattungsanspruch

13 Mangels ausdrücklicher gesetzlicher Regelung stellt sich die Frage, ob ein Bereicherungswegfall überhaupt möglich ist.

14 a) Zur Lösung kann **nicht unmittelbar** auf **§§ 818 III, 819 I BGB** abgestellt werden, weil der öffentlich-rechtliche Erstattungsanspruch nicht aus den bürgerlich-rechtlichen Bereicherungsvorschriften abgeleitet wird, sondern ein originäres Institut des öffentlichen Rechts ist (vgl. OVG Münster, NVwZ 1992, 2245 – *„Postbank"* sowie *§ 17 Rn. 12*). Auch eine **entsprechende Anwendung** dieser Regelungen ist ausgeschlossen, weil ihnen eine Interessenbewertung zugrunde liegt, die nicht ohne weiteres auf das öffentliche Recht übertragen werden kann (BVerwG, NJW 1985, 2436 – *„Bella Italia"*). Denn die zivilrechtlichen Vorschriften über einen Wegfall der Bereicherung finden auf beiden Seiten des Konditionsverhältnisses gleichermaßen Anwendung und bewerten die Interessen des Anspruchsstellers und des Anspruchsgegners gleich. Demgegenüber bewertet die Rechtsordnung die Interessen der Beteiligten des öffentlich-rechtlichen Erstattungsverhältnisses unterschiedlich, weil die öffentliche Hand im Gegensatz zu Privaten dem Grundsatz der Gesetzmäßigkeit der Verwaltung verpflichtet ist.

15 b) Ein Bereicherungswegfall ist aber auch beim (allgemeinen) öffentlich-rechtlichen Erstattungsanspruch im Rahmen des **Vertrauensschutzprinzips** grds. berücksichtigungsfähig und zulässig (s. zu Anwendungsbereich und Voraussetzungen *§ 19 Rn. 16 ff.*). Der Rückgriff

§ 19. Rechtsfolgen

auf diesen Verfassungsgrundsatz rechtfertigt sich aus der eigenständigen, öffentlich-rechtlichen Verankerung dieses Anspruchs. Er ermöglicht eine auf die zugrundeliegende Interessenlage zugeschnittene, angemessene Reaktion auf einen Wegfall der Bereicherung. Der Vertrauensschutzgrundsatz übernimmt damit im öffentlichen Recht die Funktion, die im Zivilrecht den §§ 818 III, 819 I 1 BGB zukommt (vgl. VGH Kassel, NJW 1991, 510 – „*Sparbuch*").

II. Anwendungsbereich

Die grundsätzliche Anerkennung der Möglichkeit eines Bereicherungswegfalls bedeutet nicht, daß dieser Ausschlußtatbestand generell bei tatsächlicher Entreicherung des Erstattungspflichtigen eingreift. Seine Anwendung bedarf vielmehr einer differenzierten Beurteilung, die vorrangig auf die **Person** des Erstattungspflichtigen abstellt: 16

1. Bei Erstattungspflicht des Staates

Der Staat oder ein sonstiger Hoheitsträger kann sich **nicht** auf einen **Wegfall der Bereicherung** berufen. Abgesehen davon, daß die tatsächlichen Voraussetzungen hierfür nur selten vorliegen dürften („Der Staat geht nicht bankrott"), würde dies der finanziellen Leistungsfähigkeit und Rechtsstellung der öffentlichen Hand widersprechen (*Maurer*, Allg. VerwR., § 28 Rn. 26). Hoheitsträger sind durch den Grundsatz der Gesetzmäßigkeit der Verwaltung gebunden (Art. 20 III GG). Dies gilt auch dann, wenn ihnen ein Vermögensvorteil rechtsgrundlos zugeflossen ist und sie dadurch „begünstigt" worden sind. Die Vermögensverschiebung ist daher auch bei unterstellter Entreicherung rückgängig zu machen, um in Einklang mit der Gesetzesbindung den rechtmäßigen Zustand wiederherzustellen (BVerwG, NJW 1985, 2436 – „*Bella Italia*"). 17

Beispiel: Bei rechtsgrundloser Gebührenüberzahlung kann sich die erstattungspflichtige öffentlich – rechtliche Rundfunkanstalt gegenüber dem öffentlich – rechtlichen Erstattungsanspruch des gebührenpflichtigen Bürgers nicht darauf berufen, daß sie entreichert sei, weil alle (Gebühren-) Einnahmen für die Produktion aufwendiger Sendungen aufgewendet wurden, um „die Privaten" zurückzudrängen.

2. Bei Erstattungspflicht Privater

Trifft die Erstattungspflicht eine Privatperson, ist die Berücksichtigung eines **Bereicherungswegfalls** im Rahmen des öffentlich-rechtlichen Instituts des Vertrauensschutzes möglich. Dies erfolgt prüfungstechnisch – je nach Modalität der Leistungsgewährung – an unterschiedlichen Stellen (*Ossenbühl*, StHR, S. 353; vgl. eingehend § 19 Rn. 21 ff.). 18

III. Voraussetzungen

19 Ein anspruchsausschließender Bereicherungswegfall setzt neben einer *tatsächlichen* Entreicherung des Anspruchsgegners voraus, daß dieser Umstand auf der Grundlage von Vertrauensschutzerwägungen *rechtlich* berücksichtigt werden kann.

1. Entreicherung

20 Erforderlich ist die Weitergabe oder der (vollständige) Verlust des erlangten Vorteils (vgl. *§ 18 Rn. 3*) **ohne** entsprechende **Gegenleistung**. Im Vermögen des Bereicherungsschuldners darf von der erhaltenen Leistung nichts mehr vorhanden sein. Dies ist durch **Gegenüberstellung** aller Verschiebungen im Vermögen des Anspruchsgegners zu ermitteln, die mit dem Tatbestand, der den Bereicherungsanspruch ausgelöst hat, in ursächlichem Zusammenhang stehen. Dabei sind alle vermögensmindernden Maßnahmen zu berücksichtigen, die auf der rechtsgrundlosen Vermögensvermehrung beruhen. Konsequenterweise muß sich der Erstattungspflichtige aber auch die Vorteile anrechnen lassen, die er im Zusammenhang mit dem Vermögensvorteil erlangt hat („Gedanke des Vorteilsausgleichs", vgl. BVerwG, NJW 1992, 328 – „*Magermilch*").

Beispiel: Das Unternehmen U hat die aufgrund zwischenzeitlich aufgehobenem Bewilligungsbescheid empfangene Subvention für Löhne und Gehälter (zweckentsprechend) verwendet. Wird U aufgrund der schlechten Auftragslage zahlungsunfähig, kommt hinsichtlich der Subvention eine Entreicherung in Betracht.

Beachte: Forderungen gegen Dritte verhindern grds. eine Entreicherung, auch wenn ihre Durchsetzung zweifelhaft ist. Der Erstattungspflichtige kann sich allerdings darauf beschränken, dem Erstattungsberechtigten die Abtretung der zweifelhaften Forderungen anzubieten. Denn es würde Billigkeitserwägungen widersprechen, wenn der Bereicherungsschuldner mit dem Risiko der Durchsetzung der Forderung belastet wird, während er selbst dem Bereicherungsgläubiger ihren Nennwert zur Verfügung zu stellen hat (vgl. BVerwG, NJW 1992, 328)

2. Vertrauensschutz

21 Eine (tatsächliche) Entreicherung ist rechtlich nur anzuerkennen, wenn der Anspruchsgegner insoweit Vertrauensschutz genießt. Die hierfür maßgeblichen Anforderungen hängen vom Rechtsgrund der Zuwendung ab. Dies führt zu folgender Zweiteilung:

a) Bei Verwaltungsakten

22 Erfolgt die Leistung auf der Grundlage eines (wirksamen) Verwaltungsakts, entsteht ein öffentlich-rechtlicher Erstattungsanspruch erst, wenn dieser Hoheitsakt von der Behörde (§§ 48 ff. VwVfG) oder von einem Gericht (wirksam) aufgehoben worden und damit der die

Vermögensverschiebung legitimierende Rechtsgrund beseitigt worden ist (vgl. § 18 Rn. 13 ff.). Der Vertrauensschutz des Erstattungspflichtigen muß bereits bei der Aufhebungsentscheidung berücksichtigt werden. Er erlangt daher bei der (späteren) Geltendmachung des öffentlich-rechtlichen Erstattungsanspruchs keine eigenständige Bedeutung mehr.

Beispielsfall „Umweltschutz"
Unternehmer U erhält von der Verwaltung durch Bewilligungsbescheid einen verlorenen Zuschuß zur umweltfreundlichen Umrüstung seines in den neuen Bundesländern gelegenen Chemiewerkes. Nachdem U die Subvention zweckentsprechend verwendet hat, muß er das Werk wegen Auftragsmangels schließen. Die Verwaltung fordert daraufhin die Subvention aufgrund öffentlich-rechtlichen Erstattungsanspruchs zurück. Ist das Rückerstattungsverlangen begründet? 23

Ein öffentlich-rechtlicher Erstattungsanspruch setzt voraus, daß der Rechtsgrund der Subventionierung weggefallen ist. Die Rückforderung der Subvention enthält konkludent die (behördliche) Aufhebung des Bewilligungsbescheides. Der Umstand, daß U (tatsächlich) entreichert ist, muß bereits bei der **Aufhebungsentscheidung** im Rahmen des Vertrauensschutzes **beachtet** werden. Da V die Zuwendung gutgläubig ausgegeben hat, steht § 48 II VwVfG einer Aufhebung des Bewilligungsbescheides entgegen. Die Aufhebung der Subventionsbewilligung ist somit wirksam, aber rechtswidrig. Die Voraussetzungen eines öffentlich-rechtlichen Erstattungsanspruchs sind damit zwar (zunächst) gegeben, entfallen aber bei gerichtlicher Aufhebung der rechtswidrigen Rücknahmeentscheidung. Der Vertrauensschutz verhindert dadurch letztlich eine Rückforderung der Zuwendung. 24

> Bei Vermögensverschiebungen aufgrund Verwaltungsakts ist ein Bereicherungswegfall als Bestandteil des Vertrauensschutzes bereits bei der den Erstattungsanspruch begründenden Aufhebungsentscheidung zu berücksichtigen.

b) **In sonstigen Fällen**
Ist der Verwaltungsakt dagegen (von Anfang an) nichtig oder wird die Leistung aufgrund eines öffentlich-rechtlichen Vertrages oder durch schlichtes Gewähren bewirkt, ist ein Bereicherungswegfall als **eigenständiger Prüfungspunkt** auf der Grundlage und im Rahmen des Vertrauensschutzes zu berücksichtigen. 25

Die Erstattungspflicht entfällt, wenn das private Vertrauensschutzinteresse an der Aufrechterhaltung der rechtswidrig entstandenen Vermögenslage gegenüber dem öffentlichen Interesse an der Wiederher- 26 stellung einer dem Gesetz entsprechenden Vermögenslage überwiegt (BVerwG, NJW 1992, 705 – „*Beihilfe*"). Bei der **Abwägung** kommt es nicht allein darauf an, ob der Private tatsächlich entreichert ist (vgl. *§ 19 Rn. 20* und BVerwG, NJW 1985, 2436 – „*Bella Italia*"). Denn das Vertrauen des Leistungsempfängers kann auch dann schutzwürdig sein, wenn das rechtsgrundlos Erlangte noch vorhanden ist, aber er hierüber bereits Verfügungen getroffen hat, die sich nicht mehr ohne unzumutbare Nachteile rückgängig machen lassen (vgl. *Ossenbühl*, StHR, S. 352). Das Vertrauensschutzprinzip verbessert insoweit die Rechtsstellung des Erstattungspflichtigen gegenüber den zivilrechtlichen Bereicherungsvorschriften. Es kommt daher entscheidend darauf an, welches Gewicht dem Vertrauen des Entreicherten im Einzelfall zukommt.

Dies hängt vom Vertrauenszustand („*subjektives Kriterium*") und vom Vertrauensverhalten („*objektives Kriterium*") ab.

27 (1) Das Merkmal „**Vertrauenszustand**" setzt voraus, daß der Erstattungspflichtige bei Empfang der Leistung gutgläubig hinsichtlich des Bestehens des Rechtsgrundes war. Der **Maßstab** hierfür ist allerdings gegenüber den zivilrechtlichen Bereicherungsregelungen verschärft. Während § 819 I BGB allein darauf abstellt, ob der Empfänger der Leistung den Mangel des rechtlichen Grundes kennt, entfällt der Vertrauensschutz beim öffentlich-rechtlichen Erstattungsanspruch nicht nur bei **positiver Kenntnis,** sondern auch bei **grob fahrlässiger Unkenntnis** der Rechtsgrundlosigkeit der Leistung (vgl. OVG Münster, NJW 1992, 2245 – „*Postbank*"). Diese gegenüber dem Zivilrecht divergierende Rechtslage beruht nicht auf einer Fehlbewertung des öffentlichen Rechts, sondern auf der Fehlkonstruktion des § 819 I BGB. Die strengen Kriterien rechtfertigen sich aus einer vergleichenden Betrachtung mit den spezialgesetzlich geregelten Erstattungsansprüchen, bei denen ein Bereicherungswegfall ebenfalls bereits bei grob fahrlässiger Unkenntnis ausgeschlossen ist. Es ist kein sachlicher Grund dafür ersichtlich, beim (allgemeinen) öffentlich-rechtlichen Erstattungsanspruch einen abweichenden Gutglaubensmaßstab anzulegen (vgl. BVerwG, NJW 1985, 2436 – „*Bella Italia*").

> **Grobe Fahrlässigkeit verdient keinen Vertrauensschutz.**

Beispielsfall „Weihnachtsgeld"

28 B hat aufgrund eines verwaltungsrechtlichen Vertrages einen Anspruch auf monatliche Subventionierung seines Betriebs in Höhe von DM 2.800. Im Dezember 1993 bekommt er zu seiner „Überraschung" DM 28.000 auf sein Konto überwiesen. Erfreut über dieses

„Weihnachtsgeld" gibt er die Summe ohne weitere Nachforschungen anzustellen für private Weihnachtsgeschenke aus. Später bemerkt die Verwaltung den Fehler und fordert von B den zuviel gezahlten Geldbetrag aufgrund öffentlich-rechtlichen Erstattungsanspruchs zurück. Zu Recht?

Die Überlegungen konzentrieren sich auf die Frage, ob B sich gegenüber dem Rückerstattungsverlangen auf einen **Bereicherungswegfall** berufen kann. Der hierfür erforderliche Vertrauenszustand des B ist aber **nicht** gegeben, weil er bezüglich des Rechtsgrundes der Vermögensverschiebung zumindest grob fahrlässig handelte. Die Fehlerhaftigkeit der Überweisung war so offensichtlich, daß B dies hätte erkennen müssen.

(2) Das Merkmal „**Vertrauensverhalten**" erfordert ein Handeln des Erstattungspflichtigen, das seinen Vertrauenszustand nach außen erkennbar manifestiert. In Betracht kommen dafür insb. Vermögensdispositionen jeglicher Art.

Beispiel: Subventionsempfänger B erwirbt mit Hilfe der empfangenen Subventionsmittel neue Maschinen für sein Unternehmen und stellt sein Fertigungs- und Vertriebssystem entsprechend um.

Beachte: Neben einem Bereicherungswegfall kann der öffentlich-rechtliche Erstattungsanspruch aufgrund des auch im öffentlichen Recht anerkannten Grundsatzes von *Treu und Glauben* vollständig oder teilweise untergehen, wenn die Rückforderung den Wertvorstellungen der billig und gerecht Denkenden des staatlichen Gemeinwesens widerspricht. Dies ist beispielsweise dann anzunehmen, wenn eine Behörde durch einen von ihr schuldhaft verursachten und mitzuverantwortenden Fehler im Sinne einer Amtspflichtverletzung (vgl. dazu § 8 Rn. 57 ff.) einen Vermögensverlust erleidet und ihn vollumfänglich einem am Entstehen dieses Verlustes ebenfalls beteiligten Dritten für den Fall aufzubürden versucht, daß nicht feststellbar ist, wo bzw. bei wem letztendlich das Vermögen verblieben und kondizierbar ist (vgl. OVG Münster, NJW 1992, 2245 – „*Magermilch*").

D. Verjährung

Die Verjährung spezialgesetzlicher öffentlich-rechtlicher Erstattungsansprüche ist zum Teil besonders geregelt (vgl. z. B. § 50 IV SGB X). Im übrigen gelten die **§§ 194 ff. BGB entsprechend**. So ist beispielsweise für beamtenrechtliche Erstattungsansprüche die kurze Verjährung nach § 197 BGB einschlägig. Der allgemeine öffentlich-rechtliche Erstattungsanspruch unterliegt grds. gem. § 195 BGB der Regelverjährungsfrist von 30 Jahren (*Ossenbühl,* StHR, S. 354).

Prüfungsaufbau des öffentlich-rechtlichen Erstattungsanspruchs

A. **Rechtliche Grundlage**
  „Eigenständiges, gewohnheitsrechtlich verfestigtes Institut des öffentlichen Rechts" *(§ 17 Rn. 11 f.)*
B. **Anwendungsbereich**
  I. Ermittlung der Anspruchssituation *(§ 17 Rn. 13 ff.)*
  II. Prüfung vorrangiger spezialgesetzlicher Erstattungsregelungen *(§ 17 Rn. 18 ff.)*
  III. Feststellung der Konkurrenzverhältnisse *(§ 17 Rn. 23 f.)*
C. **Anspruchsvoraussetzungen**
  I. Vermögensvorteil *(§ 18 Rn. 3)*
  II. Vermögensverschiebung durch Leistung oder auf sonstige Weise *(§ 18 Rn. 4 ff.)*
  III. Öffentlich-rechtliche Rechtsbeziehung *(§ 18 Rn. 7 ff.)*
  IV. Ohne rechtlichen Grund *(§18 Rn. 12 ff.)*
D. **Rechtsfolgen**
  I. Erstattungspflichtiger *(§ 19 Rn. 1 ff.)*
  II. Erstattungsumfang *(§ 19 Rn. 4 ff.)*
  III. Bereicherungswegfall *(§ 19 Rn. 10 ff.)*
  IV. Verjährung *(§ 19 Rn. 31)*

E. Wiederholung

I. Zusammenfassung

❏ Erstattungspflichtig ist bei Vermögensverschiebungen durch Leistung der tatsächliche Empfänger der Zuwendung, bei auf sonstige Weise eingetretenen Vermögensverschiebungen der Begünstigte.

❏ Hinsichtlich des Umfangs der Erstattung ist § 818 I, II BGB entsprechend anwendbar.

❏ Auf einen Bereicherungswegfall können sich nur Private berufen. Für Hoheitsträger ist ein Wegfall der Bereicherung aufgrund des Grundsatzes der Gesetzmäßigkeit der Verwaltung ausgeschlossen.

❏ Die Voraussetzungen für einen Bereicherungswegfall ergeben sich nicht aus §§ 818 III, 819 I BGB, sondern aufgrund des Grundsatzes des Vertrauensschutzes. Dies führt zu einer Verschärfung der Anforderungen an die Gutgläubigkeit gegenüber § 819 I BGB.

❏ Der öffentlich-rechtliche Erstattungsanspruch unterliegt der Regelverjährung des § 195 BGB analog.

II. Fragen

1. Nach welchen Kriterien beurteilt sich der Erstattungsumfang?
2. Ist ein Bereicherungswegfall beim öffentlich-rechtlichen Erstattungsanspruch möglich? Welche rechtliche Grundlage kommt hier in Betracht?
3. Unter welchen Voraussetzungen kann ein Privater sich auf einen Bereicherungswegfall berufen?

III. Lösungen

1 Aufgrund des in § 818 I und II BGB enthaltenen Rechtsgedankens ist grds. das Erlangte bzw. etwaige Surrogate sowie gezogene Nutzungen herauszugeben.

2. Ein Bereicherungswegfall ist auf der Grundlage des öffentlich-rechtlichen Vertrauensschutzgrundsatzes möglich, sofern der Entreicherte ein Privater ist. Hoheitsträger können sich dagegen nicht auf einen Wegfall der Bereicherung berufen, da dies dem Verfassungsgrundsatz der Gesetzmäßigkeit der Verwaltung widersprechen würde.

3. Ein Bereicherungswegfall setzt voraus, daß der Anspruchsgegner entreichert und sein Vertrauen dabei schutzwürdig ist. Letzteres beurteilt sich anhand der Kriterien „Vertrauenszustand" und „Vertrauensverhalten". Ein Vertrauenszustand setzt voraus, daß der Entreicherte das Fehlen des rechtlichen Grundes weder kannte noch infolge grober Fahrlässigkeit nicht kannte. Ein Vertrauensverhalten erfordert Handlungen, die den Vertrauenszustand nach außen erkennbar zu Tage treten lassen.

§ 20. Durchsetzung des Anspruchs

Die Geltendmachung und (prozessuale) Durchsetzung des öffentlich-rechtlichen Erstattungsanspruchs wirft, je nach Person des Anspruchsberechtigten („Privater" – „Hoheitsträger"), unterschiedliche Rechtsfragen auf. 1

Im Mittelpunkt des Interesses stehen folgende **Probleme**:

❏ Ist die Verwaltung berechtigt, den Erstattungsanspruch *durch Leistungsbescheid* (Verwaltungsakt) geltend zu machen?

❏ Schließt die *Möglichkeit* eines Leistungsbescheides die Erhebung *einer Leistungsklage* aus?

❏ Kann bei Vermögensverschiebungen aufgrund eines Verwaltungsakts in den sog. „Leistungsfällen" der Erstattungsanspruch *gleichzeitig* mit einer Anfechtungsklage gegen den Rechtsgrund *prozessual geltend gemacht* werden?

Beachte: Der öffentlich-rechtliche Erstattungsanspruch weist keine Berührungspunkte zum Erstattungsgesetz des Bundes (*Sartorius* Nr. 215) auf, weil dieses ein reines Verfahrensgesetz ist, das die verfahrensrechtliche Abwicklung von Schadensersatzansprüchen des Dienstherrn gegenüber Amtswaltern bei unmittelbarer Schädigung zum Gegenstand hat.

A. Erstattungsansprüche von Privaten

2 Die prozessuale Geltendmachung öffentlich – rechtlicher Erstattungsansprüche von Privaten gegenüber Hoheitsträgern unterliegt folgenden Sachentscheidungsvoraussetzungen:

I. Rechtsweg

3 Öffentlich – rechtliche Erstattungsansprüche des Bürgers sind im Streitfall gem. § 40 I 1 VwGO vor den **Verwaltungsgerichten** geltend zu machen, weil eine öffentlich-rechtliche Streitigkeit nichtverfassungsrechtlicher Art vorliegt. Die Rückabwicklung teilt damit die Rechtsnatur der öffentlich-rechtlichen Vermögensverschiebung.

Beispiel: Überhöhte Gebührenzahlungen eines Rundfunkteilnehmers begründen einen im Verwaltungsrechtsweg geltend zu machenden, öffentlich-rechtlichen Erstattungsanspruch, weil der Anspruch auf Rundfunkgebühren öffentlich-rechtlicher Natur ist, die der Rückerstattungsanspruch teilt (vgl. VGH Mannheim, NJW 1993, 1812 – „*Rundfunkgebühren*").

II. Statthafte Klageart

4 Die einschlägige Rechtsschutzform bestimmt sich nach dem Anspruchsziel und dem Rechtsgrund der Vermögensverschiebung.

1. Bei nicht auf Verwaltungsakt beruhender Vermögensverschiebung

5 Der Erstattungsberechtigte begehrt in diesem Fall eine (behördliche) Leistung in Form einer Rückerstattung des Vermögensvorteils. Richtige Klageart dafür ist eine **allgemeine Leistungsklage**, weil die Rückerstattung ein Realakt ist. Sie erfordert keine als Verwaltungsakt zu qualifizierende Entscheidung der Verwaltung über das Bestehen und den Umfang des Erstattungsanspruchs, weil dies bereits unmittelbar aus der Anspruchsgrundlage folgt. Eine Verpflichtungsklage i. S. von § 42 I VwGO ist daher nicht statthaft.

Beispiel: Zahlungen eines Grundstückseigentümers an die Gemeinde aufgrund eines

§ 20. Durchsetzung des Anspruchs

nichtigen Erschließungsvertrages begründen einen öffentlich-rechtlichen Erstattungsanspruch, der mittels allgemeiner Leistungsklage durchzusetzen ist (vgl. BVerwG, NJW 1992, 1642).

2. Bei Vermögensverschiebung aufgrund Verwaltungsakt

Beruht die Vermögensverschiebung auf einem rechtswidrigen, aber wirksamen Verwaltungsakt, kann der Anspruchsteller sein Erstattungsbegehren nicht unmittelbar durch Leistungsklage durchsetzen, weil der Rechtsgrund aufgrund der Tatbestandswirkung des Verwaltungsaktes fortbesteht. Er muß diesen daher zunächst durch **Gestaltungsklage** beseitigen, um auf diese Weise die Voraussetzungen für einen Erstattungsanspruch zu schaffen. Erst das stattgegebene Gestaltungsurteil macht den Weg frei für eine prozessuale Durchsetzung des Erstattungsanspruchs mittels Leistungsklage, wie der nachfolgende Fall zeigt. 6

Beispielsfall „Gebührenwucher"

Der Grundstückseigentümer E zahlt aufgrund eines rechtswidrigen, aber wirksamen Gebührenbescheides DM 3.000 an die Stadt S. Nach erfolgloser Durchführung eines Widerspruchsverfahrens erhebt E form- und fristgerecht Klage zum Verwaltungsgericht mit dem Antrag, den Gebührenbescheid aufzuheben und die Stadt zur Rückzahlung von DM 3.000 zu verurteilen. 7

Hat die Klage Aussicht auf Erfolg?

Die **Anfechtungsklage** gegen den Gebührenbescheid ist zulässig und begründet. Denn der Verwaltungsakt ist rechtswidrig und verletzt E in seinem Grundrecht aus Art. 2 I GG (vgl. § 113 I 1 VwGO). 8

Der durch **Leistungsklage** geltend gemachte, öffentlich-rechtliche Erstattungsanspruch entsteht aber erst, wenn der Bescheid durch das Gericht rechtskräftig aufgehoben worden ist. Damit stellt sich die Frage, ob E beide Klagen **gleichzeitig** in einem Verfahren erheben kann oder ob der öffentlich-rechtliche Erstattungsanspruch erst nach Rechtskraft des Aufhebungsurteils prozessual durchgesetzt werden kann. Die Antwort hierauf ergibt sich aus § 113 I 2 VwGO. Diese Regelung eröffnet E die Möglichkeit, beide Rechtsbehelfe in einem Verfahren nebeneinander geltend zu machen und berechtigt das streitbefaßte Gericht über beide Begehren in einem Urteil zu entscheiden. § 113 I 2 VwGO ist zwar nach Wortlaut und Entstehungsgeschichte auf den öffentlich-rechtlichen Folgenbeseitigungsanspruch zugeschnitten (vgl. *§ 12 Rn. 22 ff.*); die Vorschrift ist aber nach neuerer Auffassung (vgl. zur früheren Ansicht *§ 20 Rn. 10*) wegen der vergleichbaren Sach- und Interessenlage auch auf öffentlich-rechtliche Erstattungsansprüche anwendbar, die infolge gerichtlicher Aufhebung eines Verwaltungsakts entstehen (vgl. BVerwG, 9

NJW 1991, 651). Dies hat zur Folge, daß trotz fehlender Rechtskraft des stattgebenden Gestaltungsurteils der Rechtsgrund der Vermögensverschiebung als beseitigt anzusehen ist. Andernfalls könnte der Kläger zwar beide Klagebegehren gleichzeitig geltend machen, würde aber mit seinem Leistungsantrag stets unterliegen, da der Rechtsgrund der Vermögensverschiebung bis zum Eintritt der Rechtskraft des Urteils fortbesteht. Dem will § 113 I 2 VwGO entgegensteuern.

10 Die **ältere Rechtsansicht**, die gem. § 113 IV VwGO nur eine Verbindung beider Klagebegehren zuließ, ist überholt, weil § 113 I 2 VwGO für den vorliegenden Fall als **speziellere** Vorschrift vorgeht (vgl. *Kopp*, VwGO, § 113 Rn. 38 f; siehe zur früheren Rechtsauffassung *Redeker/von Oertzen*, VwGO, § 113 Rn. 5 ff.).

Die von E zeitgleich in einem Verfahren erhobene Anfechtungsklage und die allgemeine Leistungsklage haben daher Aussicht auf Erfolg.

B. Erstattungsansprüche von Hoheitsträgern

11 Zur Durchsetzung eines öffentlich-rechtlichen Erstattungsanspruchs des Staates oder sonstiger juristischer Personen des öffentlichen Rechts gegenüber Privaten sind grds. sowohl der Erlaß eines Leistungsbescheides als auch die Erhebung einer Klage in Betracht zu ziehen.

I. Erlaß eines Leistungsbescheides

12 Die Geltendmachung des Erstattungsanspruchs durch Leistungsbescheid ist für die Verwaltung vorteilhaft, weil sie sich auf diesem Weg einen Vollstreckungstitel ohne Inanspruchnahme der Gerichte verschaffen kann (sog. „Titelfunktion", vgl. *Stelkens*, in: S/B/S, VwVfG, § 35 Rn. 18). Der erstattungspflichtige Private wird dagegen in die Klägerposition gedrängt, weil er den Leistungsbescheid angreifen muß, um einen Rechtsverlust zu verhindern.

Die Zulässigkeit solcher Leistungsbescheide bedarf daher entsprechend ihrer rechtlichen Grundlage einer differenzierenden Betrachtung:

1. Aufgrund gesetzlicher Ermächtigung

13 Der Erlaß eines Leistungsbescheides ist problemlos zulässig, wenn die Verwaltung dazu durch eine spezialgesetzliche Rechtsgrundlage ausdrücklich ermächtigt wird.

Beispiel: § 48 II 8 VwVfG verleiht der Verwaltung die Befugnis, den öffentlich-rechtlichen Erstattungsanspruch durch Verwaltungsakt fest- und damit durchzusetzen.

Der Leistungsbescheid soll dabei mit der Rücknahmeentscheidung verbunden werden (vgl. *Sachs*, in: *S/B/S*, VwVfG, § 48 Rn. 116 ff.).

2. Ohne gesetzliche Ermächtigung

a) Kehrseitentheorie

Fehlt eine ausdrückliche gesetzliche Ermächtigung, bleibt die Durchsetzung des Erstattungsanspruchs mittels Leistungsbescheid dennoch möglich, wenn die Leistung durch Verwaltungsakt gewährt worden ist. Dies ergibt sich aus der sog. „Kehrseitentheorie". Danach folgt die Rückabwicklung dem gleichen Recht wie die Zuwendung, weil der öffentlich-rechtliche Erstattungsanspruch nur die Kehrseite des Leistungsanspruchs ist (ständige Rechtsprechung, vgl. grundlegend BVerwG, NJW 1985, 2436 – „*Bella Italia*"). 14

Den in der Literatur dagegen aufgrund des Prinzips der Gesetzmäßigkeit der Verwaltung und des Vorbehalts des Gesetzes geltend gemachten **Bedenken** (vgl. z. B. *Schenke*, JuS 1979, 887 ff.) ist entgegenzuhalten, daß die Rückforderung sich lediglich als notwendige Folge der Rücknahme des Bewilligungsbescheids darstellt. Die Belastung des Erstattungspflichtigen liegt daher schon in der Rücknahme des Verwaltungsakts, gegen den er Rechtsschutz beanspruchen kann (vgl. *Ossenbühl*, StHR, S. 355). 15

Beachte: Die praktische Relevanz dieses Meinungsstreits ist gering, weil bei Vermögensverschiebung aufgrund eines Verwaltungsakts in der Regel die ausdrückliche Ermächtigung des § 48 II 8 VwVfG eingreift. Ein Rückgriff auf die Kehrseitentheorie ist daher nur erforderlich, wenn die Anwendung dieser Vorschrift im Einzelfall (z. B. aufgrund § 50 VwVfG) ausgeschlossen ist.

Beispiel: Der Bürger B erhält aufgrund eines rechtswidrigen Bewilligungsbescheides einen verlorenen Zuschuß ausgezahlt. Nachdem sein Konkurrent K gegen den Bescheid Widerspruch eingelegt hat, nimmt die Verwaltung diesen gem. § 48 VwVfG zurück und fordert B durch Leistungsbescheid zur Rückzahlung des Geldes auf. § 48 II 8 VwVfG ist aufgrund § 50 VwVfG unanwendbar. Die Zulässigkeit der Durchsetzung des Erstattungsanspruchs mittels Leistungsbescheid ist aber aufgrund der Kehrseitentheorie zulässig.

b) Über- und Unterordnungsverhältnis

Auch in anderen Fällen, insb. bei Vermögensverschiebung durch schlichtes Verwaltungshandeln kann der Erstattungsanspruch durch Verwaltungsakt geltend gemacht werden, wenn zwischen der Verwaltung und dem Leistungsempfänger ein Über-/Unterordnungsverhältnis (Subordinationsverhältnis) besteht (str., vgl. *Kopp*, VwVfG, § 35 Rn. 2 m. w. N.; vgl. auch *Sachs*, in: *S/B/S*, VwVfG, § 48 Rn. 116). 16

Beispiel: Der Dienstherr D gewährt einem Beamten B ohne vorherigen Verwaltungsakt rechtsgrundlos Sachbezüge. D kann die Bezüge durch Verwaltungsakt von B zurückfordern, weil sich die Beteiligten insoweit in einem durch das Beamtenverhältnis begründeten Über-/Unterordnungsverhältnis gegenüberstehen.

c) Bei öffentlich-rechtlichen Verträgen

17 Bei Vermögensverschiebungen aufgrund öffentlich-rechtlicher Verträge ist die einseitige Durchsetzung eines Erstattungsanspruchs durch Erlaß eines Verwaltungsaktes **grds. unzulässig**, weil dies dem Grundsatz der vertraglichen Gleichordnung (*„Waffengleichheit"*) widerspricht (vgl. *Ossenbühl*, StHR, S. 355). Ausnahmen sind nur möglich, wenn sich der Betroffene der sofortigen Vollstreckung unterworfen hat.

Beispiel: Die Verwaltung V gewährt dem Unternehmer U aufgrund öffentlich-rechtlichen Vertrages eine Subvention. Bei Nichtigkeit des Vertrages kann die V die Subvention von U nicht durch Leistungsbescheid zurückfordern, sondern muß Klage auf Rückzahlung des Geldes erheben.

II. Erhebung einer Klage

18 Die Verwaltung kann den öffentlich-rechtlichen Erstattungsanspruch auch durch **allgemeine Leistungsklage** vor den Verwaltungsgerichten geltend machen. Die Möglichkeit, einen Leistungsbescheid zu erlassen, ist zwar ein einfacherer Weg; dies nimmt der (Leistungs-)Klage aber trotzdem grds. nicht das **Rechtsschutzbedürfnis**, weil sie in der Regel nur bei Zahlungsverweigerung erhoben wird. In diesem Fall würde es aber auch bei Erlaß eines Leistungsbescheides zu einem Rechtsstreit kommen, so daß durch die Klageerhebung keine zusätzliche (überflüssige) Inanspruchnahme der Gerichte droht.

C. Erstattungsansprüche unter Hoheitsträgern

19 Hoheitsträger können öffentlich-rechtliche Erstattungsansprüche gegeneinander grds. nur durch allgemeine Leistungsklage vor den Verwaltungsgerichten durchsetzen.

D. Wiederholung

I. Zusammenfassung

❏ Private können öffentlich-rechtliche Erstattungsansprüche gegenüber Hoheitsträgern durch allgemeine Leistungsklage vor den Verwaltungsgerichten geltend machen. Soweit die Vermögensverschiebung auf einem fortbestehenden, wirksamen Verwaltungsakt beruht, müssen sie diesen (zusätzlich) anfechten. Das Anfechtungsbegehren und das Leistungsbegehren können gem. § 113 I 2 VwGO gleichzeitig prozessual geltend gemacht werden.

- Hoheitsträger können Erstattungsansprüche gegenüber Privaten grds. entweder durch allgemeine Leistungsklage vor den Verwaltungsgerichten oder durch Erlaß eines Leistungsbescheides durchsetzen. Lediglich bei Vermögensverschiebungen aufgrund öffentlich-rechtlicher Verträge scheidet eine Durchsetzung mittels Verwaltungsakt wegen des Grundsatzes der „Waffengleichheit" aus.
- Hoheitsträger können öffentlich-rechtliche Erstattungsansprüche gegeneinander nur durch allgemeine Leistungsklage vor den zuständigen Fachgerichten geltend machen.

II. Fragen

1. Auf welche Weise können Private öffentlich-rechtliche Erstattungsansprüche durchsetzen?
2. Kann ein öffentlich-rechtlicher Erstattungsanspruch gleichzeitig mit einem gegen den Verwaltungsakt gerichteten Aufhebungsbegehren geltend gemacht werden?
3. Welche Möglichkeiten bestehen für Hoheitsträger, Erstattungsansprüche gegenüber Privaten durchzusetzen?

III. Lösungen

1. Private können öffentlich-rechtliche Erstattungsansprüche nur durch (allgemeine) Leistungsklage vor den Verwaltungsgerichten durchsetzen.
2. Dies ist gem. 113 I 2 VwGO möglich.
3. Hoheitsträger können Erstattungsansprüche gegen Private durch verwaltungsgerichtliche Klage geltend machen. Daneben besteht die Möglichkeit, den Anspruch durch Leistungsbescheid durchzusetzen, soweit kein öffentlich-rechtlicher Vertrag vorliegt.

Entscheidungsverzeichnis

A. Bundesverfassungsgericht

I. Amtliche Sammlung

BVerfGE 58, 137 – „Pflichtexemplar", § 15 Rn. 4, 7
BVerfGE 58, 300 = NJW 1982, 745 – „Naßauskiesung", § 15 Rn. 3
BVerfGE 61, 149 – „Staatshaftung", § 1 Rn. 1, 7; § 9 Rn. 16
BVerfGE 74, 296 – „Boxberg", § 14 Rn. 4, 41
BVerfGE 80, 123 – „Beförderung", § 3 Rn. 16

II. Zeitschriften

BVerfG, NJW 1969, 309 – „Hamburger Deichfall", § 14 Rn. 11, 49
BVerfG, NJW 1981, 1258 – „Dürkheimer Gondelbahn", § 14 Rn. 24
BVerfG, NJW 1984, 1813 – „Hochspannung", § 14 Rn. 23

B. Bundesgerichtshof

I. Amtliche Sammlung

BGHZ 13, 88 – „Abrißanordnung", § 16 Rn. 36
BGHZ 28, 313 – „Hand- und Spanndienst", § 16 Rn. 42
BGHZ 57, 365 – „U-Bahnbau", § 16 Rn. 43
BGHZ 69, 128 – „Fluglotsenstreik", § 7 Rn. 56; § 16 Rn. 26
BGHZ 99, 124 – „Blücher-Museum", § 15 Rn. 15
BGHZ 102, 350 = NJW 1988, 478 – „Waldsterben", § 7 Rn. 108, 128; § 16 Rn. 14

II. Zeitschriften

BGH, NJW 1960, 1149 – „Verkaufsveranstaltung", § 16 Rn. 4
BGH, NJW 1964, 104 – „Schützenpanzer", § 16 Rn. 22
BGH, NJW 1965, 1908 – „Buschkrugbrücke", § 16 Rn. 40
BGH, NJW 1976, 1226 – „Fiskalenteignung", § 14 Rn. 20
BGH, NJW 1980, 770 – „Hausmüll", § 16 Rn. 23
BGH, MDR 1980, 127 – „Kanalbau", § 16 Rn. 22
BGH, NJW 1984, 1878 – „Kies", § 18 Rn. 6, 24
BGH, NJW 1987, 1945 – „Ampelurteil", § 16 Rn. 22
BGH, NJW 1988, 478 = BGHZ 102, 530 – „Waldsterben", § 6 Rn. 7; § 7 Rn. 108, 128
BGH, NJW 1990, 381 – „Mülldeponie", § 7 Rn. 99 ff., 119, 120
BGH, NJW 1990, 1038 – „Altlasten", § 7 Rn. 101, 119
BGH, NJW 1991, 1168 – „Bindungswirkung", § 7 Rn. 62; § 8 Rn. 44, 45
BGH, NJW 1992, 39 – „Regenwasser", § 3 Rn. 11; § 7 Rn. 48, 91
BGH, NVwZ 1992, 92 – „Schulbus", § 7 Rn. 38, 44
BGH, NVwZ 1992, 298 – „Architektenkammer", § 7 Rn. 62; § 8 Rn. 49, 50; § 9 Rn. 5, 6
BGH, NVwZ 1993, 299 – „verspäteter Bauvorbescheid", § 7 Rn. 106

BGH, NVwZ 1992, 911 – „*Planungsfehler*", § 7 Rn. 12, 117; § 8 Rn. 16, 28, 34
BGH, NJW-RR 1992, 919 – „*Konkurs*", § 7 Rn. 120; § 8 Rn. 37
BGH, NJW 1992, 972 – „*Rentenversicherung*", § 7 Rn. 39, 112, 121
BGH, NJW 1992, 1227 – „*Schülerausflug*", § 7 Rn. 55
BGH, NJW 1992, 1230 – „*Auskunft*", § 7 Rn. 70, 88, 106; § 8 Rn. 55
BGH, NJW 1992, 1310 – „*Seminarkopien*", § 6 Rn. 3; § 7 Rn. 54, 71
BGH, NJW 1992, 1329- „*Überschwemmungsschäden*", § 16 Rn. 43
BGH, NJW 1992, 1884 – „*Erbschein*", § 8 Rn. 56
BGH, NJW 1992, 2476 – „*Eisglätte*", § 8 Rn. 18, 22, 26
BGH, NJW 1992, 2882 – „*Zivildienst*", § 7 Rn. 26, 36, 43; § 9 Rn. 4, 12
BGH, NJW 1992, 3233 – „*Hochwasserschutz*", § 16 Rn. 46
BGH, NJW 1993, 530 – „*Innenbereichsbebauung*", § 7 Rn. 73, 120
BGH, NJW 1993, 1258 – „*Fahrzeugbergung*", § 5 Rn. 5; § 7 Rn. 20, 31, 36; § 9 Rn. 9, 12
BGH, NJW 1993, 1647 – „*Flutwelle*", § 8 Rn. 1, 17, 34
BGH, NJW 1993, 2612 – „*Baumgefahr*", § 7 Rn. 44, 50, 72, 97; § 8 Rn. 23, 25
BGH, NJW 1993, 2235 – „*Posthaftung*", § 7 Rn. 7
BGH, NJW 1993, 2303 – „*rechtswidriger Bauvorbescheid*", § 7 Rn. 83, 88, 106; § 8 Rn. 56
BGH, NJW 1993, 2802 – „*Streupflicht*", § 7 Rn. 87, 120, 126
BGH, NJW 1993, 3065 – „*Einvernehmen*", § 7 Rn. 127
BGH, NJW 1994, 858 – „*Irak-Embargo*", § 7 Rn. 42, 59, 109; § 80
BGH, NJW 1994, 1647 – „*Provision*", § 3 Rn. 6; § 6 Rn. 7; § 7 Rn. 87, 88, 93, 106; § 8 Rn. 44
BGH, NJW 1994, 2087-"*rechtswidrige Baugenehmigung*", § 7 Rn. 106

C. Bundesverwaltungsgericht

I. Amtliche Sammlung

BVerwGE 79, 254 – „*Alarmsirene*", § 16 Rn. 59
BVerwGE 81, 200 – „*Sportplatzlärm*", § 16 Rn. 59

II. Zeitschriften

BVerwG, DÖV 1973, 529 – „*Anschluß- und Benutzungszwang*", § 16 Rn. 46
BVerwG, NJW 1980, 2538 – „*Rathaus*", § 17 Rn. 2
BVerwG, NVwZ 1984, 518 – „*Weichweizen*", § 18 Rn. 15
BVerwG, NJW 1985, 2436 – „*Bella Italia*", § 17 Rn. 12; § 19 Rn. 14, 17, 26; § 20 Rn. 14
BVerwG, NJW 1989, 922 – „*Deichbau*", § 5 Rn. 3, 22, 23, 27, 28, 40
BVerwG, NJW 1992, 328 – „*Magermilch*", § 17 Rn. 15, 20; § 19 Rn. 9, 20, 30
BVerwG, NJW 1992, 705 – „*Beihilfe*", § 17 Rn. 5, 8; § 19 Rn. 26
BVerwG, NJW 1993, 215 – „*Sozialhilfe*", § 17 Rn. 1
BVerwG, NVwZ 1993, 481 – „*BAföG*", § 18 Rn. 15
BVerwG, DVBl 1993, 1141 – „*Naturschutzgebiet Römereck*", § 15 Rn. 9
BVerwG, NJW 1994, 276 – „*Sackstraße*", § 11 Rn. 5

D. Sonstige Gerichte

I. Europäischer Gerichtshof

EuGH, NJW 1992, 165 – „Francovich", § 7 Rn. 21, 42, 59, 74, 109

II. Zivilgerichte

OLG Braunschweig, NJW 1990, 2629 – „TÜV-Plakette", § 7 Rn. 26 f., 56
OVG Lüneburg, NVwZ 1991, 81 – „Baumwurzel", § 5 Rn. 6, 17, 37
LG Baden-Baden, NVwZ 1991, 1118 – „Gnadenlos", § 7 Rn. 66, 95, 134
OLG Düsseldorf, NVwZ-RR 1992, 225 – „Wehrpflicht", § 7 Rn. 76, 77, 78, 80
OLG Köln, NVwZ-RR 1992, 285 – „Straßengraben", § 7 Rn. 14
LG Hamburg, NJW 1992, 377 – „Klettermaxe", § 7 Rn. 34
LG Hildesheim, NVwZ-RR 1992, 393 – „Betriebsgefahr", § 8 Rn. 55
BayObLG, NVwZ-RR 1992, 534 – „Bauverzögerung", § 1 Rn. 11; § 7 Rn. 57, 78, 93, 106, 120; § 8 Rn. 50, 51
OLG Düsseldorf, NVwZ-RR 1992, 608 – „Trampelpfad", § 7 Rn. 50
LG Aachen, NJW 1992, 1051 – „Pausenaufsicht", § 7 Rn. 92; § 8 Rn. 34
OLG München, NVwZ 1992, 1124 – „Abwasserkanalisation", § 7 Rn. 45, 127; § 8 Rn. 56
LG Köln, NVwZ 1992, 1125 – „Rauschgift", § 7 Rn. 67, 87
OLG Oldenburg, NVwZ-RR 1993, 593 – „Mietausfall", § 7 Rn. 127, 132, 133
OLG Hamm, NJW 1993, 1209 – „Aktenzeichen XY", § 7 Rn. 73, 77, 120, 134
OLG Nürnberg, NJW 1994, 2032 – „Postdienst", § 7 Rn. 10, 40, 43, 48
OLG Karlsruhe, NJW 1994, 2033 – „Telekom", § 7 Rn. 10, 43, 47

III. Verwaltungsgerichte

VGH Mannheim, NVwZ-RR 1991, 325 – „Zyanid", § 3 Rn. 8, 9, 13, 20, 21
VGH Kassel, NJW 1991, 510 – „Sparbuch", § 19 Rn. 15
VGH Mannheim, NVwZ 1992, 656 – „Klärschlamm", § 3 Rn. 11, 21, 29
OVG Münster, NJW 1992, 2245 – „Postbank", § 17 Rn. 12; § 19 Rn. 14, 27
BayVGH, NVwZ 1993, 794 – „Kriegsopfer", § 17 Rn. 4, 17
VGH Mannheim, NJW 1993, 1812 – „Rundfunkgebühren", § 17 Rn. 7, 16; § 20 Rn. 3

IV. Finanz- und Sozialgerichte

BFH, NJW 1993, 2263 – „Ausfuhrerstattung", § 19 Rn. 2
BSGE 32, 60 – „Witwenrente", § 10 Rn. 9

Sachverzeichnis

Zahlen fett = ; Zahlen mager = Seiten

Abgeordneter
- als Amtswalter 7 20
- Amtspflichten 7 59, 74

Abgrenzung
- zwischen Amtshaftung und (allgemeinem) Deliktsrecht 7 3 ff.
- zwischen den verschiedenen staatshaftungsrechtlichen Ansprüchen 2 6 ff.
- zwischen privatrechtlicher und öffentlich-rechtlicher GoA 5 2
- zwischen zivilrechtlicher und öffentlich-rechtlicher Haftung 1 2

Abhilfeverfahren 9 21

Abschleppen eines PKW
- Ausübung eines öffentlichen Amtes 7 20, 31, 36
- Geschäftsführung ohne Auftrag 5 5
- Passivlegitimation bei Amtshaftung 9 9

Abwälzungsanspruch, sozialrechtlicher 17 17

Adäquanztheorie 7 126

Administrativenteignung 14 13
- Begriff 13 13 ff.
- Ermächtigungsgrundlage 14 19
- Voraussetzungen 13 16

Alternativverhalten, rechtmäßiges 7 127

Altlasten
- Amtshaftung 7 120 ff.
- Begriff 7 38 ff.
- Inhalt 7 41 ff.

Amt, öffentliches 7 13, 14, 37 ff.

Amtshaftung
- Amtspflichten 7 57 ff.
- Anwendungsbereich 7 2 ff.
- Art der Ersatzleistung 1 4; 2 12; 6 20; 7 135
- Beamtenbegriffe 7 16 ff.
- Beweislast 8 16
- Bindung s. Bindung bei Amtshaftung
- Drittbezogenheit der Amtspflicht 7 82 ff.
- Entwicklungsgeschichte 6 13 ff.
- Europäische Union 7 21, 42, 59, 74, 109
- Funktion 7 18 ff.
- Haftungsausschluß 7 7; 8 2
- Haftungsbegrenzung 7 8 ff.; 8 3 ff.
- Haftungsmodelle 6 9 ff.
- Haftungstatbestand 7 11 ff.
- Handeln in Ausübung eines öffentlichen Amtes 7 14 ff.
- Kausalität 7 123 ff.
- Konkurrenzen 9 11 ff.
- Legislatives Unterlassen 7 107 f.
- Mitverschulden 8 53 ff.
- Nichtvermögensschaden 7 134
- Passivlegitimation 9 1 ff.
- prozessuale Durchsetzung 9 18 ff.
- Rechtsgrundlage 6 1 f.
- Rechtliche Konstruktion 6 8 ff.
- Rechtsmittelversäumung 8 43 ff.
- Rechtsnatur 6 3
- Rechtsweg 9 18
- Rechtsschutzbedürfnis 9 21
- Richterprivileg 8 37 ff.
- Richtlinie, gemeinschaftsrechtliche 7 21, 42, 59, 74, 109
- Rückgriff 9 25
- Schmerzensgeld 7 134
- Subsidiaritätsklausel 8 14 ff.
- Umfang der Ersatzleistung 7 129 ff.
- Unterlassen 7 107 f., 128
- Verjährung 8 57
- Verschulden 7 113 ff.
- Verweisungsprivileg s. Subsidiaritätsklausel
- Vorfragenkompetenz 9 22
- zuständiges Gericht 9 19

Amtshaftungsanspruch
- und Aufopferungsentschädigung 9 14; 11 52 ff.
- und allgemeines Deliktsrecht 7 3 ff.
- und enteignungsgleicher Eingriff 9 14; 16 36
- und Folgenbeseitigung 2 12; 7 135; 9 13; 12 8 f.

- und Gefährdungshaftung **9** 12
- und Gemeinschaftsrecht **7** 21, 42, 59, 74, 109
- und StHG-DDR **9** 15 ff.
- und Unterlassung **2** 12; **9** 13; **12** 8 f.

Amtspflichten **7** 57 ff.
- Ausprägungen **7** 63 ff.
- Begriff **7** 57
- Drittbezogenheit **7** 82 ff.
- Inhalt **7** 60 ff.
- Rechtliche Grundlage **7** 58 f.

Amtswalterbegriff **7** 15 ff.
- haftungsrechtlicher **7** 17 f.
- staatsrechtlicher **7** 16
- statusrechtlicher, s. staatsrechtlicher Amtswalterbegriff

Anderweitige Ersatzmöglichkeit s. Verweisungsprivileg

Angestellte im öffentlichen Dienst
- Amtswalter **7** 20

Anstaltsnutzung s. öffentlich-rechtliches Benutzungs- und Leistungsverhältnis

Äquivalenztheorie **7** 125

Anstellungskörperschaft **9** 7 ff.

Anvertrauenstheorie **9** 6 ff.

Arbeiter im öffentlichen Dienst
- Amtswalter **7** 20

Aufopferung
- Begriff **16** 2 ff.
- Enteignung **13** 32, 74

Aufopferung, öffentlich-rechtliche **16** 69
- Rechtsweg **16** 73

Aufopferungsanspruch **13** 71 ff.
- privatrechtlicher **13** 75
- öffentlich-rechtlicher **13** 71; **16** 6, 69

Aufopferungsentschädigung **16** 1 ff.
- rechtliche Grundlage **1** 1

Auskunft
- und Amtshaftung **7** 20, 88, 106; **8** 55

Ausländer
- und Amtshaftung **7** 8, 23; **8** 3

Baurecht
- Amtshaftung **7** 99 ff.

Beamter
- Eigenhaftung **6** 10; **7** 8, 10, 23
- im haftungsrechtlichen Sinn **7** 17
- im staatsrechtlichen Sinn **7** 16
- Rückgriffshaftung **9** 25

Beamtenverhältnis
- als personenbezogenes öffentlich-rechtliches Schuldverhältnis **3** 15
- Schadensersatzanspruch aus **3** 16

Beliehener
- Amtswalter **7** 26 f.
- Begriff **7** 25
- Passivlegitimation bei Amtshaftung **9** 4

Benutzungs- und Leistungsverhältnis, öffentlich-rechtliches
- Begriff **4** 11
- Entstehung **4** 11
- Haftungsbegrenzung bei **4** 14 ff.
- Kanalisationsbenutzung **4** 17 ff.
- Leistungsstörungen bei **4** 7 ff.
- Rechtsnatur **4** 11, 19
- Rechtsweg bei Ersatzansprüchen aus **4** 16, 29 f.
- Schadenersatz bei **4** 5 ff.
- Schlachthofbenutzung **4** 2 ff.

Bereicherungsanspruch, zivilrechtlicher
- und öffentlich-rechtlicher Erstattungsanspruch **176 ff.**

Bereicherungswegfall s. Wegfall der Bereicherung

Beweislast
- bei § 839 I 2 BGB **8** 16
- bezüglich des Verschuldens bei öffentlich-rechtlichem Benutzungsverhältnis **4** 21

Bindung bei Amtshaftung
- an die Rechtsprechung **7** 73
- an Innenrecht **7** 75 ff.
- der Verwaltungsgerichte **9** 24
- der Zivilgerichte **7** 62; **9** 23

Bundespost **7** 7

DDR
- Staatshaftungsgesetz der **2** 4; **9** 15 ff.

Dienstherrnfähigkeit
- und Passivlegitimation bei Amtshaftung **9** 5

Doppelstellung von Beamten
- und Passivlegitimation bei Amtshaftung **9** 10

Drittbezogenheit der Amtspflicht **7** 82 ff.
- Ausprägungen **7** 89 ff.
- Begriff **7** 83
- bei juristischen Personen des öffentlichen Rechts **7** 112
- Ermittlung **7** 85 ff.
- Funktion **7** 84
- im Baurecht **7** 99 ff.
- Sonderfälle **7** 98 ff.

Ehrenschutz **11** 52 ff.
- Duldungspflicht **11** 60

Sachverzeichnis

- rechtliche Begründung **11** 54
- Unterlassungsklage **11** 58, 60 ff.
- Werturteil **11** 59
- Widerruf **11** 53, 57 ff.

Eigenhaftung s. Beamter

Eigentum **13** 11 ff.
- Begriff **13** 11 ff.; **15** 2
- Bestandsschutz **13** 15
- Chancen **13** 16
- Gewerbebetrieb **13** 20 ff.
- Inhaltsbestimmung **13** 70
- private Rechte **13** 18
- Rechtspositionen, schutzfähige **13** 18 ff.
- subjektiv-öffentliche Rechte **13** 24 ff.
- Vermögen **13** 29

Eigentumsbindung **13** 6 ff.

Enteignung, Abgrenzung zur **13** 9
- Inhaltsbestimmung **13** 8
- Schrankenbestimmung **13** 7
- Sozialpflichtigkeit **13** 7

Enteignungsentschädigung **13** 1 ff., 9
- Grundlagen **13** 1 ff.

Eigentumsgarantie **13** 3 ff.
- Abwehrrecht **13** 3
- Bestandsschutz **13** 15; **14** 40
- Existenzsicherung **13** 3
- Institutsgarantie **13** 5

Enteignung **13** 2, 9; **14** 1 ff.
- Begriff **13**, 2, 30 ff.; **14** 3, 25 ff.
- Eigentumsgarantie **13** 3 ff.
- Einzelaktstheorie **13** 50
- Enteignungsbegriff des BGH **13** 23, 64
- Enteignungsbegriff des BVerfG **13** 48, 56, 58, 67
- Enteignungsbegriff des BVerwG **13** 52
- erweiterter Enteignungsbegriff **13** 38
- Gebrauchsbeschränkung **14** 37
- Gemeinwohlprinzip **14** 39
- haftungsrechtlicher Enteignungsbegriff **13** 66
- Inhaltsbestimmung s. Inhaltsbestimmung des Eigentums
- Junktimklausel **13** 48; **14** 44 ff.
- klassischer Enteignungsbegriff **13** 32, 37
- Konkurrenzen **14** 59
- Naßauskießungsbeschluß **13** 1, 31; **14** 59; **16** 1
- preußisches allgemeines Landrecht **13** 34
- Prozessuales **14** 59
- Rechtmäßigkeit **14** 4, 38; **13** 2
- Salvatorische Klausel **14** 45; **15** 12
- Schweretheorie **13** 53
- Sonderopfertheorie **13** 50
- Subsidiarität der Entschädigungsklage **14** 60 ff.
- Teilenteignung **14** 35 ff.
- Verhältnismäßigkeitsgrundsatz **14** 42 ff.
- Voraussetzungen **14** 3

Enteignender Eingriff **16** 1
- Anspruchsvoraussetzungen **16** 41
- Anwendungsbereich **16** 39 ff.
- Begriff **16** 5, 38
- Enteignungswirkung **16** 44
- Immissionen **16** 47
- Konkurrenzen **16** 68
- Rechtsweg **16** 66

Enteignungsgleicher Eingriff **16** 1
- Amtshaftungsanspruch **16** 36
- Anspruchsgegner **16** 32
- Anspruchsvoraussetzungen **16** 16 ff.
- Anwendungsbereich **16** 12 ff.
- Begriff **16** 4
- Entschädigung **16** 31
- Gemeinwohlbezug **16** 26
- Konkurrenzen **16** 34
- Primärrechtsschutz **16** 27, 37
- Rechtsweg **16** 33
- Rechtswidrigkeit **16** 25
- Unmittelbarkeit **16** 22
- Unterlassen **16** 20

Entreicherung s. Wegfall der Bereicherung

Erstattungsanspruch, öffentlich-rechtlicher
- Abgrenzung gegenüber § 812 ff. BGB **17** 6 ff.
- Anspruchssituation **17** 13 ff.
- Anwendungsbereich **17** 21 ff.
- Begriff **17** 1
- Ersatz von Nutzungen **19** 8
- Ersatz von Surrogaten **19** 9
- Erstattungspflichtiger **19** 1 ff.
- Erstattungsumfang **19** 4 ff.
- Funktion **17** 4 f.
- Herausgabe des Erlangten **19** 5 f.
- Kehrseitentheorie **17** 1; **20** 14 f.
- Klageart **20** 4 ff., 18 f.

- Konkurrenzen 17 23 f.
- Leistungsbescheid 20 11 ff.
- öffentlich-rechtliche Leistung 17 7 ff.; 18 4 f.
- öffentlich-rechtliche Rechtsbeziehung 17 10; 18 7 ff.
- öffentlich-rechtlicher Vertrag 18 23
- ohne Rechtsgrund 18 12 ff.
- Realakt 18 24
- Rechtsgrundlage 17 11 ff.
- Rechtsschutzbedürfnis 20 18
- Rechtsweg 20 3, 18 f.
- spezielle Erstattungsansprüche 17 18 f.
- Subventionsrecht 17 20
- Treu und Glauben 19 30
- Über- Unterordnungsverhältnis 20 16
- Verdrängungswirkung 17 23 f.
- Verjährung 19 31
- Vermögensverschiebung auf sonstige Weise 17 1 ff., 10; 18 6, 10 f.; 19 3
- Vermögensverschiebung durch Leistung 17 1 ff., 7 ff.; 18 5, 8 f.; 19 2
- Vermögensvorteil 18 3
- Vertrauensschutz 19 15, 18 ff.
- Vertrauensverhalten 19 26, 30
- Vertrauenszustand 19 26 ff.
- Verwaltungsakt als Rechtsgrund 18 13 ff.
- Voraussetzungen 18 1 ff.
- Wegfall der Bereicherung 19 10 ff.
- Wertersatz 19 7

Erstattungsumfang
- Ersatz von Nutzungen 19 8
- Ersatz von Surrogaten 19 9
- Herausgabe des Erlangten 19 5 f.
- Wertersatz 19 7

Erwerbswirtschaftliches Handeln 1 5; 7 40

Fahrlässigkeit 7 118 ff.
- Entindividualisierung (Anonymisierung) 7 119
- Objektivierung 7 121
- Sorgfaltsmaßstab 7 120

Fiskalisches Handeln 1 5; 7 40

Fluglotsen
- Amtshaftung bei rechtswidrigem Streik 7 56

Fremdes Geschäft 5 14 ff.
Fremdgeschäftsführungswille 5 18
Funktionstheorie 9 6, 10

Folgenbeseitigungsanspruch (s. auch Unrechtslastenabwehr) 10 1 ff.; 11 ff
- und Amtshaftungsanspruch 12 8
- Anspruchsvoraussetzungen 11 4 ff.
- Aufopferungsentschädigung 12 10
- Begriff 2 12, 10 2 ff.
- Erstattungsanspruch 12 2 ff.
- fortdauernde Beeinträchtigung 11 17
- hoheitlicher Eingriff 11 5 ff.
- Inhalt 10 12
- Klageart 12 20 ff.
- Konkurrenzen 12 1 ff.
- Mitverschulden 11 29; 12 18
- Möglichkeit zur Zustandsbeseitigung 11 19
- Naturalrestitution 11 66
- Prozessuales 12 19 ff.
- Rechtsfolgen 11 64
- Rechtsweg 12 19
- Rechtswidrigkeit 11 12
- Schutzgut 11 11
- Störungsbeseitigung 11 70
- Unmittelbarkeit 11 68
- Unrechtslast 10 3 ff.
- Unterlassen 11 6
- Vollzugsfolgenbeseitigungsanspruch 10 15
- Zumutbarkeit der Wiederherstellung 11 26

Folgenentschädigungsanspruch 10 11

Geldersatz
- Amtshaftung 1 4; 2 12; 6 20; 7 135

Gleichbehandlung, haftungsrechtliche
- bei Verkehrssicherungspflichten 8 25 f.
- im Straßenverkehr 8 23 f.

Gemeinde
- als Dritter i.S. des § 839 I 2 BGB 7 112

Geschäftsführung ohne Auftrag (GoA), öffentlich-rechtliche
- Abgrenzung gegenüber zivilrechtlicher GoA 5 2
- Ansprüche aus 5 9 ff., 29
- Anspruchsgegner 5 25
- Anwendungsbereich 5 4 ff.
- Aufwendungsersatz aufgrund 5 9 ff.
- Begriff 5 1
- berechtigte 5 20 ff.
- Fremdes Geschäft 5 14 ff.
- Fremdgeschäftsführungswille 5 18
- Herausgabeanspruch aufgrund 5 29

Sachverzeichnis

- Inhalt des Ersatzanspruchs 5 26
- Konkurrenz mit Amtshaftungs- und Erstattungsansprüchen 5 38 ff.
- Rechtsgrundlage 5 3
- Rechtsweg 5 32 ff.
- Umfang der Ersatzpflicht 5 27 f., 31
- unberechtigte 5 20 ff., 35 ff., 40
- Voraussetzungen 5 9 ff.
- Zinsen bei 5 28

Gewinn, entgangener
- bei Amtshaftung 2 11; 7 132
- bei Aufopferungsentschädigung 2 11

Haftung
- Begriff 1 4
- bei Amtspflichtsverletzung 7 1 ff.
- bei öffentlich-rechtlichem Benutzungsverhältnis 4 10 ff.
- bei öffentlich-rechtlicher GoA 5 9 ff.
- Divergenz 3 1
- Intensität 3 5
- Umfang 2 11

Haftungsbegrenzung
- Amtshaftung 7 8 ff.; 8 3 ff.
- Eigenhaftung des Amtswalters 7 10, 23
- Haftungstatbestandsbeschränkende Regelungen 7 9; 8 4 ff.
- Haftungsüberleitungsausschließende Regelung 7 8; 8 2 f.
- öffentlich-rechtliches Benutzungsverhältnis 4 14 ff.

Haftungspflichtiger s. Passivlegitimation

Haftungsüberleitung
- Amtshaftung 6 2, 12, 16 f.
- Ausschluß der 7 8, 10; 8 3, 5 ff.

Herstellungsanspruch 10 9

Hilfspersonen
- bei Amtshaftung 7 24 ff.
- bei öffentlich-rechtlichem Benutzungsverhältnis 4 13
- bei öffentlich-rechtlichem Schuldverhältnis 3 6

Immissionsabwehr 11 43 ff.
- Duldungspflicht 11 45 ff.

Inhaltsbestimmung des Eigentums 13 8, 70; 15 1 ff.
- Ausgleichspflicht 15 7
- Begriff 15 3
- Prozessuales 15 16
- Salvatorische Klausel 15 12

Junktimklausel 14 44 ff.

Juristische Person des öffentlichen Rechts
- als anderweitig Ersatzpflichtiger i.S. des § 839 I 2 BGB 8 31
- als Dritter bei Amtshaftung 7 112

Kausalität
- bei Amtshaftung 7 123 ff.
- bei pVV des öffentlich-rechtlichen Benutzungsverhältnisses 4 22

Kehrseitentheorie 17 1; 20 14 f.

Legalenteignung 14 9

Leistungsbescheid
- bei öffentlich-rechtlichem Benutzungsverhältnis 4 27
- bei öffentlich-rechtlichem Erstattungsanspruch 20 11 ff.

Leistungsklage
- bei öffentlich-rechtlichem Benutzungsverhältnis 4 30
- bei öffentlich-rechtlichem Erstattungsanspruch 20 5, 9 f., 18 f.
- Klagebefugnis 4 31
- Rechtsschutzbedürfnis 4 32

Mitverschulden
- Amtshaftung 8 53 ff.
- öffentlich-rechtliches Benutzungsverhältnis 4 23
- Rechtsmittelversäumung 8 45 ff.

Naturalrestitutionen
- im engeren Sinne 2 12
- im weiteren Sinne 2 12

Neue Bundesländer s. Staatshaftungsgesetz der DDR

Primärrechtsschutz
- Vorrang des 8 44

Öffentlich-rechtliches Benutzungs- und Leistungsverhältnis s. Benutzungs- und Leistungsverhältnis

Öffentlich-rechtlicher Erstattungsanspruch s. Erstattungsanspruch, öffentlich-rechtlicher

Öffentlich-rechtliche Geschäftsführung ohne Auftrag (GoA) s. Geschäftsführung ohne Auftrag

Öffentlich-rechtliche Sonderverbindung 3 2; 7 90 ff.

Öffentlich-rechtlicher Vertrag 3 6

Privatunternehmer
- Amtshaftung 7 31 ff.

PVV eines öffentlich-rechtlichen Benutzungs- und Leistungsverhältnisses
- Anspruchsgegner 4 24

- Anspruchsinhalt 4 25
- Anspruchsumfang 4 25
- Anwendbarkeit 4 7 ff., 18
- Durchsetzung 4 16, 26 ff.
- Konkurrenz mit Amtshaftung 4 6
- Leistungsbescheid bei 4 27
- Rechtsfolgen 4 54 ff.
- Rechtsweg 4 16, 29
- Voraussetzungen 4 10 ff., 19 ff.

Rechtsgrund bei öffentlich-rechtlichem Erstattungsanspruch 18 12 ff.
- öffentlich-rechtlichem Vertrag 18 23
- Realakt 18 24
- Verwaltungsakt 18 13 ff.

Rechtshängigkeit, entgegenstehende
- Amtshaftung 9 20

Rechtsmittel i.S. des § 839 III BGB 8 49 f.

Rechtsmittelversäumung 8 43 ff.
- Abgrenzung 8 45 ff.
- Begriff 8 43
- Funktion 8 44
- Voraussetzungen 8 48 ff.
- Rechtsfolgen 8 43

Rechtsschutz bei Enteignung 14 60 ff.

Richterprivileg 8 37 ff.
- Begriff 8 37
- Funktion 8 38
- rechtliche Grundlage 8 37
- Rechtsfolgen 8 37
- Voraussetzungen 8 39 ff.

Richterrecht 2 3; 6 6; 7 15, 17, 22, 27

Richterspruchprivileg s. Richterprivileg

Rückgriff
- bei Amtshaftung 9 52

Salvatorische Klausel 14 45; 15 12

Schuldverhältnis, öffentlich-rechtliches 3 1 ff.
- Anspruchsinhalt 3 18
- Beamtenverhältnis 3 15 f.
- Begriff 3 2
- Beweislast 3 18
- Haftungsbegrenzung 3 17
- Haftungsfolgen 3 17
- Haftung für Hilfspersonen 3 18
- Merkmale 3 7 ff.
- Mitverschulden 3 18
- öffentlich-rechtliches Benutzungsverhältnis 3 14
- öffentlich-rechtliche GoA 3 14
- öffentlich-rechtliche Verwahrung 3 14
- rechtliche Grundlage 3 3 ff.

- Verjährung 3 18

Schülerlotse 7 29

Spruchrichterprivileg s. Richterprivileg

Staatshaftung
- öffentlich-rechtliche 1 7 f.
- zivilrechtliche 1 7 f.

Staatshaftungsrecht
- Abgrenzung 1 6 ff.
- Bedeutung 1 11
- Begriff 1 1
- Ermittlung 1 2 f.
- in den neuen Bundesländern 2 4
- Rechtsnatur 1 7

Staatshaftungsgesetz
- von 1981 1 1; 9 16
- der DDR (StHG-DDR) 2 4; 9 15 ff.

Straßenverkehrsgesetz
- Gefährdungshaftung und Amtshaftung 9 12
- Verschuldenshaftung und Amtshaftung 9 12

Subsidiaritätsklausel s. Verweisungsprivileg

Surrogate
- beim öffentlich-rechtlichen Erstattungsanspruch 19 9

TÜV 7 26 f.

Über- Unterordnungsverhältnis
- beim öffentlich-rechtlichen Erstattungsanspruch 20 16

Untätigkeitsklage, verwaltungsgerichtliche
- Rechtsmittelversäumung 8 50

Unterlassungsanspruch, öffentlich-rechtlicher 11 34 ff.
- Beeinträchtigung, drohende 11 38 ff.
- Erstgefahr 11 40
- Folgenbeseitigungsanspruch, Verhältnis zum 11 37
- Inhalt 11 35
- Rechtsfolgen 11 63
- Verwaltungsakt, drohender 11 41 ff.
- Voraussetzungen 11 36, 38 ff.
- Wiederholungsgefahr 11 35, 40

Unrechtslastenabwehr, Anspruch auf 10 4 ff (s. auch Folgenbeseitigungsanspruch).
- Dogmatik 10 7, 10, 16 ff.
- Folgenentschädigungsanspruch 10 11
- Immissionen 11 45
- Rechtsfolgen 11 62
- Übersicht 10 8

Sachverzeichnis

- Unrechtslast **10** 8
- Wiederherstellungsanspruch **11** 1 ff.

Verjährung
- Amtshaftung **7** 57
- öffentlich-rechtlicher Erstattungsanspruch **19** 31
- öffentlich-rechtliches Schuldverhältnis **3** 18

Verkehrssicherungspflicht
- Amtspflicht **7** 72
- Drittbezogenheit **7** 97
- Handeln in Ausübung eines öffentlichen Amtes **7** 50
- Unanwendbarkeit des Verweisungsprivilegs **7** 25 ff.

Versicherungsansprüche
- als anderweitige Ersatzmöglichkeit **8** 33

Vertrauensschutz
- und Wegfall der Bereicherung **19** 15, 18 ff.

Verwaltungshandeln
- Formen **1** 5; **7** 38 ff.

Verwaltungshelfer
- Amtshaftung **7** 28 ff.

Verwaltungsprivatrecht **1** 5; **7** 40 ff., 47

Verwaltungsrechtliches Schuldverhältnis **3** 2

Verwaltungsvorschrift
- Amtspflichtverletzung **7** 59, 75 ff.
- Haftungsbegrenzung **8** 10

Verweisungsprivileg **8** 15 ff.
- anderweitige Ersatzmöglichkeit **8** 28 ff.
- Anwendungsbereich **8** 29 ff.
- Begriff **8** 16
- Funktionen **8** 17 ff.
- rechtliche Grundlage **8** 16
- Rechtsfolgen **8** 35 f.
- teleologische Reduktion **8** 22 ff.
- Voraussetzungen **8** 27 ff.

Vollzugsfolgenbeseitigungsanspruch **12** 20 ff.
- Prozessuales **12** 22
- und Verweisungsprivileg **8** 32 f.

Vorsatz
- bei Amtshaftung **7** 117

Verusachung des Schadens s. Kausalität

Wahlrecht
- der Verwaltung hinsichtlich der Rechtsform der Aufgabenerfüllung **7** 40 ff.
- zwischen Primär- und Sekundärrechtsschutz **8** 44

Weisung
- Amtspflichtsverletzung **7** 59, 75 ff.

Wegfall der Bereicherung **19** 10 ff.
- Anwendungsbereich **19** 16 ff.
- bei Hoheitsträgern als Erstattungspflichtige **19** 17
- bei Privaten als Erstattungspflichtige **19** 18
- Entreicherung **19** 20
- Rechtsgrundlage **19** 11 ff.
- Vertrauensschutz **19** 15, 18 ff.
- Vertrauensverhalten **19** 26, 30
- Vertrauenszustand **19** 26 ff.
- Voraussetzungen **19** 19 ff.

Werkzeugtheorie
- Amtshaftung **7** 28 ff.

Zielsetzung
- als Zurechnungskriterium bei der Amtshaftung **7** 44

Zinsen
- bei öffentlich-rechtlicher GoA **5** 28

Zweckverfehlung
- bei öffentlich-rechtlichem Erstattungsanspruch **19** 20 ff.

Zusammenhang
- zwischen Amtspflichtverletzung und Schaden **7** 51 ff.